U0934436

【北京社科名家文库】

思考教育

BEIJING SHEKE MINGJIA WENKU

顾明远自选集

顾明远◎著

首都师范大学出版社
CAPITAL NORMAL UNIVERSITY PRESS

图书在版编目(CIP)数据

思考教育：顾明远自选集/顾明远著．—北京：首都师范大学出版社，2008.12

(北京社科名家文库)

ISBN 978-7-81119-431-9

Ⅰ.思… Ⅱ.顾… Ⅲ.教育学—文集 Ⅳ.G40-53

中国版本图书馆 CIP 数据核字(2008)第 198131 号

北京社科名家文库

SIKAO JIAOYU

思考教育

顾明远自选集

顾明远 著

项目统筹：杨小兵　　责任编辑：马　岩　丁晓山

责任设计：王征发　　封面绘画：王征发

责任校对：王亚利　　责任印制：沈　露

首都师范大学出版社出版发行

地　址　北京西三环北路 105 号

邮　编　100037

电　话　68418523(总编室)　68982468(发行部)

网　址　cnuph. com. cn

E-mail　master @ cnuph. com. cn

北京嘉实印刷有限公司印刷

全国新华书店发行

版　次　2008 年 12 月第 1 版

印　次　2008 年 12 月第 1 次印刷

开　本　787mm×1 092mm　1/16

印　张　38.25

字　数　456 千

定　价　80.00 元

《北京社科名家文库》编委会

出版说明

1978年，中国改革开放的元年。自那一年开始，中国已经走过了波澜壮阔的30年。这是伟大的30年，是改变中国的30年，是震惊世界的30年，也是哲学社会科学蓬勃发展的30年。

在哲学社会科学这30年的辉煌成就里，浸透着为新中国哲学社会科学奠基的老一辈专家呕心沥血的求索，也镌刻着寻着他们足迹的后来者追求真理的步伐。“学之大者，国之重器”。我们有责任将这些“大者”潜心研究的成果，重新编辑出版以飨读者。为此，北京市社会科学界联合会和首都师范大学出版社将这一套《北京社科名家文库》奉献给读者。她以自选集的体例形式，每年推出一批，争取在几年内达到百种以上。《北京社科名家文库》将系统展示当代哲学社会科学名家学者30年来的学思精华，展示他们的学术探索历程和风采。同时，为使这套《北京社科名家文库》更加丰富，编委会决定在首都师范大学出版社已出版的《当代著名学者自选集》中挑选符合体例的图书10种，编辑成《北京社科名家文库·纪念辑》，这将更完整地反映北京学人在学术风范和学术使命上的历史延续。

我们相信，《北京社科名家文库》将能够成为具有文化传承价值的经典性大型出版工程，成为集中展示首都哲学社会科学重要成果的一个窗口。由于我们水平所限，定有不足之处，希望读者和同仁给予批评指正。

编 委 会

2008年11月

顾明远先生

目录

北京社科
名家文库

北京社科
名家文库

北京社科
名家文库

北京社科
名家文库

北京社科
名家文库

一生的追求，六十年的探索

——我的教育生涯自述

如果说从1948年当小学教师开始算起，那么到今年我从事教育工作刚好已经整整60年。虽然其中有几年是在北京师范大学和苏联学习，但总体上来说没有离开过教育这个大领域。60年来，我当过小学教师、中学教师、中等师范学校的教师、中学校长、师范大学的教师、系主任、副校长及研究生院院长等职务。可以说，经历了学校教育的各个层次。既教过书，又做过教育行政工作；既做过实际教学工作，又从事教育理论研究。从教育经历来说不谓之不丰富，但是我始终觉得对教育的认识仍然十分模糊。改革开放30年来，我写过不少文章，发表过多次讲演，现在再翻开来看看，感到非常肤浅。10年以前，我的学生为我出版论文集，问我起什么名字好，我想了好久，就叫《我的教育探索》吧。我在该书的前言中写道："我在文章中多次提到，教育是十分复杂的社会现象。虽然多次提到要认识教育规律，按照教育规律办教育。但是有哪些教育规律，至今并不明确。我几十年来好像在大海中游泳，有时隐约地看到前面有陆地，以为发现了新大陆，但游到跟前一看，原来还是老地方；有时又好像在森林中漫步，总想找一条捷径走出森林，但总是在里面打圈圈，走不出来。”一晃又过了10年，我似乎仍在森林中打圈圈，不知道出路何在！

我的教育生涯可以分成两部分：一部分是“文革”结束以前27年，是一个教书匠的生涯，除了在大学学习7年外，就是在中学和大学教书。也发表过几篇小文章，主要是1958～1962年间在北师大附中做教导处副主任、负责班主任工作时遇到了问题有感而发的，如《从理论联系实际谈起》、《纪律教育中的严格要求》、《表扬与批判》等，说不上是论文。但这一段时间对我来说很重要，我在中学里学到了许多书本上学不到的东西。在1958年“教育大革命”时期，我在师大附中开展九年一贯制、半工半读等教改实验，做了许多违背教育规律的事；我在对学生进行教育时出现过许多失误，这都是我的反面经验。但同时我听了许多优秀教师的课，和许多班主任、少先队辅导员共同工作，学习到了许多宝贵的经验。这些都是我后来从事教育研究的资本。“文革”十年挨批判，被下放到工厂、农村劳动，虽然心情不舒畅，但也使我了解了工人、农民的生活，对我来说也是一种财富。

另一部分是“文革”以后至今30余年，特别是改革开放30年来，开始尝试着研究一些教育问题，发表了一些见解。但仍然只能说是对教育问题的探索，说不上是深入的研究，更谈不上什么思想体系。那么，这几十年来我探索了哪些问题呢？其实我并无计划，只是想到什么问题就摸索一番，发表一些自己的意见，过后就撂掉了；过几天又遇到另外一些问题，我又尝试着发表一点自己的看法。总之，越探索觉得问题越多，虽然发表了一些看法，但哪个问题也没有彻底解决。因此，我常常把自己看做是教育的杂家，而不是专家，更不是什么教育理论家。最近，北京社科联要出版一套北京社科界同仁的文集丛书，我也忝列其中。虽然我的论文并无什么价值，而且多数已经出版过，但是，我想利用机会捋一捋自己的思路，到底这几十年来探索了哪些问题。

“文革”后期，1975年我在北师大担任教育革命组副组长兼文科组组长，“文革”后改为文科处处长，1979年又任教育系主任、外国教育研究所所长。“文革”以后拨乱反正，我写的第一篇文章就是《“两个估计”是压在教育头上的两座大山》，发表在1977年的《北京师范大学学报》上，当时不作兴个人署名，所以署名为教育革命处。

1978年党的十一届三中全会确立了以经济建设为中心的政治路线，实行改革开放。1978年3月18日，邓小平在全国科学大会开幕式上讲话，提出了两个重要论断：一是科学技术是生产力；二是知识分子“是工人阶级自己的一部分”。邓小平的讲话极大地解放了人们的思想，使广大知识分子受到极大的鼓舞。1978年4月22日，邓小平在全国教育工作会议上讲话，提出“整个教育事业必须同国民经济发展的要求相适应”。这一年参加了中国社科院副院长于光远和陈元晖等召开的一些座谈会，讨论教育的重要性和教育的本质问题，使我的思想得以解放。我在想一个问题，就是“教育与社会发展的关系”。长期以来我们把教育作为阶级斗争的工具，教育要为政治服务。这本来也没有错，脱离政治的教育是不存在的。但是党的十一届三中全会确定了以经济建设为中心这一党的政治路线，教育就要为经济建设这个中心服务。那么，怎样从理论上来说明教育要为国民经济发展服务，如何服务？总应该从学理上有一个说法。我在研究教育发展史的时候发现，学校的产生和发展并不像一般人所想象的那样，先有小学，再有中学，然后才有大学。事实恰恰相反，先有大学，然后才有中学和小学。最早的现代意义的学校是产生在中世纪的大学，那是少数学者聚集起来探讨学术的地方。贵族子女主要是在家庭中接受教育，没有现代意义的小学和中学。文艺复兴以后，资本主义开始萌芽，为适应第三阶级的兴起出现了行会学校和中学。直到工业革命以后，大工业机器生产需要有一定文化的工人，再加上工人阶级争取受教育权利的斗争，于是在19世纪，资本主义国家开始实行普及义务教育，这个时候才出现了现代意义的小学。经过几十年的教育现代化发展的过程，才建立了从小学到大学的现代教育制度。因此，可以说，现代教育制度是现代大工业生产的产物。由于现代教育制度是随着现代大工业生产的产生和发展建立起来的，因此它摆脱了古代学校教育脱离生产劳动的状况，要求教育与生产劳动的紧密结合，所以教育与生产劳动相结合是现代教育的普遍规律。这就是我在20世纪80年代初发表《现代生产与现代教育》(《百科知识》1981年第5期)、《现代生产对教育提出的要求》(《红旗》1980年第19期)两篇文章的缘由。

关于“现代教育是现代生产的产物”这个论断似乎被大家接受了。但对于“教育与生产劳动相结合是现代教育的普遍规律”这个观点却长期有争议，有些同志批评这个观点缺乏阶级性，他们认为“教育与生产劳动相结合”是马克思主义教育原理，是社会主义的教育方针，不能是现代教育的普遍规律。直到1992年还有一所大学的杂志批判我这个观点。但是一百多年以前马克思提到的生产劳动必须与教育相结合，培养体脑结合全面发展的人的论断是指关系到大工业生产生死攸关的问题提出来的，并非只指社会主义的教育。

80年代我探索的另一个问题是教学过程中的学生发展问题。早在1958年我就曾经翻译过苏联赞科夫《论教育与发展的问题》的论文，对学生如何在教育过程中发展的问题一直很关注。1980年我在编写中等师范学校教育学教科书时，就把促进学生发展的问题放在重要地位，同时提出“学生既是教育的对象，又是教育的主体”的论断，文章发表在《江苏教育》1981年第9期上。这个问题提出以后立即引起了教育界的争论。赞成者有之，反对者更多。反对者的论点大致有以下几种：

第一种意见认为教育过程教师应该是主体，学生只能是教育的对象，教师教育的客体；

第二种意见认为教师要起主导作用，从教育过程看，教师是教育的主体，学生只能是学习的主体；

第三种意见从哲学方面来论述，毛泽东在《矛盾论》中讲，在同一个事物中只能有一对主要矛盾，在一对矛盾中只能有一个主要方面，教育过程中的师生关系这对矛盾中，教师是矛盾的主要方面，教学过程中不能有两个主体。

为此，我在1991年《华东师范大学学报(教育科学版)》上写了《再论教师的主导作用与学生主体作用的辩证关系》一文。阐述了在教学过程中师生互为主体、互为客体的辩证关系，阐明教师的主导作用与学生的主体作用不是矛盾的，相反，教师的主导作用恰恰在于启发学生的主体性。时至今日，教师主导作用、学生主体作用的提法似乎已经被广大教师所接受，而且主体性教育实验也在全国开展起来。

1964年我被师大党委调到外国教育研究室并负责筹备中宣部主办的《外国教育动态》杂志，于是我与外国教育、比较教育结上了不解之缘。解放以后，我国实行“向苏联学习”一面倒的政策，除了介绍苏联教育的经验外，对其他国家的教育经验采取一概排斥的态度。1964年周恩来总理提出要研究外国，要知己知彼。于是国务院外事办公室批准在若干大学成立了约40个研究外国的机构。我们北京师范大学成立了外国教育、苏联文学、苏联哲学、美国经济四个研究室，1965年合并成立外国问题研究所，由当时的党委副书记谢芳春任所长，我和另一个教师任副所长。《外国教育动态》在中宣部教育处领导下筹备了半年，出版了两期试刊，1965年夏天正式出版，但只出了3期就遇上“文化大革命”，被迫停办。1974年我曾作为中国代表团的顾问参加了在巴黎召开的联合国教科文组织第18届大会。会议期间了解到各国教育发展的情况，参观了巴黎大学等学校，深感我国与外国发达国家教育的差距。改革开放以后，我最先想到的是要恢复《外国教育动态》这本杂志，于是1979年秋天我给当时负责教育科技工作的方毅副总理写信，希望恢复这本杂志，并能在国内外公开发行。没有想到方毅副总理很快就批准了。1980年就正式出版发行，1993年更名为《比较教育研究》，我一直担任主编至今。

1980年教育部邀请美国哥伦比亚大学比较教育专家华裔教授胡昌度来北师大讲学，教育部组织了10所大学的教师进修班来听讲。我作为北师大教育系主任兼外国教育研究所所长负责组织了这次教师进修班，同时也同堂听课，学习比较教育理论。三个月进修班结束后我们就组织起来自编教材。经过两年的努力，在老一辈比较教育学者王承绪、朱勃等教授指导下，我国解放后第一本《比较教育》教材于1982年由人民教育出版社出版发行。

1979年我开始招收比较教育硕士研究生，1985年开始招收博士研究生，同时1983年开始担任中国教育学会比较教育分会的理事长，从此比较教育就成了我的第一专业。在比较教育研究领域我大概做了以下几件事：

首先，改革开放以后，我认为应该对世界几个发达国家的教育，特别是战后的教育进行全面的研究，以把握世界教育发展的脉络，吸取他们的经验。于是我在制定教育科学“六五”规划时提议把“战后教育研究”列为国家重点课题。我的意见得到教育科学规划领导小组的批准。我就负责苏联战后教育研究。虽然我国解放以后一直以苏联为师，介绍学习了许多苏联教育的经验，但是1960年以后中苏关系破裂，对苏联教育开始持批判的态度，并未真正客观地研究过苏联教育的发展和经验。这项研究持续了7年。其成果就是《战后苏联教育研究》一书，出书的时候正值苏联解体，该书刚好为苏联70多年的教育划上了一个句号。该书1994年获得第一届中国高校人文社会科学优秀成果一等奖。

第二，不断捕捉世界教育发展的趋势和动向。我写了多篇类似的文章，如《当代工业发达国家的教育改革》(《北京师范大学学报》1980年第4期)、《世界教育发展的新形势》(1987)、《90年代世界教育发展的展望》(《中国教育报》1990年3月24日)、《高等教育改革的国际动向》(《中国大学人文启示录》1999年)、《世界高等教育发展的趋势和经验》(《北京师范大学学报》2006年)等。

第三，关于比较教育学科建设。我认为，我国比较教育学科还比较年轻，改革开放初期，大家忙于介绍外国教育的经验，顾不上学科建设的问题。但到90年代，这个问题应该引起比较教育界的重视。于是我在1986年比较教育研究会第5次学术年会上发言《谈谈我国比较教育发展中的几个问题》；1990年在比较教育研究会第6次学术年会上做了一个报告，题为《比较教育的回顾与展望》。两次会议都提到：一、比较教育要改变以往的研究重点，将单纯研究外国教育转移到从中国教育的实际出发，研究中外教育的比较上；二、拓宽研究领域，不能只限于研究几个发达国家的教育，至少对我们临近的、国情相似的几个亚洲国家的教育要有突破性的研究；三、加强比较教育学科的建设，特别是方法论的研究；四、加强比较教育队伍建设，包括研究生的培养。

第四，提出文化研究的比较教育方法论。我在研究各国教育的时候发现，过去我们在研究中分析影响教育的政治因素和经济因素较多，分析影响教育的文化因素比较少，而各国教育制度和事实单单用政治因素和经济因素来分析仍觉得难以理解。例如，美国、法国、德国等都是经济发达的资本主义国家，为什么他们的教育制度和处理教育事实的方法又大不相同；而社会制度、经济发展水平不同的东方国家，如中国、日本、韩国的教育传统却有许多相似的地方？于是我觉得应该把教育放在各国不同的文化背景下来研究。教育科学"八五"、"九五"规划我都选择了"民族文化传统与教育现代化"作为研究课题。经过团队的努力，完成的成果反映在《民族文化传统与教育现代化》一书中，该书 1998 年由北京师范大学出版社出版。

为了提倡比较教育的文化研究，我又写了《文化研究与比较教育》一文(《比较教育研究》2000 年第 4 期)。

1979 年 4 月中国教育学会成立，我是当时最年轻的常务理事，因此对我国基础教育发展特别关注。当然，教育学实际上从它产生之日起主要也是研究儿童的教育。基础教育中遇到的最大问题就是素质教育和教育公平问题。关于素质教育，这个问题的起因说来话长，早在 50 年代后期，由于中等教育的较快发展，出现过单纯追求升学率的问题。改革开放以后，我国教育得到较快的恢复和发展，升入高等教育的压力越来越大。80 年代初期就出现了"千军万马挤独木桥"的现象。许多学校把升学率作为成绩的指标，忽视了学生的思想品德教育，损害了学生的身体健康。这种状况引起了社会各界的重视。老教育家叶圣陶就在《中国青年报》上撰文《我呼吁》，呼吁社会各界关注中学生在高考重压下负担过重的问题，结束"千军万马挤独木桥"的状况。为此，1989 年国家教委在张承先、王明达同志主持下成立了"克服片面追求升学率的对策小组”，我也是小组成员之一。当时还组成了一个调查班子，准备作系列调查研究并提出对策，由于特殊原因，只写了一篇文章即草草收兵，未有结果。关于教育公平问题是近几年才提出来的。本来素质教育与教育公平是两个不同的问题，但是由于教育资源分配不公，引起了教育的竞争。大家都争着考大学，而为了能考上大学，就要争上重点中学；为了能上重点中学，就要选择重点小学。层层竞争，越演越烈。素质教育就难以推行。对于这两个问题，我写了多篇文章，如：《教育改革的关键在于教育思想的转变》(《教育研究》1986 年第 4 期)、《提高民族素质，迎接 21 世纪挑战》(《中国教育学刊》1996 年第 6 期)、《漫谈教育现代化与素质教育》(《中国教育学刊》1998 年第 3 期)、《教育公平与素质教育》(《教育发展研究》2002 年第 1 期)等。

教育既是一门科学，又是一门艺术。我觉得要成为一名好教师，要学习教育理论，懂得一点教育规律；同时对教育要有点悟性和创造性，要热爱孩子，理解孩子，因材施教。上好一堂课不仅要熟悉教材，还要研究学生，不同的对象、场合要采取不同的策略，不同的方法。我对教育教学没有深入的研究，只是凭我在中小学工作几年的经验，有一点点体会，因而写了一些教育随笔性的小文章，如：《没有爱就没有教育》、《没有兴趣就没有学习》、《只有了解学生，才能教育学生》、《只有尊重学生，才能要求学生》、《我赞成“愉快教育”》等，均收入《杂草集——顾明远教育随笔》一书中。近年又出版了一本《野花集》。

我特别强调要建立民主、平等、和谐的师生关系。我认为良好的师生关系是巨大的教育力量。我特别反对教师不尊重学生，把学生分成三六九等的态度。为此，我认为现在不应该再评选“三好学生”。因为它不符合儿童成长的规律，不符合教育的规律，会伤害大部分学生。这个问题引起了社会的争论。为了说明我的观点，我写了《不要把学生分成三六九等》(《杂草集》)、《我为什么呼吁废除“三好学生”的评选》、《从“十佳少年”评审谈起》(《野花集》)等。

90年代初，珠江三角洲和长江三角洲等沿海地区普及了九年义务教育，提出了实现教育现代化问题，邀请我去参加他们的讨论会。但是，什么是教育现代化？教育现代化有什么标准？大家并不太清楚。于是引发了我探讨教育现代化的问题。要弄清什么是教育现代化，首先要弄清楚什么是现代化。关于现代化的理论在60年代西方曾风靡一时。但西方现代化理论并不适用我们中国。我提出了自己对现代化的看法。我认为：“所谓现代化，是指人类认识自然、利用自然和控制自然(包括人类自身)的能力空前提高的历史过程以及由此而引起的政治、经济、文化等社会各领域广泛而深刻的变革，其目标是创造高度的物质文明和精神文明。”现代化是何时开始的，有两种观点：一种认为从文艺复兴开始，文艺复兴冲破了神的束缚，人得到解放，从而使人类步入现代化的进程。另一种观点是从工业革命开始，以科学技术与生产的结合为标志。我倾向第二种观点。因为，文艺复兴固然是一次伟大的思想革命，但它只是现代化开始的先兆，是思想准备阶段，只有产业革命把科学技术与生产结合起来，使大工业机器生产代替了手工业小生产，人类认识、利用、控制自然的能力才有了空前的提高。

现代化是一个历史过程，是动态的、不断发展的过程。它发展到今天经历了工业化和信息化两个阶段。有人说是发达国家经历了两次现代化。我国全国范围内工业化还没有完成，但沿海地区已经进入信息化社会。因而教育现代化在我国也提上了议事日程。

教育现代化是社会现代化的组成部分，社会现代化首先包括人的现代化。怎样理解教育现代化？我认为，就是指传统教育向现代教育转化的过程。教育现代化的内容很广泛，包括教育思想观念的现代化、教育制度的现代化、教育内容的现代化、教育设备和手段的现代化、教育方法的现代化、教育管理的现代化等等。但我认为，最重要，也是最难以转化的是教育思想观念的现代化。因此，我并不关心现代化的硬件指标，我最关心的是现代教育应该具有哪些特征。这个问题我探索了许多年，写过多篇文章。最近在《中国教育现代化的历史使命》一文中总结了8个特征，即：(1)受教育者的广泛性和平等性；(2)教育的终身性和全时空性；(3)教育的生产性和社会性；(4)教育的个性性和创造性；(5)教育的多样性和差异性；(6)教育的信息性和创新性；(7)教育的国际性和开放性；(8)教育的科学性和法制性。这种概括是否科学和全面，需要研究者来讨论。

我长期在师范大学工作，担任过北京师范大学的教育系主任、外国教育研究所所长、文科处处长、副校长、研究生院院长等职，又担任过几届高等教育学会高等师范教育研究会理事长。所以对师范教育特别关注。我认为办好学校、培养学生，归根到底要落到课堂上。因此，教师是办好学校的关键，办教育必须重视师范教育。我在这方面写的文章比较多一些。如：《加强师范教育是发展教育事业的根本》(《教育研究》1982年第11期)、《论教师的职业和社会地位》(《光明日报》1989年4月12日)等。

为了培养优质教师，促进教师的专业化，师范教育必须改革。在师范教育界，长期存在着师范性和学术性之争，从20世纪50年代开始一直到今天仍在争论之中。我认为师范性和学术性是不矛盾的。一名优秀的教师要掌握所教学科的理论体系、基本知识和发展前沿，同时要懂得教育规律，具有教育能力。因此，师范性本身就包含着学术性。近几十年来，教师专业化的呼声很高。什么是教师的专业化？师范教育如何促进教师专业化？师范教育如何改革？这是从事师范教育的工作者应该回答的问题。我也曾经尝试回答这些问题，为此，在不同的时期发表了多篇文章：如《论高等师范教育的改革》(《教育科学》1988 年第 1 期)、《师范教育面临的挑战和改革方向》(《光明日报》1997 年 9 月 12 日)、《师范教育的传统与变革》(《高等师范教育研究》2003 年第 3 期)等。这几年我又感到我国教师教育改革，所谓在教师教育转型中出现了一些问题，所以我又写了《我国教师教育改革的反思》(《教师教育研究》2006 年第 6 期)和《谈谈我国教师教育的改革和走向》(《求是》2008 年第 7 期)两篇文章。

教师是为未来社会培养人才的职业。世界著名教育家把教师职业称为“太阳底下最光辉的职业”。教师应该受到全社会尊敬。我在 1985 年曾和教育工会方明等同志在《光明日报》上发出倡议书，呼吁全社会都来尊重教师。但是，教师要想得到社会尊重，教师本身就要提高自己的思想品德和业务水平。所以，1989 年我曾在《瞭望》杂志上撰文《必须使教师职业具有不可替代性》(1989 年第 22～23 期)。为了提高教师的学历水平，我们向国务院学位委员会提议设立教育硕士专业学位。该学位于 1996 年学位委员会第 14 次会议通过，1997 年开始招生。我开始担任教育硕士专业专家组组长，后又担任教育硕士专业教学指导委员会第一届主任委员。我写了《中国教育发展史上的里程碑——谈教育硕士专业学位》一文。

由于我长期在大学工作，1984 年开始担任北京师大副校长，1987 年又兼任研究生院院长。所以对高等教育的发展也很关心，也探讨了高等教育发展的一些问题，写了一些文章。如：《现代高等教育的发展与我国高教改革》(《高等教育研究》1983年第2期)、《试论高等学校教学过程的特点》(《高等教育学报》1985年第1期)、《大学的理想和市场经济》(《比较教育研究》1994年第2期)等。1994年遇到这样一件事，世界杯足球赛期间，我校研究生竟然做出砸玻璃、扔瓶子等不文明行为，使我感到有加强大学的人文教育和文化建设的必要。于是我写了《亟需加强研究生人文科学教育》(《学位与研究生教育》1995年第4期)、《人文科学教育在高等学校中的地位和作用》(《高等教育研究》1995年第4期)。

我一直在思考一个问题，即教育与文化的关系。我在研究比较教育时总感到离开了一国的文化传统，很难理解他们的教育。所以我从20世纪80年代中期开始就萌发了研究民族文化传统与教育现代化的问题。同时，我深感我国教育现代化受到许多传统文化的影响。中国文化有悠久的历史，优秀的传统是我们应该发扬光大的；但中国传统文化中也有一些陈旧落后的东西，影响着教育现代化的进程。例如前面讲到的素质教育的推行就遇到许多陈旧观念的阻挠。因此，在我国实现教育现代化的时候，如何正确地对待和处理与传统文化的关系，如何正确对待和处理吸收外来文化的关系，是值得在理论上深入研究的问题。1987年我写了《教育的传统与变革》一文，发表在《中国社会科学》杂志1987年第4期上。同时，传统思想观念的转变，一直是我关心的问题。

90年代初我就酝酿着写一本《中国教育的文化基础》。但是我对中国文化不熟悉，我的文化底蕴很差，写这样的书真是自不量力。但总觉得应该写这样的书，把影响中国教育传统的文化因素梳理一下。于是我开始学习，阅读一些文化学、中国文化研究的一些著作，收集资料，边学习边写作，经过十年的努力，在2004年才完成。该书只是通俗全面地介绍了中国教育受到哪些中国传统文化和西学东渐的影响，展望了建设有中国特色的教育传统的途径。

新世纪我承担了教育部哲学社会科学攻关课题《学习型社会的理论与实践研究》。形成全民学习、终身学习的学习型社会是十六大提出的任务，也是时代发展的要求。我是最早接触到“终身教育”这个概念的中国学者之一。1974 年我曾参加过联合国教科文组织 18 届大会，当时就见到“终身教育”的文件，但对终身教育并不理解，直到“文革”以后，读到《学会生存》一书，同时在研究现代教育与现代生产时，才感受到它的深刻含义。2003 年我写了《形成全民学习、终身学习的学习型社会》一文，发表在《求是》2003 年第 4 期上。最近，作为攻关课题的成果，又写了《终身教育与人的全面发展》一文。

以上就是我一生探索教育的历程。从上面简要地介绍可以看出，我确确实实探讨了许多问题，但都没有深入地研究，更谈不上在理论上有什么建树。为了出这本自选集，我就对自己作以上的介绍，以求得同仁的指教。

顾明远

2008 年 7 月 12 日于北京求是书屋

现代化与教育

工业化国家经济发展与教育*

教育和经济的关系是密切相连的。教育受经济所制约，同时反过来又是促进经济发展的重要因素。特别是第二次世界大战以后，国际竞争十分激烈，科学技术的发展突飞猛进，科学技术人才的培养，劳动力的质的提高，对一个国家的经济发展起了巨大的作用。因此就提出了“人才开发”的新的教育观点，或者叫做“人的能力”的开发。大力开发人的能力，就像开发其他资源一样重要，而“人的能力”的开发则有赖于教育的普及和提高。资本主义把“人的能力”的开发也叫做一种投资，而且是比单纯地增加物的资本和劳动力更有效的投资。因此，把教育单纯看做消费性质的陈旧观念已为教育是发展生产的重要因素的新观念所代替。

先进工业化国家卓有见识的领导人近些年来对教育特

---

* 本文是1979年为第一次教育科学规划会议和中国教育学会成立大会所作。原载《外国教育动态》（内部刊物）1979年第19期。

* 为保留作品发表时的原貌，本书对文中的体例、文字未做大的修正。

别重视，不是没有理由的。日本前首相福田赳夫曾经说过：“一般说来，振兴国家、肩负国家的是人。民族的繁荣与衰退，也是这样。资源小国的我国，经历诸多考验，得以短期内速成今日之日本，其原因在于国民教育水平和教育普及的高度。”又说：“人才是我国的财富，教育是国政的基本。”前文部大臣荒木万寿夫则说：“从明治以来，一直到今天，我国社会和经济的迅速发展，特别是战后经济发展非常惊人，为世界所重视。造成此情况的重要原因，可归结为教育的普及与发展。”

本文想就工业化国家的经济发展和教育状况作一比较来看看教育和经济的关系，这是一个新问题，过去我们没有研究过，资料也不齐全，只能从这些材料中看出一个梗概，使我们对认识我国教育如何适应四个现代化的要求，有所裨益。

一、战后的经济发展带来教育的迅速发展

第二次世界大战，一方面使几个先进的工业国家如西德、日本、法国的经济受到严重破坏，另一方面，在战争中因军事需要而发展起来的以核子、电子为代表的新的科学技术，推动了生产力的很大发展，人类进入了以核子、电子和空间技术为标志的第三次科技大革命的新时代。从 1954 年起美国开始把新的科技成果全面推广于民用工业，接着到 1957 年、1958 年，刚从战争创伤中复苏过来的欧洲的西德、法国、英国以及亚洲的日本，在美国资本和科技援助下，先后把新科技成果应用到民用工业上，使经济有了很大的发展。许多新兴工业建立起来了，如核工业、电子计算机工业、宇宙航空工业、电视电讯工业等等。工业实现了自动化，农业也工业化了。特别是 50 年代后期到 70 年代初期这 20 年时间，是资本主义国家的“黄金时代”。

由于经济的发展和科技的不断进步，要求高质量的劳动力和科学技术人才，所以教育事业在这 20 年中也有了飞速的发展。教育的结构也有了很大的变化。

二、教育发展的经济效果

战后资本主义国家经济的高速度发展带来了教育的迅速发展。反过来教育的发展又促进了经济的增长。因为要把日新月异的科学技术成果应用到生产过程中，教育是不可缺少的条件。第一，生产力的基本因素是生产资料和劳动者。劳动者的素质是提高劳动生产率的重要因素。只有劳动者具有了较高的科学文化水平，掌握了先进的生产技能，才能在现代化生产中发挥作用。提高劳动者的质量就要靠教育。第二，科学技术是生产力，而培养科学技术人才要靠教育。所以为了研究教育对经济发展所起的作用，近年来新兴了一门学科——教育经济学。

教育经济学把教育看做是一种投资。投资就要讲效果，讲利润。经济学者们想出了各种计算教育投资利润率的方法。一种是美国芝加哥大学舒尔茨教授创立的方法，另一种是苏联科学院斯托鲁米林院士的方法。但是不论前者还是后者都是用科学技术人员和工人的工资相比较而计算的。这种计算是不科学的，它并不能真正地反映教育所起的作用。因为正如马克思早就指出的，在资本主义社会中工资只是劳动力的价值与价格的转化形态，它不能代替劳动的价值与价格，因而工资的高低也不能反映出因为劳动者教育程度的高低所创造的物质财富的多寡来。所以教育对经济所起的作用虽然是很明显的，但是又是很难确切计算的。

为了寻求教育在经济发展中的效果，我们可以从几方面来考察。

第一，从国民收入、投资、劳动力和教育经费几方面的比较来考察。

日本文部省在 1962 年发表了教育白皮书《日本的经济发展和教育》，其中援引了一张统计表，现摘引如下：

日本国民收入、劳动力、物的资本、教育资本的演变

年份	国民收入（10 亿日元）		劳动力（10 万人）		物的资本（万亿日元）		教育资本（100 亿日元）	
	实额	指数	实额	指数	实额	指数	实额	指数
1905	1,210	100	25.6	100	5.8	100	31	100
1913	2,045	169	26.2	103	8.6	148	59	188
1919	2,761	228	26.6	104	10.1	174	81	260
1935	5,234	433	31.4	123	25.9	447	256	831
1955	7,189	594	39.2	153	21.7	374	538	1,731
1960	11,822	979	43.7	171	39.8	686	711	2,286

从表上可以看出日本在这 55 年间，劳动力增长了 0.7 倍，物的资本大约增长了 6 倍，但是国民收入增加了近 10 倍，教育投资增加了 22 倍。由此可见，国民收入的增长不仅由于投资额的增加或者就业人口的增加，而且依靠了劳动生产率的提高，靠劳动者的质量的提高。

众所周知，苏联 50 年代末以后科学技术所以能够很快地发展，完全是依靠了 30 年代斯大林教育改革以后高等学校培养出来的一批科技力量。按照资本主义教育经济学的理论这就叫做教育资本的积累。教育投资不是马上就能见效的，它比物的投资见效要慢得多，但它的效果是巨大的。一项科学技术的发明可以成倍地甚至几十倍地提高劳动生产率。苏联《经济问题》杂志 1977 年第 9 期把教育费用在国民收入中所起的作用，作了如下的计算：

苏联教育费用和国民收入增长额之间的对比

	1960	1970	1975	1975 年为 1960 年的%
各种来源的教育费用（亿卢布）	85	198	263	309
占国民收入的百分比	5.2	6.8	7.3	140
靠教育和工作人员熟练程度所取得的国民收入（亿卢布）	279	797	1086	399
占所生产的国民收入的百分比	19.3	27.5	30.0	156
每一卢布教育费用所得到的国民收入	3.28	4.00	4.13	126

从上表可以看出从 1960 年起 15 年内教育费用增加了 2 倍，而靠教育和工作人员熟练程度所取得的国民收入增加了近 3 倍，在 1975 年它占所生产的国民收入总数的 30%。

第二，从劳动力的教育水平的构成的演变来考察。

由于教育的发展，生产人口的教育水平不断提高，我们可以从劳动力的教育程度的构成看到劳动力的质的提高，劳动力的质的提高必然会促进经济的发展。

《日本的经济发展和教育》一书中也有一张表：

日本生产年龄人口的学历构成（单位：万人）

年度	生产年龄人口	未入学者	初等教育毕业	中等教育毕业	高等教育毕业
1895	2,278	1,916	357	4	2
1905	2,437	1,396	1,015	21	5
1925	3,293	659	2,447	161	25
1935	3,825	255	3,154	355	61
1950	4,735	117	3,718	743	157
1960	5,699	31	3,639	1,713	315

美国战后经济发展也引起社会经济结构和劳动力构成的新变化。战后美国人口从 1947 年的 14470 万人到 1977 年的 21700 万人，增加 46.3%，同期内总劳动力由 5940 万人到 9740 万人，增加 63.9%。从劳动力的部门构成看，生产部门占的劳动力越来越少，在总的劳动力中的比重由 1950 年的 48.8%降到 1977 年的 32.2%，而服务部门占有的劳动力则越来越多，在总劳动力中的比重由 1950 年的 51.2%上升到 1977 年的 67.8%。在生产部门中，尤其是农业和采掘业的劳动力，其比重和绝对人数都在下降；在服务部门中，则以政府雇员的增加最为迅速，其中最多的是作为州和地方政府雇员的公立学校的教育工作者。从劳动力的职业构成看，白领工人（指从事脑力劳动的人）的增加速度大大超过蓝领工人（指从事体力劳动的工人），白领工人中自由职业者和技术人员，包括工程师、科学家、教师在内，增加特别快。蓝领工人中熟练工占的比重在上升，半熟练工和非熟练工的比重在下降。这种变化反映了随着生产技术水平得到提高，劳动者的文化教育水平的不断提高。劳动者的质的提高对经济发展的作用是显而易见的，以美国农业生产为例，自 1940 年实现基本机械化后，直到现在都是处在向高度机械化发展的时期，农业劳动人口持续大幅度下降，而生产力仍不断上升，农业教育和科研技术的推广无疑是一个重要因素。

苏联《社会学研究》杂志中统计苏联 1952 年到 1973 年工业工人普通教育水平的变化如下表：

苏联工业工人普通教育水平的变化

类　别	1952 年 人数（千人）	%	1973 年 人数（千人）	%
受过中等专业教育和高等（完全和不完全）教育者	124	1.1	1,310	5.6
受过完全中等教育者	173	1.4	5,584	24.1
受过不完全中等教育者	3,162	25.5	9,562	41.2
受过初级教育和更低教育者	3,941	72.1	6,767	29.1
总　计	12,400	100.0	23,223	100.0

从上表可以看到工人的教育水平有了质的提高，受过中等教育以上水平的所占比例越来越高，中等以下水平的比例越来越低。在 11 年中工业工人增加了 87%，受过完全中等教育的工人人数增加了 31 倍，而受过中等专业教育和高等教育的工人人数则增加了 10 倍以上。

第三，从科技队伍的增长来考察。

许多人已经认识到经济的竞争就是科学技术的竞争，因而科技队伍的变化就是经济发展的重要因素。美国高级科学技术人才近 20 年来有了很大的增长。战后，特别是 50 年代末开始，美国大大加快了培养高级人才的速度，从 1945 年到 1976 年，美国获得硕士学位的人数从 19200 人增加到 316000 多人，提高了 15 倍多；获得博士学位的人从 1900 多人增加到 35000 人，提高了 18 倍。美国科技队伍的构成随之发生了重大变化，显著地提高了高级人才的比率。从 1960 年到 1970 年，美国工程师中硕士的比率增长了一倍，由 22%变为 43%，博士的比率增长两倍，由 3%变为 10%；物理学家中硕士的比率由 23%提高到 33%，博士的比率由 18%提高到 25%；生物学家中硕士的比率由 15%提高到 21%，博士的比率由 7%提高到 13%。

日本的科技队伍发展也很迅速。1955 年有各类科研机构的研究人员共60000人，其中从事自然科学研究的人员34000多人，到1975年科研人员数增加到396000人，其中从事自然科学研究的人员达290000人，增加了7倍多。

科技队伍的增加对日本引进先进技术起了重要的作用。据日本政府统计，引进外国技术在50年代每年平均230项，60年代每年平均为1000项，进入70年代后每年平均超过2000项。截止1975年年底，日本共引进外国技术25777项（见《经济统计年报》1976年版），这种大规模地广泛引进外国先进技术使日本工业技术迅速赶超世界先进水平。据日本通产省调查，从1956年到1964年，日本国民生产总值年平均增长率为10.1%，其中技术进步所起的作用占48.5%。

要赶超世界先进水平，引进是一种方式，更重要的是要把先进技术加以吸收、消化，并且发展本国的科学技术，否则只能在别人后面爬行。因此培养自己的科技队伍，开展科学研究，并把它应用到生产中去就显得十分重要。美国、日本科技队伍的成长在经济发展中起的作用是很难用不同教育程度所得的工资差额比率来计算的。因此如何用马列主义的观点来研究教育经济问题还是一个有待进一步探讨的问题。

三、几点启示

研究工业化国家教育和经济的关系，我们可以从中得到一些启示，教育理论应该重视研究一些什么问题，以便使教育更好地为我国实现四个现代化服务。

第一，关于教育的性质和职能的问题。教育作为社会现象，无疑是受一定社会的政治和经济所决定的。但是过去我们把它的性质和职能看得过于狭窄，认为教育主要是培养统治阶级的接班人或者是他们所需要的奴仆，因而把教育单纯地看做是上层建筑。教育理论工作者只研究教育作为阶级斗争的工具这一个方面，而对教育和国民经济的关系，教育与生产的关系则漠不关心。特别是“四人帮”猖獗的时候，所谓“转变学生思想”成为学校工作的一切，也成为教育理论的一切，社会可以不要发展生产，学校也就可以不要知识。今天我们看一看工业化国家经济和教育发展的情况，会给我们教育理论工作者打开眼界。教育范畴里有一部分是属于上层建筑的东西，但它不完全是上层建筑，它与生产在许多方面有着直接的联系。在现代科技发展的时代里，劳动力的再生产要依靠教育，把科学技术的成果转移到生产过程中去要依靠教育。教育已经作为潜在的生产力在起作用。我们教育理论工作者要为我国实现四个现代化服务，就要研究教育与经济的具体联系，研究它的规律，使教育在发展我国国民经济中发挥更大的作用。

第二，教育既然对经济发展有巨大的作用，我们就要认真研究一下，我国的学制如何与我国当前经济发展相适应。无论是各级各类学校的构成，还是教育经费的分配都需要统筹安排。首先，根据我国当前的财力和物力，我国普及教育的年限到底以几年为合适？根据科学技术现代化的要求以及引进国外先进技术的需要，我国中等教育与高等教育应该如何设置？我们既要多出人才，快出人才，又要提高整个民族的文化科学水平；既要培养科学研究人才，又要培养应用先进技术的熟练工人，我们如何处理好提高与普及的关系？从国外近 20 年的教育情况来看，我们需要从教育制度、教育内容、教育方法以及学校行政管理等方面进行认真的研究和改革，这样才能使教育适应实现四个现代化的要求。

为了在科学技术上赶超世界先进水平，我们要大力加强高等教育，同时要加强普通中小学的教育。办一些重点中小学和大学，努力提高教育质量，这无疑是必要的，而且还应该加强。但是一个科学家总是要有几个助手去配合他，我们现在大量引进先进技术和设备，必须要有具有相当水平的技术人员和工人去使用它，吸收它。因此中等技术学校和高等专门学校就是必不可少的一个环节。但是，这个问题目前还没有被教育部门所重视。从国外来看，职业教育和短期技术大学在发展生产、促进技术进步方面起了很大的作用。我们对技术教育也应该十分重视，大力举办中等技术学校和短期技术大学以及利用广播电视等现代化教育手段推广技术教育，提高工人的技术水平。同时要培养管理人员，提高企业管理水平，才能使我国尽快地实现四个现代化。

第三，马克思在《资本论》中批判了资本主义的大工业生产，一方面造成劳动的变换，职能的变动以及工人的全面的流动；另一方面再生产旧式的分工。同时又指出："大工业自己因其本身灾难，使它不得不承认劳动的变换，因之也就是承认劳动者尽可能更多方面的发展，乃是社会生产的一般规律，而如何使诸关系适应于此种规律之正常实现，就成为生死的问题。"马克思把人的全面发展看做关系大工业生产生死攸关的大问题。马克思的教育与生产劳动相结合的理论就是从这点出发提出来的。今天工业化国家教育与经济发展的关系也完全证实了这一点。教育与生产劳动相结合是现代化生产的要求，是社会生产的一般规律，是不以人们的意志为转移的。马克思在 100 多年以前讲到在资本主义形态上，再生产了旧式的分工及其凝固的特殊性。经过 100 多年科学技术的发展，大工业为了生存和发展，正在冲破这种旧式的分工，教育与现代化生产的结合正在加强。当然，由于资本主义生产关系的桎梏，教育与生产往往脱节，毕业就失业，或者由于技术更新熟练工人变成非熟练工人而被淘汰的现象越来越严重，这是资本主义社会不可克服的矛盾。但是我们社会主义国家实行计划经济，完全有条件把教育与生产劳动紧密地结合起来。

过去“四人帮”歪曲马克思教育与生产劳动相结合的理论，把教育与落后的手工业生产劳动联系起来，甚至于用劳动代替教育，取消教育，这就只能做旧式分工的奴隶，永远培养不出全面发展的人来。今天我们拨乱反正，把教育与实现四个现代化结合起来，才能培养出一代新人。

第四，要重视师范教育。实现四个现代化，科学技术的现代化是关键，培养科技人才，教育是基础。但是要办好教育，没有高质量的师资是不成的。从国外的教育资料可以看到，先进的工业化国家都十分重视师资的质量。一般小学教师都需要有大专水平。中小学教师必须经过国家鉴定，持有合格证书才行。我国对师范教育历来不够重视。有一种偏见，认为中小学教师只要把课本上知识教给学生就行了，用不到太深的学问。但是在科学技术突飞猛进的形势下，教师如果不能掌握先进的科学知识，就不能适应科技发展的要求，就不能培养学生掌握先进的科学文化知识。师范教育犹如工作母机，关系到青少年一代的教育和成长。加强师范教育，提高中小学教育的质量，是当前刻不容缓的问题，也是具有深远影响的大事。

现代生产对教育提出的要求*

教育作为一种社会现象是和社会生产紧密联系着的。教育对促进生产的发展起着重要作用。但是，在大工业生产之前，学校教育却被少数统治阶级所垄断，劳动者只是靠师傅带徒弟的方式获得生产知识和技能。学校教育与生产劳动完全脱离。自从出现了机器生产，即大工业生产，才对劳动者提出了具有一定科学文化知识和熟练技能的要求，再加上工人阶级争取受教育权利的斗争，于是在19世纪，资本主义国家开始实行普及义务教育。随着社会生产的不断发展，近百年来，教育无论在规模上、还是在内容上都有了很大的发展。那么，现代社会生产的发展，对教育提出了什么要求呢？研究这个问题对于我国教育事业如何为实现四个现代化服务有着极为重要的意义。

现代生产的特点是什么？马克思在《资本论》中指出："现代工业从来不把某一生产过程的现存形式看成和当做最后的形式。因此，现代工业的技术基础是革命的，而所有

---

* 原载《红旗》，1980年第19期。

以往的生产方式的技术基础本质上是保守的。现代工业通过机器、化学过程和其他方法，使工人的职能和劳动过程的社会结合不断地随着生产的技术基础发生变革。”① 现代生产的含义和蒸汽机时代相比虽然有了很大的不同，但马克思所说的生产技术不断变革的特点在现代生产中的表现是相同的。

现代生产是以机器的广泛使用为基础的。只有到了用机器生产的时候，科学技术才直接与生产发生联系。科学技术的成果越来越迅速地被应用到生产中，使生产力高度地发展，从而改变了人们的社会生活，并使工人职能不断地变换。过去传统的生产，一个工人的职能一辈子没有变化。但是现在不行了，工人的职能随着生产工艺的不断变革而不断变换。马克思指出：“大工业的本性决定了劳动的变换、职能的更动和工人的全面流动性。”② 而且他认为，这种劳动的变换是大工业生产不可克服的自然规律。现代科学技术在生产上的广泛应用，逐步地使工人从直接参加生产劳动转到主要地负责控制生产，即人把完成生产中的一些逻辑思维职能交给技术手段（电子计算机等），使人从直接生产操作过程（不是从一般生产过程）中逐步解放出来。体力劳动的比重逐步减少，脑力劳动的比重逐步增多。

现代生产的这些特点，对教育提出了不同于过去的要求。它要求工人尽可能多方面地发展，以适应劳动变换的需要；它要求工人不仅用手劳动，而且能够用脑劳动，以适应科学技术在生产上的应用。马克思在100多年之前，在论述大工业生产的同时，第一次提到了“全

① 《马克思恩格斯全集》第23卷，533～534页，北京，人民出版社，1972。

② 同上书，534页。

面发展的个人”。他说：“大工业还使下面这一点成为生死攸关的问题：用适应于不断变动的劳动需求而可以随意支配的人员，来代替那些适应于资本的不断变动的剥削需要而处于后备状态的、可供支配的、大量的贫穷工人人口；用那种把不同社会职能当做互相交替的活动方式的全面发展的个人，来代替只是承担一种社会局部职能的局部个人。”① 简言之，现代生产需要全面发展的个人。这种全面发展的人，必须懂得科学技术和生产的基本原理，才能够适应生产工艺的不断变革和劳动的变换。

怎样才能培养全面发展的个人呢？马克思认为，就是要把教育同生产劳动结合起来。他说：“正如我们在罗伯特·欧文那里可以详细看到的那样，从工人制度中萌发出了未来教育的幼芽，未来教育对所有已满一定年龄的儿童来说，就是生产劳动同智育和体育相结合，它不仅是提高社会生产的一种方法，而且是造就全面发展的人的唯一方法。”② 由此可见，大工业生产要求人的全面发展，必须使教育同生产劳动结合起来。

过去教育理论界把教育同生产劳动相结合看做是“无产阶级教育和资产阶级教育的分水岭”，这是不够全面的。它既然是大工业生产生死攸关的问题，那就是一个带有规律性的问题。它不只是对无产阶级教育起作用，而且对资产阶级教育也起作用。我们考察资本主义工业化国家的现代教育就可以发现这样一点：工业化国家的教育所以得到迅速的发展，正是因为它们的经济发展，要求教育为它培养掌握科学技术知识的技术人员和熟练工人；同时由于教育的发展适应了这种

---

① 《马克思恩格斯全集》第23卷，535页，北京，人民出版社，1972。
② 同上书，530页。

要求，又反过来促进了经济的发展。

当然，在资本主义制度下，教育同生产劳动的结合只是现代生产的客观需要，不是像无产阶级那样从最终实现共产主义的目的着想，通过它来消灭体力劳动与脑力劳动的差别。同时，正如马克思所说的，由于资本主义的固有矛盾，即生产的社会性和生产资料的私人占有之间的矛盾，资产阶级为了获得廉价劳动力，总是要保持一批劳动后备军。因此，一方面现代生产需要随着生产工艺的变革而不断变换他的职能的工人，而另一方面又有大批的工人失业。因此教育同生产劳动相结合，在资本主义制度下是不可能彻底实现的。只有在工人阶级夺取政权之后，才能得到彻底实现。

很显然，教育同生产劳动相结合，要求学生学习的内容，应该是适应现代生产需要的科学技术知识，而与它相结合的是现代化的大工业生产。把教育同手工业生产联系起来，甚至于把学生参加打扫卫生、自我服务劳动，都叫做教育同生产劳动相结合，这就曲解了教育同生产劳动相结合的原意，教育同生产劳动相结合也就不可能得到真正的实施。

在我国，如何遵循教育同生产劳动相结合这条普遍规律办教育呢？我们的理解应该是：使教育同整个国民经济、生产建设相联系、相适应；培养的学生能够掌握现代科学技术知识和技能，能够在实现四化中适应现代生产的不断变革，成为全面发展的人。为此，整个教育事业都应当注意如下几点：

第一，要使教育事业计划成为国民经济计划的一个重要组成部分。首先需要解决一个认识问题，要认识现代教育在现代化生产中的作用，从而认识到没有现代教育，现代生产是不可能进行下去的，实现四个现代化是没有希望的。人们常说，实现四个现代化，科学技术是关键，教育是基础。这是因为培养科学技术人才和熟练劳动力都要依靠教育。教育应该走在最前面。特别是培养人的周期比较长，教育事业的计划要提前考虑。对教育的投资不仅要看到当前国民经济建设所需要的劳动力，而且要预见到10年、20年以后国民经济建设所需要的劳动力。从工业化国家的经验来看，教育投资的增长率总是超过物质生产投资的增长率，是很有道理的。我国近20多年来教育经费的增长率，远远落后于物质生产投资的增长率，使得教育事业落后于国民经济的发展，再加上林彪、“四人帮”的破坏，使教育拖了经济建设的后腿。因此，要使教育同国民经济的发展相适应，就应该逐步改变教育投资在整个国民经济投资中的比例，逐步增加教育经费。当然，增加教育经费要视国家的财力，量力而行，不能骤然增加许多，以免影响经济建设的进行。只有从思想上重视这个问题，然后才能逐步改善。

第二，教育事业内部的比例要适当。要建立起适合我国国民经济发展的教育制度和教育体系，以满足生产建设各部门对各种人才的要求。当前特别要求对中等教育结构和高等教育结构进行改革。据统计，一个高级科技人员需要三五个中级技术人员的配合。因此不能只培养大专毕业生，应该相应地培养中级技术人员。同时，中学毕业生绝大部分要就业，中等教育应该为他们将来的就业做准备。实践证明，普通中学毕业生，没有经过劳动技能的训练是不能适应现代生产要求的。中等教育一定要改变单一化的现状，建立各种专业学校、技术学校和职业学校，以满足社会生活的多种需要。这个问题已经为社会和各级教育部门所重视，正在进行试点，但还要进一步与劳动部门相配合，经过调查研究，有计划有步骤地加以解决。

高等学校也要采取多种形式办学。除了四年制的大学外，要多发展两年制的短期大学、技术专科学校。这样才能满足社会对各种人才的需要，满足青年升学的要求，同时也才能保证高等学校的质量，更好地发挥教育投资的经济效益。高等教育中文理科的比例要适当。文科的比例要增加，文科各专业都有自己的业务知识，不是人人都能干得了的。特别是现代生产的组织管理，迫切需要有专业知识的人才，培养这种人才的问题已经充分显露出来，值得重视。

在办好全日制学校的同时，要大力加强职工业余教育。我国职工队伍的科学文化水平比较低，影响使用先进技术和设备的效果。因此，职工队伍的再教育是我国实现四化的重要条件。

教育结构的改革需要和干部制度的改革、劳动制度的改革结合起来。只改革教育结构，不改革干部制度，对干部不提出业务上的要求，教育部门培养出来的人才就会无用武之地。我国文科在高等教育中的比例很小，本来文科人才很缺，而实际生活中却有许多文科专业的毕业生要改行，如教育专业的毕业生，近十多年来大部分改行。这是因为对校长，对教育科、处、局长并没有明确的专业要求，也不经过专门培训，似乎随便什么人都可以当。干部制度中那种只讲成分、资历，不讲学历和专业知识的做法如不改变，文科学生培养得再多也不能发挥作用。劳动制度也一样，如果招工不问学历和业务能力，职业技术学校就巩固不起来。因此教育结构的改革需要由教育部门和劳动部门、组织部门、计划部门共同研究，统筹规划。

第三，在培养人才的规格上要适应现代生产的需要，适应现代科学技术日新月异的变化。特别是高等教育，应该培养什么样的专家？过去培养的专家专业知识比较窄，在处理具体的生产问题时起了很大的作用，但随着现代科技的发展，现代生产的不断变革，这种专家已经不能适应形势的要求。科学技术的迅猛发展，使得技术革新从个别生产部门或生产环节普及到整个生产部门和过程。这就要求专家具有职业上的机动性和适应性，并具备适应当前专业知识不断更新的能力。

比如，现代生产要求管理人员具有预见性。一个现代化工厂，从建厂到投产需要好多年，工厂投产时的产品往往会是设计建厂时所没有预计到的。搞管理工作的人，就要有科学的预见性，及时调整设计方案。在科研工作方面，现在要求一个科研人员什么都懂是做不到的，因此就要求管理人员补充科研人员和生产人员在这方面的不足，他要比科研人员和生产人员看得更广更远些，要具备组织科研、生产及驾驭科技形势的能力。因此高等教育不仅要培养科学技术人才，而且要培养博大精深的管理人才。

现在，高等学校的任务，已经不能只限于通过教学把现有的知识传授给学生。科学技术的高度发展及其在生产上的应用，提出了在高等学校开展科学研究工作的必要性。这是因为，高等学校如果不开展科学研究，就不可能跟上形势的发展，不可能提高学校的科学水平和教学质量，不可能培养出合格的科学技术人才和管理人才。同时，现代许多研究课题是跨学科的。只有高等学校，特别是多学科性大学和综合大学才具备解决跨学科课题的条件。因此，为了使高等学校适应现代生产需要，就有必要把重点高等学校办成既是教育中心又是科学研究中心。

第四，教育内容要反映当代最先进的科学技术成果。这一点是没有争议的。但如何实施，却需要经过周密的研究和试验。从国外近20多年的经验来看，有几点是值得我们学习借鉴的：

（1）加强中小学的科学教育。要编写一整套反映现代科学新成果的，又适合于中小学教育的教科书和学生课外读物。从小学开始，就加强科学教育的内容，使儿童从小就学习科学，热爱科学。加强科学教育，不在于把什么知识都教给学生，而是要把该学科中最基本、最核心、最先进的东西教给学生。因此，中小学课程的设计和教材的编写工作，是提高中小学教育质量的关键。

（2）在加强科学教育的同时要加强外语教学。现代科学是没有国界的，要掌握最新的科学技术情报，就要懂得外语。一个国家的外语水平在一定程度上反映这个国家的文化教育水平。由于我们对外语教学重视不够，我国科技人员的外语水平过低，成了吸收外国先进科学技术的障碍，我们应当吸取这个教训。外语教学也应该从中小学抓起，在中学外语过关了，到大学才能专心致志地攻读专业知识。

（3）中等学校要加强工艺教育或综合技术教育，使学生初步了解现代生产的概念和一般生产过程，掌握使用基本劳动工具的技能。这就要适当地组织学生参加生产劳动。有条件的学校可以办工厂、车间或农场，培养学生的劳动观点和技能。

（4）高等学校要加强基础课，使学生具有宽厚的基础知识，这样学生的适应性就比较强。现在世界各国高等学校普遍重视基础课的教学，防止狭隘的专业化（培养一技之长的专科除外）。美国一些比较著名的理工科院校，近年来讲授数学和其他基础科学的时间增多，专业课的时间显著减少。例如培养电气工程师的教学计划中，基础课教学 50 年代占教学时间的 25％，60 年代占 40％，70 年代初增加到 50％，而专业课时间分别由 45％降到 30％以至 20％。其他国家近年来也都注意加强基础课。

为了使大学毕业生的知识宽厚，文理科互相渗透和结合也是当前高等教育的改革趋势。美国著名大学麻省理工学院就设有文科学院。大学本科一、二年级学生基础必修课共 180 学分，其中自然科学必修课60学分，人文、艺术、社会科学必修课72学分，自然科学分类必修课36学分，实验室必修课12学分。几乎文理各半。苏联的理工学院近年来也重视文科的教学，有的开设了历史、文学、艺术、心理学等课程，要求未来的工程师熟悉劳动立法、工程心理等等。

第五，在培养方法上要重视学生自学能力的培养。科学技术的迅速发展，带来科学情报知识“爆炸”。据估计，近10年来的科技新发现、新发明比过去2000多年的总和还多。现在全世界每年发表的科学论文就有500多万篇，每年登记的发明创造专利就达30多万件。要使学生在短短的十几年的学龄时期掌握所有的科学知识是办不到的。学生在学校里学习的只是最基本的知识，重要的是要培养学生的自学能力。只要学生的自学能力增强了，并掌握了独立钻研方法，善于吸取新的科学知识，在工作中就能不断提高自己的科学水平，适应新的科学技术的变化和发展。因此各级学校都要重视学生自学能力的培养，特别是从小学就要开始。在高等学校中更要注意培养学生的独立工作和学习的能力。大学的课程要适当地减少，要改变传统的讲授方法，让学生有自己独立钻研的时间。在加强基础课教学的同时，让高年级学生参加科学研究或工程设计，来培养和锻炼他们的各种能力。

以上几点，只是从现代生产对教育的一般要求，从实现教育同生产劳动相结合这个普遍规律的角度出发提出的一些想法。现代生产的影响，渗透到人们的一切社会生活，它对教育的方针政策、制度、内容和方法以及教育手段等各个环节，都提出了新的要求。需要把它作为教育科学研究的重大课题来研究。通过认真的调查研究、改革、实践，探索规律，使我国的教育事业为实现四化作出新的贡献。

现代生产与现代教育*

一、现代生产有哪些特点

18世纪，在英国爆发了产业革命，从此开始有了现代的生产。从全世界范围来说，现代生产发展到今天已经历了几个阶段：第一个阶段是蒸汽机的发明和应用；第二个阶段是电的发明和应用；第三个阶段是电子、核技术的发明和应用。马克思在《资本论》中说："现代工业从来不把某一生产过程的现存形式看成和当做最后形式。因此，现代工业的技术基础是革命的，而所有以往的生产方式的技术基础本质上是保守的。"① 马克思在这里把现代生产与以前的传统生产严格区分开，说现代生产是不断变革的。

现代生产是建立在现代科学技术基础上的。生产的需要和科学技术的发展互相促进；科学技术一有突破，生产

* 本文是作者在一次高等教育讲座上的讲演记录，1981年第1期《外国教育动态》选载。

① 《马克思恩格斯全集》第26卷，533页，北京，人民出版社，1973。

就会几十倍甚至成百倍地提高。

现代生产的不断变革表现在哪些方面呢?

第一，科技的成果迅速地被应用到生产中。科学技术从发明到应用的周期越来越短。蒸汽机从发明到应用经过了80年；电动机从发明到应用经过了65年；二次大战中，从发现核裂变到第一颗原子弹的生产用了6年；60年代的晶体管从发明到生产只经过了3年；70年代的激光器，从发明到生产仅仅用了1年。

第二，新技术、新产品过时的速度越来越快。据统计，最近10多年发展起来的工业新技术30％已经过时；电子技术领域中的新技术50％已过时。60年代初，电子技术领域开始应用晶体管，1966年，美国70％的晶体管应用于导弹、计算机和通讯设备上，经过3年，导弹系统的计算机已经不用晶体管，而采用集成电路，而且集成度也是每年翻几番。0.1平方英寸的硅片上，50年代只能做一个电子元件，现在可以做3万个乃至几十万个电子元件。

第三，生产工艺不断变革造成了行业的不断变换。生产新工艺的应用造成新行业产生，旧行业消失。美国从1949年到1965年，大约有8000种职业从劳动力市场消失，同时有6000种新的行业出现。当前最大趋势是农业从业人口越来越减少，工业从业人口保持现状，服务行业从业人口大大增加。

从高度发达的工业化国家情况看，现代生产发展到今天，又有什么新特点呢?

1. 生产手段超过机械化时代，进入了“人化机械”时代。

2. 工业生产由过去的粗放化转到集约化。据统计，由于工业集约化，机器设备更新加快，过去10年一次，现在5年一次。

3. 农业生产的工业化。农业机械化程度越来越高。像工业一样，越来越专业化、协作化。农业劳动生产率大大提高，农业人口大大减少。美国 30 年代到 40 年代，1 个农民养活 11 个人，现在 1 个农民可以养活 52 个人。欧洲有些国家农业劳动生产率还要高。

4. 经营管理现代化。日本称科学、技术、经营管理是现代文明的“三鼎足”。

5. 产生了新型的工人。人在生产中的地位发生了质的变化。由人的直接生产转到主要是控制生产，把人在完成生产中的一些逻辑思维职能交给了技术手段（电子计算机等），人就从直接生产（不是一般生产）过程中解放出来。社会劳动智力化，从而产生了新型工人，即不但用手而且用脑劳动的人。

二、现代生产对教育提出什么要求

现代生产改变了人们的一切社会生活，当然对教育也提出了不同于过去的要求。大工业生产以前，学校主要是培养少数统治阶级的子弟，劳动人民受不到教育，教育和生产劳动没有直接关系。劳动人民受到的不是学校教育，而是靠师傅带徒弟的方法学习劳动技能。当时的手工业生产可以靠这种方法培养劳动力，而大工业生产就不能满足于这种方法了。马克思在《资本论》中提出：“大工业的本性决定了劳动的变换，职能的更动和工人的全面流动性。”① 马克思说，劳动的变换是不可克服的自然规律。正因为如此，需要用全面发展的人来代替片面发展的人。人的全面发展是从大生产的需要提出来的。

现代生产本身要求人的全面发展，这就需要把教育和生产劳动结合起来。这是现代生产的自然规律，也是现代教育的普遍规律。过去

① 《马克思恩格斯全集》第 26 卷，534 页，北京，人民出版社，1973。

我们把教育和生产劳动相结合只看成是无产阶级的教育原则，这是不确切的。资产阶级教育要符合生产的需要，也要把教育和生产结合起来。实际上，西方国家的教育和劳动结合得很紧密。但是，资本主义社会由于它的固有矛盾，教育和劳动相结合不可能得到彻底实现。

我们要自觉贯彻这一条规律。在我国如何贯彻呢？对这一点，我们过去有片面的理解，认为把学生带到工厂去劳动，就是教育和生产劳动结合了。现在看来，应该是使教育和整个国民经济、生产建设相结合、相适应，使学生掌握先进的科学技术基础知识，全面发展，以适应生产的不断变更的需要。这不是个别学校的问题，而是要建立一个适合我国国民经济需要的教育体制。这就要求做好以下工作：

1. 教育位置要摆得适当。从教育和经济的关系着眼，使发展教育的规模要同整个国民经济相适应，成为国民经济中的一个重要的组成部分，把培养各种人才纳入经济计划中。一般国家的物质生产投资增长率不如教育投资的增长率，后者应更快些。日本从 1960 年到 1974 年，教育经费由 7522 亿日元增至 84624 亿日元，增长了 10 倍，而国民经济总产值只增加了 2.5 倍。从教育经费占国民经济总产值的比例来看：美国（1976）占国民经济总产值的 5.8%，占财政支出的 15.8%（有的统计为 17.7%）；英国分别占 7%和 16.6%；法国分别占 4%和 17.3%；西德分别占 5%和 14.5%；日本分别占 5.3%和 21.7%；印度（1975）分别占 3.3%和 20.7%。苏联占财政支出的 14.9%。当然各国在计算国民总产值时方法不同，计算教育经费的方法也不同。这些数字只能作为参考。从按人口平均教育经费来讲，1975 年美国 471.42 美元，日本 247.74 美元，第三世界的埃及只有 18 美元，印度 3.94 美元。我国 1978 年和 1952 年相比，工业固定资产增加了 20 倍，可是工程技术人员（大学和中专生）只增加了 8 倍，教育经费只增加了 6.3 倍。可见我国教育经费比工业投资的增长慢得多。当然，教育和经济比例不相适应的情况，要逐步改变，不可能一下子增加许多，从而影响国民经济建设。但应有明确合理的比例，也就是说要看到，不把教育搞好，现代化也不能实现。

2. 教育内部结构应适当改革，要建立一个适应我们生产发展需要的教育体制，培养生产各部门需要的人才。这个问题的解决要同干部结构改革结合起来，要和劳动计划部门共同规划。现在反映文科太少，但是文科的人才多了要使用他们，否则就会浪费。如 60 年代教育系的毕业生大部分改行、转业，这是因为我国的实际情况是教育行政领导干部往往由没有学过教育的人来充当。

3. 教育内部要适应当代生产的需要，反映当代科技的发展。教育要培养不仅用手而且用脑工作的新型工人，他们不仅会生产而且要会管理生产。因此，工艺教育（综合技术教育）要在中学课程中加强，使学生熟悉总的生产过程。

4. 培养方法要注意培养学生的能力，不是学死的知识。例如，1665 年世界上出版了第一本科技杂志，1865 年就有了 1000 种，1965 年则突破了 10 万种。现在每年全世界有 500 万篇科学论文发表，说明科学技术知识爆炸性的发展。这就需要注意发展学生的能力，使之善于吸取新的科学知识，以适应千变万化的科技发展。

5. 在学校中开设生产技术课和劳动课，培养学生的劳动态度和习惯。

总之，教育和生产劳动相结合，是现代教育的普遍规律，是一个带根本性的问题，需要我们很好地研究。

三、现代教育的一些动向

近几十年来教育受到社会普遍的重视，教育也进行了重大的改革，最主要的原因是生产力的发展。生产力的发展对教育提出更高的要求。产业革命以后，要求工人有一定的知识，于是从19世纪开始有了普及义务教育，随着生产的不断发展，普及教育的年限也不断地延长。例如日本，从1886年开始实行义务教育，期限4年，1907年延长到6年，1947年又延长到9年，现在实际上已普及高中。教育随现代生产的发展而不断发展，并不断地进行着改革。那么，战后在工业发达的国家中，教育有哪些值得我们注意的动向呢？

1. 教育普及化。教育的发展首先表现在数量上。学前教育得到重视，扩大和发展起来。中等教育逐渐普及。美国高中入学率最高，1974年就达到96.4%，日本到1978年也达到了96%。中、小学年限，大部分国家定为12～13年，只有少数国家实行10年制。发展最快的是高等教育。以世界几个发达的工业国家为例，美国每1万人中的大学生人数，1958年为185人，1973年为456人，增长率246%；1974年高中毕业生升入大学的占44.5%。日本1958年69人，1973年185.3人，增长率是268.5%；1978年高中毕业生中升大学的占39.2%。

2. 教育结构多样化。主要是高中和大学的结构多样化。世界各国的高中结构不同，但有一条是相同的，即不是单一化。日本有高中和各种各类的职业学校。高中又分职业高中和普通高中。职业高中有工、农、商、水产等各种专科。法国在高中头一年分成3组：A组（文科）、C组（理科）、T组（技术组）；第二年和第三年（结业班）分成5个组：A组（文学、哲学）、B组（经济和社会科学）、C组

(数学和物理)、D组(工业技术)、E组(经济技术)。其实，结业班已失去了普通教育性质，变成相应专业的准备班了。总体看有这样的几种情况：一是高中分科，一是高中分组。很多国家在中学设定向教育或指导阶段，多样化的另一表现是设选修课。

大学也是多样化，战后出现了一些新型大学。如短期大学，美国二年制大学生占整个大学生的比例1968～1969年是18.6%，1978～1979年是21.5%。日本战后抄袭美国的教育制度，也发展了短期大学。另有开放大学、业余大学、函授大学、广播电视大学等。美国还有暑期大学。这些学校主要为没有受过正规高等教育的人提供学习机会。苏联也很重视业余大学，业余大学的教学计划和正规大学基本相同，要求很严格。

3. 教育内容现代化。首先是中、小学教学内容的改革。突出的是加强了科学教育。新数学就是在这个浪潮中提出来的。美国的中小学教学内容改革是从50年代末期苏联发射第一颗人造地球卫星以后开始的。为了提高中小学教育质量，加强了数学、自然科学、外语所谓“新三艺”的教学，加强理科实验室建设，培养天才学生等。还组织了大批科学家来编写数学、物理、化学、生物等科的教材，把新的科技内容编进教材。苏联也在不断地改革教育内容。他们组织了500多人的委员会，对数学、物理、化学、生物、天文等课程进行改革，以便使教育内容和水平符合现代科学技术的要求。

其次是教育手段的现代化。普遍采用幻灯、投影、电影、语言实验室等电化教育手段。

4. 重视学生能力的培养。在现代“知识爆炸”的时代，知识的陈旧率很高。有人估计，学化学专业的人，30年代毕业生到50年代有用的知识只剩16%，而从50年代到60年代，有用的知识只剩6%

了，所以要发展学生的能力。

5. 重视职业技术教育和终身教育。由于科学技术在生产上的应用和中等教育的日益普及，教育如何为青年就业作准备这个问题突出出来，职业教育受到普遍重视。美国在50年代和60年代20年间用于职业教育的经费增加了6倍，学生人数增加了1倍多。到70年代，美国政府又提出所谓“职业前途教育”作为教育目的，要贯彻到所有的学校中去。日本垄断集团直接干预教育，要求教育密切配合经济的发展，提出产学合作的口号。企业为学生提供奖学金，学校和企业联合起来搞研究，企业提供设备，为自己培养人才。在联邦德国，义务教育（9年）完结后，不准备升学的人还必须有3年时间的职业准备，叫“职业准备年”。

与职业教育相联系，提出了终身教育的主张，即给职工再教育的机会，以适应科学技术日新月异的发展和劳动的变换。即便是大学毕业，也还有接受再教育的机会。有些国家已经作为法令规定下来，如法国，规定企业以工资总额的2%来对职工进行终身教育。

近年来西方又流行所谓“回归教育”。它同终身教育有相同的地方。西方有些人认为，现在知识日新月异，读完大学要4年的时间，毕业时有些知识又过时了，倒不如在学校里学习一段时间就去工作一段时间，然后再回来学习。现在也有人说，不应把人的一生截然地分成学习阶段和工作阶段。

6. 高等教育的改革。战后，工业发达国家高等教育在数量、培养方向、方法上变化都很大。15～16世纪西方的高等教育主要培养统治人才、学术人才，所以注意博学。产业革命之后，提出了培养科技人才的任务，因此出现了多科性技术学院，倾向于专科。二次大战以后，随着科学技术的发展，高等教育的任务又发生了新的变化。现在高等教育又在向博学方面发展。学校过去是传授知识的地方，现在要创造知识，因此学校既是教育单位又是科研单位。强调学校要搞科研，是因为：(1) 要提高大学的水平，不搞科研是不可能的；(2) 学校培养的专家不仅要有现成的知识，而且要有科研能力；(3) 现在不少科研项目是跨学科的，高等学校有各种学科，所以最有条件搞跨学科的研究。

随着任务的变化，高等教育的内容和方法也在改革。(1) 加强基础课教学。美国的高等学校专业课时间显著减少，一些主要大学都在研究如何改革公共基础课程。苏联近几年也重视了基础课。如列宁格勒工学院，社会政治课占全部课程的 7.9%，基础理论课占 31%，专业基础课占 50%，专业课仅占 11.1%。(2) 文、理科渗透。如美国麻省理工学院设了人文科学院、管理学院、建筑和规划学院。学生基础必修课 180 个学分中，文科占了 72 个学分。

近 20 年来，工业化国家的教育改革很值得我们研究，我们可以从中吸取有益的经验教训。50～60 年代是几个发达的资本主义国家经济发展的黄金时代。那时，新的科学技术在生产上的应用需要大量的科技人才，教育也就迅速发展起来。当时，人们产生一种错觉，认为经济会无限地增长下去，教育可以提高劳动生产率，从而提高个人的收入，可以消除社会的贫困和不平等。但到了 70 年代初，爆发了不可避免的资本主义经济危机，打破了人们的美梦。经济的衰退带来了教育危机。表现在大学毕业生失业，大学招生不足，许多大学因经费不足，开学困难。据美国劳动统计局估计，到 1985 年大学生过剩 80 万人，特别是有博士学位的人。人们开始看到，教育并不能总是给所有人带来富裕，教育投资不能自然而然地增长福利。社会的贫困和不平等更不能靠教育来解决，教育是从属于社会政治经济的，它对社会政治经济的发展起着重要作用，但最终决定教育命运的还是这个社会的政治经济制度。

教育与需求——现代教育发展中的主要矛盾*

一、教育的供与求矛盾

教育的供与求的矛盾是战后教育发展中的最突出的矛盾，也是诸多矛盾的集中表现。供与求的矛盾表现在两个方面：一是数量上，二是质量上。无论在数量上还是在质量上，20 世纪 70 年代以来问题不是有所缓解，而是越来越严重。本文将从教育与社会发展的关系，从全球的视野来分析这些矛盾。

先来看看数量上的供求矛盾。教育的需求来自下面几个方面：第一，人口爆炸；第二，家长对子女受教育的要求日益扩大；第三，因科技发展、社会变革，就业人员提出再学习的要求。下面我们分别来考察这几个方面的问题：

1. 人口增长与教育需求。世界人口急剧增长是对教育最大的压力。在历史上，世界人口的增长呈加速度状态。据统计，1650 年世界人口只有 5 亿，到 1800 年，即 150 年

* 原载《比较教育研究》，1995 年第 3、4 期。

以后翻了一番达10亿；又经过130年到1930年，又翻了一番达20亿；此后1975年达40亿，翻一番的时间缩短到45年。特别是二次大战以后，世界人口的增长更是惊人。1950年全球人口是25亿，到1975年就达40亿，1990年则已达52.6亿，年增长率约为2%，也就是每年要增长人口约1个亿。

当然，人口增长在工业发达国家和发展中国家是有重大差异的。人口增长率居高不下主要是在发展中国家，尤其是在不发达地区。这些地区人口总数占世界人口总数的比例从1950年的66%上升到1989年的79%①。虽然80年代以来，有些国家制定了计划生育的政策，人口增长率开始下降，但是由于基数较大，人口增长的绝对量依然高得惊人。新生儿长到学龄时期就对教育提出要求，这种需求和这些地区的经济形成鲜明的反差。尽管许多国家做出了极大的努力，但经费的增长常常跟不上人口增长的速度。据联合国教科文组织的统计数字表明，发展中国家1960～1980年小学阶段在校生数增长的50%被人口增长所抵消。因此大多数发展中国家面临着人口不断增长，并由此所带来的教育需求的沉重压力。这些国家要普及教育和扫除文盲需要付出艰苦的努力。尽管他们确已付出了巨大的代价，但就目前的经济发展状况来看，前途不可乐观。

工业发达国家是另一种景象。多数工业发达国家在60年代中期以后，人口出生率就大大下降，到70年代中期，许多地区出现了负增长，例如法国。在这些地区中小学的需求已经得到满足。但是随着经济的发展和人们富裕程度的提高，对教育的需求也越来越迫切，高等教育和成人继续教育成为这些地区的主要教育需求。而且事实说

---

① Digest of Education Statistics，1992. p. 407.

明，家长文化程度越高，对子女受教育的要求也越高。因此，这些地区教育供求的矛盾依然存在，只不过要求的层次不同而已。

中国是一个人口众多的国家，中国人口增长对教育的压力十分巨大。尽管国家推行计划生育政策，并且取得了很大成绩，目前人口出生率已控制在2%以内，但由于基数太大，人口增长的绝对数字仍很大。1992年出生2119万人，1993年出生2160万人。如果1994年全国人口能够控制在12亿以内，则到2000年中国总人口约在13亿。这些数字表明，中国每年有2000万学龄儿童等着入学。《中国教育改革和发展纲要》中提出要在20世纪末普及九年义务教育，除了每年2000万小学入学人数外，还要增加初中阶段教育的学生数。如果以1993年小学毕业生升学率81.8%计算，小学毕业生还有336万人未能升入初中（小学毕业生数为1845.1万人，初中招生数为1505.6万人）①，还有成人扫盲的任务约每年400万人。这样巨大的压力在世界上也是罕见的。作为发展中国家，中国除了要经过艰苦的努力，增加巨大的资金投入以外，还要努力提高办学效益，减少教育浪费。

(1) 人口的流动与教育的需求。人口因素对教育的需求不仅表现在人口的增长上，还表现在人口的流动和迁移上。二次大战以后人口流动的总的趋势是由农村流向城市。这种流动在发达国家尤为明显，城市化已成为现代化的重要特征。在发展中国家城市化也是很明显的。较为现代化的企业都集中在少数城市，甚至于发展中国家的大城市比发达国家的大城市发展还要快得多。大批农民涌向城市，为了适应城市生活就需要学习。不仅因为城市人口增长、学龄儿童增长需要增加中小学的学生名额，而且涌入城市的中青年也需要学习。这些需

---

① 参阅国家教委计划司编《1993年中国教育事业发展统计资料简况》。

求光靠正规教育是完成不了的，需要发展非正规教育。

中国改革开放十多年来，城市化发展极为迅速，农村人口向城市转移的速度也很快。据有关资料统计，1992 年中国工业总产值占社会总产值的 80.2%，中国可以说是一个工业国家。然而，在总人口构成中，农村人口约有 8.2 亿，占人口总数的 72.4%。改革开放以来，农业剩余劳动力不断增加，1992 年底约有 1.3 亿人。虽然因为乡镇企业蓬勃发展，形成了“离土不离乡”、“进厂不进城”、“就地转移”等农村劳动力转移的模式，但仍有许多农民涌入城市。1990 年普查，全国常住流动人口达 2135 万①人。而短期流动人口的数目还要大得多。农村流入城市人口的文化程度普遍低于城市人口。据统计，1992 年转移出的农村剩余劳动力中，文盲半文盲占 6%，小学文化程度占 29.3%，初中文化程度占 51%，高中以上文化程度占 13.7%。这些人转移到城市，降低了城市人口的平均文化素质，同时也降低了农村人口的平均文化素质，因为从农村流出的人口大多比留在农村的文化程度高。这种状况给中国教育增加了巨大的压力。

从国际范围来讲，人口素质还有一个移民问题。由于战争和自然灾害，大量发展中国家移民离开自己的家园，移居到发达国家。美国、加拿大和澳大利亚是移民涌入最多的地方。越南战争结束以后，大批难民拥挤在破旧的船舱里，渡过太平洋来到这些国家，一部分就近到了中国。在美洲，移民最多的是墨西哥人，他们成百万地非法进入美国。移民大多数文化程度较低。到了新的国家就要为适应新的环境而学习，首先要学习当地的语言。移民问题成为发达国家沉重的负

① 江流主编：《1993～1994 年中国社会形势分析与预测》，北京，中国社会科学出版社，1994。

担，它们需要付出大量的资金和人力去解决。

(2) 人口的结构变化和教育需求。战后人口的年龄结构发生了很大变化。由于医学的进步，医疗保险事业的发展，人类的年龄普遍延长了。特别是工业发达国家，一方面人口出生率下降，另一方面死亡率也下降。因此许多国家进入了老龄社会。这种变化对教育的需求也产生了影响。70 年代以后许多国家一方面中小学的校舍空闲下来，另一方面兴起了“老年大学”、“闲暇大学”。世界上第一所老年大学首先在法国诞生，以后许多国家都成立了类似的大学。中国的老年大学在 80 年代兴起，至今已约有 5000 所（1994 年 6 月）。人口年龄结构的变化带来的老年人的公共福利费用与年青一代的教育费用的矛盾日益加剧。

2. 社会发展与教育需求。除了人口增长这样一种自然因素对教育有沉重的压力以外，社会发展对教育的压力也是不轻的。这里的社会发展是指所有技术、经济、社会和文化方面的变化和进展。

(1) 科学技术进步与教育需求。二次大战以后的科学技术发展是惊人的。以电子、核子为中心的科学技术革命把人类带入了一个新的时代——信息化时代。新的科技革命带来了知识爆炸。20 世纪 60 年代以来人类创造的知识比人类几千年来积累的知识总量还要多得多。学习已经成为现代社会生存的必要条件，不仅在年轻的时候要学习，而且要终身学习，才能适应科学技术发展的需要。

从总体上来讲，科学技术是要依靠教育才能积累和发展的。但是，科技发展又反过来要求教育随之发展，不仅有数量上的增加，而且对教育层次和内容也提出新的要求。

(2) 经济发展与教育的需求。战后由于经济的增长而出现对人才的大量需求，60 年代人力资本的理论就是经济高速增长的时候提出来的。虽然70年代由经济危机带来的生产萧条使人力资本理论面临破产，但人才的需求仍然是经济复兴和发展的条件。80年代以来世界经济竞争日益激烈，特别是进入90年代，世界政治局势发生了根本性的变化。苏联解体、东欧剧变，打破了世界两极对抗的局面。政治局势趋于缓和，但经济对抗却越演越烈。美日对抗、美国和欧洲共同体的摩擦，把经济竞争提到对抗的首位。发展经济要靠产品的革新，而产品革新要依靠高新技术的发明。培养高新技术人才就成为各种教育改革的焦点。

由于科技进步引起了经济结构的变化，众多的工人、工程师、管理人员需要学习新的知识；国际贸易模式的变化，特别是发展中国家为引进新的技术，加入国际贸易市场，需要学习他们过去还很不熟悉的东西，使得教育的需求比任何时期都迫切，但是现在的教育能够满足这种需要吗?

(3) 社会变革与教育需求。战后社会生活发生了巨大的变革，民主化是变革的主旋律，不仅要求政治民主化，而且要求教育民主化。教育已经不是少数有钱人的专利品。英国取消11岁考试，推行综合中学运动，这是教育民主化的突出表现。美国小石城事件以后，教育上的种族歧视已被人们视为不文明的表现。尽管在教育上的种族差异依然存在，但是社会普遍呼吁要对处境不利的儿童给予特殊的教育补偿，从头开始计划、补偿教育计划在许多国家兴起。

发展中国家的教育需求尤其大量、迫切。许多殖民地国家独立以后，深切认识到教育对他们民族独立和振兴经济的重要性，把教育计划纳入到整个国家发展计划之中。正如《学会生存》一书序言中所说："当第三世界国家从殖民地时代挣脱出来的时候，它们就以全副精力投入了反愚昧的斗争；它们十分正确地把这种斗争视为彻底解放和真正发展的非常重要的条件。”① 但是第三世界发展教育的经验不能说是成功的。其中有两个问题困扰他们，一是外国教育的模式不符合他们的国情，也解决不了他们所需要的人才问题；二是这些国家在教育方面的投资和它们在财政上的可能性是不相称的。高等学校毕业生的人数远远超过了经济可能的力量，不仅造成了高等学校毕业生的失业问题，也造成了大批人才的外流。这种现象不仅得不偿失，而且造成广泛的心理上和社会上的不平衡。

发达国家因社会变革引起的教育需求也是明显的。过去，正规学校，特别是高等学校是一种选拔学校。战后民主化的要求，使得教育机会均等的呼声越来越高。中等教育虽然在一些国家还存在能力的差别，但日益统一，而且达到了普及。教育的分化总是会存在的，因为每个儿童的能力、兴趣、特长都有差异，儿童的努力程度也有差异。教育机会均等只能理解为人人都有学习的机会，至于学习什么，还要看儿童的能力、兴趣和努力程度而定。高等教育在许多发达国家已达到大众化程度，入学条件已经没有什么限制。但由于大学的水平差异，声望不一，追求高水平的名牌大学仍是青年的理想。

社会变革和民主化的另一种表现是妇女进入劳动力市场。政治的民主化必然要带来妇女的解放，同时科学技术的发展也为妇女提供了许多就业机会，70 年代以来妇女进入劳动力市场的比例有很大提高。妇女从事职业需要学习，同时带来了家庭的变化，如子女的早期教育问题，因家庭离异而产生的子女教育问题等等都对教育提出了新的要求。

① 联合国教科文组织：《学会生存》，1 页，上海师范大学外国教育研究室译，上海，上海译文出版社，1979。

教育的供求矛盾不仅表现在教育的数量上，还表现在教育的质量上。60年代教育的大发展是数量上的发展，同时却带来了教育的质量问题。一方面由原来的选拔性教育变成全民教育、大众教育，必然会良莠不齐，产生质量问题；另一方面70年代是世界动荡的年代，由于经济萧条而引起的失业，由战乱带来的人间悲剧，使青年人的情绪波动很大，许多工业发达国家的青年由苦闷到颓废，吸毒的人口增加，犯罪率上升，对教育，特别是青少年教育带来严重影响。教育质量成为社会关注的问题。因此，教育的供求问题不单是要求受教育和社会能提供多少的问题，还包括提供什么样的教育问题。

二、科技发展与陈旧的教育体制、内容的矛盾

科学技术的发展给人类带来的最大的变革就是生产工艺的变化。新的技术在生产上的应用使生产不断变革，造成产业结构的变化、行业的变化和工人的全面流动。这就对教育无论从制度上、目标上、内容上、方法上提出不同于传统教育的要求。

从教育制度来讲，旧的教育传统重视小学、中学、大学一套正规教育系统。一个人正规学校毕业，就算受完了教育，他在学校学习的东西就可以一辈子受用不尽。可是现在不行了。生产工艺在不断地变换，劳动内容在不断地更新。一个人已经不能一辈子只能从事一种职业，即使是同一名称的职业，其内容也在不断变化。如果他只依靠在旧有正规学校学习到的知识和技能，肯定要被社会所淘汰。人们只有不断学习才能适应因科技进步而瞬息万变的世界。正如埃德加·富尔在《学会生存》一书的序言中所说：教育目的“就它同就业和经济进展的关系而言，不应培养青年人和成人从事一种特定的、终身不变的职业，而应培养他们有能力在各种专业中尽可能多地流动并永远刺激

他们自我学习和培训自己的欲望”[①]。他所领导的国际教育发展委员会提出“终身教育”和“学习化的社会”两个概念，要求“教育体系必须全部重新加以考虑，而且我们对于这种教育体系所抱有的见解本身也必须重新加以评议”。

新的科技革命对教育提出什么要求呢？

首先，要求扩大教育范围，要建立一个满足广大人民群众需要的教育体系，打破正规教育和非正规教育的界限，大力发展非正规教育，从而扩大教育民主。

什么叫非正规教育？美国教育家库姆斯给它下了一个定义，叫做“任何在正规教育体制以外进行的，为人口的特定类型、成人及儿童有选择地提供学习形式的有组织、有系统的活动。因此，限定的非正规教育就包括，例如：农业教育和农民培训计划，成人识字计划，在正规教育体制以外所进行的职业技术训练，具有教育性质和目的的青年俱乐部以及有关卫生、营养、计划生育、合作团体等各种社区计划”[②]。正规教育一般有相对稳定的课程计划，全日制的需连续几年的学习。非正规教育更多的是部分时间制的，时间较短的，内容大都是应用性比较强的，学习者能够很快掌握和使用的知识和技能，办学形式和学习内容具有较大的灵活性。

非正规教育70年代以后有了很大发展。但是持传统教育观念的人看不惯此类教育，认为它们不能传授系统的科学知识，或者还害怕它们侵蚀正规教育的资源，损害正规教育的利益。事实上非正规教育

---

① 联合国教科文组织：《学会生存》，16页，上海师范大学外国教育研究室译，上海，上海译文出版社，1979。

② 库姆斯：《世界教育危机》，24、25页，赵宝恒等译，北京，人民教育出版社，1990。

是正规教育的一个有力的补充，它可以减轻教育需求对正规教育的压力。实践证明，因为非正规教育所需要的办学条件较低，所以它们的价格较低，而办学的效益较高。当然，情况总会有例外，也有花了许多钱而效益甚低的。但有一点是肯定的，非正规教育可以多渠道集资，可以调动多方面的积极性。

新的科技革命要求改变陈旧的课程内容和方法，传统的学校教育传授的是死的知识，有些是过时的知识；学习的方法是把这些死的知识记忆下来。正如《学会生存》所抨击的那样，“那种学院模式至今还受到高度重视……但是今天看来，不仅就工人阶级来说，甚至从实用上考虑对资产阶级青年来说（这种模式本来是为他们设计的），这种模式已经过时和陈旧了。它顽固地维持着前几代人的怪癖。它过分地依赖理论和记忆。它给予传统的、书面的、叙述的表达方式以特殊地位，损害了口语的表达、自发精神和创造性的研究”。它进一步抨击说：“最后，这种模式的严重缺点还有，它只为少数有限的专业培养人才，并使这些毕业生，在工作职位缺少时，也不可能（即使是临时性的）转向某些技术性和实用的工作，因为他们的教师曾教他们藐视这类工作。”① 这些话再深刻不过了，用不着再多加解释。怎么办？唯一的出路是改革。70 年代以来在教育内容、教育方法上有许多改革实验，出现了众多理论，但至今似乎还没有找到最佳方案，这仍是今后教育工作者需要不断努力的领域。

科学技术进步引起的知识爆炸也对教育产生了深远的影响。学校教育不可能，也没有必要把人类的知识全部教给学生。这就要求彻底

① 联合国教科文组织：《学会生存》，15 页，上海师范大学外国教育研究室译，上海，上海译文出版社，1979。

改革教育内容，把最基本的最先进的知识教给学生；另一方面要改革教育方法，要注意培养学生的能力，使他们能够独立思考，举一反三，能够自己去探索和获取新的知识。如果说传统的教育是教育学生学会记忆，把现有的知识接受过来，那么新的教育则要求学生“学会发现”，学会利用已有的知识开动脑筋去获得新的知识。

对于这样一种新的形势，人们最初是不习惯，不理解，以后是不知所措。70 年代中小学的教育内容有了很大的变化。许多科学家根据现代科学的进展，重新编写了教材，更新了教育内容。但是教育并非那样简单，并不是像一个瓶子那样，把旧酒倒掉，换上新酒就可以了。70 年代的课程改革由于只遵循了科学家的意志而告失败。新的内容没有经过加工和处理，不仅学生接受不了，教师也接受不了。以后就出现了回到基础教育运动。许多教师强调传统的基础教育，把 3R（读、写、算）搞好。但是，时代在前进，教育改革是不可逆转的。70 年代的改革虽然未能成功，但它的影响是不可低估的。因此 80 年代、90 年代的改革仍然集中在课程内容上。无论是英国的 1988 年改革方案，还是美国的 2000 年教育计划，都把课程改革作为改革的核心。一方面要加强基础知识，都提出设立核心课程问题；另一方面又要革新内容，特别是要增加如信息科学、生命科学、环境教育、人口教育等新内容。

科学技术的发展不仅对教育提出新的要求，也为教育改革提供了物质前提。《学会生存》中讲到“科学技术革命使得知识与训练有了全新的意义，使人类在思想上和行为上获得许多全新的内容和方法，并且是第一次真正具有普遍意义的革命”。当代科技革命的最大特征是两大革新系统，即大众媒体（晶体管无线电和电视）和控制系统。这两大革新系统都与信息有关。及时传送信息、翻译信息、发现和使用信息。现在，距离已经不是传递信息的障碍，任何距离之间都可以直接传递信息。而且计算机日益完善、理性化，它可以代替和加强人类脑的部分功能。科学技术的这些新成果运用到教育过程，必然会引起教育的新的革命。现在电子计算机已经进入到各个公司的办公室并以极快的速度普及到家庭。儿童接触电视和计算机要比接触到学校的课本早得多。学校教育如何利用这个科技新成果来改造旧的教育是教育工作者需要研究的又一新的领域。

科技的进步也促进了国际的交流与合作。随着交通工具的发达，信息传递的迅速，地球变得愈来愈小，文化学术交流日益频繁。这一方面有利于教育的改革，另一方面也给教育提出了新的课题。教育如何吸收别人的经验，又如何保持自己的优秀传统，如何把两者结合起来？特别是发展中国家，面对发达国家的教育，往往看到它们的优点，而忽视它们的不同文化背景和传统。战后 40 多年来的经验教训说明，简单地把发达国家的教育模式移植到自己的国土上往往是不成功的。国际交流既不是全盘照搬别国的教育模式，也不是把自己的模式输出给人家，而是取长补短，走自己的路，创造自己的教育模式。应该说，教育模式没有好坏之分，各国的教育模式都有它的优点和缺点。国际交流的目的是研究别人的优点，并根据自己的文化传统加以消化和吸收，以达到完善自己的教育模式的目的。

三、教育与就业的矛盾

50 年代和 60 年代世界经济的增长，把劳动力的培养作为一个前提条件，由此人力资本理论应运而生。无论发达国家还是发展中国家都增加了教育投入，以便培养经济高速发展所需要的技术人才和劳动力。学生和家长也普遍认为教育投入是最有效益的投资，毕业以后就能迅速改变个人的社会地位并能增加收入。因此，在这个时代，人们对教育达到了一个狂热的程度，都期待教育能给社会和个人带来奇迹。但是70年代世界经济的衰退打破了这个美梦。人才缺乏一变而为人才过剩，学生走出校门不是丰厚收入的职业在等待着他，而是找不到职业。特别是具有高级学位的毕业生，由于找不到合适的工作，只能去从事只需要简单熟练程度的工作。这在当时的社会主义国家苏联也不例外，许多有工程师称号的大学毕业生在从事普通工人的工作，这是极大的教育浪费。

我们先来看一看不同国家和地区知识青年失业的情况。

1. 经济合作与发展组织国家青年的失业情况。60年代，由于这些国家的经济蓬勃发展，就业机会扩大，人均收入提高，通货膨胀下降，失业率很低，大约只有2%到3%。但到了70年代，情况发生了急剧的变化，经济增长速度放慢了，通货膨胀猛增。到80年代，7个主要经济合作与发展组织国家年平均通货膨胀超过了12%，失业率也增加到两位数。到1982年，经济合作与发展组织地区的失业总数在3000万人左右，比1970年增加三倍，青年失业尤为严重。在美国、加拿大和日本，青年失业率是成年工人的两倍以上；澳大利亚、法国、西班牙和英国超过三倍；而意大利达到7倍。同时，失业率与受教育水平成反比。受打击最严重的是没有完成中等教育的工人，青年女性的失业率又高于男性。1980年经济合作与发展组织秘书处进行的调查说明：整个经济合作与发展组织地区（除了土耳其）的青年失业率从1970年的10.4%上升到1979年的11.3%，青年在全部失业人员中的比例从44%上升到47%①。

2. 发展中国家青年失业的情况。青年失业的现象在发展中国家更为严重。五六十年代刚刚兴起的国家，在国家独立之初，严重缺少管理干部，急需各种人才。但教育的周期较长，等到人才培养出来以后发现，政府部门的各种岗位已经被人所占据，而这些人常常都不是经过培训的人才。70年代经济的衰退当然也影响到发展中国家的青年就业。在发展中国家还有一个重要因素，即原来的殖民主义国家的教育制度与独立后的需求不相适应。独立国家最需要的是技术人才、管理人才和熟练劳动力，而原来的教育制度只培养一些文职人员。

亚洲青年失业的现象特别严重。例如印度，独立以后大力发展高等教育，其发展速度是惊人的。独立前1946～1947年度，大学仅有18所（一说20所），学院636所，入学人数22.5万人；但到1970～1971年度，大学增至93所，学院3604所，入学人数为195.6万人，增加了8倍，年平均增长率达9.2%。这种发展与印度的经济结构和人才需求的格局极不适应。印度是一个发展中国家，经济构成中第一产业占重要的比例，人才的需求主要是能够从事工农业生产的具有基本教育水平的熟练和半熟练劳动力，一部分中级技术人才和少量高级专业技术人才和管理人才。印度独立后不是着力于发展基础教育，而把重点放在发展高等教育，这就不能不出现人才过剩的严重后果。据统计，印度大学毕业生的失业率在50年代初占全部受过教育的失业总数的12%左右，到70年代末上升到20%左右；失业者的绝对数字从50年代末的2万人增加到70年代末的120多万人。以上这些数字

① 库姆斯：《世界教育危机》，赵宝恒等译，205页，北京，人民教育出版社，1990。

还不包括功能性失业，即受过高等专业教育的毕业生不能从事与自己专业有关的工作。受过中等教育的人失业率也很高。印度受过教育的人不足总人口的三分之一，但其失业率却达总失业人口的三分之二。可见受过教育的人的失业率要比没有受过教育的人的失业率要高得多。这其中有一个失业率的概念问题。通常工业发达国家所说的失业率是指劳动力中工人及可能成为工人的人员总数和实际上被全日制雇佣的人员总量之间的差异。在发展中国家只有很少一部分人受雇于城市中的现代部门，大多数留在农村，因此失业人口主要表现在城市中的劳动力，失业中受过教育的人自然会占更大的比例。但就上述数字足以说明，印度高等教育的发展规模和速度已远远超过印度国家经济发展的速度和社会对大学生的需求。这种教育供求之间的矛盾造成的严重后果是使印度的高级专门人才大量外流。1971 年的一项研究说明，印度在国外的工程师、科学家和医生的总人数达 3 万人，人才外流给印度带来严重损失。据联合国贸易与发展会议的研究表明：印度一名医生流往美国要损失 33 万卢比，而美国得到的利益为 517.5 万卢比；印度一名科学家流往美国要损失 17.2 万卢比，美国得到的利益为 187.5 万卢比。

3. 原因和背景。受教育者失业率增高的原因自然是 70 年代经济衰退所引起的直接后果。但是这个问题实际上在 60 年代后期就已经暴露出来，那么原因何在呢？我想可以从教育的外部环境和内部结构来分析。

首先，战后科学技术的发展使得当代经济要求有更广博的文化科学知识和技术技能，生产工艺的不断变革又要求工人和技术人员不断学习。只为青年一代提供职业前的教育已经不够了，需要不断地学习来补充新的知识。特别是教育的周期很长，往往当青年进入职业领域以后发现自己学习的东西已经过时，需要重新学习。

其次，经济的高速增长造成产业结构的变化，一些行业消失了，一些新的行业产生了。据统计，美国从 1949 年到 1965 年期间约有 8000 种职业从劳动力市场消失，同时出现了 6000 种以上的新职业；联邦德国劳动就业人口中只有百分之五十从事原来学习的职业。这种劳动的变更使得受过教育者不适应社会的要求，常常处于失业或功能性失业的状态。

第三，教育内部的结构与产业结构不相协调，特别是发展中国家，急于培养高级人才，但由于这些国家的经济还处于传统以农业为主的阶段，社会急需初中级技术工人和技术人员，于是大学毕业生就找不到合适的工作。正如库姆斯在《世界教育危机》中描述的：“到 60 年代，一些发展中国家发现大学毕业的工程师比协助他们工作的中级技术人员还多，或者医生比护士还多，以至于高级专家经常需要做中级人员的工作。”

第四，一些发展中国家盲目地照搬工业化国家的教育模式，也是使受过教育者失业的原因之一。例如，大多数发展中国家学习人文科学和法律的毕业生占绝对优势，学习自然科学和工程学科的毕业生很少，有的不到百分之十，而学习农业的毕业生尤其少得可怜，通常达不到百分之三。显然这种教育结构与发展中国家的发展水平是不相一致的，造成高级人才的失业也就不奇怪了。

关于教育现代化的几个问题*

《中国教育改革和发展纲要》指出："根据我国社会主义现代化建设'三步走'的战略部署，到本世纪末，我国教育发展的总目标是：全民受教育水平有明显提高；城乡劳动者的职前、职后教育有较大的发展；各类专门人才的拥有量基本满足现代化建设的需要；形成具有中国特色的、面向21世纪的社会主义教育体系的基本框架。再经过几十年的努力，建立起比较成熟和完善的社会主义教育体系，实现教育的现代化。"《纲要》对教育现代化指明了具体内容和要求。在《纲要》的指导下，全国教育工作者都在向《纲要》提出的总目标奋进。1996年，江苏、上海、珠江三角洲都举行了教育现代化研讨会，探讨教育现代化的特征、内涵和实施的策略和措施。一时间教育现代化成了热门话题，现代教育学的专著也已有多本问世。可以说教育现代化的讨论已经摆上议事日程。因此我想就这个问题说几点个人的看法。

---

* 原载《中国教育学刊》，1997年第3期。

一、什么叫教育的现代化

为了说明白什么叫教育现代化，首先要了解什么是现代化。

世界各国都在追求现代化，但什么叫现代化，却有很多不同的理解。我认为，所谓现代化，是指人类认识自然、利用自然和控制自然（包括人类自身）的能力空前提高的历史过程以及由此而引起的政治、经济、文化等社会各领域广泛而深刻的变革，其目标是创造高度的物质文明和精神文明。① 现代化是一个历史过程，这个过程从什么时候开始的呢？有两种观点：一种是以意识形态的转变为标志，从而确定它是从欧洲文艺复兴开始的。因为中世纪时代是以神为中心，神统治着世界的一切，文艺复兴冲破了神的束缚，人得到解放，人的思想得到解放，从而使人类步入现代化的进程。恩格斯在《自然辩证法·导言》中对文艺复兴的伟大意义作了高度评价。他说："这是一次人类从来没有经历过的最伟大的、进步的变革，是一个需要巨人而且产生了巨人——在思维能力、热情和性格方面，在多才多艺和学识渊博方面的巨人的时代。"② 第二种观点是以科学技术与生产的结合为标志，因而确定它是以产业革命为起点。

我倾向于第二种观点。因为，文艺复兴固然是一次伟大的思想革命，但它只是现代化开始的先兆，是思想的准备阶段，只有产业革命把科学技术与生产结合起来，使大工业机器生产代替了手工业小生产，人类认识、利用、控制自然的能力才有了空前的提高。这一深刻

① 顾明远、薛理银：《比较教育导论》，208 页，北京，人民教育出版社，1996。

② 《马克思恩格斯选集》第 3 卷，445 页，北京，人民出版社，1972。

的变化为人类带来的文明与进步，是整个工业社会以前的历史无法比拟的。正如恩格斯指出的："蒸汽和新的工具机把工场手工业变成了现代的大工业，从而把资产阶级社会的整个基础革命化了。工场手工业时代的迟缓的发展进程变成了生产中的真正的狂飙时期。"① 科学技术一旦与生产结合就变成巨大的生产力，推动着社会的发展。

现代化是一个历史过程，是一个动态的、不断发展的过程。它发展到今天经历了工业化、信息化两个阶段。工业社会的基本特征是：第一，工业化。即资本的集中和大企业的形成。第二，城市化。英国在19世纪上半叶，其城市人口就占总人口的五分之四。第三，社会结构的分化与集中化。即一方面个人角色和社会角色趋于专门化，社会资源的配置渠道趋于多样化；另一方面，社会协作与流动又在不断深化和加强。第四，世俗化和理性化。利益、效率和程序成为社会行为的最高原则，神秘主义的精神寄托被理性主义的实际行动所代替。现代化的第二个阶段是从工业社会向信息社会转变的阶段。1956年美国白领工人的数量在历史上第一次超过蓝领工人，1957年苏联发射第一颗人造地球卫星，这两件事成为世界由工业社会向信息社会转变的标志。信息社会的基本特征可以概括为：第一，信息化；第二，智能化；第三，国际化；第四，未来化。美国社会预测学家约翰·奈斯比特认为信息社会具有以下特点：第一，信息是经济社会的驱动；第二，信息和知识在经济增长因素中起着举足轻重的作用；第三，人们的时间和生活观念总是倾向未来；第四，人与人相互交往的增多，使竞争和对抗成为人们相互作用的主要表现形式，等等。其中，"智力工业"、"知识工业"是信息社会的核心工业，这是信息社会的最重

① 《马克思恩格斯选集》第3卷，301页，北京，人民出版社，1972。

要的特点。如果说，产业革命时代现代化的主要特征是机器代替了人的体力，那么20世纪中叶以来的现代化的主要特征则是电脑代替了人的部分脑力，社会生产趋于智能化。①

教育现代化是社会现代化的组成部分。社会的现代化包括人的现代化。一个国家要实现现代化，首先要求人的现代化，这就要求教育的现代化。教育现代化确是国家现代化不可缺少的条件，两者互相促进，互为因果。我国社会主义建设的总目标就是建设“四个现代化”，也迫切要求人的现代化，没有现代化思想的人，没有时代精神的人是建设不成“四个现代化”的。

怎样理解教育的现代化？就是指传统教育向现代教育转化的过程。所谓转化，并不是把传统教育抛弃掉，空中楼阁式地去构建一个现代教育，而是通过对传统教育的选择、改造、发展和继承来实现的。传统教育中有许多优秀的东西，要继承和发扬。但它毕竟是旧时代的产物，有不少与现时代不相适应的东西，这就要扬弃或改造，使它符合时代的要求，成为现代教育的传统。所以说，教育现代化是一个传统教育转化为现代教育的过程。

在这里有一个问题需讲清楚，就是现代化不是西方化，教育现代化也不是教育西方化。现代化是从西方先开始的，而且工业化是它的主要标志，因此容易被人们误认为现代化就是西方化。50年代末，在西方出现过一种“现代化理论”，企图论证西方社会制度的优越性和合理性，并为战后发展中国家的社会发展提供理论指导和政策依据。这种理论认为，非西方发展中国家与西方发达国家的发展历程是

① 顾明远、薛理银：《比较教育导论》，209～210页，北京，人民教育出版社，1996。

一致的，前者现在所处的阶段曾是后者经历过的一个阶段，非西方发展中国家要想实现现代化，唯一的途径就是西方化和照搬西方的模式，只有靠西方文明的传播，靠输入西方社会的现代化因素才有可能。①

“现代化理论”在60年代末就遭到许多学者的批判。这种理论代表了西方中心主义的观点。事实上世界文明并非以西方文明为中心，西方文明只是人类众多文明中的一个类型；更重要的是在60年代末一些发展中国家运用这种理论所提供的“增长第一”的发展战略和发展政策并未使它们真正进入现代化，许多国家出现了“有增长无发展”的局面。“现代化理论”遭到怀疑。

现代化的内容是极为复杂的，它表现在经济、政治、文化各个方面，它在不同社会制度下，在各个不同的国家的表现形式也有不同，很难用普通的特征来概括它。中国的现代化就是要在邓小平同志建设有中国特色社会主义理论指导下把国家建设成为富强、民主、文明的社会主义国家。也就是说，中国的现代化，在政治上要完善社会主义民主；在经济上要分三步走，在21世纪中叶达到中等发达国家的水平；在文化上要普及九年制义务教育；在观念上要树立改革开放的思想。

中国教育现代化的指导思想就是邓小平同志指出的“教育要面向现代化，面向世界，面向未来”；就是教育要适应社会主义现代化建设的需要；就是要改变旧的教育思想、教育制度、教育内容和教育方法，达到现代教育的基本特征和基本要求。

① 顾明远、薛理银：《比较教育导论》，167～169页，北京，人民教育出版社，1996。

二、现代教育的基本特征是什么

现代社会包含了工业社会和信息社会两个阶段。现代教育在这两个阶段中也有不同的特征。工业社会的教育特征有以下几点：第一，受教育者的广泛性与平等性，至少在理论上、法律上是这样；第二，学校教育的制度化、体系化，建立起各级各类教育体系；第三，教育的生产性，教育与生产劳动相结合是现代教育的普遍特征；第四，教育内容的科学性，学校增加了科学教育的内容。进入信息社会以后，现代教育除了保留工业社会教育的某些基本特征以外，又增加了许多新的特征。

根据现代社会的基本特征和当前世界教育发展的形势，我不揣冒昧地提出对现代教育概念性的描述：所谓现代教育，就是建立在先进科学技术基础上的，与生产劳动相结合的，能够满足全民学习需要的教育活动。现代教育是现代生产的产物，教育与生产劳动相结合是现代教育的普遍规律。① 现代教育有如下特征：

1. 受教育者的广泛性和平等性。工业社会由于大工业机器生产要求工人有一定科学文化知识，普及义务教育的思想得以形成为国家的法律和制度。义务教育的最重要的意义是使全社会成员不分民族、种族、性别、家庭状况、财产和文化背景、宗教信仰，都享有受教育的权利，从而在相当的程度上实现了受教育者的广泛性和平等性。这种广泛性和平等性的程度，是随着现代社会的发展而不断扩大的。包

---

① 这里需要说明的是：首先，现代教育是现代生产的产物只是从生产力发展的角度提出的，生产力是社会发展的动力，这里并不排除其他因素对教育的影响。其次，教育与生产劳动相结合是现代教育的普遍规律，但认识这条规律，使用这条规律则因社会政治制度的不同和教育观念的不同而不同。

括义务教育年限的延长，高等教育向大众化的发展，等等。因此，实现教育现代化，首先要建立一个满足广大人民群众需要的教育体系。

2. 教育的终身性和全时空性。科学技术的迅猛发展及其在社会生产和社会生活方面的广泛应用以及由此而带来的巨大变革，使得一个人在学校学习的知识和能力已远远不能满足这种变革的需要。人们必须不断学习，终身学习。终身教育的思想在20世纪60年代应运而生。所谓终身教育，俗话说就是活到老、学到老。正如郎格朗所说的，把人生分为两半——前半生用于受教育，后半生用于劳动的概念，是毫无科学根据的。教育要为社会每个成员在他们需要的时候给他们提供学习的机会。

终身教育是符合马克思主义原理的。马克思在分析资本主义生产时讲道："大工业的本性决定了劳动的变换，职能的更动和工人的全面流动性。"① 现代生产的发展证明了马克思论断的科学性。几百年来，由于新的技术和工艺在生产上的应用和变革，使得一些传统的行业不断消失，一些新的行业不断产生。这种变革就要求人们不断地学习。

所谓教育的全时空性，是指教育已经不限于学校，而且来自家庭和社会。特别是现代传播技术的发展，使得人们可以从多种渠道获得信息（知识）。因此，需要全时空的大教育观，把学校教育与家庭教育、社会教育、自我教育有机地结合起来。

3. 教育的生产性和社会性。教育与生产劳动相结合是现代教育的普遍规律。工业生产要求与科学技术相结合，要求教育为它培养掌握科学技术的人才，信息社会尤其如此。因此，现代教育只有走出象

① 《马克思恩格斯全集》第23卷，534页，北京，人民出版社，1972。

牙之塔，为社会经济发展服务，为社会发展服务，才能适应社会的需要，同时教育本身也才能得到发展。近些年来，教育与生产劳动相结合普遍受到各国的重视。1981 年联合国教科文组织在日内瓦召开的第 38 届教育大会，就是以教育与生产劳动相结合为主题。作为教育与生产劳动相结合的形式，教学、科研、生产一体化，合作教育等在各国有了较大的发展。

4. 教育的个性性。人的发展既有共性又有个性。它们都受到社会各种因素的制约。但共性更多地体现社会的要求，而个性则较多地体现个体的要求。工业社会比起农业封建社会来说，虽然人身得到了自由和解放，但他受到社会分工的束缚。而且工业社会强调的是标准化、统一化，个性并不能得到充分的发展。信息社会强调个性化、多样化，多媒体技术的广泛应用也为个别学习提供了可能。这就为个性发展提供了条件。

个性的核心是创造性，科学技术迅猛发展要求教育培养创造性人才。同时社会上的激烈竞争也需要培养具有个性的、有创造能力和开拓精神的人才。

发展个性与培养同一社会同一时代的共性不是矛盾的。每个人都生活在一定的社会里，个性必须符合社会的要求，并与环境和谐相处才能得到充分的发挥。

发展个性与全面发展也是不矛盾的。全面发展是指一个人的智力和体力的充分自由的发展。但每个人的智力和体力是有差异的，所以不能要求每个人在各个方面都一样的发展。全面发展也可以理解为每个人在德、智、体诸方面都达到一定的要求。但每个人都有不同的兴趣、爱好和性格，不可能要求每个人在德、智、体诸方面都一样的发展，平均的发展。信息社会是一个丰富多彩的社会，需要具有个性的丰富多彩的人才。

5. 教育的多样性。教育的个性性必然要求教育的多样性。教育的多样性表现在教育目标的复杂性和多样化。农业社会的教育目标是很单纯的，只是传授知识，教书育人，培养统治阶级的官吏。工业社会的学校教育不仅要培养统治人才，而且要培养发展社会生产的科学技术人才和有文化、懂技术的劳动者；学校要为社会发展服务。信息社会要求学校成为信息的策源地。高等学校不仅要开展科学研究，创造新的知识和科研成果，而且要创造新的价值观和思维方法。

教育的多样性表现在教育结构的多样化。学校教育由过去单一的普通教育，发展到普通教育、职业教育、技术教育等多种教育；高等教育由单一的长期学术性教育发展到多层次多类型的教育。同时教育突破了学校教育的框框，正规教育与非正规教育、正式教育与非正式教育多种形式并存。

教育的多样性还表现在教育内容和教育方法的多样化。由于培养目标不同，各类学校的课程设置五花八门。学分制的普遍推行，使教育内容（表现在课程上）因人而异，教学组织形式和教学方法也越来越多样化，特别是教育技术的发展、多媒体技术在教学中的应用使得教学过程突破了教师教、学生学的单一局面。课堂教学虽然一时间还不会消失，但已经不是唯一的教学形式。个别学习、学生广泛参与是现代教学的重要特点。

6. 教育的变革性。现代社会的一个基本特征就是不断变革。马克思在《资本论》中指出：“现代工业从来不把某一生产过程的现存形式看成和当做最后的形式。因此，现代工业的技术基础是革命的，而所有以往的生产方式的技术基础本质上是保守的。”① 现代工业生产的变革造成社会的不断变革，与之相适应，教育也必须不断变革，才能适应社会不断变革的需要。近几十年来世界各国教育改革的频繁正是反映了现代社会变革的需要。

教育技术在教育中的应用必将引起教育的革命。它改变了某些过去认为亘古不变的教育原则，改变了教育内容以文字教材作为唯一的载体，改变了教学的形式和方法。有人说，人类的知识载体由无纸载体变为有纸载体，今天又在向无纸载体转化。此种说法不太确切，应该说是向多种载体转化。

7. 教育的国际性和开放性。现代教育本身就是一种国际现象，它是互相学习，互相交流的结果。随着科学技术的发展，国际间的交通越来越便捷，信息的交流越来越快捷，世界变得越来越小，某一个国家的某一项教育改革会迅速传遍全世界。大量国外学习的留学生，在异国工作的外国专家和顾问，在世界各地举办的国际会议，学者间往来的各种信件、资料的交换，都促进了国际间教育文化的交流。

教育的国际性和开放性表现在国际间的人员交流、财力支援、信息交换（包括教育内容和教育观念）和教育机构的国际合作、跨国的教育活动和研究活动等方面。

教育国际性的另一个重要内容是培养具有国际视野，关心和了解国际形势及其发展，具有国际交往能力的人才。

教育的国际性和开放性关系到国家的生存和发展。缺乏信息交流，就会使我们的教育停步不前，使科学技术落后于世界，“文化大革命”10年的教训是深刻的。

---

① 《马克思恩格斯全集》第23卷，533页，北京，人民出版社，1972。

教育的国际性与教育的民族性是不矛盾的。不同民族有着不同的文化传统，也就有着不同特征的教育。教育的国际性不排除各国教育的民族性。在当今世界，文化越具有民族性，才越具有世界意义。教育也是一样。正是因为教育具有民族性，才有国际交流的必要。

8. 教育的科学性，即教育对教育科学研究的依赖性。现代教育不是凭经验，而是更多地依赖科学的决策，教育行为的理性加强了。科学决策的失误往往会影响整个教育的发展，甚至社会经济的发展。大到教育的发展战略，小到课堂教学的改革，都要在调查研究、科学实验的基础上进行。

教育的科学性还包含着教育的法制性。法律不等同于科学。但现代社会的法制需要建立在科学基础上，一旦教育规范经过科学论证，形成法律，它就具有法律的规定性。现代教育是法制的教育，教育行为都有国家的立法来规范。这种法制化的教育是高度理性化的。

现代教育的特征可能还可以举出若干条，但上面几条基本上包括了现代教育的基本属性。

三、现代教育的基本内容

教育现代化的内容很广泛，包括教育思想的现代化、教育制度的现代化、教育内容的现代化、教育设备和手段的现代化、教育方法的现代化、教育管理的现代化等等。本文无意也不可能论述所有的内容，只想谈谈教育思想的现代化。

上述教育现代化的内容错综复杂。但它们是互相制约、互相促进的。教育思想是主导，教育内容是核心，教育制度、设备、方法、管理是保证。教育思想的变革会引起教育内容的变革，教育方法的变革。20 世纪 60 年代，新的科技革命带来的冲击波引起了教育思想的变革，一时间出现了各种教育思潮，其中要素主义、结构主义占了上风。由此引发了教育内容的一场革命，同时也出现了许多新的方法，例如发现法、问题教学法、掌握学习教学法、暗示教学法、范例教学法等等。反过来，教育内容的变革和教学方法的变革也要求教育思想的变革。古代人文科学知识的传授可以是经院式的，但自然科学知识的传授就需要科学实验，从而要求教育思想转变。当代多媒体电脑进入课堂，不仅改变了知识的载体，而且也改变了教学方法。教师的教育思想不转变，就不能适应这种变化。

总的来说，教育思想作为上层建筑的一部分，是随着社会的变革而变革的。例如，中世纪是宗教控制社会、控制教育，学校教育的目的是培养神职人员，用宗教信仰来教育虔诚的臣民。文艺复兴打破了神学的统治，要求培养人，促进人的和谐发展。工业革命以后，资本主义生产需要有文化的工人，于是教育不再是少数人的专利品，而成为平民百姓的权利。到 20 世纪 60 年代，科学技术进步引起的社会生产不断变革，不仅要求每个社会成员都能获得现存的知识，更重要的是要使他们具有获取知识的能力。总之，经济基础的变革要求作为上层建筑的教育思想随之变革，不同的社会制度又有不同的教育思想。但是，由于教育与科学技术发展有着密切的关系，科学技术作为第一生产力是没有国界的，因此，现代教育思想又有某些共同的特点。

教育的现代化，最重要的是教育思想的现代化，即教育思想的现代转化，使它适应现代社会的需求。

教育思想的现代转化，包括人才观、教育价值观、教学观、师生观等等。本文也难于一一加以论述，只能概括地描述现代教育思想的几个特征。

1. 教育价值的全面性。教育与社会的关系是一个古老的话题，历史上曾经有两种对立的观点。一是教育万能论，认为教育可以改变社会的一切；另一种是教育无能论，认为环境决定一切，或者遗传决定一切，教育无能为力。马克思主义认为，教育与社会的关系是相互制约、互为因果的，而社会发展的决定因素是生产力的发展。人是社会环境的产物，而社会环境需要人去改造，人又是生产力中最主要、最活跃的因素。科学技术是第一生产力。人的培养和科学技术的创造都需要教育。

教育具有多种功能，既有政治功能、经济功能，又有文化功能。教育既具有促进社会发展的功能，又具有促进人（个体）发展的功能。教育是通过培养人来为社会服务的。教育为社会服务，为人的发展需要服务是不矛盾的，全面理解教育的功能，树立全面的正确的教育价值观，才能真正认识到教育的重要性，把教育放到优先发展的地位。

2. 教育观念的开放性。传统的教育观念是封闭的，它把教育局限于学校、课堂。现代教育观念是开放的，教育不仅在学校，而且在家庭、在社会。它以学校教育为主导，把学校教育、家庭教育、社会教育联系起来。传统的教育观念是狭窄的，把教育局限于青少年时代的正规教育；现代教育观念是广泛的，教育延续到人的一生，包括正规教育、非正规教育、正式教育、非正式教育。现代教育观念具有全时空性。

3. 教育观念的民主性。传统的教育观念认为教育是教师的事，学生只是被动地接受教育；教师是权威，神圣不可侵犯，所谓“师道尊严”。现代教育观念是民主的，认为师生是平等的，在教育过程中要充分发挥学生的主体性、主动性；教师的主导作用在于启发、引导、帮助学生，并且设计有利于学生学习的环境。传统的教育观念只重视严格管理和训练，养成学生死记硬背、唯书唯上的思维定式；现代教育观念强调学生的自动性、创造性，有利于学生养成积极思考、敢于向权威挑战的思想品质。

4. 教育观念的未来性。传统的教育观念总是向后看，留恋于以往的经验。现代教育观念总是向前看，看到新的情况和发展趋势，研究新的问题。当然过去的经验是宝贵的，是创造的基础，离开过去的经验积累就没有创造。但现代教育更重视在新的形势下的创造。传统的教育观念倾向于被动地等待变革，现代教育观念是主动适应社会变革，对教育建设具有超前意识。

形成全民学习、终身学习的学习型社会*

党的十六大报告把“形成全民学习、终身学习的学习型社会”，作为全面建设小康社会的奋斗目标之一。学习型社会又称学习化社会、教育化社会，是关于未来的社会、教育及其相互关系的构想。1968 年美国芝加哥大学校长赫钦斯在《学习化社会》一书中首先提出这一思想。1972 年，联合国教科文组织国际教育发展委员会的报告《学会生存——教育世界的今天和明天》一书对学习化社会作了描述：“教育已不再是某些杰出人才的特权或某一种特定年龄的规定活动：教育正在日益向着包括整个社会和个人终身的方向发展。”“未来的教育必须成为一个协调的整体，在这个整体内，社会的一切部门都从结构上统一起来。这种教育将是普遍的和继续的。”也就是说，在未来社会里每个成员都是学习者，每一个社会组织都是学习型组织。

学习型社会是与终身教育联系在一起的。20 世纪下半叶，科学技术迅猛发展，由此引起生产和社会的变革。这

* 原载《求是》，2003 年第 4 期。

种变革使得一个人不可能一生都固定在一个工作岗位上。职业的变更和人员的流动迫使每一个人都要不断学习，终身学习。于是在 20 世纪 60 年代就出现了终身教育的思潮。终身教育的概念首先是联合国教科文组织成人教育局的负责人法国的郎格朗提出来的。他于 1965 年在联合国教科文组织召开的国际成人教育促进会上的总结报告中提出："教育并非终止于儿童期和青年期，它应伴随人的一生而持续地进行。教育应当借助这种方式，满足个人及社会的永恒要求。"这种思想一经提出就受到国际社会的极大关注，许多国家把它列入国家发展的战略，有的国家以立法加以保证。例如法国于 1972 年通过了《终身教育法》，美国于 1976 年通过了《终身学习法》，日本于 1990 年通过了《终身学习振兴法》等。起初，人们把终身教育看做成人教育的同义词，总是和成人的培训与继续教育连在一起。后来逐渐地认识到，只从成人教育的角度来理解是不够的，需要把整个教育体系纳入终身教育体系之中。知识经济时代的到来，使终身教育具有特殊的意义。知识的不断创新，必将引起生产的不断变革和社会的不断进步。知识的掌握和创新不能只靠学校教育，还要靠职工在生产实践中结合自己的工作不断学习，要靠职前教育（学校教育）和职后教育的有机结合。在未来社会，终身教育已经不只是为了变换职业和谋生的需要，而将成为人们生活的一部分，成为提高生活质量的重要手段。

为了满足终身教育的需要，必须构建学习型社会，也就是将学习社会化、社会学习化、整个教育一体化。在学习型社会里，全体公民都是教育对象，同时也都是学习的主体，拥有广泛而平等的受教育机会。建设学习型社会，需要做到以下几点：

第一，要把整个教育体系纳入终身教育体系之中。以往人们把教育分为正规教育和非正规教育、普通教育和成人教育、学历教育和非学历教育，而且总是重视前者而轻视后者。学习型社会将打破这种分界，而且更重视非正规的、非学历的教育。学校教育也要按照终身教育的理念来改造，注重培养学生终身学习的意识和能力，引导他们学会学习。

第二，把学校、家庭、社会结合起来，建立社区教育的新体系。教育在时间上延伸的同时，还要在空间上拓展。学校要打破围墙，向社会开放，吸引家长和社区成员到学校学习；社区也要向学校开放，学校要吸纳社会的教育资源，为改善学校条件、提高教育质量服务。

第三，社会各种企事业单位都要办成学习型组织。也就是说，各种社会组织都要把组织成员培训和继续学习纳入组织的发展和管理之中，通过学习促进创新，通过创新促进发展。

学习是人类自我超越的一种手段。学习型社会把教育和社会联系在一起，将为人的全面发展创造更好的条件，使人的整体素质得到进一步提高。由此可见，十六大报告关于“形成全民学习、终身学习的学习型社会”的新理念，集中体现了今后相当一段时期内，我国教育发展与改革将以人的全面发展为核心的总体战略思路。这对于我们准确把握教育在社会主义现代化建设中的历史使命，具有极其重要的指导意义。

素质教育

学生既是教育的客体，又是教育的主体*

教育是教育者对受教育者施加影响，把他培养成符合社会要求的人。学生是教育的对象，正像生产过程中的生产对象一样，将来要成为一定规格的产品。但是教育对象与生产对象不同：第一，他是活生生的人，每个人的素质不相同；第二，学生不是被动地接受教育的，他具有主观的能动作用。一切教育影响都要通过学生自身的活动，才能被学生所接受。因此，无论是教学过程也好，还是教育过程也好，都必须在教师的指导下，通过学生自己的活动去取得知识，去接受一个观点或者一个信念。教师的职责就在于善于发挥学生的主观能动性，使他们很好地接受自己施加的影响。

过去教育学教科书中只讲教师怎样教，很少讲学生怎样学，只讲教师的活动，很少讲学生的活动，只讲教的方法，不大讲学习方法。就是说，只把学生看做是教育的客体，不把他看做是教育的主体；只把学生看做被动的接受

* 原载《江苏教育》（小学版），1980年第10期。

教育，不把学生看做是能动的，对教师所施加的影响是有选择性的。这样教育的效果就不显著，就会事倍功半。如果我们把学生的积极性调动起来，让他一起参加到教育活动中去，就会事半功倍，取得较高的教育效果。

怎样才能做到既把学生当做教育的客体，又把他当做教育的主体呢？

首先，教师要了解学生。学生是生动活泼的人，每个人都不一样。世界上没有完全相同的两片树叶，也没有完全相同的两个人。要对学生进行教育工作，就需要了解每一个学生的思想、感情、兴趣、爱好、经历。如果教师把这些了解透了，教育就成功了一大半。教师就像医生，把病人的病情摸透了，才可以对症下药。如你对病情一无所知或一知半解，你下药就没有把握，效果就差，甚至还会开错药方，加重病情。学生当然不同于病人，他更具有主动性，因此更需要了解他。

了解了学生的情况，还需要有正确的分析和认识。要懂得学生的年龄特点和个性特点，并在教育教学过程中运用这些特点。例如，低年级的儿童注意力是不持久的，教师就要注意上课时间不要太长，课中间做做操，活动活动，让学生的脑子得到休息。又例如，十四五岁的少年最基本的心理特点是独立活动的要求很强烈，不愿意依附家长和老师，愿意单独行动；他的好奇心很强，许多事情都想试一试。但是另一方面他们的认识能力又很低，不能正确地判断是非。这时期的心理是处于愿望和能力不相适应的矛盾状态中，对这个时期的教育特别要注意诱导，不能强迫命令。所以教师去了解了学生的思想、兴趣、爱好以后要进行分析，哪些是符合他们年龄特点的、是正确的，哪些是不正确的。不要轻易下断语。了解情况不是目的，目的是教育，了解情况只是教育的前提条件，了解清楚了，分析得又正确，才有根据采取必要的教育手段，才能做到有的放矢。

第二，要尊重学生，尊重他的人格，不要损害他的自尊心。马卡连科曾经说过，只有更多地尊重学生，才能更多地要求学生。苏联现代教育家苏霍姆林斯基的教育思想中最突出的特点就是尊重学生。他千方百计地发掘学生自身的积极因素，从小培养学生的自尊心和自信心。自尊心和自信心往往是连在一起的。对于小学生、中学生来说，自尊心和自信心是一种巨大的教育力量。有了它，学生就能够自己教育自己。苏霍姆林斯基说："一个人从童年时代起就失去了自尊心，那对他还有什么可指望的呢？最重要的教育任务之一就是使每一个孩子在掌握知识过程中体验到人的自尊心和自豪感。"为了从小培养学生的自尊心和自信心，苏霍姆林斯基不等学生真正学会了不给学生打分数，也不轻易给学生打不及格的分数。他说，如果是学生不会做，那么老师就应该教会学生；如果是学生没有用心做，那么老师就应该要求学生重新用心做。这样来使学生获得优良的成绩。他说，一年级的小学生进校以后往往要经过几个月以后才能得到第一次分数，要使学生认识到分数是很重要的，是要经过一定的努力才能得到好的分数，从而培养他们克服困难的精神，获得胜利的喜悦。一个人从小有了这种心理品质，长大以后对于工作就会有事业心、进取心。如果相反，学生对自己的学习好坏淡漠无情，将来要求他对工作有事业心和责任心就很困难了。所以苏霍姆林斯基说，一个孩子如果一连得了几个2分，他就觉得无所谓了，"这在孩子的精神生活中发生了最可怕的事"。

我们的老师是不是注意到这一点呢？有的老师因为一点小事，甚至于并不是学生的过错，就向学生大发雷霆，有时还讽刺挖苦，想尽方法去伤害学生的自尊心。现在教师不能体罚学生，但有的老师却借家长之手体罚学生，所以学生中就流传着一个顺口溜，叫做“天不怕，地不怕，就怕老师到我家”。学生对老师常常有一个公正的评价。学生并不会讨厌要求严格的老师，他们对松松垮垮的老师并不喜欢，最不喜欢爱“损人”的老师。他们喜欢的是对学生亲切，尊重学生，和学生平等相待，教书认真，要求严格的老师。因此，我们当老师的要警惕自己的一言一行，要把学生当做成年人一样平等相待，切不可因为他们是小孩子就瞧不起他们。

尊重学生是和热爱学生联系在一起的，只有热爱学生，才能对他充满无限的信心，千方百计地去爱护他，而不是去伤害他。

过去把尊重学生和热爱学生批判为母爱教育、感化教育、人道主义教育，是“左”的倾向的反映，现在已经为这种批判平了反。尊重学生和热爱学生是基于学生既是教育的客体又是教育的主体这条客观规律上的，违背了这条规律，教育就很少有成效。这已经被几十年的实践所证明。

第三，要启发学生的自觉性。要想让学生学习得好，首先学生要有学习的愿望和要求。心理学上叫做学习的动机，学习动机可以分为外部动机和内部动机。社会上升学就业的压力，对学历的要求和舆论，家长对学生的要求，教师的奖励和惩罚都是引起学生学习动机的外部因素，称之为外部动机。学生为振兴中华，实现四化而树立的学习目的，客观现实对学生的刺激和学生知识水平之间的矛盾而引起的求知欲，学生对某一科目和活动的兴趣和爱好等都是引起学习动机的内部因素，称之为内部动机。外部动机带有某种强制性，不能完全转化为学生的自觉性。内部动机则出于学生内部的需要，具有高度的自觉性。当然，外部动机和内部动机对学生来说都很重要，它们是互相促进，互相转化的，外部动机也会转化为内部动机。例如学生本来对某门学科并不感兴趣，但是经过老师的鼓励和教育，逐渐地使他感兴趣了，就转化为内部动机。有时学生对某门学科很感兴趣，但由于得不到老师的鼓励，或者因为老师教得不好，他的兴趣逐渐减少，内部动机就会逐步消失。

教师的责任就在于要培养学生的学习动机，教师要善于利用外部因素，更重要的是要善于激发学生的内部动机，要避免外部动机的消极作用。学生有了学习动机就能够自觉地主动地学习，教学工作就会收到较好的效果。

教学工作是这样，思想教育工作也是这样。只有通过学生自身的矛盾斗争才能接受一个观点和一个信念。

现在，大家都在谈论发展学生的能力的问题。所谓发展学生的能力，就意味着不要把学生当做装知识的容器，而是要让他成为去获取科学文化知识的主人。关于发展能力的问题，需要专门研究，专门写文章论述。我这里只想指出一点，学生的能力中很重要的是想象力和创造力。一个人如果想象力不丰富，创造力不强烈是很难做出优异成绩的，他只能成为照章办事的人，不能成为出类拔萃的人才。但在实际生活中，这种能力的培养往往被忽视。

第四，要为学生创造一种条件和环境，使他们自己在矛盾中决策，那样获得的观念才巩固，才会变成他自己的坚定信念。在学生犯了某种错误的时候，不能光靠单纯的说教，而是要给学生组织一些活动，使他在活动中用自身的力量去克服自己的缺点和错误。有的教师热衷于个别谈话。我认为，个别谈话是需要的，但是个别谈话要求教师要有高度的教育艺术，否则很难达到预期的效果。什么情况下个别谈话才有效果呢？①教师在学生心目中要有高度的威信；②要在学生思想斗争最激烈的时候；③要对发生的事情调查得一清二楚；④要能抓住学生思想斗争中的焦点；⑤要出于对学生真诚的热爱，态度要民主，要允许学生发表不同意见，要互相交谈等等，也许还有其他条件。但是有的教师并不考虑有没有谈话的条件，时机成熟不成熟，学生一犯错误，立即谈话，十次有九次会失败。常常遇到这样的情况，开始的时候，教师还冷静，后来越来越激动，声音也提高了，态度也生硬了，结果不欢而散，以失败告终。所以我主张要多搞些活动，让学生在活动中改正错误。重庆市工读学校有这样一个例子：有两个学生因犯了错误被送进工读学校，进校后总想逃跑。校长有一次对他们讲："我今天下午要去慰问一个毕业生，想和你们两人一起去，我代表学校，你们代表学生。但是有一个条件，你们一路上要表现出像个学生的样子，不要再犯错误。"学生答应了。下午出发，一路上两人表现都很好，在汽车上敬老扶幼，让座位。有一个老年人很感动，对他怀里的小孙子讲："将来长大了要以他们为榜样。"到了毕业生那里（当然是联系好的），毕业生又给两个学生做了些工作。回校以后，校长问他们，这次访问有什么感想，他们回答说："我还不知道做了一点好事会有那么多人夸。"他们过去听到的都是批评意见，从来没有听到过一句赞扬的话，现在听到赞扬的话，他们内心激动是不用说了。这种激动就会变成他们转变的起点。总结过去的经验，差生的转变总是在特定的活动中开始的，很少是因为经过几次谈话就转变的。当然不能说谈话没有作用，而是要多种方法配合才行。特别是组织学生的活动，设置某种环境和条件，通过学生自身的活动、思考，去得出正确的结论和信念。

要特别慎重地运用惩罚这个教育手段。这种消极的手段运用得不恰当会起副作用。只有学生已经认识到自己的错误的时候，惩罚才能收到良好的教育效果。否则学生就不会接受你的惩罚，就会产生和教师和学校对立的情绪。惩罚还需要在有公众舆论的情况下才有教育效果，否则同学都同情他，这种惩罚只有害处。当然，学生犯了严重错误是要惩罚的，惩罚就是对他的行为的否定，有时他对错误认识不够，通过惩罚促进了他的认识。惩罚不仅对犯错误的人有教育作用，对其他同学也有教育作用，但要运用得当。总之，惩罚作为一种教育手段来说，首先应该考虑它的教育效果。学生犯了错误，要惩罚，最好是等一等。等一等有很大的好处，它可以使教师冷静下来，学生冷静下来，多思考几个问题；可以使教师有时间做调查研究，有时间做群众的工作，条件成熟了再惩罚。也许那时候就认为没有必要再惩罚，可以从轻处理了。

学生既是教育的客体又是教育的主体，是一条具有十分广泛的普遍意义的客观规律，它涉及教育教学工作各个方面。简单说来，也可以说是教师应该有的一种教育指导思想，即时时刻刻把学生看做是教育的主人，时时刻刻启发学生的自觉性，不是让他消极地被动地接受教育，而是主动地积极地开展教育活动，在教育教学活动中受到教育。当然，我们不赞成儿童中心主义，我们强调教师的主导作用，启发学生的自觉性不等于不要教师们的主导作用。相反，只有教师充分发挥主导作用，才可能启发学生的自觉性。因此遵循这条规律不是放弃教师的作用，而是教师的作用更重要，责任更重大。

再论教师的主导作用和学生的主体作用的辩证关系*

一、问题的提出

近几年来教育界对教师和学生在教育过程中的地位和作用的讨论非常热烈。特别是对教师的主导作用和学生的主体作用这一命题提出了不同的意见和看法，我认为，这个讨论是非常有益的。在后一个命题上我是始作俑者。1981年我在《江苏教育》第10期上发表了《学生既是教育的客体，又是教育的主体》一文；1982年我和黄济同志共同主编的中等师范学校用的《教育学》① 教材中又把这个命题作了专节论述。于是引起了学术界的议论。赞同者有之，反对者也有之。反对者认为，任何事物只能有一个主体，教师在教育过程中起主导作用，因此教师才是教育的主体。针对这个观点，我在1987年的拙作《论教育的传统

* 原载《华东师范大学学报》（教育科学版），1991年第2期。

① 顾明远、黄济主编：《教育学》，北京，人民教育出版社，1982。

与变革》[①] 中又一次阐述了学生是教育的主体的观点，明确说明教师主导作用一词是由俄文翻译过来，意思是先导、引导作用，并无主体的涵义。这就引起了更大的争论。赞成者给我来信，甚至亲自到北京来找我，支持我的观点；反对者也给我来信，提出与我商榷。从这些争论中，我受到很大教益。我感到，我有必要再一次就这个问题表明我的意见。同时也想借此机会感谢来信的和在报纸杂志上参加讨论的同志们。无论是赞成者还是反对者都对我有很大的帮助，他们帮助我进一步思考这个问题，弄清这个问题。

其实，这个命题并非我的发明。1976 年出版的苏联巴拉诺夫、沃莉科娃、斯拉斯捷宁等编写的《教育学》[②] 中就有专门一章“儿童是教育的客体和主体”。虽然该书对这个命题并未作理论上的论述。但这个标题的提出却给了我很大的启发。当时我的想法很简单，认为60 年代提出的“教育不仅是传授知识，而且要发展学生的能力”的命题很重要。但如何才能发展学生的能力呢？首先要从教育观念上加以改变，把儿童看做是教育的主体就是一种教育观念的改变。我认为，我们传统教育的弊端之一就是教师说了算，教师照本宣科，学生照本考试，学生缺乏积极主动性，学习缺少生动活泼。要改变这种状况，首先就要改变传统的旧的教育观念，要把学生看做是学习的主人，教育的主体。当然当时也找了一些理论来支持这个观点，但是想法就是如此而已。

---

① 顾明远：《论教育的传统与变革》，载《中国社会科学》，1987 年第 4 期。

② ［苏］巴拉诺夫、沃莉科娃、斯拉斯捷宁等编：《教育学》，北京，人民教育出版社，1979。

二、分歧的意见

关于这个问题在讨论中有许多不同意见，归纳起来大致有如下几种：

1. 赞成学生是教育的主体的提法。

2. 不赞成学生是教育的主体的提法。其中又有不同的意见，有一部分同志认为教师才是教育的主体。因为教师闻道在先，知识丰富，又是教育方针的执行者，教师的主导作用就是主体作用；另一部分同志从哲学的角度来分析，认为任何事物只能有一个主要矛盾，任何一个矛盾只能有一个主要方面。教育过程的主要矛盾是师生之间的矛盾，师生之间的矛盾的主要方面在教师，因此教师才是教育的主体，如果学生也是主体，则变成多中心主义，二元哲学；还有的同志从逻辑学的角度认为，同一对象不能既是主体又是客体，否则就违反了逻辑的矛盾律。

3. 把学生是教育的主体理解为是学习的主体，赞成教师是教育的主体，学生是学习的主体的提法。实际上也是不赞成学生是教育的主体的提法。

不论是哪种意见，争论的焦点仍然是学生在教育过程中的地位和作用，学生是不是教育的主体。我想，不简单地回答这个问题，对不同的意见先不作分析。我想先来看看教师和学生在教育过程中的地位和他们相互间的关系。

三、教育过程中的三个要素及其相互关系

马克思主义认为，教育过程是人的一种特殊的认识过程，也就是说，它既具有认识过程的一般规律，又具有反映教育过程特点的特殊

规律，一般规律就在于客观世界是认识的对象——客体，人是认识的主体。人的认识过程就是在主客体二者相互作用的实践活动过程中主体对客体的认识，教育的特殊规律在什么地方呢？主要表现在两个方面：第一是学生的认识过程不是学生通过自身（主体）对客观世界（客体）的直接的实践去认识世界，而是通过教师和教材的中介，学生以学习书本知识、间接经验为主，是走一条捷径。正如马克思所说的："再生产科学所必要的劳动时间，同最初生产科学所需要的劳动时间是无法相比的，例如学生在一小时内就会学会二项式定理"。①教育过程就是科学知识的再生产过程。第二是教育过程不像一般认识过程那样只有主客体二者的关系，还增加了指导主体去认识客体的教师这个第三个角色。也就是说，一般认识过程只有主体和客体两个要素，而教育过程则有三个要素：教师、学生和认识对象（主要体现在教材上）。也有的同志把教育过程说成是有四个要素，即把教育手段也作为一个要素。我认为不必。当然，主体为了认识客体，总要想方设法运用各种手段，但这些手段只是作为主体的工具而存在，他们起着延长和加强主体的认识器官的作用，但不是教育过程的基本要素。

教师、学生、认识对象三要素在教育过程中是什么关系呢？我们不妨把三者分解地来认识。

教师在教育过程中既是主体，又是客体。教师对于认识的对象客观世界而言，他是认识的主体。他首先要对客观世界有一个认识过程，才能使他得到的认识成为自己的知识，然后传授给学生。当然，这个过程不是在教育过程中完成的，是在这之前，在他自己受教育的阶段以及以后的不断实践和学习过程中完成的。但是在教育过程中他

① 《马克思恩格斯全集》第26卷，377页，北京，人民出版社，1973。

们仍然要不断地认识，如对教材的进一步钻研，对教育的对象——学生的了解和认识。所以在教育过程中教师仍然是认识的主体。教师对于学生来讲，他又是学生（主体）认识的对象（客体）。教师一方面是知识的载体，他拥有学生需要学习的丰富的知识，是学生学习的对象。另一方面教师还是学习的榜样，他的人格、品德也是学生认识的对象。只有教师被学生所认识，才能取得较好的教育效果。从这个意义上讲，教师在教育过程中又是认识的客体。

但是，教师在教育过程中不是被动地为学生所认识，而是处于积极主动的地位，他是通过自己的活动有计划有组织地把知识传授给学生，而且帮助学生发展能力，形成一定的世界观。因此，教师这个认识的客体与一般的客体不同，他有主观能动性，在教育过程中起着主导作用。如果说，在一般的认识过程中主体和客体相互作用时主体处于主动地位，客体处于被动地位，即客体是不以人的意志为转移地自己运动着的客观存在，那么，在教育过程中，学生和教师的双边活动都是积极主动的。教师作为学生认识的客体，不是一个单纯自己运动着的物质，而是有意识的活动，他的活动往往视学生的意识活动的变化而变化，是由教师自己的意识所支配的。因此师生之间的关系也就不只是一般的主体和客体之间的关系，而是两个主体之间的交流。

学生在教育过程中也是既是主体，又是客体。学生是认识过程的主体，他所要学习的知识是他认识的客体。但是这种客体和一般认识过程中的客体也有所不同，它不是客观世界本身，而是客观世界在前人意识中的反映，是前人经过实践总结的经验。这些经验对学生来说不是直接经验，而是间接经验，这些经验物化在知识体系中。学生在教育过程中认识客体不是直接作用于被认识的客体，而是通过这种知识体系的媒介。这种知识体系为了便于学习，就编制成教材（包括教学参考资料)，学生就是通过学习教材来认识世界的。

教材在教育过程中起着不可忽视的作用。教材是指按照培养目标和课程要求，把某门学科知识编制成教学工具，它是学生认识客观世界的媒介。但是如果说，学生仅仅通过阅读教材来认识世界，还不能算是教育过程，只能叫做自学过程。教育过程中还有教师的作用。学生要通过教师的讲解、启示和指导才能深刻理解教材，掌握教学大纲中要求的知识。

教材的内容是学科知识的高度概括，它与教师掌握的知识是相一致的。但是，教师掌握的知识比教材的内容更丰富、更深刻，教师还掌握了教材编制的目的性和原则性，掌握着该门学科的内在逻辑和发展趋势。因此只有通过教师的讲解启示和指导，学生才能较快较好地学到必要的知识。从这个角度来讲，教师和教材同样都是知识的载体，都是学生认识的对象（客体)。

学生同时又是教育对象，也即教育的客体。因为教育是有目的、有意识的社会活动，是教师根据一定社会的要求，有意识有目的地把学生塑造成为一定社会成员的过程。在教育过程中学生被教师所认识，所塑造。但是学生不是被动地接受教育的，他有主观能动性。他不仅受到教师的影响，而且还受到外部世界的各种影响；他不仅通过教师和教材获得知识，而且通过自己的实践获取课堂上得不到的知识，从而影响到教育过程。因此，把学生单纯地看做是教育的客体也是不对的。

以上可以看到，教育过程中三个要素构成了十分复杂的关系。它构成了教育内部的规律。正确认识这个规律才能使教育过程处于最佳状态，获得较好的教育效果。

过去曾经有人把教育过程中的三个要素认作像天体运动中的三

体，提出教育过程的三体论。我不同意这个观点。从哲学的角度看，认识过程中只存在着二体：主体和客体，不存在三体。教育过程也是一种认识过程，也只存在着二体。对于客观世界（包括教材）来讲，教师、学生都是主体，客观世界是认识的客体。教师和学生如以一方为认识的主体，则他们又互为对方的认识客体。这里我要修正一下我过去的提法。我在《论教育的传统与变革》一文中说："在教学过程中只有一个主体，就是学生。"这个说法不妥。应该说，在教学过程中，教师和学生都是主体，又都互为客体，当时我所以那样说，主要是针对教师的主导作用一词而言的。我在文章中说，教师主导作用这个名词是从苏联教育学中翻译过来的，原文意思是指引导、先导作用，丝毫没有以教师为主的意思。但从哲学的主客体范畴来讲，教师学生都应该是主体。

四、教师的主导作用和学生的主体作用是辩证的统一，反映了教育过程的内部规律

前面主要是从哲学的认识论高度来谈主体和客体的教育过程中的反映，这里再来谈谈师生在教育过程中的相互关系。我是赞成在教育过程中提"教师的主导作用和学生的主体作用"的。但这里先要说明，主体作用并非主体，主导作用更非主体，它只是表明教师和学生两者在教育过程中的相互关系，当然这种关系是由两者的地位所决定的。但论争者往往把这种关系和主客体两者实体混淆起来，这就得出两者不能相容的结论。

在教育发展史上，关于教师和学生在教育过程中的地位和作用历来是争论的焦点。一派意见认为在教育过程中，教师有绝对的权威，学生只是教育的对象，他们只是被动地接受教育，自己没有主动权。

此谓之教师中心主义。另一派意见认为学生是教育的中心，教师则处于辅助地位，学生是太阳，教师要围绕着学生转，此谓之儿童中心主义。这两派意见都没有辩证地认识到教师和学生两者在教育过程中的相对地位，只强调了一方的作用忽视了另一方的作用。

在教育过程中，学生是教育的对象，教师起着主导作用。这是因为：第一，教师是教育方针的执行者，他根据一定的教育目的，按照一定的教育计划对学生施加有目的有计划有组织的影响；第二，教师闻道在先，具有比学生多得多的知识，而且具有较完美的人格，无时无刻不在影响着学生；第三，学生还处于不成熟的生长时期，他们的德智体诸方面都要在教师指导下发展。认识教师的主导作用，就在于教师起到引导、指导的作用。从这个意义上讲，学生是教育的对象，是被塑造者。但是教育对象与一般的生产对象不同，教育过程也不同于生产过程。这是因为，第一，学生是活生生的社会人，学生是教育活动的重要参加者，是在与其认识客体（教师和教材）的交往中获得知识和发展能力的；第二，学生不是被动地接受教育的，他具有主观能动性，学生决不是一张白纸，能够随意画出所想画的图画；也绝不是一架录音机和录像机，能够把教师的一言一行都记录下来。学生在接受教育影响时要受到自己的已有认识和情感、意志的支配，他的认识具有选择性；第三，一切教育影响都要通过学生自身的实践活动，经过他的内在矛盾斗争才能被他所接受。一切教育活动，除了必须要有好的内容、好的教材、好的教师等外部条件之外，还必须有最重要的一条，就是学生愿意学习，教育活动才能顺利进行。在教育过程中，学生只有在教师的指导下，通过自己的活动去获得知识和提高认识，形成信念，发展能力。因此，我们强调在教育过程中要发挥学生的主体作用。其实这里所说的主体作用，指的是充分发挥学生的学习积极性和主动性，有主人翁感，使他主动地接受教师的教导。

因此，教师的主导作用和学生的主体作用不是互相排斥的。不能说因为要发挥教师的主导作用，学生就只能被动地接受教育；也不能说因为要发挥学生的主体作用，教师就只能被动地围着学生转，不去执行教育方针，进行有目的有计划的教育。相反，两者是互相作用，辩证统一的。主张学生的主体作用并不排斥教师的主导作用、相反对教师的主导作用提出了更高的要求。也就是说，不仅要求教师照本宣科地传授知识，而且要启发学生的积极主动性，使学生学得生动活泼。学生的学习积极主动性越高，教育效果会越好，教育质量就越高。也就是说，要能使学生在教育过程中发挥主体作用，就要求教师更好地发挥主导作用；教师在教育过程中发挥了主导作用，学生才能更好地起到主体作用。

这里就有一个对教师主导作用的理解问题。如果把它理解为教师的绝对权威，教师说了算，那当然就不可能发挥学生的主体作用。但是我想，教育发展到现时代，这种理解恐怕是大多数教育理论工作者和教师都不能接受的。所以我想也不必费笔墨去评论它，虽然现实生活中这种现象并不少见。

五、提倡教师的主导作用和学生的主体作用的现实意义

我们提出这个命题并非无病呻吟，在作文字游戏，而是有很大的现实意义。我国长期以来的教育传统是把教师放在中心位置。虽然二三十年代权威的儿童中心主义思潮曾经一度在我国流行过，但很快就烟消云散。解放以后学习苏联教育经验，强调教师的主导作用和教师的权威，仍然把教师放在教育的中心，把学生视作被动的接受教育的对象，看不到学生的积极主动性，也不注意培养学生的主动精神和独

立能力，这种传统的教育观念已经严重地影响到我国的教育质量和人才培养。

早在60年代，由于科学技术的迅速发展，知识信息急剧增长，许多教育家都认识到，学校教育不可能，也没有必要把全部知识教给学生，重要的是把最基本的最先进的知识教给他们，同时注意培养他们的能力，使他们能够独立思考，举一反三，善于探索新的知识。也就是说，教育不只是教给学生知道什么，更重要的是要教会他们如何学习，如何去探索事物的奥秘。要做到这一点，就要培养学生的主动性，把学生由被动地学习转变为主动地学习。正是在这种形势下提出学生是教育的主体这个命题。应该说，这个命题已经超越了教师是中心还是学生是中心的历史上教育命题的争论，向新的认识跨越了一大步，它带有20世纪新科技革命时代的特点。

但是在我国，这个问题长期没有得到解决，学生负担过重，学习消极被动，学习方法死记硬背，已经成为我国教育实际中的痼疾，虽然从毛泽东同志提倡教学要注意启发式以来，大家都在谈论如何做到启发式教学，但始终未能落到实处。固然原因很多，但没有树立起正确的教育观念，特别是没有正确的学生观，不能不说是一个重要原因。因此，当前要深化教育改革，要为社会主义现代化建设培养具有献身精神和创新精神的人才，就必须从改变旧的教育观念，树立新的教育观念着手。其中一个重要的教育观念，就是要把学生看做教育过程的主体，在教育过程中充分发挥学生的主动性、积极性、创造性，才能有助于培养学生自我教育的能力，更好地促进学生在德智体美诸方面生动活泼地发展。现在全国许多小学校都在开展愉快教育，什么是愉快教育的精神实质，就在于把学生放到教育的主体地位，使得学生愿意学习，把学习当做乐事。愉快教育与刻苦学习并非对立的。有的同志认为学习应该是刻苦的，不能都是愉快的。但他不明白，只有愉快教育才能使学生从愿意学习发展到刻苦学习，也就是做到以苦为乐。强迫教育只能使学生把学习当做苦差事而敷衍了事。所以说，愉快教育绝不是一个教育方法问题，而是一种教育思想的转变问题。提出学生是教育的主体就是为了实现这种转变，从而使教育质量能够得以提高。

教育改革的关键在于教育思想的转变*

任何一项改革都要以一种思想为指导，教育改革也不例外。《中共中央关于教育体制改革的决定》明确指出："教育必须为社会主义建设服务，社会主义建设必须依靠教育"，"教育体制改革的根本目的是提高民族素质，多出人才、出好人才"。这就是我们的指导思想。

《决定》为我国的教育事业的发展勾画了一个宏伟的蓝图。我们教育工作者的任务是按照这个蓝图去施工。那么，我们对这个蓝图设计思想的认识是不是明确了呢？这是一个关系到能不能按照原来设计的样子去实现的大问题。因此有必要广泛深入地进行学习，学习《决定》的基本精神，开展教育思想讨论，以便使我们的教育思想符合《决定》的要求，符合时代的要求。

教育思想中最根本的一条就是教育的目的问题。我国社会主义教育的目的是什么？是不是我们人人都明确呢？实际工作中表现出来的问题说明这个问题并不很明确。我

---

* 原载《教育研究》，1986 年第 4 期。

总感到我们的教育工作中存在着形式主义，或者叫做“无目的论”，为教育而教育的倾向。小学教育的目的是为了升中学，中学教育的目的是为了升大学，大学教育的目的是为了让学生考上研究生；或者，是把我所知道的先进的科学知识教给他，至于这些知识在他走上社会以后有没有用处，如何使用，学校是不大过问的。也就是说，我们很少研究我们教育的社会效果。诚然，我们有许多教师，他们不仅工作勤勤恳恳，而且教育目的很明确，教书育人，为我国社会主义建设培养了众多人才。这些教师无疑是我们队伍中的优秀者，是值得我们大家学习的榜样。但也不能不实事求是地承认，我们许多教育工作者，包括教育行政干部、校长和教师存在着上面说的问题。

社会主义教育的目的是什么？这就是《决定》中所指出的，为社会主义建设服务。《决定》还指出，“社会主义建设必须依靠教育”。这句话是为了说明教育在社会主义建设中的地位和作用，说明教育的重要，同时也从另一个角度说明了教育为社会主义建设服务的根本目的。

教育为社会主义建设服务表现在哪些方面？首先，教育是培养社会主义经济建设人才的手段。发展社会主义经济，最重要的条件是要有掌握科学文化知识的技术人员和熟练的劳动力。马克思主义认为，人是生产力中最重要的因素。这里所指的人，是具有一定生产知识和劳动技能，会使用生产工具的人。这种人只有通过教育才能实现。特别是在当代新的科学技术迅速发展的条件下，教育程度越高，劳动者的素质就越好，劳动生产率就越高，社会主义的建设也就能顺利进行。其次，教育促进着科学技术的发展，从而推动着生产力的发展。教育的任务不仅是把现存的科学知识传授给下一代，而且要在教育的过程中创造出新的知识。特别是高等学校，它既是教育的中心，也是科研的中心，是发展科学技术的重要基地。普通中小学虽然没有创造新知识的任务，但是它是打基础的阶段，没有扎实的基础教育，要想发明创造是不可能的。第三，教育不仅是社会主义物质文明建设的重要条件，也是社会主义精神文明建设的重要内容。实现社会主义现代化，光有高度的物质文明是不够的，还要有高度的社会主义精神文明。两种文明的建设互为条件，互为目的。社会主义精神文明包括文化建设和思想建设两个方面，哪一个方面都离不开教育。总之，我们教育的根本任务就是提高民族素质，培养社会主义建设的人才。

这里就产生了第二个问题，什么是人才？社会主义建设需要什么样的人才？我们教育工作者应该树立什么样的人才观。1979 年到 1980 年在“人才学”刚刚出现的时候曾经有过一场关于什么是人才，怎样才能成才的争论。有一种观点认为，凡有天赋才能的人，做出非凡成绩的专家、学者、科学家、发明家才是人才，其他都是庸才。我不赞成这种人才观。我认为，人才不能和天才混淆起来，凡是有高度的社会责任感，勤奋工作，勇于创新，为社会作出一定贡献的都是人才。人才是有层次、有类别的。各个层次、各种类别中又会有出众的人才，即俗话说的“行行出状元”。我们当然希望，并且应该注意发现和培养出能够获得诺贝尔奖的、有创造发明的、蜚誉世界的各种高级人才和天才，但是这种高层次的人才毕竟是少数。如果我们教育工作的着眼点只放在这少数人身上，把它作为我们的培养目标，势必忽视大多数，就不能为社会主义建设培养各级各类的人才，社会主义建设就会受到损失。

人才观还包括对人才的规格和要求的问题。各级各类人才所应具备的具体规格当然是不同的，也就是说各有特性。但是作为社会主义建设人才应该有它的共性。这个共性就是《决定》中所说的：“所有这些人才，都应该有理想、有道德、有文化、有纪律，热爱社会主义祖国和社会主义事业，具有为国家富强和人民富裕而艰苦奋斗的献身精神，都应该不断追求新知，具有实事求是、独立思考、勇于创造的科学精神。”用这个标准来检查实际工作，我们就会发现，恐怕还有许多同志对这个培养目标并不够明确。

例如什么叫三好学生？当然应该是德、智、体全面优秀的学生。但是衡量德和体的标准是什么，往往不很具体。比较具体的却是各门课程的考试成绩。且不说考试成绩能不能反映学生的智力水平，就是对各门课程的要求来讲也有值得讨论的地方。我们都讲全面发展，有人把全面发展理解为平均发展，门门都是优秀才是全面发展。这种全面发展实际上并不全面。因为各个人的才能、兴趣爱好是不同的，每个人都有自己的特殊的才能。强求一律，必然抹煞学生的特殊才能。就如一块玉石，本来可以把它雕镂成一座玲珑的小塔，你却偏要把它凿成一匹粗糙的小马，结果是糟蹋了这块材料。所以说，教育的结果并不都是正值，有时会产生负值。教育对头，可以造就人才；教育不对头，可以埋没人才。

许多学校总爱把课程分为主课和辅课。数理化、语文、外语是主课，体音美是辅课。这种分法是不科学的。各门课程在时间安排上有多有少，但绝不能按课时的多少来划分主课和辅课。中小学是基础教育，各门课程在基础教育中都有一定的位置，都是重要的。当然，由于各个人的才能、兴趣、爱好不同，不能要求学生门门都要达到同样优秀的水平。所以人为地把中小学的课程分为主课与辅课是没有道理的，是不利于培养人才的。

明确了培养目标和人才的规格以后，还有一个如何培养的问题。毛泽东同志曾经指出，要让学生在德、智、体诸方面生动活泼地主动地得到发展。这是十分精辟的见解。这里既指出了社会主义的培养目标，又指出了培养的方法。毛泽东同志历来反对读死书，死读书，反对教师采用注入式，提倡启发式，主张学生学得主动，学得生动。

是呆读死记，还是生动活泼地学习，这反映了对立的两种教育观。使学生生动活泼主动地得到发展是社会主义教育目标所要求的。社会主义需要培养自觉的建设者，而不是因循守旧、只懂书本知识、照章办事的官吏；社会主义需要有理想、有献身精神和创造精神的新人，而不是抱残守缺、没有理想和抱负的碌碌庸人。这就需要在学校里培养学生独立生活的思考能力，让他们能够生动活泼主动地学习。

使学生生动活泼地主动地得到发展，这是时代的要求。现代科学技术的发展日新月异，如果一个学生只会死读书，读死书，缺乏自学能力和独立思考的能力，即使把书背得滚瓜烂熟，也难以适应现代科学技术发展的需要。我们的时代需要一个人不仅有知识，而且有开阔的视野、创造的科学精神和探索新知识的能力。这些素质只有在启发式的生动活泼的教育中，才有可能使学生发展起来。

要让学生生动活泼主动地得到发展，首先就要减轻学生的学业负担，把学生从沉重的作业中解放出来，让学生有充分的时间去参加政治活动、体育活动、科技活动、文娱活动，去从事自己所喜爱的事情。这样，表面上看来课内学到的东西少了，但课外学到的东西要多得多。同时，它有利于学生思想觉悟的提高，身体的健康发展，主动精神和独立能力的养成。其次，要树立起学生是教育主体的观念。无论是在课堂教学中还是在课外活动中，都要把学生放到主体的地位，发挥他们的积极主动性。教育虽然是师生双边活动的过程，教师在这个过程中要起主导作用。但是，学生不是被动地接受教育，他有主观能动性，一切教育影响都要通过学生自身内部的矛盾斗争才能被接受。教育的结果要体现在学生身上，学生是教育的主体。这和教师的主导作用并不矛盾。教师的主导作用恰恰就在于启发学生的积极主动性，学生的积极主动性越高，教育效果就会越好，教育质量就越高。

以上提到的教育目的论、人才观、学生观、教学论都属于教育思想的问题。只有这些教育思想端正了，教学内容、教学方法的改革才能顺利进行，教育中的弊端才能克服，《中共中央关于教育体制改革的决定》所赋予我们教育工作者的任务才能完成。

教育思想的转变是一个长期的复杂的过程。它涉及的面很宽，上面讲到的只是一部分。教育思想的转变决不是依靠行政命令所能解决的。而是需要认真学习马列主义的教育理论，需要调查研究社会各种因素对教育的影响。这就需要展开深入的讨论，贯彻百家争鸣，百花齐放的方针，在充分调查的基础上，实事求是地各抒己见，互相争论，互相切磋。真理总是越争越明。正是为了学习和转变我自己的教育思想，所以简要地谈了我自己的一些观点，向同行们求教。

提高民族素质，迎接21世纪挑战*

一、为素质教育正名

当前全国教育界正为在20世纪末实现普及九年义务教育和深化教育改革，提高教育质量而努力。在教育改革中就遇到一个从“应试教育”向素质教育转变的问题。对于这个转变，在教育理论界还有争议，在实际工作中也还不太清晰，需要在理论上加以澄清。

素质教育的提出，是针对“应试教育”而来的。所谓“应试教育”，是指以应付升学考试，追求升学率为目的的教育。所谓素质教育，是指以提高人的素质为目的的教育。“应试教育”、素质教育只是一种约定俗成的简称。

素质，有两种解释：一是指个人先天具有的解剖生理特点，包括神经系统、感觉器官和运动器官的特点，其中脑的特点尤为重要，它们通过遗传获得，故又称遗传素质；二是指公民或某种专门人才的基本品质，如国民素质、民

* 原载《中国教育学刊》，1996年第6期。

族素质、干部素质、教师素质、作家素质等，这都是个人在后天环境、教育影响下形成的。综合起来讲，素质是指个人先天具有的生理、心理特点和后天通过环境、教育获得的基本品质。先天获得的遗传素质是后天形成基本品质的物质前提，而后天的环境与教育则是先天遗传素质能否发展的条件。一个先天的聋哑人，当然不可能成为一名音乐家，但有音乐天赋的人如果后天得不到培养，也不可能成为一名音乐家。提倡素质教育就是要使每一个学生先天获得的遗传素质得以充分的发展，同时使他们获得当今社会所需要的各种品质。素质教育对于提高全民族素质具有十分重要的意义。

二、为什么要反对“应试教育”

为什么要反对“应试教育”？这是因为“应试教育”不能培养出社会主义现代化建设所需要的人才。有的同志可能会反驳说，高考不是以考试选拔人才的吗？清华、北大等重点大学不是从高分学生中培养出众多人才吗？不错，考试可以作为选拔人才的一种手段，但考试本身并非目的。把手段变成目的，必然会使教育走入误区。因为考试只能评价学生的学习成绩和某些方面的能力，不能评价学生的整体素质。1996 年 8 月 1 日《参考消息》刊登《日本中小学教改之探》一文，介绍日本文部省（即教育部）提出要以“新学力观”评价学生；要求在学生每个科目的评分栏中，除了记录考试成绩外，还有一栏是根据“新学力观”来进行评价。“新学力观”的评价分为 4 项，即：“学习意愿和态度”、“思考判断和创意构思”、“表现应用”、“理解鉴赏”。一个学生的思想品质和身体健康，更不是考试所能考核的。

以应付考试为目的的教育的弊端有如下几个方面：

第一，由于考试只以知识为依据，因此学校容易只重视智育，忽视德育和体育，忽视生活和劳动技能的培养，影响学生的全面发展。

第二，在智育中也容易只重视知识的记忆与背诵。有的学校和教师为了应付升学考试，加班加点，搞题海战术，加重学生的课业负担，严重地摧残学生的身心健康。

第三，把学生囿于沉重的学习负担之中，压抑学生的个性发展，扼杀其创造才能、爱好和特长，使得他们不能适应当今复杂多变和激烈竞争的社会的需要。

第四，学校为了追求升学率，只重视少数有可能升学的学生而置广大学生于不顾，致使广大学生失去学习的信心，不仅学习没有长进，而且其心理上受到极大的伤害。据说有人撰文主张“使少数人成为‘胜利者’而伴随出现很多学生成为‘失败者’也是值得的”。这种英才教育思想，连资产阶级教育家都是反对的，为何能在社会主义国家出现，这只能说是一种思想的倒退。

三、素质教育的内涵

素质教育要培养学生哪些素质？现在众说不一。有的同志从教育方针提出的全面发展角度来划分，则有思想素质（或称道德素质）、文化素质、身体素质、审美素质、劳动技能素质；有的同志从人的身心发展的角度来划分，则可分为思想素质、文化素质、身体素质、心理素质。其内容都是差不多的，只是如何科学地归纳，这需要教育理论工作者细致研究。我个人认为，素质可以包括这样几个方面：思想道德素质、科学文化素质、身体素质、心理素质和生活技能素质。每一种素质里面又包含许多内容，它们是互相依存、互相交叉、互相促进的。例如科学文化素质不仅包含掌握科学文化知识，而且包含思维能力、思想情操，也就是说它涵盖了思想道德素质、心理素质的某些内容。因此也有人把提高民族素质称为提高民族的文化素质。这里的“文化”就是指广义的文化。总之，对素质内涵的科学分类还需要经过深入细致的科学研究，这里只能说个大概。

素质教育的目的就是要培养学生具有上述素质，但素质教育作为与“应试教育”相对立的一种教育模式，它还有更为广泛的涵义。

1. 素质教育是一种全面发展的教育，是贯彻教育方针最有利的教育模式。我国的教育方针是：“教育必须为社会主义现代化建设服务。必须与生产劳动相结合，培养德、智、体等方面全面发展的社会主义事业的建设者和接班人。”教育要为社会主义现代化建设服务，就要培养社会主义现代化建设所需要的人才。当前社会主义现代化建设面临着种种挑战，只有全面发展的人才能适应这种挑战。最近《科技日报》发表一条消息，美国未来学会强调，21 世纪需要全面发展的新型人才，呼吁学校和家长改革传统教育方法，并认为适合新世纪的人才应当具有知识能力、个人能力和国民能力。我们提倡的素质教育也正是要培养这些能力。

2. 素质教育是一种通识教育，不完全等同于基础教育。基础教育必定是素质教育，职业教育、高等专门教育也应该对学生进行素质教育。也就是说，我们的教育从幼儿园到研究生院，都要在不同的层面上对学生进行素质教育，它要贯穿于教育的始终。义务教育阶段是基础教育，它要为学生个人的成长打好三方面的基础：

第一，打好身心健康成长的基础。在义务教育阶段的儿童少年正处于脑力和体力发展最旺盛的时期，教育要为他们的脑力和体力的发展创造有利的条件。任何压抑或有害于儿童少年体脑成长的制度都应该反对。以应试为目的，强迫学生做大量的习题，死记一些不必要的知识，给学生造成无形的心理压力，是有害于儿童少年健康成长的。

有的教师经常喜欢说学生是“笨蛋”，或者说一些有损于学生人格的话，这对学生更是严重的伤害。苏联伟大的教育家苏霍姆林斯基曾经说过，要相信孩子，如果让孩子从小就失去了自信心，长大了我们对他还能抱有什么希望呢？因此，他主张小学一年级第一个学期不给学生的学业成绩打分数，第一次给学生打分不打不及格的分数。为的就是要从小培养学生的自信心、自尊心、自强心，使他们长大了能够不断地追求事业的成功。

第二，打好进一步学习或者叫终身学习的基础。义务教育阶段是基础教育阶段，义务教育期满以后有的要升入普通高中学习，有的要升入职业中学学习，有的可能直接进入社会就业。不论是哪种情况，都需要进一步学习。当今的社会已经进入信息社会，科学文化知识日新月异，短短几年的学校教育不可能让学生学到那么多，也没有必要让他们学习到人类所创造的全部知识。学校教育的任务是教会学生学习，使他们进入社会以后自己能够不断地去获取知识。也就是我们通常讲的要授之以“渔”，而不是授之以“鱼”。

第三，为他们将来走向社会打好基础。要走向社会，不仅仅要进行某种职业训练，以便能够在社会上找到某种职业，更重要的是要培养学生从小就有一种社会责任感，使他们了解社会，了解他人，了解自己在社会中的地位和责任。学习期间认真学习，不仅是为了个人成长，而且是一种社会责任；走入社会从事某种职业，不仅是为了个人的谋生，也是一种社会责任。这是一种心理的基础、思想意识的基础，至于学好知识和技能，更是走向社会必备的基础。

3. 素质教育是面向全体学生的教育，是使每个学生都能健康成长的教育。“应试教育”只面对少数学生。有些学校为了追求升学率，只注意培养少数有希望进入重点中学或考上大学的学生，给他们“吃偏饭”，重点辅导；而对升学无望的学生听之任之，造成学生中的两极分化。结果是“吃偏饭”的学生将来未必个个成长，而遭“遗弃”的学生本应有的才能却未得到培养或被压抑。这种教育只能是一种扭曲了的教育，是教育的一种异化。

素质教育与“应试教育”相反，它面对全体学生，使每个学生都能获得学习上的成功。为此，我赞成“让每个孩子都获得成功”的“成功教育”。

有的人会说，重点中学只是少数，能够进入大学学习的也只是同龄人的百分之几，能使每个人都成功吗？这是以“应试教育”眼光来看待成功。我们所说的成功是指学生学有所得，学有所成，并不是指考上重点中学或考上大学才叫成功。这是两种不同的成功观。“应试教育”的成功观以能够应付升学考试为目的，因此他们忽视大多数学生。“应试教育”的做法使得一部分学生学习感到困难，甚至产生厌学情绪，由于应试的失败而产生一种悲观或逆反的心理变态。素质教育的成功观则是让学生学到实实在在的知识，使其兴趣和才能得到发展，并获得学习成功的喜悦。

的确，由于遗传素质不同，每个人的天赋存在差异，每个人将来获得的成就也会不同。但是，一个人只要通过自己的努力，找准自己在社会中的位置，充分发挥自己的才能，为社会作出一定的贡献，那他就是一个事业的成功者。这里面又涉及一个人才观的问题。什么叫人才？我认为，不只是科学家、政治家、艺术家才是人才，只要能够尽心尽责，勇于创新，为社会作出一定贡献的人就是人才。人才是有层次、有类别的。社会需要由各种类别、各种层次的人才组成。一些人只把高层次的掌握高科技的科学家、掌握政权的政治家或社会上有名气的艺术家视为人才，视为事业的成功者；而把广大劳动人民视为庸才，视为事业的失败者。如果用这种观点来看人才，那么，社会就将不是一个平等的社会，也不是一个现代化的社会。我们实施素质教育，就是要面向全体学生，提高每个学生的基本素质，使他们成为对社会有用的人才。

4. 素质教育是一种重视个性发展的教育。“应试教育”是用考试一种模式来铸造学生，而素质教育则是重视每个人的兴趣、爱好和特长，充分发挥学生的个性。

长期以来，我国中小学生困于应付考试，整天埋头于作业之中，其兴趣和爱好得不到满足，创造能力受到压抑，个性得不到发挥。这不仅有悖于儿童天性，而且也与时代的需求不相符合。当今时代科技日新月异，竞争十分激烈。只有具备创造能力、竞争能力的人，才能立足于不败之地。“应试教育”难以胜任培养这种人才的任务。毛泽东在 1964 年给北京铁路二中校长的信的批示中批评当时的“学校课程太多，对学生压力太大。讲授又不甚得法。考试方法以学生为敌人，举行突然袭击。这三项都是不利于培养青年们在德智体诸方面生动活泼地主动地得到发展的”。他所批评的这些现象至今依然存在，甚至愈演愈烈，不能不让人担忧。从正面来理解毛泽东的话，就是要培养青年在德、智、体诸方面生动活泼地主动地得到发展，这也是个性发展的要求。

个性发展的核心是创造能力的发展，而创造能力发展的关键是学生能够生动活泼地主动地发展。只有把“应试教育”转变为素质教育才能做到这一点。

四、为什么要大力提倡素质教育

上面是从克服“应试教育”的弊端而提出实施素质教育的必要性

这方面来讲的。这还不够，还应该从宏观上、从时代的发展上来认识实施素质教育的重要性。

20世纪即将成为历史，21世纪已眺然可望。在这世纪之交的时刻，世界各国都在研究如何迎接21世纪。进入21世纪，人类面临着多方面的挑战和矛盾。

第一，人类面临着科学技术加速发展和急剧变革的挑战。中国科学院院士卢嘉锡教授分析了当代科技发展的趋势，指出其有三个基本特点：一是在发展速度和发展过程上具有加速发展和急剧变革的特点。他说，曾经有过估算，截至1980年，人类社会获得的科学知识，90%是第二次世界大战以后30余年获得的。人类的科学知识，19世纪是每50年增加1倍，20世纪中叶是每10年增加1倍，当今则是每3年至5年增加1倍。他认为二次大战以后至今已经历了5次伟大的革命，也就是每10年一次。二是既高度分化又高度综合而以高度综合为主的整体化趋势。他认为21世纪将是不同领域科技创造性融合的时代。三是科学技术转化为生产力的速度越来越快，特别是电子技术问世以后，其变革的速度明显加快。他说："当我们面向21世纪时，科技和社会的发展要求我们培养的人才必须掌握现代科技的最新成果，必须具有较强的能力和宽厚的基础。"他又说："要把培养学生获取知识的能力作为重点，使他们走上工作岗位后能够不断地和有效地更新、掌握所需的科技知识，以便适应实际工作的需要。"

第二，人类面临着种种困难。现代科学技术的发展及其在生产上的应用，固然给人类带来了丰富的物质财富。但是，资源浪费、环境污染、土地沙漠化、生态失去平衡等，却又使人类赖以生存的生物圈受到威胁。解决这些困难固然需要依靠科技进步，但也还需要依靠人类自身对环境、对社会的责任心。至于因丰富的物质财富而引起的享乐主义滋生、个人主义膨胀、道德水准下降等社会问题，更需要通过法制和教育来解决。

第三，人类面临着激烈竞争的挑战。80年代以后，世界的政治格局发生了剧烈的变化，冷战的局面已经结束，世界各国由冷战时期的军备竞争而转入经济的竞争、综合国力的竞争。所谓综合国力的竞争，实际上是高科技的竞争，人才的竞争。在21世纪的竞争中谁站在科技的制高点，谁有足够的人才，谁就稳操胜券。美国高质量教育委员会在1983年4月发布的《国家处在危险之中，教育改革势在必行》的报告，第一句话就说："我们的国家处于险境。我国一度在商业、工业、科学和技术上的创造发明无异议地处在领先地位，现在正在被世界各国的竞争者赶上。"报告还说："若想维持和改进我们在世界市场上尚有的一点竞争力，我们必须致力于改革我们的教育制度。"世界的超级大国是如此想，我们又该怎么想，不是很值得深思吗?

对于我国教育来说，除了面对上述三方面挑战以外，还面临着其他一些挑战。如：

第一，面临着经济体制转轨和经济增长方式转型的挑战。我国的教育，包括教育制度、教育思想和教育方法是在计划经济体制下形成的。它强调统一性，缺乏灵活性；强调书本知识，忽视实际能力；强调学历，轻视能力。市场经济的主要特点是开放性、竞争性、创造性、法制性。为适应这些特点，要求我们教育培养的人才具有宽广的视野，善于捕捉信息；有果断的决策能力，敢想敢干，勇于创新；有经济头脑，注重经济效益，讲究工作效率；同时还要有较强的法制观念，具有社会责任感，善于处理人际关系等品质。

第二，面临着"传统文化与现代文化"、"中国文化与西方文化"冲突的挑战。我国是具有悠久历史的文明古国，有着悠久的民族文化传统。但由于民族文化传统是经过长期历史积淀而形成的，不免带有旧时代的痕迹。民族文化传统中既包含着民族的精华、优秀的文化传统，也包含着某些封建的糟粕或者不适合现代社会的东西。因此，我们对待传统文化的态度既不是虚无主义，一概否定，又不是全部继承，不加区分，而是应采取辩证唯物主义的态度，批判地继承。

在建设现代化的过程中，我国实行改革开放的政策，引进西方的科学技术，与世界各国开展国际贸易，参加各种国际会议，开展各种学术交流，加上外国旅游者的涌入，必然带来西方文化。这就会产生中西文化的冲突。对待西方文化，我们也应采取辩证唯物主义的态度：优秀的要吸取，以丰富我国的民族文化；拙劣的要排斥；一些在西方适宜但不符合我国国情的文化，要加以选择和改造。

教育是文化的组成部分，但它又具有相对的独立性。教育对于文化，具有传递、选择、改造、创新的功能。这不论是对我们自己的传统文化，还是对外来的文化，都应该加以选择、改造和创新，然后才加以传递和传播。

对于上述问题，“应试教育”能够解决吗？不能！绝对不能！只有素质教育，也就是说只有通过教育来提高全民的素质，才能应付上述挑战。我们常常在生活中听到一些同志感叹，现在人的素质太低，影响了现代化的建设。但在我们的教育实际工作中又偏偏强化“应试教育”，忽视素质教育。这究竟是为什么？原因虽然很复杂，但根本的原因是一些领导、一些家长、一些老师只看重眼前利益而不顾民族的长远利益。“应试教育”是一种短视行为。只有素质教育才是为了子孙后代的健康成长的教育，才是适应时代要求的教育。

五、驳几种反对素质教育的观点

有的同志说，应试也是一种能力，也是素质教育的内容。还举出世界上百分之八十五以上为人类作出过贡献的成功者，都是应试场上的佼佼者。的确，应试也是一种能力。有的学生临场不乱，能够正常发挥自己的水平，说明他有应试能力。这种能力是一种心理素质，有人称之为非智力因素。这恰恰不是“应试教育”所能培养的。“应试教育”以应试为目的，把学生束缚在一张考卷上，只会造成学生对考试的恐惧心理，临场紧张，不能正常发挥自己的水平。应试的能力是建筑在掌握扎实知识的基础之上的。而所谓扎实的知识基础，不是指对知识的死记硬背，而是对知识的深刻理解和迁移，即俗话所说的能够举一反三，融会贯通。“应试教育”恰恰做不到这一点。确实有不少杰出人才是考试场上的佼佼者，但考试场上的佼佼者却不一定都能成为杰出的人才，更何况有许多杰出人才并非是经过考试脱颖而出的。

有的同志批评说，你们要搞平均主义，反对考试选拔人才，培养诺贝尔奖获得者，就要从小选拔人才，加以特殊培养。这种说法不对！素质教育不是搞平均主义，恰恰只有素质教育才重视个性的发展，并非用一个模式、一张考卷去要求所有的学生。人才选拔是必要的，但选拔的标准与方式却有不同。“应试教育”把考试的分数作为选拔人才的唯一标准，而素质教育则以人的素质的全面发展为标准。

问题还不在于要不要选拔人才，而在于人才如何才能脱颖而出。上文已经谈到，“应试教育”的弊端恰恰在于压抑个性的发展。优秀人才的出现需要以普遍提高学生的素质为基础。正如我们选拔优秀运动员一样，固然需要及早发现及早培养，但若没有群众体育运动的普遍开展，优秀运动员也是难以发现的。科学技术人才以及人文科学人才的培养更不同于运动员，更需要综合素质的培养。在这方面，有些西方的教育方法是值得我们借鉴的。西方的学校不重视学生对知识的记忆，而重视创新能力的培养。我国一些留学生把孩子带到美国去学习，开始的时候总觉得美国的纪律松散，教学水准较低，在国内读三年级的学生到那里可以读五年级。但不久就发现，美国学校要求学生自己动脑筋，学生获取知识的能力很强。1996 年《读者》第 3 期发表的《儿子的研究报告——我所看到的美国小学教育》一文介绍的情况就很有代表性。当然美国教育有他们的传统，有他们的文化背景，我们不能一概而论地说他们的教育一定比我们强。我国教育有自己的传统和优势，我们比较注重打好扎实的知识基础和严格的训练。我们的优点正是他们的缺点，但他们的优点也正是我们的缺点。如果我们互相学习，取长补短，一定会出现奇迹。需要强调的是，我们要向人家学习，首先就要克服“应试教育”，实施素质教育。

六、关键在于教育思想的转变

“应试教育”之所以难以克服，素质教育之所以难以推行，固然有社会原因，但更重要的原因是教育思想没有根本的转变。我国有重视教育的传统，这是好的一面；但是“万般皆下品，唯有读书高”和“学而优则仕”的思想则是一种带有封建色彩的封闭的落后的教育思想。当前学历主义的盛行就是这种思想的表现。学历是要讲究的，但学历主义是要不得的。学历代表了一个人受教育的水平，但并不代表一个人的整体素质。学历主义驱使人们去追求形式上的学历，忽视应有的整体素质。“应试教育”正是学历主义的反映，因为取得学历要凭考试。实际上，社会上的学历主义对“应试教育”起了推波助澜的作用。

克服“应试教育”，地方领导要转变教育思想，不得用分数或升学率去压学校。汨罗的经验充分说明了这一点。正是因为汨罗的领导认识到素质教育对培养人才的重要性，才能坚持12年如一日地开展素质教育，为本地培养了人才，促进了当地经济的发展。当前，我们要加强薄弱学校的建设，特别要加强薄弱学校教师队伍的建设，缩小薄弱学校与重点学校的差距，减轻升学的压力。

克服“应试教育”，校长要转变教育思想。学校教育工作要按教育规律办事，全面贯彻教育方针；要带领教师钻研教育理论，改进教育方法，建立和形成素质教育的学校环境和氛围；要使教师能够充分发挥创造性，创造出素质教育的好经验、好成绩。

克服“应试教育”，教师要转变教育思想。一要树立正确的人才观、学生观、师生观。学生千差万别，但有一点是共同的，即他们都处于成长期，可塑性很大，每个学生只要教育得法都能够成才。二要让每个学生都充满信心。因为每个学生都有一定的长处，都是要求上进的。三要培养学生的自信心、自尊心、自强心。四要热爱学生。特别是对表现较差的学生，更需特别耐心和审慎，不要轻易伤害他们的自尊心，时时都要想到对他们成长的影响可能就在你的一言一行中。五要钻研教学理论，改进教学方法。在教学过程中注意发挥学生的主体作用，使他们在德、智、体诸方面得到生动活泼的主动的发展。

克服“应试教育”，家长要转变教育思想。家长有望子成龙的愿望是可以理解的，但每个孩子的先天禀赋不同，兴趣爱好不同，因而不能光用书本知识来压孩子。要让孩子茁壮成长，应当顺其天性，积极引导。升学并非成才的唯一途径。孩子的基本素质提高了，就能掌握学习的主动权，就能选择好自己的人生道路。

总之，素质教育是一项巨大的工程，同时也是一个重大的科研课题，在一篇短文中是说不清楚的，上述意见供大家讨论。

没有爱就没有教育*

1958年秋天，全国轰轰烈烈大炼钢铁，学校也不例外。我所在的中学里，操场上小平炉林立，师生们彻夜奋战，欲夺取“大跃进”的胜利。一天清晨我忽然发现会议室里睡着一位女学生。第一天没有在意，以为炼钢炼得太晚了，无法回家。可是一连几天这个女孩子都没有回家。这引起了我的注意。我问她为什么不回家，她回答说不愿意回家。再三劝说、教育都不愿意回家。

经过调查了解，才知道，她是一位领导同志的孩子，生于革命战争的艰苦年代，出生后就被寄养在老百姓家里，解放后才被接回家，因此与父母思想感情上有一些距离。再加上母亲要求过严，据说姥姥还有点重男轻女的思想，对待她与对待她的哥哥不一样，孩子觉得缺乏家庭温暖，因此拒绝回家。我再三做思想工作都无效，只好把她安排在宿舍中。以后我曾多次与她的母亲联系，劝她多给孩子一些温暖，有了感情才能对她提出要求。但是，她的父母

---

* 原载《杂草集》，福州，福建教育出版社，1998。

却觉得学校对她要求不严，因而使她思想不稳定，学习成绩欠佳。我们在教育思想上发生了分歧。后来他们甚至认为学校的态度是没有阶级观点的“母爱”的表现，差一点在批判“母爱”时把我也捎进去。

苏俄革命家捷尔任斯基曾经说过：没有爱就没有教育。我认为这是一句教育箴言。马卡连科的捷尔任斯基公社就是在这个思想基础上建立起来的，改造了许多流浪儿童，并为苏维埃培养了大批人才。马卡连科一个很重要的教育原则——“只有更多地尊重学生，才能更多地要求学生”，其实也是“没有爱就没有教育”的另一种表述。对孩子的爱表现在哪里？不只是表现在物质的供应上和主观的感情上，更主要的是表现在尊重他们、理解他们、信赖他们上。一般家长总以为给孩子穿好吃好就是热爱他们，但是孩子不领这个情，他们不光满足于物质上的丰富，更需要感情上的关怀。而这种感情上的关怀又不是抽象的、父母主观上的，而是孩子们能够体会到的、理解到的。有些父母总对孩子讲：“都是为你好！”孩子并不理解。而且这一句话往往掩盖了父母或老师对孩子的一切不符合教育原则的行为。

有些父母对孩子有一种“恩施”的观念，认为养育孩子是对孩子的恩施。因为是恩施，所以给你什么，你就只能接受什么。这种“恩施”的观点，其实在20世纪初就被批判过。鲁迅早在1919年就写过一篇文章叫《我们现在怎样做父亲》，批判了父母对子女的恩施观点。他在文章中写道：“便是依据生物界的现象，一、要保存生命；二、要延续这生命；三、要发展这生命（就是进化）。生物都这样做，父亲也就是这样做。”又说：“饮食的结果，养活了自己，对于自己没有恩；性交的结果，生出子女，对于子女当然也算不了恩——前前后后，都向生命的长途走去，仅有先后的不同，分不出谁受谁的恩典。”因此他要求：“此后觉醒的人，应该先洗净了东方古传的谬误思想，对于子女，义务思想须加多，而权利思想大可切实核减……”① 鲁迅的文章距今已经整整80年了，做父母的该已经觉醒了：少一点恩施的思想，及由此而产生的权利的思想；多一点义务的思想。

当然，父母之对于子女，要养育，责任是极其重大的；子女之对待父母要尊重、要热爱，这是子女应尽的义务。中国尊老扶幼的优良传统应该发扬，但却不是谁对谁有恩典，因此不能借口有恩来施加自己的权威。热爱孩子也是父母的义务，不是什么恩典。“都是为你好!”这里面多少含着点恩典的思想。孩子却不领这个情，什么是好，什么是坏，孩子有自己的标准。因此对孩子的爱，首先应该表现在尊重、理解、信赖上。父母与子女有了这尊重、理解、信赖的关系，教育就是比较容易的事了。

“没有爱就没有教育”，对父母是如此，对老师更是如此。老师对于学生的爱，更是一种义务。教育是群体生命的延续、民族生命的延续的需要。老师要使教育收到实效，就要热爱学生。这种热爱也应该表现在尊重、理解、信赖上，在这个基础上建立和谐的师生关系。有了这种关系，教育也就变得容易了。但是我们有些老师却不明白这个道理，总想以势压人，用老师的威严来压服学生，结果只能导致教育的失败。像鲁迅告诫天下父亲那样，我也希望老师少些权利的思想，多一些义务的思想；少施一些权威，多加一些热爱。

① 《鲁迅全集》第1卷，133页，北京，人民文学出版社，1981。

没有兴趣就没有学习*

前不久，课程改革课题研究小组请了几位中科院院士和科学家来座谈基础教育中的科学教育问题。课题研究小组的同志们总想从他们那里得到有关学生应该掌握哪些科学知识、养成哪些科学品质的建议，但没有想到，院士和科学家们却大谈教育要听其自然，首先要使学生对学习科学感兴趣，而不是要给他多少知识的问题。

黄祖洽院士说，对小孩子的教育，最好是不要折磨他。本来他生下来就有许多天性，如模仿、好奇，假如不去折磨他，他会很好地发展。他还说，要培养他们的兴趣，小孩儿主要是玩儿，在玩儿中学习，玩儿的时候学习的效率是最高的。他说，他小时候喜欢看小说，后来对科学感兴趣了，一下子就学得很好。其实小学的一些知识，只要孩子有兴趣，很快就能掌握。

黄祖洽先生说得多么透彻。这是每个教师都应该具备的信念，即“没有兴趣就没有学习”。

---

* 原载《杂草集》，福州，福建教育出版社，1998。

兴趣是孩子学习的动力，或叫内驱力。如果一个学生对某门学科不感兴趣，他就不可能去学习它，钻研它；如果他对它发生了兴趣，他就会想方设法探究它。那么兴趣从何而来？首先来自孩子求知的天性。孩子生下来，接触到外部世界各种事物，他感到很新鲜，总想问个为什么。“鸟为什么会飞？”“鱼为什么会游？”“星星为什么会发光？”都是孩子们常常提出的问题。这就是儿童的好奇心，这种好奇心会驱动他们去模仿，去学习，去问个究竟。苏俄革命诗人马雅可夫斯基曾经写过一首儿童诗，把6～7岁的孩子称为“为什么的小探究家”，用儿歌塑造了一个好奇儿童的形象：他什么都感兴趣，什么都要问个为什么。

其次是来自实践，来自儿童的活动，环境的影响。达尔文小时候嗜好博物学，喜欢采集植物标本。达尔文在自传中曾经介绍过他年轻时如何迷恋于自己的事业的故事。有一次他去采集甲虫，剥去老树皮，发现两只罕见的甲虫，于是一手抓了一只。就在这时候，他又瞧见了第三只新种类的甲虫。他不愿意放走它，就把右手抓的甲虫塞到嘴里。谁知这只甲虫排出一种极辛辣的液体，把他的舌头烧得极痛难忍，只得把它吐出来。这就是实践使兴趣越变越浓的例子。正是这种兴趣驱使他差不多花了5年时间乘着贝格尔舰航游世界，收集了无数标本，创建了进化论。

那么，为什么有些学生对学习缺乏兴趣呢？我想，除了外界对他有什么意外伤害外，恐怕就要怪我们的教育不得法了。有一次，一位中学校长对我说，前几年江泽民总书记提出要重视国情教育，学校里选了不少优秀的影片放映给学生看，学生饶有兴趣，反应热烈，后来教育领导部门规定国情教育也要考试，学生一下子兴味索然，顾着去记背影片的主题思想、教育意义，却不能从中接受真正的影响。这就是教育不得法，伤害学生兴趣的典型事例。

教育不得法不仅表现在教学过程中、教学方法上，有时还表现在情绪上、师生关系上。学生对老师的不满，也会压抑他对老师所教的那门课程的兴趣。所以黄祖洽先生讲，不要折磨孩子。我们现在的教育正在折磨孩子。把他们的兴趣都折磨完了，他们怎么能学习得好！

每一个教育者（父母、老师、辅导员……）都要切记：没有兴趣就没有学习。

我为什么呼吁废除“三好学生”的评选*

2004 年 5 月 20 日我在“上海教育论坛”上提出废除评选“三好学生”的建议，引起了各界的关注。赞成者有之，反对者亦有之。许多媒体也很关注，约我访谈。但终因时间的限制，不能尽其所言。因此想在这里较为详细地论述一下。

其实这个建议并非今天提出来的。早在 1998 年我就写过一篇短文，名叫《不要把学生分成三六九等》，最初发表在上海《教育参考》1998 年第 6 期上；2000 年又在中央人民广播电台《中午一小时》节目中与一位三好学生和她的班主任一起座谈过。我的观点是：评选“三好学生”，过去也许起过鼓励优秀的作用，但是近些年来已流于形式，而且把它与升学联系起来，不仅失去了鼓励先进的作用，还产生了许多弊端，不利于学生身心健康的发展。

这要从基础教育的任务说起。什么叫基础教育？就是为人的一生发展打基础的教育。基础教育对于个体的发展

---

* 原载《新德育思想理论教育》，2005 年第 2 期。

来说，有如楼宇的基础，打得坚实，楼宇就能盖得高大。个体的基础打好了，他将来发展的空间就大。基础教育要打好什么基础？我认为主要是打好三方面的基础：一是少年儿童身心健康发展的基础；二是终身学习的基础；三是走向社会的基础。

打好少年儿童身心健康发展的基础是基础教育中最最重要的任务，是基础的基础。没有这个基础，终身学习和走向社会都不可能发生。但是，在现实生活中，家庭和学校往往只重视少年儿童的身体发育，不大重视他们的心理健康的发展。有时甚至会有意无意地伤害他们的心理。把学生分成三六九等就是对少年儿童的一种伤害。少年儿童的心理是非常脆弱的，需要家长和老师的细心呵护，当然也需要锻炼，使他们将来经得起风浪。

我在《不要把学生分成三六九等》的短文中写过：“自尊心是一个人的基本品质，丧失了自尊心，也就丧失了人格。而自尊心是要通过老师和家长对孩子从小尊重而培养来的。”又写过：“自尊心又是和自信心连接在一起的。有了自尊心就会建立起自信心；反过来，有了自信心就会促进自尊心的确立。因此，对于中小学生来说，自尊心和自信心是一种巨大的教育力量，有了它，学生就能够自己教育自己。因此，每个老师都要重视它，从小培养学生的自尊心和自信心。”

评选“三好学生”是把成人中的“评先进”的办法运用到少年儿童身上，这是不符合教育规律的。少年儿童是在成长过程中，一切还不定型，不能说哪个学生优秀，哪个学生不优秀。他们正在变化中，他们的发展不是线性的，有时会犯这样那样的错误。如果不用发展的观点来看待学生，总认为好学生永远是好学生，坏学生永远是坏学生，既不符合学生发展的规律，也不利于对学生的教育。把成人“评先进”的办法运用于少年儿童，恐怕这是中国文化的特色。西方国家就没有这种观念。《报刊文摘》有一期上刊登了一篇小短文，大意是讲到在美国盐湖城召开冬奥会期间，我国奥委会代表团参观一所学校时，带去了两个熊猫玩具。团长对校长说，一个送给你们学校最优秀的男生，一个送给你们学校最优秀的女生。这一下为难了校长。校长说，我们学校个个学生都是优秀的，没有最优秀的。有的学生学习优秀，有的学生运动优秀，有的学生做义工优秀。最后校长只好把两个熊猫玩具陈列在学校的展览柜里，供所有学生欣赏。他们的教育也许很多方面不如中国，但平等地对待每个学生这一点，不是值得我们借鉴吗？

评选“三好学生”，一小部分学生受到鼓励，但却会伤害大多数学生。当然，也会有一部分学生受到刺激，以“三好学生”为榜样，争取也能当上“三好学生”。但“三好学生”的名额是极少的，因此对大多数学生来说，可望而不可即，其实是起不到激励作用的。相反，对培养他们的自信心和自尊心是不利的。

再从我国的教育方针上来讲。我国的教育方针是使学生在德、智、体、美等方面都得到发展，成为社会主义事业的建设者和接班人。教育方针是要求每个学生都能全面发展的。那么，为什么只有极少数学生是“三好”呢？因此，评选“三好学生”显然与教育方针相悖。如果真要评选“三好学生”，那么，应该百分之九十以上的学生都是“三好学生”。这才说明我们认真地贯彻了教育方针，我们的教育是有成效的，是成功的。的确，“三好学生”曾经激励过一部分优秀学生，恐怕当前各条战线的骨干都曾经是“三好学生”。但是，从教育工作者的角度来讲，我们最重要的信条是，相信每个学生都能成才，我们面对的是每一个学生，而不是一部分学生。

评选“三好学生”的制度，当初的用意是好的，也曾经起过一些激励的作用。但是近些年来越来越片面化。首先，评选的标准从“三好”变成了“一好”，主要是学习成绩要好。或者有些老师认为思想好就是“听话”。其次，不少地区对“三好学生”给予升学的优惠，或者作为保送上高一级重点学校的条件，或者直接加分。评选“三好学生”被纳入到应试教育的轨道。于是争“三好”已经不是争优秀，而是争升学。于是各种弊端应运而生，为了争“三好”，向老师送礼者有之，向老师施加压力者有之，与同学讲关系有之。成人社会中的一些腐败恶俗侵蚀着学生幼小纯洁的心灵。这种对学生心灵的伤害，作为一名教育工作者能听之任之吗？

有的人说，孩子是需要激励的，评选“三好学生”是对学生的一种激励，不能因为现在出现一些弊端而废之，不要“因噎废食”。“孩子是需要激励的”，这句话千真万确。问题是，“三好学生”到底能激励多少孩子？对多少孩子产生伤害？有没有别的激励的办法？任何一个制度不能是永远不变的。所谓与时俱进，就是当一种制度不能适应时代的需要时就应该变革。教育制度也是如此。有没有别的激励办法？当然有，而且可以有很多办法。只要我们的思想从传统教育思想中解放出来，各个学校、每位老师都会想出许多办法。我曾经在七八年前参观过广东省中山市一所初级中学，叫杨仙逸中学。这是一所薄弱校，拿校长的话来说，别的中学不要的学生都进入了这所中学，生源之差可想而知。但学校没有嫌弃他们，而是开展“激励教育”，激励每个学生。他们设立了许多奖项，有“学习进步奖”，只要这次考试比上一次考试有进步，就可以获得“学习进步奖”；有“学雷锋精神奖”，只要做一点好事，就可以获得“学雷锋精神奖”；还有其他各种奖，每个月发一次。优秀的学生一年最多可以获得 10 个奖，差的学生每年也能获得两三个奖。有一个所谓差生，从小就没有人夸过他，总是被批评、被呵责，到这所学校以后居然也能得到奖。他拿到奖时的激动心情是难以形容的，并从此走上进步之路。有的家长也反映，自己的孩子进了这所学校以后变了，变得懂事了。这所学校“激励教育”不是值得推广吗？其实各地还有许多激励学生的经验。因此，评选“三好学生”的制度是可以有许多更好的办法替代的，激励学生的方法是很多的。我们要有一个信念，即每个学生都是能够成才的，没有教不好的学生，只有不会教的老师。表现差的学生是教育不当的结果，他们更需要老师的呵护和激励。

从经济学的观点来讲，任何改革都需要成本，制度的改革是一种利益的再分配。教育改革也不例外。废除“三好学生”的评选，也是一种教育制度的改革，也需要付出成本。有些人赞成，有些人反对是不足为奇的。我作为一名教育界的老兵，提出这个建议，并非心血来潮，也不是为了新闻炒作，而是出于对教育的忠诚，对少年儿童的爱护。但我这也只是一家之言，欢迎大家讨论，取得一致的认识，对教育发展有利，对儿童身心健康发展有利，这是一个教育老兵的心愿。

教育公平与素质教育*

推行素质教育已经十多年了，但是步履维艰，总不是很理想。人们总是责怪高考指挥棒束缚老师的手脚。实际上并不那么简单。1999 年全教会以后，政府采取了多种措施来缓解升学的压力，例如扩大高校招生规模，加快普通高中的发展，高考的形式和内容都有很大的改革。这一切似乎对推进素质教育影响都不大。主要原因是我国当前存在着教育资源不足与教育需求旺盛之间的矛盾。作为学生家长，都愿意自己的子女多读一些书，特别是现在独生子女较多，父母望子成龙心切，都是可以理解的。但不顾实际情况，盲目地向学生、学校老师施加压力，造成了升学的更大压力。再加上许多老师和家长并不懂得孩子成长的规律，不懂得教育的规律，采取不正确的教育方法，造成学生不仅课业负担过重，而且心理压力重重，使得素质教育难以推行。

教育资源不足不仅表现在量的方面，还表现在质的方

* 原载《教育发展研究》，2002 年第 1 期。

面，也就是优质学校太少。学生家长希望把自己的孩子送入好学校，因此家长从小学开始就为子女的择校而奔波。这种择校的现象，从深层次来讲涉及一个教育公平的问题。所谓教育公平，也就是教育机会均等，即给公民和儿童以同等受教育的机会。要求用客观、公正的标准和科学的方法选拔、招录学生，取消一切不平等的教育规章制度。但是由于学校办学的条件不同，办学质量的差异，学生及其家长就要选择办学条件好的、教育质量高的学校。过去是采取统一考试的办法，按考试成绩录取。这不失为一种公平的办法，在分数面前人人平等。但是造成了考试的压力，学业负担过重，影响了学生的健康。为了减轻学生学业负担，教育行政部门决定取消小学升中学的考试，改为就近入学，用电脑派位，把学生分派到居家附近的学校。这样就出现学习成绩好的学生可能被分派到差的学校，成绩差的学生被分派到好学校。这对成绩好的学生来讲是一个极大的不公平。现实生活中还出现了另一种现象，许多城市开始把初中从高中分离开来。但一些重点中学却办起分校，采取改制的办法，把公立学校改为民营学校，收取高额学费，而且可以跨地区招生。于是家庭富裕的学生纷纷向这些学校报名。上级规定不能考试，但面对超出招生学额几倍、几十倍报名的学生，学校怎么办？一种就是设置各种条件：学生在小学要多少年被评为“三好”，或是有所特长，或是竞赛得奖；另一种是靠人情，收高额学费，或者美其名为赞助费、“共建费”。前者加强了小学生的各种负担，与减轻学生负担的初衷背道而驰；后者无形中剥夺了不富裕家庭子女上好学校的权利，同时也可能为教育腐败制造了温床。这种制度弊多利少，既不利于素质教育的推行，更不利于教育的公平。

应该说，择校问题是哪一个国家都存在的。因为任何国家都不可能把全国的学校都办成同一水平，而家长总是希望自己的子女上好的学校。但是像我国这样的择校大竞争却是少见的。解决这个问题，只有从根本上着手从改善薄弱学校开始。

改善薄弱学校当然要增加投入，改善设备条件，从学校的外观面貌上就给人一种好的印象。除了硬件设备，更重要的是在于教师队伍的建设上和制度改革上。要着力于提高他们的教育职业水平，包括教育观念的更新，业务水平的提高；要深化学校内部的体制改革，鼓励教师的敬业精神。但是现实的情况是，学校的两极分化越来越严重。条件好的越办越好，因为他们收取了高额赞助费，或者叫“共建费”，设备条件不断改善更新，教师待遇也高。而薄弱校却因为经费不足而愈益破旧，教师的待遇也低，很不安心。用行政手段禁止择校已经没有效果。有两种办法可以采用，一是从优质学校的赞助费、“共建费”中提取较大一部分用来改善薄弱校；二是优质学校和薄弱学校联姻，实行教师交流，抽调一些优质学校骨干教师到薄弱校任教，替代出薄弱校的老师，让他们到优质学校去进修。为了使教师安心教学，两校教师人事关系不变，待遇不变，而且规定一定的年限，如三年为限。还可以聘用一批优质学校退休不久，身体健康，有丰富经验的老教师到薄弱校上课，指导青年教师。我想通过这些办法，可以逐渐缩小两者的差距。

改善薄弱校最根本的措施是提高教师本身的素质，包括业务水平和教育思想，特别是教育观念需要更新。

许多教师至今对素质教育的本质弄不清楚，还有不少误解。例如有的教师认为，应试能力也是素质；有的教师认为，素质教育就是多搞些课外活动；有的还说，课堂教学搞应试教育，课外活动搞素质教育；有的老师和家长一听减轻学生负担就反感。凡此种种，都是对素质教育内涵的不太理解。因此很有必要从根本上改变人们的传统教育观念，加强素质教育的认识。最近教育部基础教育司委托专家和教师编写了《素质教育观念学习提要》小册子，非常切合教师和家长的实际，包括素质教育的概念、素质教育提出的时代背景、素质教育的内容、某些模糊观念的澄清等等，具有针对性。认真学习这份提要，必然有所启发，有所收获。

我们认为，最重要的是解放思想，从传统的教育观念的束缚中解放出来，才能真正理解素质教育的精神实质。例如人才观，什么是人才？传统的观念是“士农工商”，中国历来只重视做官，轻视经商，虽然市场经济发展以来有所改变，但是仍然认为当干部是第一位的，经商也是要开大公司，做大买卖，对小商小贩仍然看不起；中国历来重视学术轻技术，所以职业技术教育很难发展壮大。其实社会需要的人才是多种多样的，越是现代化，人才越是多样化。在古代社会，要不成为人上人，要不就成为人下人，即所谓“治人者食人，治于人者食于人”，这是两个极端。现代社会可不是这样，“我为人人，人人为我”，互相是服务的主体，又是服务的对象。人是有差别的，根据他的能力和努力程度，做适合的工作，就是人尽其才。努力工作，为社会作出贡献的就是人才。

又如学生观，怎样才是好学生？传统的观念是老老实实听话，考试成绩好。但是这类学生往往缺乏创新精神，与创新时代很不合拍。要培养学生的创新精神和创造能力，就要让他敢说敢干，当然就可能与老师教的不一样，和书本知识不一样。因此评价学生不应是单一的标准，应有多元的标准。

再如教学观，什么样的教学是优秀的？传统的观念是讲得越细越好，分析得越透彻越好。殊不知却把学生培养成为思想的懒汉，不会动脑筋思索，不会提出问题，不会举一反三。现代教学要发挥学生的主体性，吸引学生参与教学，给学生留有思考的空间，自己提出问题，寻求答案。这样才学得深，记得牢，而且能举一隅而反三。

再说师生观。当前师生关系紧张已是普遍现象。这就是传统“师道尊严”作祟。学生应该尊敬老师，但尊敬的基础是老师的道德文章，而不是靠压服。在当今信息时代，教师已经不是知识的唯一来源，老师需要虚心地和学生一起学习。老师的主导作用主要表现在指导学生选择正确的学习路线，正确地处理信息的方法上。老师总体上是爱学生的，但是对爱的理解却有不同，有的认为“棒子底下出孝子”，骂你打你就是爱你；逼着你做功课，也是为你好。但学生不接受这种爱。因此师生关系应该建立在相互理解和信赖的基础上，特别是老师要理解和信赖学生，一旦这种良好的师生关系建立起来，教育就容易得多。家长和子女的关系也是这样。

转变教育观念已经喊了十几年，推行素质教育也有十多年，为什么成效甚微，就是因为制度改变跟不上。要着力于高考制度的改革、评价制度的改革、教师聘任制度的改革。教育公平，也包括对教师的公平。这种公平不是搞平均主义，搞大锅饭，而是按能力分配，优质优价。这样才能鼓励先进，促进教育改革。因此薄弱校要从内部体制改革做起，从而促进和保证教育观念的转变，教育质量的提高。

总之，只有做到教育公平，素质教育才能全面推行；要想全面推进素质教育，必须做到教育公平。当然，绝对的公平是没有的，在基础教育阶段尤应做到相对的公平。要特别关注弱势群体的利益，在政策上有所倾斜。所谓优先发展，就是教育经费比别的地区多，教师编制多，班级小。我们对薄弱校也应实行优先发展的政策。

公平而差异是基础教育的必然选择*

近几年来教育公平问题受到社会极大关注，这是因为我国基础教育发展极不平衡造成的。也有历史原因，一个国家在教育资源极度贫乏的时候，只能集中资源办好一批学校，以便快出人才。这就是20世纪80年代初重点学校出现的缘由。时至今日，我国经济有了很大增长，教育资源已经比以前相对充足，国家已有财力支撑基础教育的平衡发展，因而教育公平问题就提到议事日程。基础教育是为每一个人的发展打基础的，理应为每一个孩子提供公平的教育机会，以公共财政为主的教育资源理应在所有学校公平配置。当然不排除引入竞争机制，奖励办得好的学校，但是总体上应该是均衡的。

实现教育公平，不仅在办学条件上要均衡发展，还应该特别支持弱势群体子女的教育，这也可以说是对他们的一种补偿。因为长期以来他们缺乏受教育的机会，因此，只有对他们特别予以照顾，教育资源向他们倾斜，才能补

* 原载《青年教师》，2007年第10期。

偿过去的不足，跟上一般的水平。1998 年我到巴黎访问了一个“教育优先发展区”。我开始不理解什么叫“教育优先发展区”，区督学向我解释，因为这个区大多是非洲移民家庭，经济比较困难，儿童的学习成绩低于全国平均水平，因此国家把这里定为“教育优先发展区”，在经费、教师编制上都比普通地区宽裕。这就是向弱势群体的政策倾斜。我国也需要有这样的优先政策，特别是发达的城市要有这样的政策，才能提高所有市民的文化水平。

教育公平有三层内容：一是入学机会公平，二是教育过程公平，三是教育结果公平。今天我们讲教育公平主要是指为每个孩子提供入学机会的公平，提供教育过程（包括教育条件和师资）的公平，并不能保证教育结果的公平。这是因为人的天赋有差异、环境有差异、学生努力的程度有差异。文艺复兴时期启蒙学者为了反对神权，提倡人权，提出人生来是平等的，这是指人的权利。人的权利是平等的，任何一个民主国家的宪法上都写有人的权利是平等的。其实人生下来就是不平等的。你出生在发达地区，他生在落后的乡村；你生长在富裕家庭，他生长在贫困家庭，能平等吗？因此人的平等讲的是权利的平等，每个人都有生存权、受教育权。但是事实上往往是不平等的。因为生活环境的不同、条件不同，这些都会造成教育的差异。今天我们讲教育公平，就是要缩小这种差异，使每个人都有受教育的平等权利，而且享有教育过程的公平。由于过去教育资源分配不公，所以今天要加强薄弱学校的建设，并且向弱势群体倾斜，使受教育者能够享受入学机会的公平和教育过程（接受基本相同的条件教育）的公平。

在实现教育公平的时候，会产生另一个问题，就是在实现教育公平时允许不允许差异。我认为，不仅应该允许差异，而且要承认差异、重视差异、培养差异。

我今天要讲的差异，这不是指客观环境造成的教育差异，而是讲人的个体的差异引起教育的差异。人的天赋是有差异的，这在心理学界已有共识。普通的孩子智商在100左右，但有些孩子的智商可以达到130或者140。我们应该承认有特别聪明的孩子。另外，多元智能理论也给我们提供另一种认识，就是每个孩子的智能特点是不同的。虽然每个人都会有8种或9种智能，但智能的结构是不一样的。有的孩子语言智能比较强，有的孩子数学逻辑智能比较强。因此，教育如何照顾到这种差异，就成了教育界的口头禅——“因材施教”，这是值得探讨的问题。

以上是从个体本位的角度，从个体发展的差异来讲的教育差异。从社会本位来讲，也需要教育的差异。当今时代，科学技术迅猛发展，社会竞争日益激烈，说到底，这是人才的竞争。如果教育不能为国家培养具有创新精神和创造能力的各种各样的人才，国家就不能在国际竞争中取胜，我们社会发展就会停滞不前。同时，现代社会是多元结构的社会，社会需要各种各样的人才，正如中共中央《关于教育体制改革的决定》中所讲的，我们需要数以亿计的工业、农业、商业等各行各业有文化、懂技术、业务熟练的劳动者，数以千万计的具有现代科学技术和经营管理知识、具有开拓能力的厂长、经理、工程师、农艺师、经济师、会计师、统计师和其他经济、技术工作人员，还需要有数以千万计的能够适应现代科学文化发展和新技术革命要求的教育工作者、科学工作者、医务工作者、理论工作者、文化工作者、新闻和编辑出版工作者、法律工作者、外事工作者、军事工作者和各方面党政工作者。这么多种人才，都需要教育来培养。因此，教育不能用一个规格、一种模式来培养学生，要提供学生多种选择，要承认差异、允许差异、培养差异，因材施教、因人施教，特别要重视拔尖人才的培养，不能因讲求公平而把人才削平。

有人会说，基础教育是打基础的，应该给所有的儿童提供同样的教育。但是，正是因为是打基础的教育，就应该根据不同材料给他打下尽可能发展的基础。

基础教育打什么基础？我认为要打好三个方面的基础：

第一是打好儿童身心健康发展的基础；

第二是打好儿童进一步学习，终身学习的基础；

第三是打好走向社会的基础。

其中打好儿童身心健康发展的基础是基础的基础，没有这个基础，进一步学习、走向社会的基础也打不好。但是儿童生理、心理素质受遗传的影响很大。就像前面讲到的，智商不同、智能结构不同，因此，打好儿童身心健康发展的基础就不是人人都一样的，而是要充分发挥他们的潜能，需要因材施教、因人施教，扬长补短、发挥特长。

实现教育公平，并不是平均主义，并不是人人都一样，用一个模型来塑造人才。要为儿童提供平等的机会，但是内容不同的机会。用一种规格、一种标准来要求每一个儿童，对有些儿童来讲可能是拔苗助长，对另一些儿童来讲可能是压抑他的潜能发展。

今天我们都在提倡大众教育。但是大众教育并不排斥精英人才的培养。大众教育是相对精英教育而来的。精英教育只为少数人提供发展机会。大众教育是为广大群众提供同等发展的机会。但大众教育中蕴含着精英人才。而且在培养人才方面，在大众教育的基础上更能培养出精英人才。因为教育的基础扩大了，就可能人才辈出。就像培养优秀运动员一样，只有在群众体育运动的基础上才能出现大批优秀运动员。

但是，优秀人才还是要有意识培养的。因此，基础教育还有一个任务，就是要善于发现人才、培养人才。

我国教育的很大弊端是统一规格、统一要求，因而出不了拔尖人才。我们教育讲求公平、讲求人人成才，但不可能人人都成为英才。我们教育界常常有一种自满情绪，认为我国的基础教育在世界上是一流的。但是，我们基础教育却没有培养出多少英才，也就是没有培养出具有创造思维、创新能力的人才。这不能不让我们为我国的创新发展担忧。著名科学家钱学森院士在温家宝总理看望他时，就提出这样的问题。因此，我们不能不思考如何改变这种状况。我认为，解决的办法就要提倡公平而差异的原则。要做到这一点，需要在多方面下工夫：

首先，要有灵活的办学机制，提倡学校办出特色。去年我看到一位华裔美国学生写的一本书——《我在美国上中学》，感到他们的学校很有特色。初中就设选修课，可以到大学去听课。高中的课程更是多种多样，有300多门课。数学就分普通数学、高级数学、强化数学等。学生可以根据自己的爱好和能力选择适合自己发展的课程。高中生还可以到大学里选课，将来入大学承认选学的学分。当然这种选课是要通过考试的，竞争也很激烈，但考试并不难，20分钟回答50个问题，说明这种考试不是考知识的记忆，而是对该门课的了解、兴趣、理想等等。

其次，学校要有灵活多样的课程和评价机制。课程不仅包括列入课表中的显性课程，还应包括影响儿童发展的各种活动。学校应该从小培养学生对科学文化的兴趣。没有兴趣就没有学习，这是颠扑不破的真理。前苏联教育家苏霍姆林斯基说过，一个孩子如果到十二三岁时还没有自己的爱好，老师就要为他担忧。担忧什么，担忧他将来成为一个对什么也不感兴趣的平平庸庸的人。我们的老师思考这个问题没有？教育管理工作者思考这个问题没有？恐怕大多数人都没有思考这个问题。我们的老师和家长帮助学生填报高考志愿时，大多数不考虑学生的兴趣和爱好，而是根据学生的考分。

美国的教育就思考过这个问题。美国在 1955 年就设立一种“先修计划”，为有兴趣、有才能的学生提供先修的机会。根据这个计划，高中可在 13 个学科开设大学水平的选修课程。学生在修完某门课程后，可以参加大学入学考试委员会举行的标准化考试，入大学后可以免修。大学也为中学生开设各种课程，修完后承认学分。中学里设有学习指导老师，学生进了高中选学什么课程，指导老师就会根据学生的爱好、在初中学习的情况帮助学生选课，制订学习计划。因此，美国基础教育整体上看来水平可能不如我国，但他们却有一批拔尖人才。

我国的评价制度也需要改革。没有绝对的好学生和坏学生，只有某些方面甲学生优于乙学生，某些方面则乙学生优于甲学生。因此，要从多种视角、多种标准来评价学生，最终达到扬长避短，促进学生的发展，而不是把某个学生评下去。

第三，最重要的还是教师，包括教育管理工作者要有一种开放的、民主的、先进的教育理念。坚信人人都能成才，但才有不同。要为每个学生提供他最需要的，或者说最适合于他的教育，这才是真正的公平，这就是我的公平而差异的教育主张。

上海市是全国经济最发达的地区之一，也是文化教育最先进的地区之一，上海市的基础教育应该成为全国基础教育的榜样，为全国基础教育的改革提供新经验，为我国培养更多的、具有创新精神和创造能力的优秀人才。

课程改革的世纪回顾与瞻望*

一、20世纪的三次课程改革

教育改革是永恒的主题，社会在不断变革，就要求教育也不断变革。在教育改革中，课程的改革是核心。20世纪一百年中教育经历了三次大的变革都是从课程改革开始的。

第一次教育改革在20世纪初。简单化的说法就是以杜威进步主义教育为代表的现代教育批判了传统教育的课堂中心、课本中心、教师中心，提出活动中心、儿童中心、儿童的兴趣中心的主张。改革的核心是课程。杜威主张“教育即生活”、“学校即社会”。他批评传统教育的“最大浪费是由于儿童在学校中不能完全、自由地运用他在校外所获得的经验；同时，另一方面，他又不能把学校里所学

* 原载《教育研究》，2001年第7期。

的东西应用于日常生活”。[①] 他提出“从做中学”的教学原则，并从这个原则出发，课程必须考虑到能适应社会生活的需要，强调课程教材要与儿童生活经验相联系。杜威的教育思想影响了美国教育几十年，而且影响到世界各国。

第二次教育改革在20世纪50～60年代。50年代后期，美国学术界许多人对“生活适应”的功利主义教育提出了强烈的批评，同时批评当时的课程内容只反映了19世纪的科学成果，没有反映20世纪科学所取得的成就，强烈要求改革。1957年的苏联人造卫星上天，促进了这次改革。这次改革的核心仍然是课程。1958年美国国会通过了《国防教育法》，提出加强数学、科学、现代外语三门基本课程。于是出现了新数学、新物理等一系列新教材。虽然这些教材，由于太深太难不能为教师和学生所接受，到20世纪70年代初就被弃之不用，但它的影响是十分深远的，影响到世界各国的教育改革。

第三次教育改革是20世纪80年代初开始的。改革的动力来自教育的外部和教育的内部。教育的外部因素是科学技术的迅猛发展，并由此带来生产的不断变革和社会的深刻变化；国际局势趋于缓和而经济竞争日益激烈。教育内部的因素是：一方面，中等教育的普及和终身教育思潮的兴起；另一方面，中小学教育质量的下降。1983年美国高质量教育委员会发表的公开信“国家处境危险，教育改革刻不容缓”就反映了这个问题。之后，美国朝野提出了一系列改革方案，包括1991年布什总统提出的“2000年教育规划”和克林顿总统完成的《2000年目标：美国教育法》。与此同时，日本、英国、法国也在进

① 《学校与社会》，见《杜威教育论著选》，52页，上海，华东师范大学出版社。

行教育改革。这次教育改革的核心依旧是课程。

为什么每次教育改革都是以课程改革为核心？道理很简单，任何教育目标都要依靠一套课程来实现。当然，每一次课程改革总是以某种教育思想、教育观念为指导，同时要求采用新的方法来保证，否则，课程改革也难以实现。

二、第二次课程改革的经验和教训

20世纪50～60年代的课程改革是在20世纪教育大发展、教育大改革中开始的，对后来的改革有巨大的影响，值得认真总结。

20世纪50～60年代是冷战的年代。一方面，资本主义和社会主义两个阵营严重对立，大家都在扩军备战。另一方面，科学技术经过二次大战作为试验场的应用有了飞速发展，为各国的军备竞赛提供了条件。培养掌握新科技的人才就是当务之急。课程改革就是在这样的背景下提出来的。此次课程改革呈现了以下一些特点。

1. 课程改革的指导思想是“精英教育”。美国一些科学家认为，美国科学对二战胜利作出的重大贡献在很大程度上依赖于“借来的人才”，即在欧洲接受教育而后来移居美国的科学家。如果美国教育制度不能培养出数量充足的有能力的科学家，在未来社会中美国的优势就不能保证，因而要培养美国的精英。

2. 课程改革的理论基础是结构主义。布鲁纳在《教育过程》一书中就强调学科的结构。他说：“不论我们选教什么学科，务必使学生理解该学科的基本结构。……与其说是单纯地掌握事实和技巧，不如说是教授和学习结构。”①

① 布鲁纳：《教育过程》，8页，上海，上海人民出版社，1973。

3. 新的课程在内容和结构上与传统的课程迥然不同。新课程要求学生尽可能地感到像一名科学家那样，不仅使用他的工具，还要以他的眼光看问题；不仅仅只体验他的劳动成果，还要体验从事智力活动的欢乐。因此要把科学方法，即“探究”、“问题解决”、“发现教学”和“科学方法”作为教学的主要目标。在新课程中，教师不再是所有知识的源泉，而是教师用探究的方式教会学生学习。在教学过程中，学生是积极主动的，是通过发现过程建构概念的人。

4. 此次教育改革是由第一流科学家推动的，课程的编制也是由专家进行的。例如当时的新数学、新物理、新化学、新生物课本都是由大学或专门委员会编写的。这就使得教材脱离普通教师，也为它的实施带来了困难。

社会各界对新的课程寄予很大的希望，但是并没有获得改革家们所期望的成功。据美国教育署 1964～1965 年的调查，只有百分之二十的学生选学新的 PSSC 物理课程。到 20 世纪 70 年代在一片“回到基础教育”的呼声中，新的教材逐渐消失。对这次大规模的课程改革，普遍认为是失败的，但公允地说，其对世界教育改革起的作用是不可估量的。

自 20 世纪 70 年代以来，教育界、科学界进行了深入的反思，对改革失败的原因作了多方面的探讨，吸取改革的经验教训，认为改革失败的原因是多方面的。

从外部原因来看，20 世纪 60～70 年代初，社会动荡、种族歧视、越南战争、大中学生的“反文化”运动等，特别是 20 世纪 70 年代初的经济危机使得人们不能安心于学习。另外，由于工业化带来的环境污染，战争对人类前途的威胁，在西方国家兴起了反科学运动，无疑对科学教育的改革产生了不利的影响。

从内部原因来看，改革本身存在以下一些问题。

1. 在目标上存在着精英主义思想，有着重提高，轻视普及的倾向。正如科南特曾经设想的，要在高中另开一门课程，这门课程是中等以下水平的学生难以通过的。新课程基本上体现了这种思想。

2. 改革忽视了教育理论在课程发展中的指导作用。主持课程改革的人都是来自大学的科学家，缺少教育专家，特别是缺少中学教师的参与。正如美国科学基金会指出的，改革的“重点放在教材上，而不是在教育学上”。因而教师不能接受，学生不能接受。

3. 改革的过程和方法不尽合理。有人把这次课程改革的模式叫做 RDDA 模式，即研究（Research）、开发（Development）、传播（Diffusion）、采用（Adoption）。也叫“中心——边缘”模式，即课程目标是由“中心”专家制定的，再由他们主持课程开发和传播，而课程的实施则由处于“边缘”的教师来完成。教师处于被动地位，也缺少参与意识和参与机会。许多教师对课程改革持否定态度或反应冷淡。

这次课程改革尽管不尽如人意，但对世界教育改革产生了深远的影响。

1. 实现了教育内容的现代化。20 世纪上半叶科学所取得的成就被吸收到课程和教材中，删除了陈旧的内容，如物理不再强调热学、声学、静电学，而更加注重波、场；在化学教材里，无机化学内容减少，强调与化学键有关的理论；数学增加了集合、矩阵、环等内容；生物按生态学原理、细胞的性质与功能或生物有机体的功能把各个不同部分整合起来。

2. 重视探索和实验室教学。20 世纪 50 年代以前教材多是描述性的，改革以后，重视实验，学生通过学习科学获得了一些探究的能力。

但不足也很明显：一是削弱了对科学应用的重视程度，把科学与技术应用分开；二是没有吸收当代科学哲学的研究成果作为理论基础，新课程的哲学基础仍然是归纳主义的或逻辑经验主义的，例如过分强调归纳法；三是对发现法不适当的强调。

三、第三次课程改革及其特点

第三次课程改革是20世纪80年代初开始的，延续到今天还没有结束。这次改革的动力来自以下几方面。

1. 中等教育走向普及。中等教育已经不再是大学教育的准备，而是培养青年走向社会。使原先那种高度选择性的、学术性的学校教育逐渐变成为对学龄人口提供普通教育。

2. 终身教育思潮的兴起。成人也需要学习，终身教育成为教育增长的主要领域。中小学教育必须为学生提供他们以后赖以发展和接受继续教育的基础，所有中学毕业生都应有探究能力，以便终身学习。

3. 科学技术，特别是微电子技术的发展引起了新信息技术的发展，要求大众理解新的科技发展，20世纪60年代的精英教育的改革策略已不再合宜了。

4. 中学教育质量的下降引起了人们的不安。1983年美国高质量教育委员会的公开信中举出了大量质量下降的事实。信中列举了13项危险指标，并忧心忡忡地指出："我们正在培养一代科学和技术文盲的美国人。"① 在几次国际数学和科学测试中美国的成绩都很差。

20 世纪 80 年代的课程改革没有像 20 世纪 60 年代那样大张旗鼓，也没有编写核心教材，但却在不断地进行。现举几个国家为例。

美国　自 1983 年公开信以后，又有一系列的报告出台，其中最有影响的是以下几项：

• 美国促进科学协会于 1985 年开始提出一项跨世纪科学教育改革计划。组织了由 26 名杰出科学家和教育家组成的专家组，研究从幼儿园到高中的学生应该掌握的科学知识、能力和思维习惯，并于 1989 年提出一份研究报告，即《普及科学——美国 2061 计划》。

• 在上述报告基础上，1994 年提出了《科学素养的基准》，1996 年又制定了《国家科学教育标准》。

• 1989 年布什总统提出美国教育在 2000 年应达到的六项教育目标，并于 1991 年提出《2000 年教育规划》。克林顿执政以后，以追求教育质量优异为目标的教育改革进一步深入发展。在他第一任期内，提出并由国会通过了《2000 年目标：美国教育法》，从而使布什提出的国家教育目标完成了立法程序。

英国　20 世纪 80 年代以来，英国也开始了新一轮的教育改革。1988 年英国议会通过了《1988 年教育改革法案》。该法案以法令的形式规定从 1989 年起全国所有公立中小学实行统一课程，这在英国历史上还是第一次。法案规定开设两类课程：核心课程与基础课程。制定统一标准，改革考试制度：学生要参加四次全国统考，建立新的中学教育证书取代一般水平普通教育证书和中等教育证书。

---

① 《发达国家教育改革的动向和趋势》第 1 集，5 页，北京，人民教育出版社，1986。

日本　1984年开始拉开了日本第三次教育改革的序幕。当年中曾根首相成立了临时教育审议会，三年中提交了四次咨询报告。在第一次咨询报告中提出了八项基本指导思想：（1）重视个性原则；（2）重视基础；（3）培养创造性思考能力和表达能力；（4）扩大选择受教育的机会；（5）教育环境中的人与人之间的关系；（6）向终身教育体系过渡；（7）适应国际化社会；（8）适应信息化社会。

日本教育课程审议会于1997年11月发表了有关课程调研的报告，对中小学课程改革提出了一系列建议：日本面向21世纪教育改革的基本目标是，使之具有丰富的人性，充满生机的健康体魄，具有自己发现问题、自己学习、独立思考、自主判断与行动、妥善处理问题、克己自律、善于与他人协调以及迅速准确地适应社会变化的能力。

1998年6月中央教育审议会又提交了《从幼儿期开始的心灵教育》的咨询报告。报告认为，教育的核心是学生的心灵教育，其主要内容为“生活能力的培养”、“伦理观念的建立”、“关怀他人的习惯”、“遵守社会道德的品质”。强调家庭、社区都要参与。

中国　自1985年开始大规模的教育改革。是年《中共中央关于教育体制改革的决定》拉开了教育改革的序幕。《决定》提出在全国范围内普及九年义务教育，改革办学体制。1986年国家教委成立了中小学教材审定委员会，并着手编制义务教育的教学计划和教学大纲，同时实施“一纲多本”，编写多种教材。这项工作一直持续到今天。同时根据1998年教育部公布的《面向21世纪教育振兴行动计划》，开展了新一轮的课程改革，此项工作还正在进行之中。

第三次课程改革有如下一些特点。

1. 课程改革的指导思想是“大众教育”，与20世纪60年代的课程改革有很大的不同。这主要表现在科学教育的指导思想上。这次改革强调“科学为人人”(Science for All)，要求培养学生的科学素养，促进学生有意识地学习科学，以提高教学质量。

2. 课程改革的理论基础是建构主义。心理学家皮亚杰把主体的动作——主客体的相互作用看做是一切经验和知识的源泉。他既反对纯粹来自感官经验的经验主义，也反对知识来自纯理性的理性主义，他认为知识的性质就是“知识基本上就是建构”。传统的认识论视客观存在为认识的对象，建构主义则把认识限定在人类经验领域内，承认客观存在，但人的心理无法直接接触它。传统认识论视知识为客观真理，建构主义认为应抛弃真理的概念，代之以“可行性”，它只是一种解释，一种假设。

3. 这种认识论反映在科学教育目标上则强调科学素养的培养。对于科学素养的理解，20 世纪 80 年代与 60 年代也有所不同。20 世纪 60 年代把科学素养理解为：(1) 理解科学的主要概念与原理；(2) 理解科学的探究过程；(3) 理解科学与一般文化的关系。20 世纪 80 年代对科学素养的理解包括三个方面：(1) 理解科学哲学，即科学的本质，科学的价值等；(2) 了解科学发展的历史；(3) 理解科学与社会的关系，注重“科学与社会”、“科学与人文”、“科学与技术”等范畴，强调“解决问题”的能力。

从上述特点可以窥见，20 世纪 80 年代以来的课程改革重点不在教材上，而是在课程目标上、指导思想上。当然课程目标总是要落实到教材上，但它更重要的是影响教师的教学思想，并引起教学过程、教学手段和教学方法的一系列改革。

四、教育改革发展的未来展望

当前的改革已不限于课程改革，实际上涉及整个教育系统，包括教育思想、教育目标、教育制度、教育内容和方法。特别是信息网络技术的发展，引起了教育观念、教育方式的一系列变革。科技在不断进步，时代在不断发展，社会在不断变革，因而教育改革也未有穷期，似乎上一次改革还没有完成，新一轮的改革又在兴起。对于今后课程改革的发展趋势，实在难于预测，只好在与过去相比较中谈点看法。

1. 在课程改革的指导思想上，强调大众教育，所谓“教育为大众”、“科学为人人”。科学技术已经不是神秘的东西。在当今科学技术广泛应用的时代，人人都要懂得科学技术。当然这种大众教育并不排除培养少数精英，使他们掌握科学技术发展的前沿，创造更新的技术。但是培养少数精英也需要建立在提高大众教育水平的基础上。为此，课程要有灵活性，把必修课的标准定在大多数学生能接受的水准上，同时为不同的学生设置各种选修课，允许学生选学不同的课程。

2. 在课程设置上，过去过分强调课程的工具性，课程要适应经济建设的需要，为社会服务。现在更强调人的发展。教育的本质是提高人的素质，也即个体的发展。强调人的发展与教育为社会发展和经济建设服务是不矛盾的，只有在个体得到发展的基础上才能更好地为社会发展服务，国民素质提高了，自然有利于经济建设和社会进步。因此，要把为人的发展服务与为社会发展和经济建设服务统一起来，要重视学生的个性发展，因材施教。

3. 在课程目标上，过去强调掌握知识，发展能力，现在更强调培养学生对事物的情感、态度、价值观。不是知识不重要，而是出发点不同。不是为知识而学习，而是要对所学的知识有一种认识。例如学习了地理，就要有保护环境的意识；学习了水，就要知道节约用水；学习了抗日战争的历史，就要激发爱国主义感情等等。

4. 在课程编制上，过去以学科系统为依据，现在强调要以社会实际为依据。过去学习是为了升学，现在学习是为了走向社会。除了学科课程外，强调设置实践性课程，通过实践活动培养学生综合运用在学科课程中学到的知识的能力，培养他们的创新精神和实践能力。

5. 在知识内容上，过去强调学习各学科的系统知识，现在更强调知识的综合性、整合性，强调学科之间的联系。许多国家都设置综合学习课程，把自然科学和人文社会科学结合起来。

6. 在教学过程中过去强调以教师为中心，现在则强调学生的自主性。网络化时代的到来必然会引起教学的变革，变革的趋势是学生自主学习将加强，学生对教师的依赖性将降低。因此无论在课程设置上，还是在教学中都要注意给学生留有自主学习的空间。

7. 由此而引起的教师角色的转变。教师已经不是知识的主要载体，教师的作用主要表现在帮助学生设计正确的学习路线，选择正确的学习方法，指导和帮助学生处理各种信息，抵制不良信息，也就是帮助学生学习。未来的学生可以从多种渠道获取信息和知识，他们的信息和知识可能比教师知道得还早还多，因此教师也要不断学习，才能跟上学生的需要。所以未来的教师将是与学生共同学习的伙伴。有人认为，在网络时代教师的职业将消失。笔者不认为这是正确的。教师的角色会有变化，但不等于教师将消失。青少年期是长知识的时期，他们尚不成熟，他们处理信息的能力还很差，判断是非的能力还很弱，需要教师指导和帮助。何况教师的身教言传，教师行为风范对学生的潜移默化的影响，是任何事物不可替代的。

8. 教学方法、评价制度也要相应地改革。由于篇幅有限，在这个问题上不能展开，需要专文论述。这里只作简要的提示。笔者认为，教学方法的改革可以简单地归纳为以下几点：一是重视学生的主体性，引导学生积极参与教学活动；二是不仅重视学习的结果，更重视学习的过程，在教学中留有足够的时间和空间让学生自己思考；三是鼓励学生创新，敢于提出与众不同、与教师不同的见解，敢于坚持自己正确的意见；四是评价标准多元化，很多问题不只是一种答案，尤其是社会科学，要允许有不同的见解。

总之，时代的发展、科技的进步、社会的变革要求学校课程不断改革，而课程改革又会引起教学过程的一系列变革，其关键在于教师的教育观念要跟上这种变革。

参考文献

[1] 布鲁纳：《教育过程》，上海：上海人民出版社，1973。

[2]《发达国家教育改革的动向和趋势》第1～5集，北京：人民教育出版社 1986。

[3] 钟启泉编著：《现代课程论》，上海：上海教育出版社，1989。

[4] 日本文部省中央教育审议会 1997 年咨询报告。

[5] 日本文部省教育课程审议会 1996 年咨询报告。

[6]〔日〕横地清：《对日本中教审和课程审议咨询报告的评价》，《比较教育研究》2000 年第 2 期。

[7] 丁邦平：《国际科学教育理论研究》，博士论文。

[8] 李建华：《当代美国数学课程改革与发展的比较研究》，博士论文。

又该呐喊“救救孩子”了*

八十多年以前，鲁迅在他发表的第一篇白话文小说《狂人日记》中就发出了“救救孩子”的呼声，震撼了中国大地。鲁迅是要把孩子从封建礼教中解放出来，让他们幸福地度日，合理地做人。但是谁也没有想到八十多年以后的今天，封建礼教已经被推翻，孩子本可以幸福地度日，合理地做人的时代，却又要呐喊“救救孩子”。今天的“救救孩子”不是要把孩子从封建礼教中解放出来，而是要把他们从“考试地狱”中解救出来，从学业重重负担压力下解救出来；不是将来能幸福地度日，而是眼前就能过幸福的童年。

今年3月底中国教育学会开工作会议期间，李吉林副会长含着眼泪说：“现在的孩子是，小学生没有时间玩儿，中学生没有时间睡觉，长此下去怎么办?”上个月开座谈会，许多同志都反应，现在考试竞争越演越烈，择校之风越刮越盛，学生负担越来越重，大家都感到忧心忡忡。广

* 原载《中国教育学刊》，2005年第9期。

大老师和家长也都不满意现在这种教育状况，但又觉得无法改变它，而且还要追求它。这是一种理性和情感的悖论，似乎是一个死结，无法解开。

为什么难以解开？这是因为这个结不是教育部门自己打上的，而是社会的种种矛盾汇集到这里的结果。原因很复杂，总体上讲是社会的激烈竞争在教育领域的反映。从教育内部来讲，也存在着供需之间的矛盾：教育资源不足，特别是优质教育资源不足，与家长需求之间的矛盾，再加上现在城市中一对夫妇只有一个孩子，望子成龙心切，于是造成了教育的竞争，种种矛盾最后集中到每一个孩子身上，让孩子怎么承受得了！具体分析一下，有下面几方面的原因：

首先，是一些家长对孩子的期望值过高。有一部分家长视自己的孩子为天才，总觉得如果不能使他受到最好的教育，就会埋没他的才能。因此，从小要给他找最好的幼儿园，上最好的小学、初中、高中。父母对孩子的热爱、期望是无可非议的，是可以理解的。俗话说：“瘌痢头的儿子自己香。”但是，事实上每个孩子是不一样的，他们的资质及其功能都会有差异。所谓人具有多元智能，而每个人的智能和发展方向、水平是不一样的。顺应了孩子的自然，他的特长和优势就能充分的发展。反之，他的优势和特长就会被压抑。但是由于孩子的优势和特长不易捉摸，于是父母统而括之，要求孩子面面发展，或者强迫孩子去上“奥校”、上“艺校”。其结果往往是适得其反，孩子不仅没有得到充分发展，反而有些能力受到压抑，而且身体健康受到了损害，思想品德得不到提高。

其次，是就业的压力。为了孩子将来找到工作，找到好工作，现在就要让孩子苦读书，以便考上大学，考上名牌大学。用人单位的学历主义，助长了这个压力。高校扩招，原以为可以缓解升学的压力，没有想到，扩招引起的就业压力反而转移到升学上。家长心痛地看着自己的孩子起早贪黑，但“为了不让孩子长大了受苦，现在还是让他吃点苦吧。”这也是理性和情感的悖论。

第三，是高考的指挥棒。老师们说，有高考，必定会有应考教育。有一批把关的老师天天在揣摩高考的题目，让学生解题，把学生变成解题的机器。为了通过高考这一关，老师和家长都向学生施加压力。大家都清楚，一次考试定终身是不合情理的，考试也不能考出学生的能力来，但又都一致认为，高考不能取消，否则会有更不公平的现象出现。这也是一种理性与情感的悖论。

第四，教育发展不平衡。好学校和薄弱学校差距太大。许多家长不放心把自己的孩子交给薄弱校，怕孩子学坏，缺乏安全感。这些年各地都在改造薄弱校，但只改善了硬件，软件没有相应的改进，特别是师资队伍没有改善。家长仍然不放心。再加上升学的压力，择校之风越演越烈。缩小差距，但重点学校不乐意，认为自己是要培养英才的，大众教育时代并不排斥精英，不能把教育拉平。但也还有另一层内容，即这些学校靠择校来弥补经费的不足。这也是理性与情感的悖论。

第五，我国旧的传统观念的影响。我国长期以来受科举制度和学而优则仕的思想影响，重学历轻能力，读书做官的思想十分严重。我国职业教育不被重视，家长不愿意把自己的孩子送到职业学校，有些用人单位也不要职业学校毕业生。教育缺乏分流，造成千军万马都奔独木桥。读书做官的思想在东方国家和地区很流行。例如日本、韩国，包括我国台湾，那里的高等教育入学率已经很高，但是升学的压力依然很重。这就是东方儒家文化的消极影响，这在西方国家是没有的。中国的家长对孩子能不能考上大学，考上什么大学，认为是有关自己的面子问题，这就多了一重心理压力。

这些问题怎么解决，不是教育部门一家所能解决的。需要全社会来努力。但是对于教育部门来说，也有几点是可以改进的。

第一，大力推进基础教育的均衡发展，缩小差距。教育的绝对公平是难以做到的，但相对公平是可以做到的。例如可以向薄弱校调去得力的校长；选派一些优秀教师到薄弱校去，也可以从重点学校中选派。为了不降低这些老师的收入，工资待遇可以保留，到薄弱校工作三年；也可以由名校兼并薄弱校，以此来改变薄弱学校的形象。为什么名校办民校有那么大的吸引力，就在于这些民校或叫分校是由名校领导的，同时有一部分退休教师去教书，家长信得过。

第二，是加强教师的培训，提高教师的业务水平和能力。教育的关键在教师，教师自己的素质不高，怎么能进行素质教育。为什么重点学校的学生反而负担不太重，固然因为生源本身就好，还因为教师的业务能力强，善于教育，善于引导。教师培训除了学历教育、系统进修外，结合教学实际进修见效最快。上海徐汇区教育局采取由教研室的老师组成小组，到学校听课，帮助老师诊断自己的教学，反思自己的教学。这种进修对老师的帮助很大。许多地方采取教师发展学校的校来进修的办法，效果也很好。

第三，改革教育评价制度。高考制度必须改革，要改变一次考试定终身的制度。高考可以每年多考几次，可以采取分散考，绩分制。总之，要给学生比较宽松的环境，具体办法需要认真研讨，反复论证，选点试验，逐步推广。有些同志认为我国是人口大国，考生以千万计，多次考试很难组织。但是，如果把高考下放给省市自治区，人口不就缩小了吗？其实各地每年都要进行多次模拟考试，组织工作量也是相当大的。

也有人主张取消高考，高等学校宽进严出。但是，人人都想上名牌大学怎么办？还是免不了要有一场搏斗。这又与我们旧的观念有关。

地方的领导要改变评价学校的标准，绝对不允许用升学指标来评价学校和老师。去年发生“南京高考之痛”，今年又出现山西某县委书记因高考滑坡向市民道歉的事，都说明地方官员至今仍然把高考升学率作为教育评价的指标，作为他自己的政绩。如果这种状况不改变，素质教育难以推行。

第四，一定要取消入学的附加条件，取消各种加分。什么奥赛的成绩、艺术特长、“三好学生”加分等等。这样可以减轻学生的压力和负担。我为什么去年提出要废除“三好学生”的评选。就是因为选先进是成人的一套，不符合儿童青少年的成长规律。有的人不理解，以为我不赞成树立榜样。树立榜样，激励学生有多种方法，不能从小把学生分成三六九等。更何况，现在评“三好”中的弊端很多。总之，要给学生一种宽松的环境，让他们有玩儿的时间，在玩儿中学习。基础教育培养学生的兴趣和克服困难的毅力最重要，兴趣加勤奋就是成才之道。

第五，需要完善教育立法。首先要保证教育投入，缩小教育差距；其次要建立教师准公务员制度。保证教师合理流动，但不能用市场规律来流动。教育是准公共事业，教师应是准公务员，就要用公权来约束教师的行为，合理的调动教师。不能像现在这样，要不是成为学校所有制，不能流动；要不就是随行就市，向发达地区，工资高的学校流动，给薄弱学校、落后地区造成更大的困难。

第六，进行教育结构改革，大力加强职业技术教育。增加职业技术教育的投入，提高职业技术学校毕业生的待遇。苏联解体以前我到苏联访问，他们技校毕业生的起点工资比普通大学毕业生的起点工资要高。这样才能吸引青年报考技校。

第七，加强宣传正确的教育理念。现在是，不论家长还是老师都觉得这样下去对青少年的成长不利，都心疼自己的孩子，但又觉得无可奈何。要宣传教育新理念，让广大家长认识到改变观念的重要性、有效性。媒体不应该再炒作高考状元等话题，应该多宣传新的教育理念和教育改革给学生发展带来了新气象。学校、老师要有勇吃第一只螃蟹的精神，勇于改革，通过改革来减轻学生课业负担，提高教育质量。

改革考核评价制度，推进素质教育*

推行素质教育已经家喻户晓，但是在学校实际工作中却常常停留在口号上，不能得到切实的落实。我和许多校长、老师讨论过，为什么推行素质教育如此困难？许多校长和老师都反映，主要是存在着考试竞争的压力。有些老师甚至认为，高考是指挥棒，不取消高考就难以推进素质教育。这是很现实的问题。现在选拔人才的方法只有考试一途。作为家长，谁不希望自己的孩子能够在考试中胜人一筹，获得高考的成功。每一个校长也都希望自己的学生更多地考上重点中学，考上大学。因此，只要有考试存在，就会有应试教育的存在。但是，在中国的国情下，考试是取消不了的，高考更不能随意取消。这是大家都明白的。因此，需要研究一种途径，恰当地处理好素质教育与考核的关系。也就是说，考试评价制度需要改革，以适应素质教育的要求。

今年教师节前夕，温家宝总理视察北京市黄城根小学

* 原载《光明日报》，2006 年 9 月 27 日第 6 版。

时，精辟地论述了素质教育与考核的关系，而且提出解决这个问题的重要思路。他说：素质教育决不是不要考核，而是要求考核具有综合性、全面性和经常性。他还详细地解释了什么叫综合性、全面性、经常性。总理的这些意见非常有针对性、现实性。可以看出，这不是总理即时发表的意见，而是在深入调查研究的基础上，经过深思熟虑后提出来的。总理非常关心教育问题，最近召开了一系列座谈会听取专家和第一线教师的意见。我有幸参加了一次座谈会。总理对教育的重视和研究的深入，使我们与会的同志都为之十分感动。可见，总理在黄城根小学的讲话切中当前教育问题的要害，有着非常重要的意义，为当前的教育改革指明了方向。认真学习总理的讲话，领会总理讲话的精神，改革考试和评估制度，就能找出一条推进素质教育的出路。

素质教育与考核是不矛盾的。素质教育是目的，是培养什么人的问题。考核是方法，是考核人才有没有达到素质教育的要求，是评价人才的方法。方法是为目的服务的，因此，考核是为素质教育服务的。现在之所以产生矛盾，是考核的方法过于单一、过于功利，把考试当成了目的。教育有了两个目的，当然就产生了矛盾。考核确实也起到指挥棒的作用，考什么就教什么。这就变成反客为主，把目的和方法颠倒过来了。因此，现在的问题是要摆正考核的地位，改进考核的方法，使它真正发挥检查、督促、评价、改进教师的教和学生的学的活动，促进人才素质的提高。

总理明确提出，素质教育决不是不要考核，而是要求考核具有综合性、全面性和经常性。这就深刻地揭示了考核的规律，体现了考核是为素质教育，为培养人才这个目的服务的。他对三性的解释，又具体指明了考核的内容和方法，具有可操作性。总理讲，所谓综合性，就是要教学生既会动脑，又会动手。人的素质是综合的，既能动脑，又能动手，因此考核也应该有综合性，既考核学生的用脑的能力，又应考核他动手的能力。总理讲，所谓全面性，就是要使学生德、智、体、美全面发展。全面发展是我国的教育方针，是人才的培养目标，因此考核也要有德、智、体、美全面发展的内容，不能只考知识，不顾其他。总理讲，所谓经常性，就是要根据学生长期的学习表现决定成绩。这是符合学生成长规律的。中小学生正在长身体、长知识的时期，在成长过程中会有曲折，不能凭一时一事来评定学生素质的高低，更不能以一考定终身，需要长期的考察，综合地评定。

怎样落实总理的指示？首先还是要从认识入手，广大教师要认真学习总理的精辟讲话，深刻理解素质教育和考核的关系，充分认识素质教育，即培养人才的重要性，考核是为培养人才服务的，决不能颠倒过来，把考核，特别是考试作为目的。

其次要改进教育教学工作。学校的教育教学工作才是培养人才的核心，考核只是一种辅助手段。考核不只是考核学生的学习成绩，也包括考核教师的教育教学工作。它是检验、督促、改进教育教学工作和学生学习的手段。因此，推进素质教育首先要求学校工作全面贯彻教育方针，改进和完善教育内容和方法，不断提高教育教学质量。总理在黄城根小学提出的第二个问题，实际上指明了教育教学改革的方向。他说，要给学生们更多的时间接触世界，接触事物，接触生活，学习更多的知识，做更多的事，思考更多的问题，培养独立思维和创造能力。推行素质教育，除了使学生掌握基础知识和基本技能，还要了解世界，学会思考，学会创造。因此改进教育教学工作，提高教育质量才是培养人才的根本。

第三，要改革考核评价制度。按照总理提出的综合性、全面性、经常性来改进现在的考核评价制度。中小学校要重视平时对学生的考核，考核的方式也要多样化。中小学生个体差异很大，要承认学生的差异性，不要用一个标准来评价所有学生。要提倡发展性评价，即重视学生的发展，学生有发展有进步，就是成绩，就值得赞赏，不能只看绝对成绩的高低。要多鼓励学生进步，不要把考核作为逼迫学生的手段。要营造一个良好的学习环境，让学生在这个环境中生动活泼主动地得到发展。

当前大家最关心的，也是最棘手的问题是高考制度如何改革。恐怕绝大多数人都不会同意取消高考，但认为改革是必要的。改革的方向也应该体现综合性、全面性、经常性。

我个人有个设想，高校招生能否分三个层次：一个层次是高等职业教育中科技含量较低的专业，或者国家急需的专业，不设高等教育入学考试，只凭中学平时考核的成绩录取，这就可以解放一部分学生；第二个层次是高等职业学校和现行高考第二批第三批录取的本科院校设一次考试，姑且称它为普通水平考试，考试的内容可以是基础性的、全面性的，它可以指挥中学的教学不要向深奥的方面去钻研；第三个层次是全国重点大学的考试，姑且称它为高水平考试，考试的内容要求高一些，可以考得深一些、难一些。高等学校也可以有自主加试一些科目的权力。第二层次的考生，如果考试成绩很好，又想进一步报考重点大学的，在一定的分数线上的可以再报考第三层次高水平考试。同时，录取的时候再结合学生三年的平时成绩，参加社会活动的表现等综合考核成绩。这种分层考试组织起来可能有一定的难度，但它可以避免用一张考卷考所有学生的弊端。如果组织得好，包括对学生平时考核能够跟上，可能会减轻学生的负担，也能更好地选拔人才。国外实行全国统一考试的国家也都不是一次考试定终身，而是有多次考试的机会，如美国的 SAT 考试。日本也是在全国统考以后，还有一次各学校的考试，把两者结合起来。美国名牌大学的录取还要看学生在高中选修学科的情况，为了考查学生的品德和能力，还要考查学生在中学期间有没有参加过社会公益工作等。这些都值得我们借鉴。当然，这是我个人的设想，不一定可行，说出来可以引起大家的讨论。高考是涉及千家万户的事情，改革需要十分慎重，要经过充分的论证，稳妥地进行。

高考改革之我见*

高考是全社会关注的问题。之所以得到全社会的关注，不仅因为它关系到人才的选拔，还关系到社会公平、每位家长和学生的切身利益。对国家来讲，从国家的利益出发要选拔优秀学生，把他们培养成有利于国家发展的人才；从家长来讲，总希望自己的子女能够考上大学，一方面为国家输送人才，另一方面使子女将来能够获得满意的职业，有更多的发展机会。这两者既有一致的地方，也有矛盾的地方。矛盾的焦点是供给与需求的差距。国家在发展高等教育的时候要考虑到社会对人才的需求，资金的投入，因此高等教育的发展总有一个过程。我国高等教育近些年来发展已经超乎常规，从 1998 年的毛入学率 9.8%上升到 2005 年的 21%，但还是不能满足广大家长的需求。对家长来说，特别是独生子女的家长，入学率是百分之百还是零的问题。这种供求的矛盾导致高考出现激烈的竞争，而这种竞争通过高考又影响到中学的教育，因此矛盾似乎就集

* 原载《湖北招生考试》，2007 年 2 月号下半月（总 176 期）。

中到高考上。其实，高考是解决不了这个矛盾的。高考的改革只能是解决如何更好地、更公平地选拔人才，如何为中学教育正确导向，更好地推进素质教育。这是我对高考的第一个认识。

高等学校实行全国统一考试招生以来，社会舆论一直都认为这是当前社会的一块净土，是最公平的。但是，随着我国经济和社会的发展，统一高考也暴露出了许多缺点和问题。

问题之一是地区不平衡。全国统一考试，但录取的分数线不同，造成了地区间的不公平。这是由于高等教育发展在地区间不平衡，也是各地经济发展不平衡所造成的。这个问题本身不是高考的问题，这是各地经济发展和教育发展的问题，也是招生制度的问题。

问题之二是如何选拔优秀人才。现行的高考制度太单一，每年只考一次，考试的内容主要是书本知识。因此被大家称为“一考定终身”，考核人才不全面。这样，一方面选拔不出有创新精神，全面发展的人才；另一方面考生只此一次机会，一旦因种种原因没有考好，从此名落孙山，这对考生来讲也是最大的不公。因此大家认为高考制度的改革，需要改变这种状况。2006 年教育部已经批准广东、山东、海南、宁夏 4 省区 2007 年的高考新方案，江苏 2008 年的高考新方案也已上报教育部，正在等待审批中。这些新的高考方案大多希望改变这种状况，其中，有的方案设计为“3＋X＋1”模式，如山东省，“X”代表了文理分科的考试科目，“1”代表了基本能力考试；有的方案设为“3＋3＋基础会考”模式，如海南省，加强了平时的考核；2008 年江苏省的高考方案更繁杂一些，设计为“3＋学业水平测试＋综合素质评价”模式，规定了必修、选修的科目，学生选择的空间较大。这几个省区高考改革的方案虽然不尽相同，但改革的精神都是一致的，即改变一次考试定终身的做法，注意平时的考核，注意学生的选择，同时也考虑到高等学校的选择权。这种改革的精神是值得赞赏的，当然改革不能一蹴而就，还需要在实施中不断完善。

问题之三是如何体现教育公平。这是家长们最关心的问题。近些年来高考制度虽然有许多弊端，但考试严格，录取公开，特别是网上公开录取以后，条子少了，也不管用了，因此告状的也少了，家长们心里也较平静了。如今又要改革，家长的心里又在打鼓了，综合素质怎么考核？平时成绩怎么计算？校长、老师是否暗箱操作？等等。总之，心里不踏实。因此这些改革也需要制度来保证，同时要树立诚信。前几年许多重点大学都有保送制度，但是不少中学在保送生上弄虚作假，弄得大学不敢再要保送生，因此树立诚信是当务之急。一个社会如果没有诚信，任何改革都会失败。因此，各中学在评价学生时要公正，有理有据；大学在录取新生时要公开，让群众来监督。许多改革不能等到社会有了诚信再实行，而是要在改革中逐步树立诚信。教育部门是育人的单位，要率先垂范，树立诚信。

问题之四是如何推进素质教育。优秀人才不能光靠高考一次的选拔，更要靠中小学平时的培养。推进素质教育已是我们的国策，考试要为素质教育服务。但是，高考对基础教育具有指挥棒作用，因此高考改革必须考虑如何有利于中小学推进素质教育的问题。各省区的高考改革方案都考虑到这一点，例如有些省把基本水平测试、综合素质评价纳入到高校招生录取的必备因素之中，有的省还允许学生两次参加基础考试，有的省设立学生选考科目，有的省正准备在高中取消文理分科等，都是很好的措施。

2006 年上海复旦大学的自主招生考试值得关注。据报道，报名参加自主招生考试的学生有 5800 人，经初步考试后，入围 1200 人，然后组织 150 名教授口试。每个学生口试要经过 5 名教授，每个教授口试15分钟，也就是说一个学生可以和5个教授谈话，历时约一个多小时。150名教授用了整整两天时间口试了1200个学生，最后录取了298名。这种做法应该说很周密，通过5名教授的口试，可以较全面地了解学生的知识、能力、思想、举止、仪表等综合素质，同时也很公平、公开，因为你不可能去找5名教授走后门。

但是，又据报道，针对复旦大学、上海交通大学的这种自主招生口试办法，上海个别高中已经开设个性化辅导班，提前让学生补习人文知识和进行口才训练，企图用应试教育的方法来对付这种自主招生考试。中国的社会真是了不得，总是上有政策，下有对策；高考怎么改革，学校总有办法来对付。由此想到，思想观念不改变，什么改革都没有用。这种思想观念不仅仅是指教育的思想观念，更重要的是做人的观念，对社会责任感的观念。现在某些学校的校长和教师办学不是为了培养人才，而是开学店，用升学率来招徕学生，还美其名曰“保持名校的品牌”。处处用应试办法来对付高考，难道这仅仅是教育的思想观念问题吗？看到这种报道让人产生一种悲哀。因此，高考招生的改革应该从三个方面入手。

首先，从思想观念入手，要让全社会认识到高考是一种选拔人才的考试，不是评价学校的标准。选拔人才人人有责，教育主管部门有责，学校有责，教师有责。教育主管部门有责任公开公正地选拔出真正优秀的人才，学校和教师有责任把优秀的人才推荐给大学，而不能像不法厂商那样想方设法以次充好。有了这种对社会、对国家的责任感，上下同心协力才能把高考改革好。社会要树立诚信风尚，选拔人才尤其要诚信。有些国家为了考核学生的思想品德和对社会的关心，要求考生提交中学期间做义工的记录。有人提议我国也应该借鉴这种做法，但是许多人担心我国是一个讲人情关系的国家，难以防止弄虚作假。

其次，改革考试制度。制度的改革要针对原有制度的缺陷或弊端，同时又要照顾到历年来的传统，稳步进行，不断完善。改革的着眼点是要有利于选拔人才，有利于推进素质教育，坚持公开、透明、公平的原则。上述几个省区的改革都有积极意义，值得肯定。我个人的想法，今后有些省市高考改革的力度还可以大一些。例如上海、北京，高等教育的毛入学率已经超过50％，高中毕业生的入学率已接近80％，这些地区的高等专科学校招生，对已取得高中毕业资格的高中生可以考虑不参加高考直接进入高校，像国外一样注册入学，这样就可以解放一部分学生。另外，高考是否可以分三个层次：一是基本学业水平考试，考试合格者可以升入高等专科学校；第二个层次是高级学业水平考试，考试合格者可以升入现在所谓二本的学校；第三个层次是重点学校的个别考试或复试、口试。考试的次数多了，学生可能会增加一些负担；但考试的机会多了，学生的心理负担会减轻。当然，缺点是考试的组织工作会很繁重。

第三，除了改革考试制度外，就是要改革考试的内容。考试的内容不仅关系到能否选拔到真正的优秀人才，还关系到中学的课程设置和教学内容，影响到素质教育的实施与推进。考什么教什么，已经成为学校的潜规则。现在许多高中常常把非高考科目的课时挪作他用，严重影响了学生的全面发展，但是高考科目又不宜过多，不能门门都考试，那样学生负担会很重，因此这是一个矛盾。解决这个矛盾的办法就是要坚持温家宝总理2007年教师节与教师座谈时所指出的，考核要具有综合性、全面性、经常性。所谓综合性，就是要求学生既会动脑，又会动手；所谓全面性，就是要求学生德智体美全面发展；所谓经常性，就是要根据学生长期的学习表现决定成绩。近些年来高考内容也在不断改革和完善，已注意到考核学生的能力，山东等五省区的高考新方案也注意到考试的综合性、全面性、经常性。但如何落实，如何完善，还值得考试专家认真试验和研究。

总之，高考是一件十分复杂的事，关系到千家万户。高考改革既要积极，又要稳妥，逐步试点，不断研究，特别是要坚持公开公正的原则，尽量听取各方面的意见，集思广益。我想凭着中国人的聪明才智，这个问题也一定能够完满解决。

一扫乌云见光明*

——纪念高考恢复30周年

高考一扫读书无用论的思想，改变了社会风气，培养了大批人才，促进了社会进步。高考功不可没。但当前出现了一些缺点和弊端，需要进行改革和完善，使它有利于人才的公正公平的选拔，有利于促进素质教育。

一、十年灾难

"文革"十年对教育来讲是一次空前的大灾难。学校制度被打乱，学校秩序被破坏，高校停止招生多年，1970年虽然部分院校开始招生，但采取的是推荐的方式，没有考试。全社会弥漫着"读书无用论"的思想，全中国成为一片文化沙漠。直到1977年，邓小平同志提出恢复高考，才一扫读书无用论的乌云，重新见到尊重知识的光明。

据统计，"文革"开始到恢复高考11年中高中毕业生共计4445.8万人，这部分学生都没有参加高考。1970年部分高等学校开始招生，至1976年共招生217048人。也就

---

* 原载《中国教师》，2007年4月。

是说积聚了 4420 余万人未能上大学。如果按照 1965 年的招生指标不变，11 年应该招生 180.6 万人。且不说 1970 年以后招的 21 万人是否合格，从数量来讲，11 年少招 160 万人。这对国家的发展无论如何是一个重大损失。不仅贻误了整整一代人，而且使我国各条战线的干部断档 20 年，直到 90 年代才逐渐恢复元气。

1970 年 6 月 27 日当时中共中央批转《北京大学、清华大学关于招生（试点）的请示报告》。报告中规定的招生条件是：政治思想好、身体健康、具有三年以上实际经验、年龄 20 岁左右、有相当于初中以上文化程度的工人、农民、解放军战士和青年干部。办法是："实行群众推荐、领导批准和学校复审相结合"；分配原则是："学习期满后，原则上回原单位、原地区工作，也要有一部分根据国家需要统一分配"。这一年部分高等学校试点招收了工农兵学员 41870 人。

当时高校招生不举行统一考试，因此文化程度无法保证，说明不重视文化知识。而且当时一系列斗争都是为了贬低知识和知识分子的价值，把知识和知识分子推到无产阶级的对立面。下面一些政治运动把知识和知识分子推入了无底的深渊：

1971 年 4 月 15 日国务院召开全国教育工作会议，张春桥、迟群一伙抛出"两个估计"，即文化大革命前 17 年教育战线是"资产阶级专了无产阶级的政"；广大教师和 17 年培养出来的学生是"资产阶级知识分子"，并作为《纪要》发到全国。这严重挫伤了学校和知识分子的积极性。

1972 年周恩来总理召开综合大学和外语院校座谈会，会议提出要提高教育质量，要加强基础理论教学和基础学科研究。学校开始整顿秩序，但是 1973 年"四人帮"又发动"批林批孔"运动，矛盾直指周总理，学校恢复秩序也变成"修正主义教育路线复辟"、"回潮"。

1973 年 7 月 19 日《辽宁日报》以《一份发人深省的答卷》为题，刊登了辽宁兴城白塔公社下乡知识青年、生产队长张铁生的一封信。张的信写在省高等学校入学文化考查的物理化学试卷背面。信中说：为了实现他上大学的“自幼理想”，“希望各级领导在这次考试中”能对他“这个小队长加以照顾”。当时辽宁省委书记毛远新得知后，将原信作了修改，令《辽宁日报》加上按语发表。《辽宁日报》在按语中说，张铁生“物理化学这门课的考试，似乎交了‘白卷’，然而对整个大学招生的路线，交了一份颇有见解，发人深省的答卷”。8 月 10 日《人民日报》转载了《辽宁日报》的按语和张铁生的信，并再加按语。全国再一次煽起了一股否定文化学习的歪风。更有甚者，辽宁、北京、上海等地都对高等学校的教授、副教授进行数理化考试，许多教授对这种做法进行了抵制。我所在的北京师范大学白寿彝教授就曾拂袖而去。而“四人帮”则借此荒唐事来羞辱知识分子。从此读书无用论的思想像一层厚厚的乌云笼罩在中国的上空。其造成的后果是十分严重的。

二、严重后果

首先，高等学校招收的工农兵学员文化程度太低。1972 年 5 月，北京市革委会科教组向国务院科教组写了一个关于高等学校试办补习班的报告。报告反映：北京市 11 所高等学校招收的工农兵学员文化程度参差不齐，初中以上文化程度的只占 20%，初中程度的占 60%，相当于小学程度的占了 20%。为此，北京市提出按照学员的实际文化程度和专业的不同要求，有重点地为学员补习半年左右的文化基础知识。但是这一举措在 1974 年也被指为“修正主义教育路线的复辟”和“回潮”。

第二，走后门成风，败坏了党风和学风，污染了整个社会风气。1972年5月1日中共中央就发出了《关于杜绝高等学校招生工作中“走后门”现象的通知》。《通知》指出，有少数（实际上何止少数）干部，利用职权，违反规定，采取私留名额，内定名单，指名选送，授意录取，甚至用请客送礼，弄虚作假等不正当手段，将自己、亲属和老上级的子女送进高等学校。中央发出这样的通知，可见问题之严重。

第三，不仅高等学校学员的文化程度太低，教学质量无法保证，而且影响到整个教育系统，中小学校也是一片混乱。再加上“四人帮”利用“一个小学生的日记”大批师道尊严，学校陷入了瘫痪的状态。受害最深的是青少年学生，他们不仅没有安静的环境学习，而且深受读书无用论的毒害，以为读书不读书一个样。

三、拨乱反正

“文革”以后，拨乱反正，国家要建设，建设要人才。但是当时教育界的混乱状况难以满足国家建设的要求。人们正在忧心忡忡的时候，邓小平提出恢复高等学校入学考试的主张。这么一个举措，把“读书无用论”的乌云一扫而光，从此中国的大地上重新响起了朗朗的读书声。

邓小平同志的主张是经过调查研究，周密思考的。早在1975年9月26日邓小平同志主持国务院工作时，在听取教育部周荣鑫部长汇报提纲时就说：“现在有个危机——不读书。”9月27日在农村工作座谈会上又插话说：“现在相当多的学校学生不读书，这也不符合毛泽东思想。毛泽东同志反对的是教育脱离实际、脱离群众、脱离劳动，不是不要读书，而是要读得更好。”粉碎“四人帮”以后，恢复各方面的秩序，邓小平同志把恢复科教方面的秩序放在重要位置。1977年5月24日邓小平在座谈“尊重知识，尊重人才”时就说：“我们要实现现代化，关键是科学技术要能上去。发展科学技术，不抓教育不行。”又说：“要办重点小学、重点中学、重点大学。要经过严格考试，把最优秀的人集中在重点中学和大学。”1977年8月，邓小平同志召开科学和教育工作座谈会，在会上他讲了六个问题，首先讲了对“文革”前十七年的估计，否定了“四人帮”炮制的“两个估计”，讲了教育体制改革和教育质量问题、学风问题。他说：“今年就要下决心恢复从高中毕业生中直接招考学生，不要再搞群众推荐。”

当时教育部门思想还不解放。1977年6月29日至7月15日在太原召开的高等学校招生工作座谈会上还继续提出采取前几年“群众推荐”的招生办法。直到邓小平同志明确指示要恢复高考以后，教育部才于8月13日至9月25日再次召开高等学校招生工作会议，制定了《关于1977年高等学校招生工作的意见》，招生办法是：自愿报名，统一考试，地、市初选，学校录取，省、市、自治区批准。恢复高考从此开始，全国一片欢腾。这一年报考青年达570万人，高等学校共招收新生27.3万人。这批学生于1978年春季入学学习。

高等学校入学全国统一考试像一股强劲的春风把读书无用论的思想一扫而光，使青年人看到了前途，看到了希望。高考至今已30年，高等学校招收学生2000多万人，为我国现代化建设培养了大批人才。目前在岗的骨干几乎都是恢复高考以后高等学校培养出来的。统一高考改变了社会风气，为现代化建设培养了人才，推进了社会进步，功不可没。

四、深化改革

恢复高考至今已30年。虽然它为社会发展作出了巨大贡献，但它的缺点和弊端也逐渐显现出来。考试作为选拔人才的手段，具有公正性、公开性的特点，但它的缺陷也是明显的。首先，一次考试很难考出学生的真实水平，所谓一次定终身，使一些真正有才能的学生，可能因为一次失误而遗恨终身；其次，对教育会起到制约作用，容易束缚学生的思想，把学习束缚在应对考试的轨道上。有些论者认为，当前素质教育难以推行，就是因为有高考指挥棒；第三，由于我国地区发展差异很大，采取全国统一考试的办法，造成地区间的不公平。因此，改革高考的呼声越来越高。

对于高考需要作具体的分析。30年来它的功绩是无可非议的。它的弊端有些并非是高考自身的。许多问题是和社会就业、文化传统、社会思潮联系在一起的。高考竞争的激烈实际反映了就业竞争的激烈。即使近年来因高校扩招，毕业生就业出现了困难，但取得大学学历总比中学毕业生的就业机会要多得多。再加上我们文化传统重视高学历，用人单位追求高学历等等社会原因，造成高考的残酷竞争。因而高考成了社会矛盾的聚焦点，受到全社会的关注。

我的结论是，高考一时还不能取消，但要改革。我认为，高考在高等教育尚未普及之前仍然是十分必要的。因为在我国当今社会上，唯有高考是最公正、最公开的一块净土。目前还没有别的方法可以替代。广大家长目前也都认同高考。因此，高考影响到千家万户，改革既要积极，又要稳妥。高考在考试的内容、方式上都需要进一步改革，以利于基础教育减轻负担，推进素质教育，有利于学生个性和创造能力的发展。

今年有几个省市已经着手改革，如江苏、广东、山东、海南四省都采取单独命题单独考试招生。有些有权自主招生的学校也在尝试改革。上海复旦大学的自主招生考试值得关注。报名的学生有5800人，初步考试，入围1200个人。然后组织150名教授口试。每个学生口试要经过5名教授，每个教授口试15分钟。也就是说一个学生可以和5个教授谈话，差不多有一个多小时，发挥自己的想法。150名教授用了整整两天时间口试了1200个学生，最后录取了298名。这种做法应该说很周密，通过5名教授的口试，可以较全面地了解学生的知识、能力、思想、举止仪表等综合素质，同时也很公平、公开，因为你不可以找5名教授去走后门。

但是，自主招生也有空可钻。据报道，针对复旦大学、交通大学等这种自主招生口试办法，上海个别高中已经开设个性化辅导班，提前让学生补习人文知识和进行口才训练。企图用应试教育的方法来对付这种自主考试。中国的社会真是了不得，总是上有政策，下有对策！不管高考怎么改革，学校总有办法来对付！由此想到，思想观念不改变，什么改革都没有用。这种思想观念不仅仅是指教育的思想观念，更重要的是做人的观念，对社会责任感的观念。现在某些学校的校长和教师办学不是为了培养人才，而是开学店，用升学率来招徕学生，美其名曰保持名校的品牌，处处用应试办法来对付高考。因此，我认为高考招生的改革应该从三个方面入手。

首先，是从思想观念入手，要让全社会认识，高考是一种选拔人才的考试，不是评价学校的标准。选拔人才人人有责，教育主管部门有责，学校有责，教师有责。教育主管部门有责任公开公正地选拔出真正优秀的人才，学校和教师有责任把优秀的人才推荐给大学，而不能像不法厂商那样想方设法以次充好。有了这种对社会、对国家的责任感，上下同心协力才能把高考改革好。社会要树立诚信风尚。选拔人才尤其要诚信。

其次，是改革考试的方式。有些省市，改革的力度是否可以大一些。例如上海、北京，高等教育的毛入学率已经超过50%，高中毕业生的入学率已接近80%。我想这些地区，高等专科学校的招生是否可以不参加高考，取得高中毕业资格就可以录取。这样就可以解放一部分学生。另外，高考是否可以分三个层次：一是基本学业水平考试，考最基本的知识，考试合格者可以升入高等专科学校；第二个层次是高级学业水平考试，按专业门类考少数几门科目，考试合格者可以升入现在所谓二本的学校；第三个层次是重点学校的个别考试或复试、口试。这样，虽然考试的次数多一些，学生可能会增加一些负担，但考试的机会多了，学生的心理负担会减轻，学生也可以量力而行。当然，缺点是考试的组织工作会很繁重。

第三，除了改革考试方式外，还要改革考试的内容。考试的内容不仅关系到能否选拔到真正优秀的人才，还关系到中学的课程和内容，影响到素质教育的推进。考什么教什么，已经成为学校的潜规则。但是高考的科目又不宜过多，不能课程中的科目门门都考试，那样学生负担会很重，因此这是一个矛盾。解决这个矛盾的办法就是要坚持温家宝总理去年教师节与教师座谈时谈到的，考核要综合性、全面性、经常性。所谓综合性，就是要求学生既会动脑，又会动手；所谓全面性，就是要求学生德智体美全面发展；所谓经常性，就是要根据学生长期的学习表现决定成绩。近些年来高考内容也在不断改革和完善，注意到考核学生的能力。

总之，高考是一件十分复杂的事，关系到千家万户。高考改革既要积极，又要稳妥，逐步试点，不断研究，特别是要坚持公开公正的原则，尽量听取各方面的意见，集思广益。我想凭着中国人的聪明才智，这个问题也一定能够完满解决。我对高考缺乏全面深入的调查研究，因此只能谈点肤浅的意见，供有关部门参考。

高 等 教 育

现代高等教育的发展与我国高教改革*

现代高等教育的体系是现代工业化社会的产物，它有一个发生发展的过程。为了研究我国高等教育改革，有必要对现代高等教育的发展作简要的历史回顾。由此可以使我们认识到现代高等教育是怎样发展过来的，它和政治经济的发展有些什么关系，并从中找出高等教育发展的规律，作为改革我国高等教育的借鉴。

一、现代高等教育的发展

现代高等教育萌芽于欧洲12世纪和13世纪的中世纪大学，当时手工业已经从农业中分化出来，城市有了发展，国际贸易也开始发达，特别是地中海一带城市经济的发展促进了教育的发展。最早的大学有建立于1158年由法律学校改建而成的意大利波隆亚大学。由于波隆亚地处交通要冲，商业纠纷时有发生，诉讼案件颇多，客观的需要促使

* 原载《北京师范大学学报》，1983年第3期；《新华文摘》，1983年第8期。

建立起高等学校。稍迟一些有英国牛津大学（1168）和剑桥大学（1180）、法国巴黎大学（1180）、意大利萨拉尔诺大学（1231）等。

从那时候的大学发展到今天，高等教育大致经历了三个大阶段：

（一）产业革命以前，现代高等教育的萌发时期

这个时期的大学由一些热心学术的学者和学生合力兴办起来，它的主要任务是传授科学文化知识，探讨学术。最早的大学分为四科：神学、法学、医学、文学、（包括哲学），法国巴黎大学的文科则实际上是大学的预科。教学内容以人文科学为主，即法学、哲学、神学、古典语言和文学，所谓三学科和四学科，三学科即：语法、修辞、逻辑；四学科即：算术、几何、音乐、天文。

当时的大学是自愿组织起来的，校长由教授自由选举，学生参加学校的管理。波隆亚大学有“学生大学”之称，全部校务由学生主管，学校是一个独立王国，不受政府的约束。所以欧洲的大学至今还有自治的传统。后来政府和教会看到大学的作用越来越大，才逐步加强对学校的控制。特别是教会控制了政权，也控制了大学。

这个时期大学的主要特点是：（1）大学是少数学者聚集起来学习和研究学问的地方，师生之间探讨的空气比较浓厚。（2）中世纪大学享有种种特权，内部自治，大学有权设立特别法庭，免税和免兵役，有权授予学位，获得学位以后可以在大学任教。（3）大学教学的内容主要是人文科学，自然科学还没有从哲学中分化独立出来。特别是在14世纪以前历史上称为中世纪的“黑暗时代”，统治者是封建教会，科学被认为是对上帝的亵渎，所以大学也不重视自然科学的教学。（4）大学虽然客观上为统治阶级培养出官吏和僧侣，但总的来说是和社会生活严重脱节，同生产劳动分离的。

（二）产业革命以后至20世纪上半叶，现代高等教育体系的建立和发展的时期

现代自然科学萌芽于15世纪末开始的欧洲文艺复兴时期。然而，自然科学真正独立地成为科学是在16世纪以后。正如恩格斯所说，哥白尼（1473～1543）的不朽著作《天体运行论》（1543）的出版，标志着自然科学开始冲破神学的束缚宣布自己的独立，并大踏步向前发展。但是，一直到18世纪中叶，科学实验活动的规模依然是很小的，基本上是科学家个人从事的自由研究活动；科学的实验手段也很有限，大多数研究工作还只是建立在观测自然现象的基础上。科学实验活动同生产的关系还很不密切。直到产业革命，科学技术才应用于生产，并从社会生产活动中得到巨大的推动力。现代生产和科学技术的发展促进了教育的发展，高等教育进入了发展的第二个阶段，即建立现代高等教育体系的时期。

这个时期的高等教育首先在英国得到发展。文艺复兴时期科学技术的中心在意大利，历史上有名的科学家如达·芬奇（1452～1519）、伽利略（1564～1642）等都是意大利人，他们是欧洲科学的奠基人、近代科学的创始者。当时英国的科学技术还很落后。到了17世纪初，德国发生了30年内战，意大利分裂成许多小国，而在英国新兴资产阶级占据了统治地位。资产阶级重视发展科学技术，许多英国医生、牧师、商人到欧洲大陆留学。在后来的英国著名科学家中，除牛顿外，几乎都到欧洲大陆留过学。英国工业的发展带动了科学技术的发展，由此科学技术的中心由意大利转移到英国。1662年英国成立了皇家学会，对科研起了推动作用。在产业革命以前，英国只办了6所大学，而且都是保守的。它们实行宗教限制，只有信奉英国国教的人才能入学；在教学方面自然科学得不到重视。产业革命以后，资产阶

级要求废除贵族受高等教育的特权，同时要求培养为发展资本主义服务的科技人才。在这种形势下出现了一些专业高等学院。第一所专业化的技术学院沃灵顿学院建于18世纪中叶。19世纪英国出现了所谓“新大学运动”。1828年在伦敦建立具有民主主义自由主义精神的伦敦新学院，开始注重自然科学课程的讲授。1831年教会建立皇家学院（King's College），5年之后这两所学院合并成伦敦大学。新大学的特点是：（1）不受宗教信仰的限制；（2）有较强的地方性，大多由地方投资兴办，与地方工业密切相关，为本地区培养专门的工程技术人员；（3）重视技术教育。但是，技术学院仍然比大学低一等，没有授予学位的权利。只有伦敦大学才有权授予学位，并设有校外学位。与此同时，旧大学进行了改革，1852年牛津、剑桥成立了两个皇家委员会，着手进行重大改革。增设近代科学的专业，自然科学已成为主要学科。1871年剑桥大学校长卡文迪什捐款建立实验室，这个小小的实验室以后对奠定英国实验物理学的基础，甚至对于英国工业的发展，都起了相当重要的作用。18世纪英国产业革命和科技的发展，给德国和法国以巨大影响。德、法为了向英国学习，也派遣留学生到英国，并开始办起自己的高等学校。

1789年法国爆发资产阶级革命，推翻波旁王朝，由于战争和发展工业的需要，资产阶级开始对高等教育重视起来。欧洲最早一批技术专科学校，就是为了较快地解决武器和粮食生产的问题而办起来的。1794年法国击败了侵略者，同年创办巴黎工业专门学校，培养工程师和数理科方面的人才。拿破仑执政后，对高等教育进行了重大改革，同时又成立了一批专业学校，如矿业学院、公路和桥梁学院等等。法国革命使科学得到繁荣，但随着拿破仑的失败，法国的高等学校也趋于衰落，到19世纪下半叶，法国的科学技术已落在德国之后。

德国高等教育起步稍晚。法国资产阶级革命给德国很大的冲击，德国积极向英、法的高等教育学习。德国的科学技术和经济发展速度很快地超过了英法。1810年建立的柏林大学，是威廉·冯·洪堡领导创建的。他提出“学术自由”和“教学和研究相统一”的办学方针，在世界各国享有很高的声誉。柏林大学享受比旧大学大得多的自治权，不但可以自由支配政府拨给的经费，而且校长也由大学教授会选出一名正教授担任，不再由政府直接任命。教师享有较大的“学术自由”权利，可以自由开设各种课程，允许各种学派自由争鸣。学生也有较大的自由权利，自由选修各种课程和科研题目。柏林大学贯彻教学与科研相结合的方针，把讲演、讨论与研究三者结合起来。柏林大学的办学思想影响到世界各国的高等教育。德国高等教育的发展是和工业的发展紧密相联的。矿山业、煤炭工业促进了整个化学工业的发展，同时也促进了化学的科学研究。

美国的高等教育受英国、德国的影响很大。独立战争以前，美国教育主要受英国保守主义的影响。独立战争以后又受到德国教育的影响。以后在发展过程中逐渐形成自己的传统。美国第一所大学哈佛大学（1636），由英国移民创办。以后又建立耶鲁、普林斯顿大学等，独立战争（1776～1783）前全国共有9所高校，都是私立的，以英国牛津、剑桥大学为模式，办学目的是培养具有高深学识的传教士和官吏，重视学术，轻视技术。独立战争后，这些学校被抨击为“非爱国主义”的，非改组不可。政府要求把管理学校的权力收归政府，不要教会来办。同时为了开发西部疆土和资源，需要具有实际本领的人才，传统的大学不能解决这个任务，所以需要建立新的学校。在这种背景下，华盛顿总统向国会提出创建国立大学。由于美国的政体是地方分权制，因而州立大学就在18世纪末应运而生。州立大学由州政府举办，比较重视传授现代科学知识，使大学为州的地方事业服务。例如杰斐逊为弗吉尼亚州立大学制定的规划，就注意到满足农工商业之需，不仅注重神科、法科、医科，还强调数学和自然学科的传授，压缩古典学科。

南北战争后，由于发展经济的需要，又建立许多专业技术学院，最早是西点军工学院（1802）和闰斯利尔多科技术学院（1824）。1862 年林肯总统签署了毛利法令（即赠地法令），把土地捐赠给学校办学，于是许多农工学院建立了起来，培养农业和工业技术人才。从此，美国的高等教育由重学术轻技术，变为重技术。重视职业技术教育成为美国高等教育的传统。但是美国大学并没有放弃学术。它一方面大力发展技术教育，另一方面又加强大学的科研。1876 年成立的霍普金斯大学是一个突出例子，它以德国柏林大学为模式，致力于培养学术人才。第一任校长吉尔曼和全校教师几乎都在德国学习过，受德国大学的影响很深。该大学把重点放在研究院，最初不设本科，而是选拔学有所长和富有才智的人当研究生，聘请造诣深湛的专家学者为教授。实用主义哲学家杜威和总统威尔逊等许多知名人士出自此校。

为了适应经济的发展，美国在 1902 年又创办培养各种职业和技术人员的初级学院，也称社区学院，这种学院由地方创办，与地方事业相关，学制短（二年制），学费便宜，学生走读，毕业后在当地企事业单位服务，因此很受当地居民欢迎。

总结这一个时期各国高等教育的发展，可以看出有这样几个特点：（1）资本主义工业的发展促进了高等教育的发展，高等教育的教学和科研由纯学术性转为以科学技术为中心。高等教育和现代生产发生紧密的联系，为现代生产培养出各种科学人才和工程技术人才。与第一个时期相比，高等教育已不是脱离社会而独立存在，却是和社会紧密相联，成为社会发展不可缺少的一部分了；(2) 高等学校逐步由政府控制，纳入国家发展的计划。国立大学、公立大学在高等学校中占据优势，这就加强了教育的计划性；(3) 教学内容由古典人文科学为主转入自然科学方面；(4) 高等教育的体系日趋完善。许多国家建立了研究生制度，培养更高一级的专门人才。可以说现代高等教育是在这个时期建立起来的，这说明现代教育是现代生产的产物。

（三）20 世纪 40 年代中期到现在，高等教育大发展、大改革的时期

二次大战以后，世界政治形势发生了巨大的变化。包括中华人民共和国在内的一批社会主义国家建立起来；许多过去的殖民地和半殖民地纷纷独立，建立起新的民族国家；资本主义国家内部，民主运动高涨，人们要求政治民主化、教育民主化，要求各阶层人民有受教育的均等机会，这一切都影响到各国高等教育的发展。

二次大战的结果，一方面几个先进的工业国家如联邦德国、日本、法国的经济受到严重破坏；另一方面在战争中由军事需要发展起来的新科技推动了生产力的发展。战后，许多军事工业技术转入民用工业，促进了资本主义国家的经济空前发展，国际竞争由军事战争转为经济实力和科学技术力量的竞争。经济的发展又促进了教育的发展，“人力资源的开发”被作为高速度发展经济的条件在 60 年代提上日程。

除了政治经济因素外，战后影响各国高等教育的发展和改革的是现代科学技术的迅猛发展。首先科学知识在短时间内急剧增长，被称为“知识爆炸”。“知识爆炸”又带来了知识陈旧周期的缩短，因此现代生产的技术需要不断革新，工程技术人员和劳动者如果不掌握先进的科学技术就不能适应现代生产的要求。科学研究的高度分化和高度综合是当代科学技术发展的重要特征。早期的自然科学学科门类比较简单，现代自然科学的学科划分则越来越细。但是自然界是统一的整体，随着人们认识的不断深化，科学技术的综合化、总体化越来越明显。学科之间的互相交叉，又产生了许多边缘学科。近几十年出现了许多综合性科学，如环境科学、能源科学、生态科学、材料科学、海洋科学、空间科学等等。科学技术的高度发展要求高等教育不断改革，以适应新形势的要求。

早在二战结束之前，各国政府就开始考虑进行教育改革，以适应战后形势发展的需要。如英国于 1944 年通过教育部长巴特勒提出的教育改革法案；法国于 1944 年成立以郎之万为首的教育改革委员会，并于 1947 年制定一个《教育改革方案》，虽然该方案并未实现，但对法国战后教育曾有重大影响。战后，美、日、联邦德国、苏联等都对高等教育进行过多次改革，使高等教育经历了一个大发展、大改革的时期。这个时期的主要特点是：

(1) 高等教育的规模有了很大的发展，由“尖子教育”变为“大众教育”。在高等教育发展的第二阶段，虽然资本主义国家高等教育已经有了较大发展，但发展很缓慢。即使到了 20 世纪 50 年代初期，高等学校的就学率除美国外都没有超过同龄人口的 5%。战后经过二十多年的发展，高等学校的就学率在几个工业发达国家普遍都超过 20%。70 年代中期美国的就学率达到 45.2%，日本 38.4%，高等学校已经不是少数人受教育的地方了。

(2) 高等教育的概念扩大了，结构多样化了，高等教育被纳入终身教育的轨道。战前高等教育的任务是培养高级专门人才，在高校学习的学生必须是中学的毕业生，年龄在 18～25 岁之间。战后由于高等教育的大众化，高等教育不只培养高级专门人才，而且培养中、初级技术人员和职员，它不仅对学生进行专业训练，而且为在业人员进行新的专业训练。因此，学生的年龄已经没有限制。开放大学、广播电视大学等新型大学的出现，打破了高等教育统一的规格和水平，使得高等教育结构多样化，水平也多层次化。

（3）对大学学生的培养目标和知识结构提出了不同于以前的要求。普遍要求高校的毕业生具有比较宽厚的知识面，因而在课程设置上加强了基础知识的教学。苏联、联邦德国过去培养工程技术人员比较强调专业知识，但 60 年代以后也强调专家要有宽厚的基础知识，使他具有职业上的机动性、适应性和克服专业知识迅速过时的能力。

（4）高等学校的任务扩大了。科学技术的发展提出了在高校开展科学研究的必要性。高等学校不仅要成为教育中心，而且要成为科研中心（培养单一技术的专科学校或短期大学除外）。因为高等学校如果不开展科学研究，就不可能提高学校的学术水平和学生的质量。同时，现阶段许多科研课题是跨学科的，高等学校特别是多科性学院和综合大学最具备进行跨学科研究的条件。因此，许多国家在高等教育上出现教学与科研一体化的趋势，不仅教师要搞科研，学生也要搞科研。

几点结论：（1）现代高等教育是现代生产的产物。工业革命以前，虽然在欧洲已经建立起古老的大学，但现代高等教育体系只是在工业革命以后才建立起来的，同时随着现代工业的不断发展，高等教育的任务、结构、内容都发生了变化。通常我们讲，一定的教育受一定社会的政治经济的制约，反过来又作用于一定社会的政治经济。一个社会的政治制度或重大的政治事件会影响到高等教育的发展，而高等教育与经济发展有着更直接的联系。因为经济发展必须以教育为条件，如果教育不为它培养技术人才和熟练工人，经济就不可能得到发展，现代工业的发展尤其如此。同时，高等教育发展的规模、结构也必须与该社会的经济发展水平相适应，使高等教育培养的人才在数量和质量上能够满足经济发展的需要。

（2）当代科学技术的发展是现代高教改革的重要因素。从20世纪60年代开始，高等教育正经历着一个大变革的时期，这个变革至今还在进行着。这就是由于当代科学技术的迅猛发展，使传统的高等教育已经不能适应需要。60年代高等教育在数量上有了急剧的增长，到了70年代中期，数量的增长速度缓下来了，人们更多地考虑如何在质量上提高，以适应科学技术发展的需要。苏联在试验高等教育整体化，日本在试验课程的综合化等等，都是在摸索高教改革的途径。

（3）各国高等教育有各自的历史传统。例如：英国、法国崇尚学术传统；联邦德国注重教学和科研的结合，注意工程技术教育；美国则在大学本科进行通才教育和职业技术教育。但是，由于现代工业发展和科技发展具有国际性，现代高等教育已经是一种国际现象，各国高等教育无论在任务上、培养目标上、结构上、课程设置上都有许多共同之处，可以相互学习。当然，社会主义大学与资本主义大学相比，在政治方向上有本质的区别，对大学生的要求也有不同。但在办学的内容和形式上仍有许多共同之处，别国的经验可以作为借鉴，我们同时总结自己的经验，把优点继承和发扬起来，以便形成我们自己的传统。

二、我国高等教育的改革

从世界各国高等教育发展的历史看，我们应该吸取些什么经验教训？当前如何来改革高等教育？我认为应该根据国情和现代化的需要，结合我国当前政治经济和文化教育的发展水平来研究。我国现代高等教育发展的历史比起资本主义国家要短得多，至今不满 100 年。起先我们是学日本的学制（如 1903 年公布的“癸卯学制”），后来又改学美国的学制（如 1922 年的“壬戌学制”），解放以后以苏联的学制为蓝本进行了院系调整和改革。解放以前我国高等教育极其落后，在社会发展中起不了很大作用，人才的培养主要靠派遣留学生到外国去学习。解放以后在党和政府的重视下，高等教育才有了较大的发展，并且建立了符合我国社会主义建设需要的高等教育制度。许多同志都在议论 50 年代我国向苏联学习和院系调整的得失成败。本文不准备专门论述这个问题，要下结论还需要经过周密的调查研究。但我觉得有一点是可以肯定的，就是 50 年代的教育改革改变了我国高等教育的落后局面，建立起以理工科为发展重点的高等教育制度。30 年来它发挥了巨大作用，为社会主义建设培养出 300 多万毕业生。如果说，当时不建立那么多工学院，还像解放以前那样把培养工程技术人员的任务交给综合大学，能不能在这样短的时间内建立起巨大的工程技术队伍，是值得怀疑的。当然，当时的改革也存在着严重的缺点，特别在科学技术迅速发展的今天，这些缺点暴露得更为明显了。所以需要进一步加以改革。

要改革高等教育，就要对我国社会的政治经济状况和高等教育的现状作一些分析。(1) 我国是一个社会主义国家。高等教育要坚持四项基本原则，这是方向问题。(2) 我们正在建设社会主义的现代化，但目前我国的经济发展水平还很低。我国有最现代化的工业，但也存在着落后的手工业，农业还没有实现机械化。发展高等教育要适应当前经济发展水平，不脱离这个水平，才能够有针对性地促进社会主义现代化的建设。(3) 我国人口众多，而且教育水平很低，现在还存在着 2.3 亿文盲，发展高等教育要与提高全民族的文化科学知识水平，和建设社会主义的精神文明相结合。(4) 我国现在的高等教育在质量上讲，应该处在 20 世纪 80 年代的水平，但在数量上讲，目前还只相当于世界工业国家高等教育发展的第二个阶段。这与我国的经济落后有关。改革高等教育必须考虑到这个现状。

根据上面的分析，我国高等教育改革应该首先明确指导思想。我们要学习外国高等教育的经验，特别是要从现代高等教育发展的历史过程中找出规律性的认识；同时又不能照抄照搬外国经验，要认真总结我们自己正反两面的经验和教训，走我们自己的道路，建设符合我国国情的高等教育体系。高教改革涉及的面很广，涉及结构的改革、专业的调整、学校领导体制的改革和调整等等。无论哪一项改革都应该遵循下面几个原则：

(1) 要有利于以经济建设为核心的四个现代化的建设。教育是经济建设的战略重点之一，高等教育尤其处于重要地位。高等教育培养的科技人才和管理人才，直接影响到生产的效率和经济的发展。高教改革要建立起一个适合我国经济结构和经济发展水平的体系。

(2) 要有利于以共产主义思想为核心的社会主义精神文明的建设。实现社会主义现代化，除了需要高度的物质文明，还要有高度的社会主义精神文明。党的十二大报告指出："物质文明的建设是社会主义精神文明的建设不可缺少的基础。社会主义精神文明对物质文明的建设不但起巨大的推动作用，而且保证它的正确的发展方向。两种文明的建设，互为条件，又互为目的。"因而高等教育的改革要着眼于人才的培养，提高人才的质量。

(3) 要有利于提高教育投资的经济效益。目前我国高等学校存在着严重的臃肿松散现象。这种现象不消除，高等教育就不能提高工作效率，不仅影响到教育投资的经济效益，而且影响到广大教职员工的积极性，影响到整个教育质量。为了提高教育投资的经济效益，还有一个培养与使用的关系问题。高等学校要按照国家需要来培养人才，培养出来的毕业生要都能学以致用，减少不对口的浪费。

（4）要有利于充分调动高等学校教职工的积极性，有利于出成果出人才。高等学校是教育机关，是培养人的场所。它的改革不能与物质生产部门完全等同，也就是说，不能见物不见人。充分调动知识分子的积极性和发挥他们的作用，才能使他们的聪明才智更好地为社会主义建设服务。当然，他们的研究成果能应用到生产上，他们培养出的人才进入建设的岗位，就会为国家创造物质财富。但是改革要遵循教育的规律，首先要有利于办好学校，搞好教学，培养人才。

高等教育需要改革的内容是极为广泛的，从体制到内容、方法都有改革的必要。这里想着重就高等教育的结构和体制提几点不成熟的意见。

（一）改变高等教育的结构单一化，建立适应我国社会和经济结构的高等教育体系

世界各国高等教育发展的历史都走过了由单一化到多样化的道路。现代科学技术的发展引起了生产过程的现代化和社会生活的现代化。现代经济结构和技术结构的多样化以及生活服务技术的多样化，不仅需要各方面的专业人才，而且需要各种不同水平的人才。只有多种形式的学校才能满足现代社会的这种需要。与此同时，中等教育的普及带来了青年要求升学的压力，这也促使高等教育向多样化发展。

我国当前的经济结构和经济发展水平，更需要有一个多样化的高等教育结构。目前我国既有一批先进的现代化工业，又存在着落后的手工业；经济以国营企业为主导，同时又存在着集体所有制企业和个

体劳动者，所以高等教育不仅要培养出掌握先进科学技术的高水平的专家，而且要培养出能够解决实际问题的中级技术干部和企业管理人员。

可以设想把我国的高等教育建成以下几种类型和不同层次的结构：(1) 大学和学院，学制四至五年，培养高级专门人才。(2) 专科学校，学制二至三年，培养中级技术人员和管理人员。(3) 短期大学或初级学院，学制二年，进行高等教育中的基础教育和职业技术教育，即培养半专业性的人才。专业不要分得太细。它既可以作为大学的第一阶段，又可以学到一技之长，便于就业。(4) 广播电视大学、函授大学、夜大学。

改革高等教育的结构还要注意以下几点：

第一，以上几类不同层次的学校要有一个合理的比例。这就要对人才的需求数量有一个预测。从目前情况看，专科学校和短期大学占的比例太小。是否可以设想，近几年内主要发展专科和短期大学，大学和学院则以提高质量为主。要大量发展函授大学、夜大学，因为办函授大学和夜大学不需要新建校舍，可以发掘现有大学的潜力。同时可以鼓励在职的青年职工学习。广播电视大学也应采取业余学习的形式。苏联发展高等教育的一条重要途径就是发展业余大学，在 70 年代业余大学学生的数量曾超过全日制大学生，近年来稍有减少，这个经验是值得注意的。

第二，大学和学院仍是我国高等教育的主体，但在每一类学校中都要办好一批重点学校。要改变旧观念，似乎只有把学校办成四年制、五年制的大学才能成为高质量的大学。其实，每一种类型、每一种程度的学校都有它本身的高质量标准。把学校办得有特色、有成绩，为社会所欢迎，这个学校就是高质量的学校，就能成为名牌学校。例如上海立信会计学校是一所专科学校，几十年来它培养出许多财会人才，也是我国有名的学校。

第三，高等教育也要兼顾提高和普及。要大力办好一批高水平的学校，培养掌握现代先进科学技术的高级专门人才。另一方面也要办好一批“普及性”的高等学校，使有志于学习的青年能有继续学习的机会。总之，高等教育的结构应是一个立体模型，要考虑到纵的、横的、深的几方面的比例关系。

（二）调整各科的比例关系，适当增加文科的比重

在建国初年为了尽快地建立起我国的工业基础，重点发展工科是十分必要的。但现在要开展社会主义的全面建设，要使我们的干部队伍革命化、知识化、专业化，仍然保持过去的重理工轻文科的比例关系显然就不合适了。什么样的比例关系才恰当，这要由计划部门、人事部门作一番周密的调查研究，并对六五计划、七五计划所需要的干部作一个预测，然后才能确定。我们搞教育研究的无法准确掌握这些具体数字，很难提出确切的比例关系。但根据当前我国的干部现状，可以提出几点意见。

第一，要适当地发展文科，提高干部队伍的文化知识水平。近几年来政法、财经专业的招生数字有了增加，但离国家需求的人数还差很多。为了解决这个矛盾，除了扩大文科的本科招生外，还应举办干部训练班，大力发展广播函授教育。发展文科要和人事制度、干部制度的改革结合起来进行。否则，文科毕业生会无用武之地。文科的招生也应视专业的不同而有所区别，有些文科应该以招收有工龄的职工为主。他们有社会的实践经验，对文科理论较易理解，毕业以后也能很快地担负起行政管理的责任。

第二，工科中要增加轻工专业的比重。我国轻工业正在大力发展，但技术力量薄弱。据1979年统计，工业部门的技术人员只占职工总数的2.8%，而整个轻工业系统中技术人员只占职工总数的0.8%。特别是有些轻工业部门，技术力量十分薄弱，在高等教育专业中是个缺门。例如，我国烟草工业、印刷工业、食品工业都很落后，这与技术力量不足有关。过去高等教育中缺少这些专业，今后要增加这方面的专业，特别是食品制造专业应该有较大的发展，食品工业在解决10亿人口的吃饭问题上将大有发展前途。

第三，要发展师范教育。要普及教育和提高全民族的文化科学水平，就必须有合格的师资作保证。当前不仅师资质量低，而且缺门也多。中学里普遍缺政治课教师、体育教师、音乐美术教师、生物教师，近年来要着重扩大这些专业。为了尽快解决在职教师的质量问题，应该要求有条件的师范学院和师范专科学校成立函授部，培训在职的不合格教师，期望在两个五年计划期间能使我国师资队伍的质量有根本的好转。发展师范教育应该跟提高教师的社会地位和物质待遇结合起来，以吸引更多的优秀青年报考师范专业。

（三）调整高等教育的领导体制，扩大地方的办学权

中央除了办好若干所重点大学外，把大部分学校下放给地方去办；鼓励省、市及省辖市一级举办具有地方特色的专科学校和短期大学，使我国的高等教育与地方企事业发生更密切的关系，更多更好地为地方服务。地方院校要结合地方的特点设置专业，开展科研。要扬长避短，发挥自己的优势，办出特色。

招生制度要作相应的改革。除全国性的重点院校以及需要在全国范围内招生的院校可以统一考试在全国招生外，地方院校可以由地方招收本地区的学生，将来就地分配。这样既可以调动地方办学的积极性，招生和分配也能更加对口，更好地解决供求之间的矛盾。

发展地方院校是许多国家发展高等教育的重要途径。例如美国的社区学院、英国的多科技术学院、联邦德国的高等专科学校都是地方办的。筹建这类学校投资少，学费便宜，学生走读，特别是这类学校职业技术性较强，与地方企业息息相关，就业比较容易，因此很受学生和家长的欢迎。西方国家发展地方院校是一条成功的经验，可以借鉴。

（四）把高等教育的发展规划、培养计划与分配和使用联系起来

目前我国人才的培养和使用严重脱节，一方面感到专业人才缺乏，另一方面却又存在着人才的严重浪费。产生这种现象的原因是多方面的，如人事制度中的“单位所有制”，人才不能流动的问题，有些专业人员留恋大城市问题，照顾家庭问题，都造成了专业人员用非所学的情况，但从教育内部来讲，人才的培养和使用之间的脱节不能不说是重要的原因。要解决这个矛盾，我认为有必要采取几点措施：

(1) 加强人才需求的预测工作和规划工作，使它成为高等教育发展的依据。目前高等学校招生计划和发展规划缺乏人才需求预测的科学根据。每年招生的数字往往只是各校招生能力之和。至于哪些专业需要多少人，或者哪些专业招生需要增加，需要减少，各校心中无数，教育部也心中无数，往往是根据计委下达任务对各校预报的名额统一做加减法，预报超过了下达任务就让各校做减法，预报不足就做加法。这样培养学生就有一定的盲目性。据有关部门统计，1981 年全国高等学校毕业生所学专业共有 840 多种，其中供求基本平衡的仅有 450 多种，约占专业总数的 50％多。其他专业都供求失调，其中工科类专业供不应求的矛盾比较突出，而又有 50 多种专业供过于求。又据对 140 所工科高等学校 1346 个专业的分析统计，研究设计类专业共占 72.13％，生产工艺技术类专业只占 25.62％，管理专业只占

2.15%，这种比例显然不符合我国工程建设的要求①。要克服这种盲目性，就要认真地做好人才需求的预测工作和规划工作。

(2) 要把各行各业需要的专业人才的职责范围划分清楚。各级专业人员的职责分明才有利于人才的预测工作，也才有利于培养和使用。现在各部门各单位都争着要高校毕业生，但对高校毕业生的使用并不完全恰当。所以各部门用人应该对各种职务的人员划清职责范围，定出需要什么样的干部，否则就会造成用非所学，大材小用，毕业生本人不安心工作，也降低了高等学校的经济效益。

(3) 在人才培养期间要加强学校与用人单位之间的联系，并根据企事业单位的需要来调节培养计划。苏联高等学校正在采取预分的办法，提前一年或几年把学生预分到单位，学生明确了将来工作的岗位就可以有目的地学习。这种办法可以借鉴。如果不能做到预分的话，可以提前公布分配方案，根据方案在高年级增设一些选修课，使他们毕业以后更能适应工作的需要。

高等教育的改革还涉及专业设置、课程和教学方法的改革，招生制度的改革，学校管理的改革等许多方面的问题，都需要作专题研究。战斗在高等学校第一线的同志们在这方面更有发言权，欢迎大家参加讨论。

---

① 《人民日报》，1981 年 12 月 6 日和 1982 年 8 月 22 日。

试论高等学校教学发展过程的特点*

古典的教学理论，如果从柏拉图和亚里士多德算起，到现在已经有2300多年的历史。开始自然是很简单的，经过2000多年来的教育实践和经验的积累，特别是17世纪捷克教育家夸美纽斯对教学理论作了全面的总结，逐步形成了比较完整的教学论体系。但是这种古典的教学论只是以普通教育（中、小学）为对象，很少或者几乎没有涉及高等教育的教学理论。过去高等学校也不研究教学理论，一般认为，只要具备高深的学识就可以当大学教授。他只要精通所教的学科，能够把课讲解明白，就是一位好教师。高等学校的教学似乎是在没有理论的指导下进行的。这当然是不可能的。人类的活动都是有规律的，高等教育是培养高级专门人才的活动，它要把一名大学生培养成专门的人才，必须遵循教育的规律。过去许多著名的大学教授并未专门研究过教学理论，他们的课教得也很出色。这是由于他们在教育实践中不断地总结经验，摸索到了教学的规

* 原载《高等教育学报》，1985年第1期。

律并按照这些规律进行教学，所以才取得出色的成绩。也就是说，当高等学校的教学理论还处于一种个人经验的状态，没有上升到一般理论的高度时，这种状况在过去几个世纪里还能行得通的话，那么到了20世纪后半叶，即高等教育有了大规模的发展，科学技术飞速进步，学科不断分化和综合，课程内容日益复杂，教学技术手段日益精密的时候，单凭个人的经验已经很难把教学过程组织好。因此，从60年代后期以来，各国都开始重视高等学校教学理论的研究工作。许多大学成立了专门的研究机构，例如丹麦哥本哈根大学1969年成立了高等教育研究所；荷兰卡多利斯科大学1969年成立了高等教育研究中心；联邦德国的汉堡大学1970年成立了大学教学法研究中心，英国伦敦大学的大学教学法研究部还定期为青年教师开设“讲师课程”，讲授“教学法和课程设计”。苏联于1974年成立了高等学校问题研究所，下面设有一个处，专门研究教学过程的理论和实际问题。可见，开展高等学校教学理论的研究，把高等学校的教学过程建立在科学的基础上，是当前提高高等学校教学质量的客观需要。

在我国，对高等学校教学理论的研究还是近几年来的事，笔者对高校教学理论也缺乏研究，本文只试图剖析一下高等学校教学过程的特点，以引起同行们的兴趣，起到抛砖引玉的作用。

为了剖析高等学校教学过程的特点，有必要先分析一下教学过程的一般规律。

马克思主义认为，教学过程是人的一种特殊的认识过程。也就是说，它既具有认识过程的一般规律，又具有反映教学过程自身特点的特殊规律。人的认识是客观存在在人的意识中的反映。在这种关系中，客观存在（物质）是认识的对象——客体；人是认识的主体。人的认识过程就是在主客体二者相互作用过程中主体对客体的认识过程。认识过程的要素是主体（人）和客体（物质）二者。当然，主体为了认识客体，总要想方设法运用各种技术手段，但这些手段是作为主体的工具而存在的，它们起到延长和加强主体的认识器官的作用。教学过程与一般的认识过程不同，因为它不只是主客体二者的关系，还增加了指导主体去认识客体的教师这个第三者。教学过程就比一般的认识过程多了一个要素。这就构成了教学过程区别于一般认识过程的特殊性。研究教学过程的本质，就要分析这个特殊性，找出它们之间的相互关系。

那么，教学过程中的三要素之间是什么关系呢？首先来看看教师在教学过程中所处的地位和作用。可以说，教师在教学过程中既是主体，又是客体。教师相对于客观存在（物质）而言，他是认识的主体。他首先要对客观存在有一个认识过程，才能使他所得到的认识成为自己的知识，然后传授给学生，这个过程当然不是在教学过程中完成的，是在这之前，在他自己受教育的阶段，在他受过教育后的不断实践和学习过程中。因为教师在他受过教育，获得一定的知识以后，仍然要再实践再认识，特别是在当前科学技术日益进步的时代，认识是无穷的，只有不断地认识，才能胜任教学工作。因此教师在教学过程中无疑也要不断地认识，即所谓“教学相长”，所以他也是认识的主体。教师的主体，还在于对学生的认识中。通常我们讲，教学过程是师生双边活动的过程，教师要有的放矢地进行教学，就要了解学生，认识学生，否则就得不到好的教学效果。从这个意义上来讲，学生成了教师的客体，教师是认识学生的主体。但是，教师相对于学生这个认识的主体而言，他又是认识的客体。教师是知识的载体，他拥有学生需要学习的丰富的知识，是学生学习的对象。但是，教师在教学过程中不是被动地被学生所学习，而是处于积极主动的地位，他有目的有计划有组织地把知识传授给学生，而且还帮助学生发展能力、形成一定的世界观。因此，教师这个认识的客体与一般的客体不同，他有主观能动性，在教学过程中起着主导作用。如果说在一般认识过程中主体和客体的相互作用是主体处于主动地位，客体处于被动地位，即客体是不以人的意志为转移的自己运动着的物质。那么，在教学过程中，学生和教师的双边活动都是积极主动的。教师作为学生认识的客体，不是一个单纯自己运动着的物质，而是有意识的人的活动，他的活动往往视学生的意识活动而变化着，是由教师自己的意识所支配的。所以师生之间的活动也不是一般主体和客体之间的关系，而是人们的意识之间的交流。教师和学生相对于客观存在而言都是认识的主体。不过教师的认识已形成为自己的知识。教学过程就是教师把自己的知识传授给学生，使它转化为学生的知识的过程。

在教学过程中教师起着主导作用，这是因为教师有知识，而且能够根据教育目的和学生的具体情况指导学生学习。教师要根据教育目的把学生塑造成为一定标准的人才，学生是教师工作的对象，教育的对象。从这点来讲，学生是客体，教师是主体。学生也与一般认识过程中的客观存在（物质）一样，是被认识、被改造的对象。但是学生这个客体在教学过程中与一般客观存在的物质不同，他也不是被动地被认识，而是积极主动地参与教学过程的活动的。从学生的认识过程来说，学生才是教学过程中的主体。教师不过是促进学生认识的外部条件。教师的指导必须被学生所接受，才能起到帮助学生认识的作用。

教学过程是学生的认识过程，在这个过程中学生是主体，学生所要学习的知识是客体。但是这种客体和一般认识过程中的客体也不同，它不是物质本身，而是物质在前人意识中的反映，是前人经过实践总结的经验。这些经验对学生来说不是直接的经验，而是间接的经验。关于学生认识世界是以直接经验为主，还是以间接经验为主，现在还在讨论中。但是有一点是肯定的，即学生在教学过程中获得的知识对学生来说是大量的间接经验。由此可见，学生在教学过程中认识客观事物不是直接作用于被认识的客体，而是通过一种媒介，这种媒介就是教材（包括参考资料等）。这就构成了教学过程区别于一般认识过程的又一个特殊性。

在教学过程中教材起着不可忽视的作用。教材是指按照教育目的和课程的要求，把某门学科知识编制成教学的工具，它是学生这个认识主体认识客观存在的媒介。

教材是按照一定的教学计划和教学大纲编写而成的，教材的内容是该门学科知识的高度概括，它与教师掌握的知识是相一致的。但是，教师掌握的知识可能比教材中的内容更丰富，也可能对教材中的某一部分知识掌握得比较丰富和深刻；对另一部分知识掌握得不那么丰富和深刻。当然，作为一门课的教师来说起码要对该门课程有全面的理解和较丰富的知识。那么，教师的知识能不能代替教材呢？不能。因为教材确立了学生必须学习的内容的规定性。没有这种规定性就不能建立各门课程的合理结构。如果教师各自按照自己的想法和掌握的知识去讲授，那就会造成严重的不良后果。比如，就会使各科之间失去协调，整个教学过程（不是指某一课程的教学过程）就会失去控制和平衡，就会给学生对某一专业知识的认识过程设置障碍，等等。当然，高等学校里某些新开设的课程可能暂时还没有完备的教材，但也必须按照课程的要求拟定出教学大纲或讲授提纲来进行教学。可见，不管什么形式的教材在教学过程中是不可缺少的。这也是一般认识过程中所没有的。

教师为了使学生更好地掌握教材，取得某种直接经验来理解或验证教材，在教学过程中往往采用各种教学仪器和技术手段。这也是教学过程中主体认识客体的一种媒介。但这种媒介与教材不同，它与认识的客体没有直接联系，它是像一般认识过程中使用的实验手段和生产工具一样，起到延长和加强主体的认识器官的作用。它虽然不是教学过程中的主要的要素（从认识论的主客体这个角度来说）但它在教学过程中的作用是很大的，而且随着技术手段越来越现代化，它的作用也会越来越大。

以上我们看到，教学过程中三要素构成了一个十分复杂的关系，教学理论就是要研究这三者的关系。教学过程的最优化就是要使教学过程中的这三个要素处于最佳状态，并使它们相互之间达到最恰当最默契的配合和相互作用。这也是教学过程的组织艺术的所在。

教学过程不同于一般的认识过程，还在于两者的任务不同。一般认识过程在达到某一对象认识的目的，就可以说完成了某一个认识过程。教学过程不同，不能说达到了某一对象认识的目的，就完成了教学过程。因为教学的目的不只是认识某一对象，而是培养人，是在认识客观存在，不断地积累知识的同时，发展智能和形成思想品质。这几方面的任务构成了完整的教学过程。

上面谈到的教学过程基本规律，无论对普通学校还是高等学校都是适用的。要研究高等学校教学过程的特点，就要仔细研究分析教学过程三要素的各自特点和相互关系。总的说来，高等学校的教学过程与普通学校的教学过程没有本质的区别，只有程度的不同。这两种教学过程同时由学生、教师、教材三要素构成，它们相互之间所处的地位和作用并无本质的区别，只是三要素所处的状态在水平上的差别。也就是说，大学生与中小学生、大学教师与中小学教师、大学教材与中小学教材在程度上有差别，它们之间的关系并没有因为这种差别而起本质的变化。那么，是不是高等学校的教学过程就没有自己的特点呢？当然是有的。正是因为高等教育教学过程的三要素在水平上程度上与普通学校教学过程的三要素不同，就不可避免地引起相互作用的变化。我们不能忽视这种变化。因为虽然从认识论的角度来讲这种变化不是本质的，但对学生来讲，对他认识事物以及能力的发展、世界观的形成来说，却起着重要的作用。也就是说，忽视了这种变化，无视高等学校教学过程的特点，就会使教学过程得不到合理的组织，达不到最优化的程度，从而就影响了学生对事物的认识、能力的发展和世界观的形成。现在我们就来简要分析一下高等学校教学过程的特点：

首先，高等教育的目的和任务与普通教育的不同，普通教育的任务是打基础，高等教育的任务是培养高级专门人才。普通学校的教学过程是使学生掌握基础知识和基本技能，发展智力，为他们进一步学习专业知识打好基础。虽然普通学校也有为学生升学和就业作准备的双重任务，也必须对学生进行某种职业技术教育，但是它的总任务是打基础。高等学校的教学过程不只是向学生传授一般的知识，而且要对学生进行专业训练，使学生掌握某个学科领域内的高深的专门知识和技能，毕业后就要运用这些知识和技能参加国民经济建设和其他社会主义的建设。教学过程的任务不同，导致教学过程组织的不同。普通学校的教学过程是围绕着体现基础知识的教材开展活动的，整个过程可以分为感知教材、理解教材、巩固知识和运用知识几个基本阶段。高等学校的教学过程当然也是要掌握知识、巩固知识、运用知识，但是更强调的是要能把学到的专业知识运用到实际中去。因此高等学校的教学过程就不能仅仅围绕着教材来进行，而且要加强实践的环节。理工科专业要把教学、科研、生产有机地结合起来，文科专业要把教学、科研和社会实践活动结合起来，培养学生分析问题和解决实际问题的能力。

第二，高等学校的教学过程富有研究性和探索性，它把教学原则和科学原则在更高的水平上结合起来。高等学校的教学不仅要向学生传授专业知识，而且要引导学生深入到某个学科领域，使他能够在这个领域内驰骋、探索和发展。因此在教学过程中，在传授知识的同时还要教给学生本学科的正确的科学方法论。这个问题近些年来已经越来越被人们所重视。这是因为当代科学技术的进步使得学科的内容不断地充实和变化，从而引起课程和教材的不断变化。学生只有掌握了本学科的正确的科学方法论，才能认识本门学科的基本规律，了解它的发展趋势。

高等学校的教学过程对一个学生来讲已经走到了教学过程的最后阶段。学生从高等学校毕业，对他来说，教学过程也就基本结束。因为以后他在工作岗位上学习知识就不再是在教学过程中进行了。即使他继续攻读研究生，那也是以研究为主，不再以教学为主了。因此学生在这个最后的终结性的教学过程中完成学业的同时，要特别注意培养独立钻研的能力和探索的精神。在高等学校的高年级，需要把教学过程和科学研究过程结合起来。学生在科学研究的过程中学习，既掌握前人已经认识的事物，又进一步探索前人还没有认识的事物。

第三，在高等学校的教学过程中，学生具有更强的主动性和独立性。大学生已经不同于中学生，他们已经具有较高的心理水平，也有较高的抽象思维和独立工作的能力。因此，在处理教师与学生的关系上也就与普通学校的教学过程不同。在高等学校的教学过程中，教师仍然起着主导作用，但是教师的作用已经不能仅仅像普通学校的教学过程那样对学生作具体的指导，而是要更多地发挥学生的主动性、独立性和创造性。教师要更多地启发学生自己读书，自己钻研，自己实践，通过自己的独立思考去分析问题、解决问题、认识问题。当然，无论是在普通学校，还是在高等学校都要提倡启发式，反对注入式的教学方法。但是在高等学校单是提倡启发式还不够，还要培养学生的自学能力和独立搜集资料、钻研问题的能力。苏联近年来在高等学校提倡问题（课题）教学法，先给学生提出课题，由学生收集资料研究课题的答案。这就是说，不是让学生被动地接受知识，而是带着问题去学习，培养学生的积极思维和独立思考的能力。

第四，教学技术手段在高等学校的教学过程中起了重要的作用。前面讲过，教学仪器和技术手段在教学过程中并不是主要的要素，而是延长和加强主体的认识器官的一种工具。但是这是从认识论的主客体角度来说的，不是指它的作用而言。同时普通学校的教学一般传授的是基础知识，有的只是一般常识，学习这些知识并非必须采用教学技术手段不可。当然，采用了这些技术手段会提高教学效果，特别是一些实验性科学知识，学生通过演示和实验可以比较容易掌握所学的知识。所以低估现代化教学技术手段在教学过程中的作用是错误的，特别是在当今科学技术高度发达的时代，现代化技术手段已经闯进了教学过程，使教学过程的组织和结构发生变化。但是这在普通学校中还没有在高等学校中显得那么重要和必不可少。因为在高等学校的教学过程中学生所要认识的对象已经不是事物的表面现象，而是深入到事物的宏观和微观的领域。不借助于一定的工具，认识主体的器官已经达不到这些领域。近些年来，科学技术革命使高等学校的教学技术手段发生了巨大的变化，教学过程的物质技术装备程度不断提高，高等学校教学过程的成效很大程度上取决于教学技术手段的发展水平以及这些手段的合理使用。因此，高等学校的教师和学生要善于运用这些先进的技术手段。合理地使用技术手段，不仅能强化教学过程，取得较好的教学效果，而且还将不断改变师生之间的关系，使学生具有更多的独立性和主动性。

以上简要地分析了高等学校教学过程的特点，由于缺乏研究，可能有些论点是错误的，供同行们讨论。

大学的理想和市场经济*

一

英国教育家 E·阿什比（Erie Ashby）有一句名言："任何类型的大学都是遗传与环境的产物。"他说："大学是继承西方文化的机构。它保存、传播和丰富了人类的文化。它像动物和植物一样地向前进化。"① 的确，大学的发展如果从中世纪意大利的波隆亚大学算起，已经历了 700 余年。它的职能、规模、课程、培养方式等都与初创时期迥然不同。但是各国的大学却都还或多或少地保持着各自的传统，使各国的大学既有共同之处，又各具特色。我们称这种传统为大学的理想。它引导着各国的大学乃至整个高等教育发展的航向。当然，大学的理想也不是一成不变的，它也是随着时代（环境）的变化而不断变化，但它毕竟带着各

---

* 原载《比较教育研究》，1994 年第 2 期。

① 阿什比：《科技发达时代的大学教育》，藤大春等译，7 页，北京，人民教育出版社，1983。

自的遗传因子。这种遗传与环境是如何在大学理想中变异的，正是我们要研究的问题。

中世纪的大学作为一个教育机构是由教师和学生聚集而成的，是一个自治的团体。有人称它是一种行会组织，其目的是培养有教养的教士、教师、神学家、律师和医生等专门人才。起初，大学都是单科性的，如波隆亚大学设法学，萨拉偌大学设医学，巴黎大学则是一所神学院。到了13世纪，大学都设有文、法、神、医四科。课程以语法、修辞学、逻辑学、算术、几何、天文学和音乐，即“七艺”为主。在当时，大学自治、传授知识，为统治阶级培养有教养的人才就是中世纪大学的理想。

14世纪到17世纪是文艺复兴和宗教改革的时期，商品经济的逐步发展，贸易的扩张，中心城市的兴起和中产阶级的产生，动摇了教会对大学的控制和禁欲主义的思想，建立了人文主义的教育理想。但是欧洲大学本质上仍是贵族的教育，即培养统治人才的教育。

产业革命给大学的理想注入了新的血液。科学技术在生产上的应用需要培养掌握先进科学技术的高级专门人才。为物质生产服务成为社会对大学教育提出的客观要求。但是这种要求却受到传统大学的顽强抵抗和排斥，以至许多高等技术学院甚至直到20世纪中叶还被排除在高等教育之外。例如，在英国，“高等教育”一词传统上只适用于大学，直到1963年罗宾斯委员会发表的《高等教育》报告中，才把技术教育、管理教育以及继续教育学院和师范学院提供的达到与当时英国25所大学同类教育水平的教育包括到高等教育的范畴。① 可

① 参见E. 金：《别国的学校和我们的学校》，王承绪等译，北京，人民教育出版社，1989。

见大学传统理想的顽固。但是时代在前进，大学要想前进和发展，也必须改革。因此，产业革命使大学教育进入了一个新的发展时期，大学不只是要为统治阶级培养有教养的人才，而且要为工农业发展培养科学技术人才。大学教育的内容不只是传授古典人文科学，而且要传授自然科学的知识和技术。除了一批技术学院和农工学院应运而生外，传统的大学也在自我改造。还是以英国的大学为例，在产业革命过程中，英国的大学没有起到应有的作用，技术进步主要是没有受过教育的工人创造的。大学主要关心的是授予学位，培养绅士，与社会的经济发展不发生什么关系。正因为如此，牛津和剑桥在 17 世纪和 18 世纪衰败下来。直到 19 世纪新大学的出现，才逐步改变了英国高等教育的概念。牛津和剑桥也不得不在一片批评声中走上改革之路，同时它们本身也才得以复兴。

1810 年创建的柏林洪堡德大学改变了大学的理想。柏林大学提出了“学术自由”和“教学与研究相统一”的办学原则，影响到欧美各国的大学。从此科学研究成为大学的主要职能。

二

由于大学是“遗传”和“环境”的产物，因此，大学的理想仍有不同。阿什比在《科技发达时代的大学教育》一书中虽然没有对大学的理想作详细的分类，但他分析了其中几种不同的大学理想。我结合自己的理解把大学的理想归纳为下面几种：

一种是人文主义理想，可以英国的大学为代表。英国大学的保守是世界著名的。牛津和剑桥两所大学统治了英国大学几个世纪。它们办学的目的是为教会和政府培养高级神职人员和官吏，他们强调培养有教养的人，而不是有学问的人。大学的职责是实施博雅教育而非专业训练，大学毕业生有绅士般的教养比有高深的学识更重要。

这种大学的理想影响到英国高等教育的发展规模和办学模式。他们认为，办学的力量来自大学体系本身的内部逻辑，不受社会需求和青年求学的压力。他们坚持录取学生的严格标准，坚持严格培养，保证质量。但带来的问题是高等教育严重脱离社会实际需要，同时也限制了高等教育的发展。19世纪为适应经济发展的需要出现了一些新大学和技术学院，形成了英国高等教育双重制体系，直到20世纪60年代这种双重体系才有所改变。20世纪50年代“人力资本理论”改变了人们对教育的看法。经济学家发现，教育不是没有经济效益的，相反，教育是一种最廉价的投资。经济发展需要依靠人才来创造新技术，提高劳动生产率，而人才要靠教育来培养。特别是20世纪中叶以来的科学技术的革命，更使各国政治家、企业家感到人才之可贵。这种思想使英国的大学理想发生了革命性的变革。开始重视科学技术专门人才的培养。这种变革充分反映在1963年的《罗宾斯报告》中，于是新大学运动在60年代开始蓬勃发展起来。

第二种大学理想是功利主义理想，可以美国高等教育为代表。美国是个移民的国家，原是英国的殖民地。它的高等教育一开始就打上了英国殖民主义的烙印。但是为了要生存和发展，美国拓荒者们必须摆脱英国传统大学的模式，寻求有利于发展本国经济的大学理想。两种理想经过了激烈的斗争，终于使功利主义理想占据了上风。特别是独立战争以后，莫利尔法案的颁布，赠地学院的普遍建立，使高等教育为美国的经济发展立下了汗马功劳。随着经济发展和市场繁荣，在20世纪初又出现了初级学院、社区学院，并在50年代以后有了较大的发展。

美国高等教育的发展和美国市场经济联系得很紧密，不仅美国的市场经济促进了美国高等教育的发展，而且美国高等教育也促进了美国市场的发展。1991 年笔者访问美国时，曾经和几位美国学者探讨美国高等教育的发展问题。他们告诉笔者，二次世界大战以后，美国国会通过退伍军人法促进了高等教育规模的扩大，许多位于小城镇的师范学院变成规模巨大的州立大学，围绕着大学建立起许多超级市场和服务设施。城市有钱的居民感到这些小城镇购物方便，空气也比城市新鲜，于是纷纷迁出城市，到城镇附近盖房居住，这就促进了市镇的发展和繁荣，促进了农村城市化，乃至美国整个社会的变革。

美国大学的功利主义理想影响到美国高等教育的规模、课程和办学模式。美国高等学校总是尽量满足入学者的愿望，入学没有严格的录取标准。因此，大学生的水平是很不整齐的，这就影响到美国的教育质量。美国高等学校的质量可以说千差万别，学位标准也是多种多样。为了满足入学者的需要，美国社区学院起了很大的作用。目前美国高等学校在校学生 1000 多万人，其中二年制的社区学院学生占学生总数的四分之一，而毕业生占当年毕业生总数的二分之一。美国高等学校开出的课程也是五花八门，有学术性课程，也有职业性课程；有很难学的课程，也有很容易学的课程。这就造成了美国高等学校教育质量的悬殊，有人说世界上最好的大学在美国，最差的大学也在美国，这种评价不无道理。正如阿什比所说：美国“高等教育的大门是敞开的。上大学好似参加障碍赛跑，凡愿意的都可参加，但有一个很重要的特点，就是由于有多种多样的大学标准，竞赛者如愿参加高难度的，就去进有国际声誉的大学；如愿参加比较容易的竞赛，就可进要求不高的大学"[①]。美国高等学校的优点是既能满足求学者的需要，又能较好地适应市场的需求，其缺点是高等教育的质量不能保证。目前在已入学的大学生中，约有半数不能完成学业，在某种意义上讲是一种教育浪费。

第三种大学理想是科学研究的理想，可以德国高等教育为代表。1810年威廉·洪堡德创建柏林大学，提出以"学术自由"和"教学与研究统一"为办学原则。德国人崇尚科学。德国大学要求教师和学生致力于学术性的科学研究，培养学生的研究精神。德国人与英国人不同，他们认为，学生参加研究工作，跟随教授们探索新的知识，领悟新颖的思想方法，其本身就是通才教育。德国大学不像美国那样开设五花八门的课程，也不像英国大学那样注重博雅教育，而是强调严格的科学训练，实际上进行的是一种专业教育，而非一般讲的通才教育。

柏林大学的理想影响到世界各国。美国依据柏林大学的模式并结合自己的特点建立起了美国的研究生制度，并建立了一批研究型大学，使美国研究生教育闻名世界。学术自由，包括学生的学习自由也在美国高等学校中生了根。科学研究的精神也影响到英国的高等教育，但学术自由始终在英国未能生根。英国大学强调课程、考试都要由学校严格规定。

德国大学的理想也影响到苏联的高等教育，苏联高等教育的模式实际上来自德国，即强调专业教育，强调严格的训练，但又不像德国，学生很少有选择课程的自由。由于苏联实行的是计划经济，这种

---

① 阿什比：《科技发达时代的大学教育》，藤大春等译，7页，北京，人民教育出版社，1983。

做法就不难理解了。苏联解体以后俄罗斯实行市场经济和经营私有化，这种办学模式也在逐步改变。

第四种大学理想是教育机会均等的理想。随着社会民主的进展，这种大学理想的呼声越来越高，主张教育机会均等的学者认为，高等教育不能够限制青年求学的要求，不能成为有钱人或有天赋才能的人上学的地方，应该向所有青年人开放；高等教育已经不是专门教育，而是满足人们求学的需要，提高人们文化修养和生活质量的教育，因此要为一切愿意求学的人提供上大学的便利条件，包括奖学金和贷款。高等教育不仅为青年人提供求学的机会，而且要为一切人提供学习的机会，要成为终身教育体系中的一个部分，不论他为了求职，还是为了消闲都可以到高等学校学习。这种大学理想不无道理。科学技术的进步和社会的发展确实需要每一个社会成员有较高的文化修养。在当今世界人们对高等教育的需求，已经像100年以前对普及初等教育那么迫切。但是这种理想未免太理想主义，在当今贫富如此悬殊的社会，要想使高等教育普及到每个人是不可能的。即使工业最发达的美国有较充裕的奖学金和贷学金，但高等学校入学率也只是同龄人的一半，而能够完成高等教育学业的又不到其中的一半。其他工业发达国家高等学校的入学率大致都在20%左右；而发展中国家则不超过5%。另外，每个人的天赋能力是不同的，再加上文化背景、环境的不同，能完成高等教育学业的只能是同龄青年中的一小部分。

教育机会均等是教育民主的口号，是很有吸引力的口号。所谓机会均等是不设人为的限制，入学不受阶级、性别、家庭经济状况、宗教信仰的限制，给每个人均等的机会，但能否利用这个机会则是另一回事。正如一个人担水一样，社会给每个人一副担子，有的人能挑200斤水，有的能挑100斤水，但有的只能挑80斤或者50斤。另外，社会能拿出多少资金来发展高等教育，社会能容纳多少高校毕业生，都会影响到大学的理想。这个问题还需另外讨论。

也许还有第五种、第六种大学理想。例如社会主义国家的高等教育强调培养社会主义接班人的理想，民族独立国家强调培养本民族人才的理想等等。

总括起来，大学的理想是从不同的角度提出来的，有的是从高等教育功能的角度提出的，有的是从高等教育发展的内在规律提出的，有的则是从高等教育培养目标提出的。不管从什么角度提出，有一点是可以肯定的，即大学的理想是受各国的政治经济制约的，同时也受各国文化传统的影响。尽管由于各国政治经济制度不同，文化传统不同，而且从不同的角度提出不同的大学理想，但现代高等教育办学的模式，包括培养人才的规格、专业设置、课程安排、培养方式却大致相同。这些共同特点是由于时代的共同发展趋势，在国际商贸活动、国际文化学术交流中形成的。特别是当今科学技术的发展已经把世界连成一片，商品市场已远不是局限于一个国家范围之内，世界成为一个共同的大市场；市场竞争、科学技术竞争又需要各国都能培养符合时代科技发展要求的人才。因此，不论你持什么样的大学理想，许多专门人才的规格要求是相同的，这是工业社会、信息社会标准化的要求，这是不以人们的意志为转移的。大学理想中的不同点是各国政治经济体制的不同，特别是各国高等教育的传统不同而造成的。政治经济体制的制约是表面的，是容易捉摸到的。而传统思想，特别是渗透进去的民族文化精神则是不显露的，是深层的不易捉摸到的，但它的影响是不可忽视的。这即是所谓高等教育的“遗传”素质。当然，这种素质也不是一成不变的，它总是随着时代的发展、社会的变革而引起的人们思想观念，特别是价值观念的变化而发生变化。但这种变化往往是十分缓慢的。

三

为什么要研究大学的理想？这是因为大学的理想总是影响着人们对高等教育在社会发展中地位和作用的认识，影响着大学发展的战略思想和实施；研究大学的理想还为了如何在当今市场经济的大潮中识别大学的办学方向，摆正航向，使大学在市场经济发展中充分发挥其作用。

无论何种大学理想都离不开经济。经济是高等教育发展的物质基础，同时经济发展又必须依靠高等教育。高等教育要为经济发展服务，高等教育也才有活力，才能发展。这已经是不用证明的事实。高等教育如何为经济发展服务？按照大学办学的规律，主要是从两个方面来为经济发展服务：一是培养经济发展所需要的科学技术人才和经营管理人才。二是提供新的科技信息和新的科技成果，提高劳动生产率。这两个方面与高等教育所具有的教学、科研、服务三种职能是不矛盾的。三种职能是通过培养人才来实现的，同时也是为培养人才服务的。培养人才是高等教育的本质，也是大学理想中最根本的一条。教学固然是培养人才的主要途径；但在当今时代，大学不开展科研活动就不可能提高大学的水平，就不可能培养高质量的人才。服务固然具有功利主义的味道，但是通过为社会服务才能培养出社会所需要的人才。至于大学的科研可以为社会提供新的科技信息和科研成果，直接为物质生产服务，更是不言而喻的。

高等教育离不开经济，是不是大学就必须参与市场呢？我想未必。高等教育主要是一种社会教育活动，不是社会经济活动。高等学校可以参与市场。如果科技市场发达的话，高等学校所创造的科技成果可以拿到市场上去交换，但也不一定非要参与市场。高等学校可以与企业联合进行开发研究。这种联合研究是要受市场制约的，但不一定是直接参与市场。高等学校培养的人才将来要进入人才市场，但高等学校不直接参与人才市场。高等学校为了筹集资金而创办企业参与市场竞争，许多国家的高等学校都是这样做的，但高等学校的企业活动是经济活动，不是教育活动，只是高等学校的一种辅助活动，不是主要活动。学校办企业与学校办教育既有联系又有区别，正如一个国家既要办工农业，又要办文化教育事业一样。学校办企业只能说是校办企业由学校经营管理，而不是说它是学校办教育的一部分。高等学校主要是实施高等教育，实施高等教育就要符合高等教育的规律，即要有大学的理想。

毫无疑问，高等教育既然离不开经济，高等教育就要认真研究经济规律，认识经济规律，尊重经济规律。但是高等教育又有自身的规律，教育的自身规律中也包括教育要受经济制度的制约，受经济发展水平的制约。但高等教育的自身规律中更主要的是培养人才，这种人才有直接为经济建设服务的一面，但同时又有另外一面，即培养高层次人才的思想品格和情操，这种思想品格和情操也可以被认为有如英国大学理想中的有教养的人（虽然所谓有教养的具体内容不同)。这种思想品格和情操与经济没有直接的联系，但有间接的联系，它关系到社会的进步、关系到社会的风尚、人们的价值观念等等。这种品格的培养无论如何也不能用经济法则来培养和衡量。同时，也正是这种品格的培养才能作为市场经济的消毒剂，抗御市场经济带来的消极影响。

中国高等教育需要根据邓小平关于建设有中国特色的社会主义的理论，结合我国的实际，提出自己的大学理想。这个题目留给大家来研究。但我想提点自己的看法。

中国的大学理想应是科学的、民主的、民族的理想。

所谓科学的理想有几层涵义。一是我国高等教育的发展是遵循科学的高等教育的发展规律的。高等教育必须与政治经济相联系，把教学、科学研究和为社会服务结合起来，培养社会主义建设所需要的各行各业的人才；二是适应现代科学技术和人文社会科学的发展，吸收各国大学之长，不固守一种大学传统，但又与本国的实际相结合，不照搬别国的模式。

所谓民主的理想，是指在教育机会上一切公民享有平等的权利。在国家财力允许的情况下，为有才能的青年提供接受高等教育的机会。为此，实施高等教育的机构和方式要多样化。高等教育是分层次的，为具有不同能力的学生提供不同的教育机会，高等教育是多样化的，有正规的、非正规的，全日制的、部分时间制的，甚至通过自学取得学历的。总之，青年只要愿意学习总有各种机会。但决不能以资本作为入学的条件。在市场经济的条件下，学校可以收取一些费用，但必须在学生具备入学的基本条件下，决不能用金钱买得入学资格或毕业资格。为了实现教育民主的理想，国家要采取措施为贫困地区、少数民族提供入学的条件和方便。

所谓民族的理想，是指我国高等教育的发展要具有我国民族的特色。我国是东方社会主义国家，首先我们要坚持社会主义培养人才的原则，同时我国又是东方文明古国，我们要保持和发扬我国优良的民族文化传统。当然这种传统应该是优良的，是符合时代要求的，同时也不排斥别的民族的优秀文化。中华民族有善于吸收外来文化的传统，但又不是把外来文化生硬地搬过来，而是吸收、消化，把它融化于我国民族文化之中。现代高等教育本来是舶来品，但 100 年来，已经形成了我国的传统。今天，我们在国际交流中重视国际接轨的同时还应该保持我国高等教育的优良传统。

人文科学教育在高等学校中的地位和作用*

一

高等教育是培养高级专门人才的一种社会活动。但是，从高等教育的功能来讲，高等教育的目的不仅是培养专门人才，而且要培养一批知识群体。他们是社会的中坚，是影响社会文化，乃至整个社会发展的知识力量。因此，大学生不仅要有扎实的专业知识，而且要有较高的文化素养。也就是说，一个受过高等教育的人，不论他学的专业是什么，都应该在哲学、语言、文学、艺术、历史等领域有较丰富的知识，有较正确的世界观和人生观，有高尚的思想情操和对社会的责任感。这就是人文科学教育的任务和作用。

人文科学教育之所以重要，是因为它告诉人们，人类的文明是怎样产生的；人类社会是怎样组织和发展的；人

* 原载《高等教育研究》，1995 年第 4 期。

对自然，人对社会，人对别人，人对自己应该有什么态度；什么是正义，什么是邪恶？什么是高尚，什么是卑劣？什么应该捍卫，什么应该摒弃？总之，人文科学可以使人们了解世界，了解自己；了解人对社会的责任。大学毕业生是社会中最有知识的人，他们对社会的进步具有不可推卸的责任，因此，他们必须具备丰富的人文科学知识和高尚的思想品质。

作为实施高等教育的大学，从它一开始出现在欧洲大地时，就具有特殊的社会意义和社会地位。它们是最高学府，在政治上享有各种特权，在学术上处于垄断地位。各地学者云集于此，研究人类进入文明社会以来积聚起来的哲学、科学、艺术等一切文化遗产。他们学识渊博，毕业以后或成为教会的高级僧侣，或成为政府的高级官吏，或留在学校从事教学和科学研究，都是社会的精英。他们的思想、学说，影响着整个欧洲社会的发展。早期的大学生大多具有广博的百科全书式的知识。当时大学分科很粗。例如巴黎大学最早只有四科：即文科、法学科、医学科、神学科，而文科则是其各科的基础。因此每个学生都具有深厚的人文科学基础，但是，随着资本主义商品经济的产生和发展，特别是科学技术的进步，大学的这种人文科学传统受到了挑战。工业化生产需要掌握科学技术的人才。于是培养技术专门人才就成为大学的重要任务。自然科学和技术科学就逐渐成为大学教育的重要内容。特别是 19 世纪中叶以后，科学技术得到迅猛发展，学科开始分化，大学系科也随着学科的分化和工业产品的繁多而分化。自然科学和技术科学在大学里占据了主要地位，人文科学被削弱了。

二

大学人文科学的削弱必然导致大学毕业生文化素养的下降。许多大学毕业生缺乏对自己国家历史文化的了解，缺乏对世界历史和文化的了解，他们知识贫乏，对人类的文化遗产知之甚少。这与他们在社会上应起的作用和地位很不相称，必然会影响他们在处理社会事务时的态度和策略。同时也使整个知识群体的文化素养降低，影响着社会的发展。这种现象早就为许多学者所关注。他们呼吁加强大学中人文科学的教育。

人文科学教育的重要还在于当代科学技术的进步容易产生技术至上的思想。似乎科学技术能解决一切问题。但是事实证明，科学技术固然给人类带来高度的物质文明，同时也带来一系列社会问题、科学伦理问题。例如，现代科学技术送来了供人们享受的丰富的物质财富，但由于人类滥用资源，使得地球的资源近于枯竭，生态遭到严重破坏，人类的生存圈受到威胁。同时由于物质享受而使得一部分人产生享乐主义、极端个人主义等思想，从而产生许多社会问题。这些问题光靠科学技术是不能解决的，需要借助人文科学的力量。

在人类思想史上，对于科学发展和道德进步的关系历来有不同的看法。特别是在19世纪后期，形成了人文主义和科学主义两种价值观的对立。一些人文主义者认为，科学技术的发展必然导致道德的堕落。他们把一切社会灾难都归之于科学技术。他们认为，由于科技发展造成的物质和社会环境的迅速变化，使人与客观环境失去平衡而感到难以适应，人与人之间的稳定联系被破坏，动荡不安的生活使人对未来失去信心。这一切都导致道德的堕落。于是他们否认一切科学技术进步给社会带来的利益。

但科学主义者认为，科学技术的发展必然会提高人们的道德水平，他们把科学技术进步看做是解决一切问题的灵丹妙药。20世纪下半叶以来，这种观点逐渐有所修正。1945年，人类科学技术的最新成果——原子弹在战争中的使用，激发了人们对科学的反思。人们看到，科学技术在给人类带来巨大利益的同时，也会给人类带来灾难。一些科学主义者开始提倡科学主义与人文主义的结合，指出，科学本质上是一种人文事业，自然科学不引进人文科学就不能突破科学发展的局限。同时人文主义者也在不断修正个人主义的价值观，强调个人与社会的和谐，并把人本主义的原则延伸到自然界，要求对自然界也采取人道主义的态度。

我们认为，科技发展和道德进步是辩证统一的。首先，应该承认科技发展为道德进步提供了物质前提，科学对道德具有深远的影响。试想，当人类处于愚昧状态时，人们不论对自己还是对自然界都采取畏惧和神秘的态度，触犯各种图腾和禁忌被认为是不道德的。科技落后，物质贫乏，文化生活空虚是造成道德落后的重要原因。在科技迅猛发展的时代，道德的进步是显而易见的。科技发展对人们科学世界观的形成起了决定性的作用；人们在从事科技活动中形成了组织纪律性、献身科学的精神、科学的思维方式等等，都促进了道德的进步。

其次，道德也能够影响科学技术的发展。在科学技术活动中道德因素有着十分重要的作用，科学工作者所具备的献身精神、追求和坚持真理的精神、协调合作的精神以及尊重前辈和提携新秀等高尚品格都是推动科学技术发展的内在动力。

第三，应该看到，科技的发展和道德的进步不是同步关系。科学技术和它所形成的物质生产力要通过一系列社会因素来作用于道德的发展，首先是通过教育和各种文化设施等，才能促进道德的发展。其中人文科学教育就是极为重要的因素。

科学技术是中性的，它可以给人类带来利益，也可以给人类带来困难，看科学技术掌握在谁的手里。因此，掌握科学技术的人必须要有高尚的思想品德，才能使科学技术造福于人类。自然科学与社会科学必须结成联盟，才能真正促进社会的进步。因此，时代要求高等学校加强人文科学教育。

三

我国高等教育的现状需要加强人文科学教育。我国高等学校以往采取苏联的模式，除少数综合性大学外，学校分工为工、农、医、财经、法律、师范等几大类，各校又分为许多系和专业。除各种专业开设几门政治理论课外，一些理、工、农、医学校几乎没有其他人文科学的教育内容。这就极大地削弱了我国大学教育的文化基础。其结果是我国的大学毕业生缺乏对国情的了解，缺乏对其他国家文化的理解，缺乏应有的文化艺术修养和高尚情操。这个问题不能不引起高等教育工作者的重视。

有人可能会说，高等学校是培养专门人才的地方，主要任务是进行专业训练，人文科学基础是在中学里打好的，无需再在高等学校里进行人文科学教育。我不能赞同这种观点。固然，中小学要为人的发展打好基础，包括人文科学的基础。但是，人文科学不像自然科学那样有严密的逻辑顺序性，中学学过的代数、几何或者化学、物理的公式、定理在大学里可以不必再重复。人文科学更多地具有启示性、陶冶性。同样是一部《红楼梦》，中学时代读它，可以只理解贾府盛衰的热闹场面，大学生读它却能理解到封建社会的阶级关系，许多文艺作品是可以百读不厌的。

当前，我国中学教育的现状也不得不要求高等学校加强人文科学教育，我国高中过早地分科。理科把语文、历史降低到最低要求，文科也只重视语文、外语的教学；把历史课作为一门纯粹的知识课，一切为升学考试作准备，忽视了人文科学的教育作用。

我国大学生总体上是好的。他们生气勃勃，敢想敢干。但是还有必要加强人文科学教育，以便提高他们人文科学的素养，使他们具有更高的思想境界、更高的思想情操和更强的社会责任心。

四

人文科学教育应包括：哲学、语言、文学、艺术、历史、科学技术发展史等领域。大学教育中除了公共政治理论课以外，还应该规定一定的学分，让学生选学以上几个领域的课程。政治理论课是重要的人文科学教育，它培养学生正确的世界观和人生观，树立学生正确的政治方向。这是非常重要的，它培养学生对世界对人生的理性认识。但这还不够，还需要从情感上、意志上培养和陶冶学生，使他们有丰富的情感、充实的精神生活。这就是语言、文学、艺术、历史等学科的作用所在。最近，我国高等学校拓宽基础知识的呼声很高。我认为，拓宽基础知识不仅应该指专业理论基础，而且应该包括人文科学的基础。

人文科学在大学里应该占多大比重。西方有的专家主张，大学生在人文科学方面所修的学分，一、二年级要占87%的时间。他们认为，大学一、二年级的课程，主要而且仅仅是人文学科。这似乎有些过分，但确实应该在大学的最初阶段加强人文科学的教育。我认为，大学课程中应该有三分之一的课程是人文学科。在大学低年级的比重应该更大。我们可以参考国外的一些大学。美国高等学校本科生课程基本上由三大类构成：普通教育课程、主修课程和选修课程，各类课程的比例基本上1：1：1，即各类课程约占三分之一。哈佛大学于1978年公布了《公共基础课方案》，要求全体学生都要学习“文学艺术”、“历史”、“社会哲学分析”、“国外语言文化”以及“数学和自然科学”等五个领域的基础知识，约占总学分的三分之一。斯坦福大学规定了八个学科领域，所有学生必须从文学和艺术、哲学、社会和宗教思想、人类发展、行为和语言、社会过程和机构、数学科学、自然科学、技术和应用科学等七个学科领域中各选一门课，从西方文化传统领域中选一门系列课程（由三门相互关联的课程组成）。麻省理工学院要求每个本科生必须完成人文、艺术和社会科学领域中八门课程，每门 9 个学分，共计 72 学分。其他国家也相似。他们的做法值得我们借鉴。

校园文化是进行人文科学教育的重要课程：学校师生的学术活动是进行人文科学教育有效的活动课程；校园环境的设计和气氛是进行人文科学教育的无形的潜在课程。这一切形成一个学校的校风。优良的校风是培养人才的重要条件，学校要认真地和精心地加以组织和培养。

谈谈社会科学研究生的培养问题*

——兼谈学位制度的改革

近些年来，研究生招生规模扩大很快，研究生培养质量问题就成为大家关注的焦点。研究生规模的扩大，是国家对人才的需要。为了保证质量，就需要有一系列措施。其中最关键的当然是导师队伍的建设。除此以外，我觉得，研究生制度和学位制度也有改革的必要。《中华人民共和国学位条例》颁布于 1980 年，至今已 20 多年，研究生教育的情况已发生很大变化，《条例》中有些规定已经不适应当前发展的形势。例如，研究生培养年限，硕士研究生和博士研究生都是三年，现在看来，硕士研究生阶段嫌长，博士研究生阶段嫌短。

当初，因为我国学位制度刚建立，依靠国内培养博士研究生的条件还不成熟，因此我们把培养力量主要放在硕士研究生上，而且把硕士作为一个独立的学位来对待，所以硕士研究生的培养时间比较长。现在的情况是，我们不

---

* 原载《高等教育研究》，2004 年第 1 期。

仅能够独立地培养博士研究生，而且规模已很大，有没有必要再把硕士作为一个独立的学位？对于硕士阶段，我认为应该作两种考虑：把硕士学位分成职业性和学术性两类，前者作为独立的学位存在，后者作为向博士研究生的过渡学位。修学年限都可以缩短为两年。攻读学术性硕士学位的研究生如果达不到博士研究生的要求，则及时让他转为职业性学位。这样，既能保障社会对应用型人才的需求，又能保证博士研究生的质量。博士研究生的学习年限应该宽限到三至五年，以便让博士研究生做完他的研究。现在的情况是，研究刚刚要深入，但时间已到，匆匆忙忙地结题，写完论文答辩。问题没有研究透彻，需要做实地调查或实验的来不及做，论文的质量难以保证。

研究生培养很复杂。研究生学科门类很多，研究方向各不相同，因此培养的方式方法也不一样。我对自然科学是外行，在社会科学中也只知道教育这一门学科。对于教育学科博士研究生的质量问题，这几年来，从总体上来讲应该说还是有进步的。表现在大多数论文选题能够结合当前教育实践中出现的重大理论问题，有些基础研究也有一定深度。但是也不能否认还存在许多问题。较为突出的问题是，普遍反映教育学科的博士论文思辨性的较多，实证性的较少；能够结合教育实际，经过充分调查研究，或经过实验研究，得出科学结论并能被实际所应用的研究成果太少。这种批评不能不引起我们的重视。实际上，这种情况不限于研究生，整个教育科学的研究都存在同样的问题。因此，要改变这种状况，还要从导师做起。同时要给予学生充裕的研究时间。如果博士研究生的修业年限不是限制得那样死，研究的选题就能考虑到教育实践的需要，研究过程就能更充分。

作为社会科学研究生的培养，结合我自己的经验，我觉得有几个环节需要抓住：首先是招生。现在的招生办法也需要改革。光凭书面考试是测试不出研究生的水平的。虽然有面试一说。但是十几分钟的面试，只能见见面，问几个简单的问题，并不能从中了解到考生的水平。近些年来考生越来越多，面试也变成走过场，凭印象打个分，在录取时不起什么作用。录取博士研究生应该给导师较大的自主权。导师应该有权选择自己的学生。考生应该把他的硕士论文，或硕士研究生阶段写的论文、作业寄给导师，让导师在考试之前就了解考生的水平。今年我们研究所就遇到这样一位考生，平时曾写过多篇文章在我们办的核心刊物上发表，有一定水平，看来是有培养前途的，但有一门课考砸了，未能录取。虽然我们打算破格录取她，但作为计划外要缴费上学，她觉得难以承担，结果未能入学。在评判考生的试卷时，对社会科学研究生的考卷要求也应与理科不一样。不仅要看他对问题回答得准确与否，更要看他的思维逻辑。有些考生虽然对问题答得很全面，似乎要点都答到了，但逻辑很混乱，思维不清晰，这样的学生将来写论文会有困难。还有的考生卷面很潦草，字迹不清，我一看这种卷子就不想录取他。思维清晰、逻辑性强的卷子，即使问题答得不全面，我总是给他加分，能从卷面上看出他的学习态度和培养前途。有几年，研究生院要求导师命题后还要附标准答案。这简直是笑话，把小学生考试的要求搬到博士生考试中来了。博士生考试就是要看他的思维能力、科研能力。

入学以后的第一个环节是课程。我认为博士研究生学习课程是次要的，主要在研究，课程也是靠他们自己钻研，而不是老师的讲课。我要求研究生选择两类课程：一类是哲学和哲学史，这是培养社会科学研究生的思维方法所必需的。一名社会科学的研究生，如果没有哲学的基础，没有正确的思维方式是做不好研究的。另一类课程是根据研究生的学术背景选择不同的课程。现在研究生的来源是很杂的。特别是我们这门教育学科，生源有来自其他社会学科的，也有来自自然科学，甚至于工程科学的。我们欢迎来自不同学科的研究生，教育学科需要有不同学科背景的人，他们的视野宽阔，不同的知识可以互相补充，不同的研究方法也可以互相借鉴，有利于教育研究。但因为他们的学术背景不同，课程也不能千篇一律。除了本学科的基本课程以外，有的研究生需要补习缺门，有的研究生需要对某门专业课进行深入钻研。我要求他们作读书笔记，并且定期检查他们的读书笔记。

研究生培养的第二个环节是学术活动。研究生要在学术活动中吸取知识和方法。大学本来就是学术殿堂，大学每年都会举办各种学术研讨会、国际会议、各种讲座。要鼓励研究生有选择地参加或旁听各种学术研讨会和讲座，在会上可以见到国内外的知名学者，可以增长见识，开阔视野。要在研究生之间开展学术活动。我们常用的方式是组织研究生学术沙龙，研究生轮流坐庄，选择一个主题作主题发言，大家发表意见。沙龙举办之前贴出海报或在网上发布消息，吸引不同专业的研究生来参加。老师也可以参加，也可以由他们自己组织。这种学术沙龙如果组织得好，对研究生的学习和研究会有很大帮助。

研究生培养中的第三个环节，也是最重要的环节，就是选择研究课题。自然科学的研究生研究的课题往往跟着导师做研究。社会科学的研究生当然也可以跟着导师做研究，但是，社会科学的科研课题往往具有整体性，很难把课题分解，导师研究的课题有时候不适宜学生来做。另外研究生的学术背景不同，可能与导师的研究方向不一致。因此要帮助他们选好、选准课题。要根据研究生的不同背景、不同特点，帮助他选择合适的题目。我们常常遇到两种情况：一种是不知道选择什么题目。看了许多书，觉得问题一大堆，理不出头绪，不知道选哪个好。这就需要导师耐心地和他讨论，了解他对各种问题了解的程度、收集资料的情况，向他们介绍本学科当前发展中需要解决的前沿理论问题，通过讨论帮助研究生厘清思路，集中到一个他可以完成的课题上。另一种情况是，一般研究生对课题的选择总是贪大求全。题目选得很大，面铺得很宽，动不动想建构一个什么理论体系。在这种情况下，我往往劝他们选择一个小题目来研究，才能研究得深入，出水平，有价值。在社会科学领域里大题目是很难研究的。因为，社会问题很复杂，很难由一个人在一个很短的时间内研究出结果。教育领域里有许多宏观的大问题，很难由一篇博士论文来完成。但教育领域中也有许多具体问题，包括学校的教育教学工作、学校管理中的许多问题需要理论来回答。我认为教育科学研究中更需要的是这类研究。

在选题上，既要引导研究生关注学科发展的前沿课题，又要指导他们关注当前教育实际问题，并且实事求是地根据研究生的具体条件选择适宜于他在研究生学习阶段能够完成的课题。对于博士研究生，我们应该有更高的、更远的要求，我们要培养学科带头人。但是，要成为学科带头人，就要在学科的某一领域有较深的造诣。任何一个学科带头人都不可能占领整个学科，只能在某个领域成为真正的专家。博士研究生如果选题合适，就能使他在某个领域中钻研下去，成为专家，成长为学科带头人。因此，指导研究生选题，就要为他的长远发展考虑。我的一位研究生，曾获2001年百篇优秀论文奖，他做的题目就是《国际科学教育理论研究》，这个课题既是教育科学研究领域里的前沿课题，又是当前我国新一轮课程改革中的重大理论问题。论文做完以后受到教育界的重视。他本人也就认准了这个方向继续做下去，将来就有希望成为这一领域的专家。我的其他研究生毕业以后大多也仍然坚持自己在某个领域的研究。我很鼓励他们这样做，有些确已成为某一领域的学科带头人。

研究题目选好以后，开题也很重要。我们很重视开题报告的讨论，题开得好，做题的思路、方法清楚，等于论文做了一半。因此，不要求研究生过早地开题，要在收集到充分的资料，对课题有较深的理解，研究设计比较具体的情况下再开题。博士研究生的开题报告会实际上是一次小型的学术讨论会。这里导师集体要发挥重要作用，有时还要邀请校外的专家来参加，帮助研究生来理解课题，厘清研究思路。对社会科学的研究生来讲，开题时很重要的是要求他对课题作文献分析。因为，文献分析的程度，说明研究生对该课题掌握资料的程度，对问题了解的深度，同时也可以避免做别人已经做过的重复劳动。

最后一个环节就是根据开题报告中的研究方案开展研究，写成论文。社会科学的研究如果不做实验研究（教育实验往往难于在一年半载中完成），则主要由研究生自己收集资料，研究论证。遇到问题再与导师讨论。如果做的是导师的课题的子课题，则需要和导师共同讨论，使研究生的最后论文既有独立性，又能融入整体课题中。社会科学的论文要重视马克思主义、邓小平理论的指导，思想路线要正确。至于学术观点，我们主张学术自由、百家争鸣，提倡学术创新，有自己的见解，不一定是与导师的观点相同，只要言之成理，就会受到鼓励。我在20世纪90年代初的一位研究生，他在论文中专门有一段对我的学术观点的评论，我觉得很中肯，很赞同。他的那篇论文得到同行的很高评价。

我的经验告诉我，论文没有经过修改一次就完成的，几乎没有过，也许这也是社会科学的特点。我们还发现，凡是没有经过认真修改就通过的论文，一般水平都不会太高，而且研究生也得不到锻炼，水平也不易提高。因此，我要求研究生提前把论文交给我，经过讨论，多次修改，才能定稿。有时还要请别的导师审阅，提出修改意见。我非常同意北京大学要求博士论文预答辩制度。但现在研究生越来越多，工作量太大，难以都实行。

以上仅是我个人在培养研究生过程中的一些体会，不一定正确，更不一定有普遍意义。

走向新世纪的中国高等教育*

20世纪最后10年，我国高等教育有了长足的进步。无论在体制上、结构上，还是在专业调整上、课程设置上都进行了很大的改革。特别是1999年的扩大招生规模，在社会上引起了很大的反响。这不只是简单地多招几个学生的问题，而是我国高等教育的一个战略性转变。也就是说，我国高等教育开始由精英教育向大众教育转变。这对于提高我国整个民族素质，社会文明进步，经济转型，都具有十分重大的意义。但是，要建成具有中国特色的现代高等教育体系，还需要我们作出更大的努力。高等教育要进一步深入改革，关键在于我们的思想能否进一步解放，观念能否进一步更新。

一、高等教育面临着种种挑战

1. 高等教育面临着科学技术加速发展的挑战。20世纪科学技术的发展是惊人的。特别是后半叶，以核子、电子

* 原载《北京高等教育》，2000年第2～3期。

技术发展为核心，人类在材料科学、宇宙科学、海洋科学、信息科学、生命科学等各个领域都取得了重大的成就。进入21世纪，世界科学技术的发展会更加迅速，多学科交叉愈加明显，知识更新显著加快。高等教育如何适应科学技术发展的形势，培养高素质人才，是世界各国都在思考的问题。

2. 高等教育面临着社会变革的挑战。从世界范围来讲，冷战已经结束，世界的格局发生了巨大的变化，但并未获得和平，国际竞争愈演愈烈。科学技术在社会各领域中的应用，也引起了社会的变革，人们的价值观发生了变化。社会的物质财富丰富了，但人们的道德水准却下降了。吸毒人数的增加，犯罪率的上升以及其他社会问题日益困扰着教育工作者。

3. 中国高等教育面临着经济体制转轨和生产方式转型的变革的挑战。由计划经济向市场经济转轨，要求高等教育的领导管理体制、招生分配制度、专业结构、课程设置等都应相应地变革；生产方式由粗放型向集约型转变，则要求高等教育能培养具有创新精神和实践能力的人才。

4. 中国高等教育还面临着两种文化冲突的挑战。一种是东西方文化的冲突。开放必然要加强国际交往，先进科学技术的引进也必然带来西方文化的渗透。哪些应该吸收，哪些可以借鉴，哪些应该摒弃，高等学校作为文化机构有责任领导社会来判断、选择有益于我们民族发展的优秀文化，吸收世界一切文明成果。另一种是中国传统文化与现代文化的冲突。中国有着悠久的、优秀的文化传统。但作为传统，毕竟是旧时代的，而且其中既声精华，也有糟粕。对传统文化去粗取精，赋予现时代的新的内涵，也就是在传统的基础上创造新文化，应该是中国高等教育的神圣责任。

二、高等教育的对策

面对如此众多的挑战，中国高等教育应该如何应对？其实，挑战就是机遇。挑战给中国高等教育出了题目，文章做好了，中国高等教育就会跃上新的台阶。我认为，当前要着力解决以下几个问题。

第一，正确处理好学校与社会的关系。要加强高等学校与社会的联系，为社会的可持续发展服务。在市场经济体制下，学校只有与社会联系，特别是为本地区的科技、文化、经济发展服务，才能办得活，才能有生气。高等学校遍布全国各地，除几个大城市中的全国重点大学要为全国培养人才外，各地区的学校都应该重视为当地的社会发展服务。学校要根据当地条件和本校的优势办出特色，不要盲目追求一流。每所学校都应该做到普及与提高相结合，有些学科是一流的，大多数学科是普通的，但它能为当地培养对口适用的人才。高等学校往往是当地的最高学府，不仅要为当地的经济服务，还要重视当地的文化建设，为当地社会可持续发展服务。

第二，正确处理好政府干预和学校自主办学的关系。国家实行市场经济以来，高等学校办学自主权的呼声很高。但从世界范围来讲，20世纪以来，政府干预高等学校的趋势越来越强。这是由于高等学校在国际竞争中的作用越来越重要的缘故。外国政府对高等学校的干预主要是通过立法、拨款来实现的。学校的具体办学则是自主的。目前，我国在办学体制上还较混乱，一方面学校认为办学自主权不大，另一方面又表现出学校办学的随意性。因此，要加强法制，明确自主办学的权限与职责。

第三，正确处理好普及与提高的关系。世界高等教育已走向大众化，即大多数发达国家的高等教育入学率已经超过30％，有些国家已超过 50%。我国目前还只有 10%左右，在 21 世纪的头几年我国高等教育将有较大发展。高等教育在 21 世纪将如 20 世纪的中等教育一样成为每个青年人享有的权利。但是，高等教育的普及并不等于不要精英人才。高等教育内部不仅有层次，而且质量也有差别。任何一个国家都会支持一些重点大学，让他们培养高质量的人才。我国在发展高等教育数量的同时，要注意建立合理的高等教育结构体系。高等学校要多样化、多层次，既要照顾到广大青年求学的要求，又要考虑到国家对高新科技人才的需求，办好一批高质量、高水平的学校。同时也要办好一批高等职业学校。目前，我国对高等职业教育投入不足，过去高等专科学校办学的指导思想和模式都存在着不少问题，社会上对职业教育缺乏认识，使我国高等职业教育至今没有形成规模和体系。事实上，当今社会十分需要具有中级技术能力的人才。

第四，正确处理好掌握知识与发展能力、培养社会责任心的关系。20 世纪 80 年代以来，在高等教育的培养目标上有了很大的调整。专家们不再只强调掌握高深的学问，更强调要具备各种能力。正如美国卡内基教学促进基金会主席波伊尔在《学院——美国本科生教育的经验》一书中所说："今天大学教育最成功之处是培养能力。"同时，他又十分强调对社会的责任心，他说："本科生教育的最高目的是促进学生从具有能力到承担责任。"①

我国提倡素质教育。素质教育的重点是培养学生的创新精神和实践能力，高尚的道德是其灵魂。素质可以理解为思想品德素质、科学文化素质、身体心理素质等。我认为，概括地说，也可以是"四个正

① 《发达国家教育改革的动向和趋势》第 2 集，北京，人民教育出版社，1994。

确对待”。即正确对待自然，正确对待社会，正确对待他人，正确对待自己。能够做到这“四个正确对待”，就是一个高素质的人才。

第五，正确处理好教学与科学研究的关系。高等学校是培养人才的场所，它的主要任务是培养人才。但是，在当今科学技术迅猛发展的时代，高等学校不进行科学研究就会落后于时代，就不可能培养出符合时代要求的人才。因此可以说，科学研究是高等学校的生命。同时，高等学校是国家科技创新体系的重要基地。高等学校不仅要传承人类已有的知识，而且要创造新的科学知识，创造新的思维方式、新的价值观，推进社会的发展。从这个意义来讲，科学研究是高等学校必不可少的任务。但是，高等学校时刻不能忘记培养人才的任务，要把教学，特别是本科生教学放到中心地位。尤其是一些以本科生或专科生为主的高等学校更要把教学放在第一位。

第六，正确处理好基础研究和应用研究的关系。过去高等学校比较重视基础研究。在科学和技术愈益紧密结合的时代，特别是高等学校要参与国家科技创新体系，就更要重视应用研究。应用研究还可以给学校带来经济效益。但是，高等学校的优势是基础研究，而且基础研究的成果更有利于教学质量的提高。因此，高等学校不能忽视基础研究。

第七，正确处理好基础知识与专业知识的关系。高等学校是培养专门人才的机构。过去强调专业知识的教学，因而专业设置过窄，课程过专。美国有所谓“应用手册性人才”，苏联有所谓“开处方式的专家”。在科学技术日新月异的今天，这种人才已经不能适应社会的要求。加强基础是应付千变万化的最好的办法。

推进素质教育更需要加强基础。国外都十分重视通识教育。所谓通识教育，又称一般教育、博雅教育、自由教育，是指大学生均应接受的有关共同内容的教育，它是以一般文化修养课程为主要内容来促进人的智慧、道德和身体等多方面发展的教育。波伊尔把通识教育的内容分为七个主题，即：语言——最基本的联系工具；艺术——美学素养；渊源——生活的历史；制度——社会结构；自然——行星状态；工作——职业价值和认同；发展——自身价值及其意义。1992年，哈佛大学提出的通识教育课程包括外国文化、历史、文学与艺术、道德修养、自然科学、社会分析六个领域应选修的课程。从这些课程中可以看到，人文学科受到相当的重视。

从毕业生的出路来讲，也需要改变过去专业过窄的状况。计划经济时，按照专业分配工作。现在则要双向择业，很难按专业对口择业。因此，毕业生需要有较宽的专业面，较扎实的基础知识。

第八，正确处理好学科分化与综合的关系。20世纪下半叶以来，科学技术越来越分化，也越来越综合，但总的趋势是综合，科学文化知识总量逐年成倍增加。面对教育要求和教学内容不断增加的趋势，高等学校如何在有限的时间内合理地组织课程，有效地进行教学，是一个极为重要而复杂的问题。许多专家认为，在课程改革上不应简单地增加课程的门数，而应该通过课程的整合吸收新的内容；要帮助学生综合他所学到的知识，而不是肢解他的知识结构；要重视交叉学科、边缘学科，创新往往就在这些交叉点上。

第九，正确处理好教与学的关系。要培养学生的创新精神和实践能力，就要给学生留有思考和自学的空间，要引导学生积极参与教学。在当今信息化时代，教师无法也无必要传授全部知识，更重要的是教会学生学习，让学生自己去获取信息。网络技术为学生自主获取信息和学习提供了条件。但也应该认识到，机器代替不了人，计算机代替不了老师。学生的学习还要靠老师的引导和帮助。尤其是教师的人格魅力，由教师集体营造的校园文化和学术氛围是任何机器所不能替代的，也不是自学所能获取的。

中国高等教育传统的演变和形成*

中国现代意义上高等教育产生的时间很晚，始于鸦片战争以后洋务运动和维新运动时期。1862 年创办于北京的京师同文馆和 1895 年创办于天津的中西学堂，是中国近代高等学校的雏形。1898 年京师大学堂的建立及 1904 年《奏定学堂章程》的颁布，标志着中国近代高等教育制度的建立。我国近代高等学校的创立比西方高等学校的创立晚了约 800 年。

中国近代高等教育从建立之时起，就受到中外两种思想的影响。首先，中国近代高等教育的建立是在西方列强逼迫之下，为了“师夷之长技以制夷”而创立的。“中学为体，西学为用”成为当时高等教育的主导思想。另一方面，中国近代高等教育又是从西方引进的，它必然渗透着西方文明与思想；在教育内容上西方的科学与中国的经书并存。直到辛亥革命以后，南京临时政府在蔡元培主持教育部的时候，才批判了清末的“忠君、尊孔、尚公、尚武、尚实”

* 原载《高等教育研究》，2001 年第 1 期。

的封建主义的教育宗旨，提出了军国民教育、实利主义教育、公民道德教育、世界观教育、美感教育的“五育”并举的教育宗旨。但自从袁世凯篡夺辛亥革命胜利果实之后，一切革新计划又都遭到破坏。国民党统治期间，始终存在着中西文化的冲突，传统教育观念与现代教育观念的冲突，而中国自己的教育传统并未真正地建立起来。

任何一个国家的教育传统与整个文化传统一样，都有一个形成发展的过程。一定的历史时期有一定的文化传统，必然就有一定的教育传统。这种教育传统是受当时的政治、经济以及文化的影响而形成的，同时也是对过去的教育传统的继承和发展。中国高等教育的传统也是在中国整个社会变革中不断变革的。一方面接受符合时代要求的先进的教育思想和制度，包括外国的和自己创造的，另一方面又要受到传统教育思想和制度的影响。这里需要指出几点：

一是教育传统不同于传统教育。传统教育是指从历史上承袭下来的教育思想、制度和方法，即在过去教育实践中形成并得以流传的具有一定特色的教育体系，总是指一种旧的教育体系。而教育传统是指一个国家或一个民族的特有的教育体系。当然，它包含了该国或该民族的传统教育的因素，同时又具有现时代的新的因素。

二是对传统教育本身不能简单地加以肯定或否定。传统教育中有好的优秀的教育思想、制度和方法，也有不好的或者过时的教育思想、制度和方法。有些教育思想、制度和方法符合教育发展规律，符合人的认识规律，就是好的、优秀的教育传统，就会世代流传下来。例如我国古代的“因材施教”、“教学相长”等教育思想，至今仍然有强大的生命力。传统教育中有些教育思想、制度和方法在当时的历史条件下是进步的、可取的，但随着时代的变化和社会的进步可能变成落后的、腐朽的、不可取的。例如我国的科举制度，它在开始时取代世袭制是一大进步，但发展到后来的八股文考试，使科举制度变成阻碍社会发展的障碍，就变成了落后的、需要改革的传统。

三是应该看到，在教育传统的变革中，教育制度的改革往往比教育思想的改变要容易得多。例如我国的科举制度作为一种制度已经消失了近百年，但是与科举制度相伴随的教育思想作为一种传统的教育思想却仍残留在人们的头脑中。这就说明，传统教育思想的改变要比传统教育制度的改变困难得多。这就是为什么在教育改革中要特别重视教育思想转变的原因。中国高等教育现在的传统是经过洋务运动、维新运动、辛亥革命、五四运动、国内革命战争、建国以后向苏联学习以及改革开放以后社会变革的种种冲突和洗礼逐渐形成的。因此，要分析今天中国高等教育的传统及其思想观念，就需要分析形成今天中国高等教育传统的各种因素。

一、中国现代意义上高等教育制度的建立（鸦片战争至辛亥革命）

中国现代意义上的高等教育是舶来品，是鸦片战争以后从西方引进的。首先是西方传教士在中国办学，然后是在洋务运动和变法维新的推动下，中国清政府被迫废科举，兴学堂。因此，中国近代高等教育受西方教育传统的影响甚深。据史料记载，1807 年最早来华的英国基督教传教士玛利逊于 1818 年在马六甲开设了一所“英华书院”，是中国最早的西方式的教会学校。1835 年玛利逊死后，香港等地教士成立了“玛利逊教育协会”来纪念他。1839 年美国传教士布朗（S. R. Brown）在广州开设了一所小学，不久被当地人赶走，迁往澳门开设了一所玛利逊学校。《南京条约》签订后，外国传教士开始大量进入中国，并在中国办学，通过办学传教。最早办的学校有，1844

年由英国“东方女子教育协进社”派遣的霭尔特色（Aldersey）在宁波开设的中国最早的女子学校；1845 年，美国长老会在宁波建立的一所学塾（到 1867 年迁往杭州，名为育英书院，后来发展为之江大学）。

19 世纪下半期，随着美国殖民主义势力的向外扩张，美国教会掀起了一个在中国办学的热潮。这一时期创办的学校有：1864 年，美国长老会狄考文在山东登州开设文会馆，1866 年，英浸礼会在青州设广德书院，后二校合并为广文书院，设在潍县，到 1917 年发展为齐鲁大学；1871 年，美国圣公会在武昌设学堂，1891 年命名为文华书院，以后发展为华中大学；1879 年，美国圣公会将在上海的培雅学堂和广恩学堂合并为上海圣约翰书院，1894 年发展为圣约翰大学；1881 年，美国监理会传教士林乐知在上海创办中西书院，1897 年又在苏州创办中西书院，1901 年两校合并，改名为东吴大学；1885 年，美国长老会在广州设立格致书院，后来发展为广东岭南大学；1888 年，美国美以美会在北京设立汇文书院，1893 年，公理会在通县设立潞河书院，1919 年两校合并为燕京大学①。而中国人自己设立的高等学校只有 1862 年（清同治元年）由奕䜣奏办的京师同文馆；1863 年江苏巡抚李鸿章仿京师同文馆在上海设立的上海同文馆；1864 年在广州设立的广东同文馆，都是培养翻译人才的。另外，就是 1866 年闽浙总督左宗棠创办的福州船政学堂；1881 年李鸿章筹办的天津水师学堂；1886 年李鸿章创办的天津武备学堂；1895 年张之洞创办的湖北武备学堂。其他还有福州电报学堂、天津电报学堂、上海电报学堂、南京路矿学堂等，大多是培养军事和工程技术人才。但

① 陈景磐编著：《中国近代教育史》，北京，人民教育出版社，1979。

实际上以上这些学堂，大致只能相当于中等专科学校，少数具有高等专科的水平。

维新运动的领导人很重视教育，认为中国之所以衰弱的根本原因是教育不良，学术落后。梁启超说："亡而存之，废而举之，愚而智之，弱而强之，条理万端，皆为本于学校。"① 他们主张兴办"西学"。康有为于1891～1895年在广州开办万木草堂，梁启超、谭嗣同等于1897～1898年在长沙开办时务学堂。维新运动期间，光绪采纳维新派的计划，筹办京师大学堂，于1898年奏准成立，并任命孙家鼐为京师大学堂的管学大臣，许景澄为中学总教习，美国传教士丁韪良为西学总教习。与此同时，在维新运动的影响下，清政府天津海关道盛宣怀于1895年在天津创办中西学堂（1903年改为北洋大学堂），1897年在上海创办南洋公学等。据统计，直到1921年以前，中国国立大学只有北京大学一所，省立大学只有山西大学、北洋大学两所，私立大学只有武昌中华大学（1912）、北京中国大学与朝阳大学（1913）、上海复旦大学、天津南开大学（1919）、厦门大学（1921）六所。而基督教教会大学则有16所之多。

从专业设置和课程内容上来讲，大多是学习日本仿照西方高等教育的分科。如《钦定高等学堂章程》中称："日本高等学堂之大学预科分三部，其第一部为入法科文科者而设，第二部为入理科工科农科者而设，第三部为入医科者而设。今议立大学分科，为政治、文学、格致、农业、工艺、商务、医术七门，则政科为预备入政治、文学、商务三科者治之，艺科则预备入格致、农业、工艺、医学四科者治

① 舒新城编：《中国近代教育史资料》，北京，人民教育出版社，1961。

之。”[①] 当时的高等学堂是大学的预科，课程主要是伦理、经学、诸子、词章、外国语及文理科的一般基础课。高等学堂和大学堂设立之初，不仅生员极少，而且其宗旨与其说是研习学术，不如说是变相地求科第。正如喻长霖在《京师大学堂沿革略》中所说的：“大学堂虽设，不过略存体制。士子虽稍习科学，大都手制艺一编，占毕咿唔，求获科第而已。”

从洋务派到维新派都主张办学堂，采用西方的教育制度来改变我国原有的教育制度。维新运动从发展资本主义出发，要求改变封建专制政体，学习西方文化。他们努力输入西方资产阶级的伦理道德观念，以西方某些民主观点来反对封建专制思想。虽然维新运动失败了，但经过他们的斗争，封建伦理纲常开始发生动摇，封建主义教育思想受到批判，封建教育制度开始崩溃。废科举、兴学堂就是这两次运动的结果。借此，西方的教育制度和先进的科学教育内容才得以在中国建立和传播。但是，从总体上来讲，中国封建主义教育的传统并未彻底崩溃，无论从高等教育的内容，还是从管理体制上，与西方现代高等教育还相距甚远。

二、辛亥革命后我国高等教育的发展

辛亥革命对封建教育传统是又一次重大冲击。虽然辛亥革命并未成功，但它摧毁了统治中国几千年的封建王朝体制。袁世凯称帝和张勋复辟不过是一时的闹剧。中国的历史从辛亥革命起走上了一个新阶段。中国的教育制度得以彻底摆脱封建教育束缚，开始走向现代化。

民国元年，蔡元培担任教育总长。7月，中央临时教育会议在北

① 舒新城编：《中国近代教育史资料》，北京，人民教育出版社，1961。

京召开。同年9月，教育部公布了新的教育宗旨："注意道德教育，以实利教育、军国民教育辅之，更以美感教育完成其道德教育。"同时公布了教育会议所决定的学制系统，即"壬子学制"。不久又颁布了有关高等教育的《大学令》。大学令中规定：大学以"教授高深学术，养成硕学闳材，应国家需要"为宗旨。大学分文、理、法、商、医、农、工七科。大学设预科及本科，预科修业三年，本科修业年限按各科性质，三年或四年不等。本科毕业称学士。大学另设大学院，培养研究生。大学设校长一人及各科学长一人；教师分教授、助教授及讲师三种；各科设讲座。大学设评议会，由各科学长及各科教授组成，负责评议大学的一切重大问题。从《大学令》的整个内容可以看到，这个高等教育体系完全抄袭自邻国日本。而日本的学制又是以欧洲高等教育体系为蓝本。

这个学制公布以后没有实行多久，就被美国式的学制所代替，这就是民国十一年的学制改革，称"壬戌学制"，整个体系都是抄自美国。为什么刚从日本搬来的学制又换成美国的呢？研究者早有许多评论。周谷平在其《近代西方教育理论在中国的传播》一书中详细地分析了个中原因。她指出：一是中国人对日观的转变。随着甲午战争后日本军国主义野心的日益暴露，日本对中国的侵略行径和种种不平等条约的签订，中国人民对日本从和睦、钦慕逐渐发展为防范和仇恨。二是中国人对美国的认识。认为君主立宪制的日本已不再适合中国新的国情，而被美国自我标榜的民主、自由和科技发达、经济繁荣所吸引，转而把美国作为中国建设共和国的蓝本。三是美国对中国的全面扩张，美国对中国文化教育的扩张也大大加强。除继续利用教会对中国教育进行渗透外，还对中国的整个的学务表现出更大的关注。美国利用退还庚子赔款，吸引大量的中国留学生。四是从新文化运动到五四运动，中国人以民主、科学两大旗帜，反对封建主义旧思想、旧道德。而美国教育界占主导地位的实用主义教育理论和进步主义教育运动，正是以标榜民主和反传统的面目出现的，比较迎合中国教育界的需要，为中国批判旧教育提供了理论武器①。这种分析是很有见地的。

教育的发展和变革离不开国际国内的大环境。20世纪初，资本主义已经发展到垄断资本主义的阶段。第一次世界大战是帝国主义重新瓜分世界的战争。大战以后美国一跃而为世界最发达的强国。中国人把美国的共和、民主看做资本主义国家发展的典范。在中国国内，由于辛亥革命的不彻底，先进的知识分子觉悟到，只有思想革命才能彻底摧毁封建主义的思想体系。俄国的十月革命和马克思主义在中国的传播，使中国社会开始步入新的阶段，即新民主主义革命阶段。五四运动标志着这个新阶段的开始。五四运动实际上是一场思想革命。它沉重地打击了封建主义文化传统，包括封建主义的教育传统。在学校里废除了尊孔读经的内容；在文学革命的推动下，学校采用白话文进行教学，使学校教育接近人民大众的生活实际，为教育的普及创造了条件；在科学和民主的口号下，提倡男女受教育的权利平等；提倡科学的教育内容和方法等等。这一切都使我国教育进入世界现代教育的行列，逐渐建立起我国自己的教育传统。中国高等教育在这段时间里虽然发展得还很缓慢，但无论是从办学思想，还是在教育内容及教育体制上都有很大的转变。特别是中国知识分子受到五四运动的洗礼，中国高等教育成为反帝反封建的一条战线。

---

① 周谷平：《近代西方教育理论在中国的传播》，广州，广东教育出版社，1996。

在高等教育的思想转变上，不能不提到著名教育家蔡元培。他在民国初期就提出了军国民教育、实利主义教育、公民道德教育、世界观教育、美感教育的“五育”并举的教育方针，他在担任北京大学校长的时期内又为北京大学的长远发展奠定了思想基础。

民国之初，北京大学仍然死气沉沉，封建复古思想仍占优势。1917年蔡元培担任校长以后，厉行改革，提出“思想自由，兼容并包”的改革方针。他说：“我对各家学说，依各国大学通例，循思想自由原则，兼容并包，无论何种学派，苟其言之成理，持之有故，尚不达自然淘汰之命运，即使彼此相反，也听他们自由发展。”①

蔡元培1907年留学德国，以后又多次到欧洲访问。他的“思想自由，兼容并包”的思想不能不说是来源于德国柏林大学的办学思想。他在担任北京大学校长期间，进行多种改革，首先是多方罗致学识渊博、热心教育、具有先进思想的新派人物担任教师。聘请陈独秀担任文科学长、李大钊任图书馆主任兼经济、史学等系教授，聘请鲁迅为兼职讲师。其他还有胡适、钱玄同、刘半农、沈尹默、杨昌济、马叙伦、陈垣、沈兼士等造诣深厚的学者。其次是调整科系设置，实行“选修制”，规定本科学生学满80单元就可以毕业。把“门”改为“系”，全校设14个系，系主任由教授选举。第三是设立评议会和教授会，提倡“教授治校”。第四是主张男女同校，并于1920年正式招收女生。第五是主张学生自治，鼓励学生成立各种研究会、社团，办刊物，开讲座等。从这些改革中可以看到，北京大学已经成为一所名副其实的现代大学。而北京大学的改革无疑对中国整个高等教育的改革产生了重大的影响。

---

① 《蔡元培选集》，374～385页，北京，中华书局，1959。

影响中国高等教育的另一位教育家是南开大学的创始人张伯苓。他早年在天津水师学堂学习驾驶。甲午战争时他正在海军服役，亲眼看到北洋舰队的覆灭，异常震惊，转而弃武从文，在天津任家庭教师。1904年曾到日本考察教育。1907年留学美国，入哥伦比亚大学师范学院学习。回国后，推行美国教育模式，于1919年在天津开办南开大学，设文、理、商三科。张伯苓是著名的爱国教育家。他主张教育救国，重视培养学生的爱国主义精神。他认为："有爱国之心兼有爱国之力，然后始可实行救国之宏愿。"他谈到南开大学的办学宗旨时说："本校教育宗旨系造就学生将来能通力合作，互相扶持，成为活泼勤奋、自治治人的一般人才，以适应时势的需要。"他为南开制定了五项"训练方针"，即重视体育、提倡科学、倡导团体组织、注重道德训练、培养救国力量。他把这五项称之为"公能"教育，并作为校训。

清华大学的前身是1911年成立的清华学堂。它是清政府用美国"退还"的部分庚子赔款举办的一所留美预备学校，1912年改为清华学校，1925年设大学部，开始培养本科生，1928年改为国立。梅贻琦于1928年代理校长，1931年任校长。他主张大学的目的，一是研究学术，二是造就人才。他认为清华大学要向高深专精努力。他对大学部进行改组调整，把普通科和专门科的两科制改为学系制，设文、理、法3个学院15个学系。1932年又增设工学院。抗日战争爆发后，与北京大学、南开大学组成长沙临时联合大学，1938年迁昆明，更名为国立西南联合大学。西南联大为中国培养了众多学术人才，被誉为抗日战争大后方的"民主堡垒"，发生过震惊中外的一二·一反内战、反暴行、争取民主的运动。

五四运动以前建立的大学还有北京师范大学、浙江大学、上海交通大学、复旦大学、山西大学等。这些大学都经过五四运动科学和民主的洗礼，都具有爱国民主的传统。

这一时期，虽然教会大学仍占优势，但它们的规模不大。因为学费昂贵，学生多为有钱人家的子女。中国自己办的大学，学生数还是超出教会大学的①。教会大学对中国高等教育的影响很大，但中国自办的大学已初具规模，而且通过中国社会的变革，逐步形成了中国高等教育自己的传统。可惜这方面的研究甚少。根据我们肤浅的认识，是否可以归纳以下几点。

第一，中国高等教育建立起了爱国和革命的传统。突出表现在五四运动、抗日战争和解放战争中，中国大学生前赴后继，不怕牺牲，为祖国的独立和解放把鲜血洒遍中华大地。

第二，有追求真理，重视学术的传统。中国高等学校的师生治学严谨，学习刻苦，具有孜孜不倦、追求真理的精神。西南联大在那样艰苦的条件下，教授的治学精神和培养出大批人才的事实就是很好的证明。

第三，既重视吸收外来文化，又重视保存中国民族文化的传统。辛亥革命，特别是五四运动以后，尊孔读经等封建文化受到严厉地批判。但中国文化中优秀的东西仍然受到高等学校的重视。民国时代中国出现了许多国学大师。即使是新文化运动的主将鲁迅也十分重视中

① 许多著作在引用日本《帝国教育杂志》中的统计数字时有误。该文统计，1917 年中国学校学生人数与外国人所设学校学生人数是，中国学校为 15000 人，外国学校为 12000 人。也即，外国人所设学校的学生数约合中国学校的学生数的 80%。而熊明安著《中国高等教育史》和何晓夏、史静寰著《教会学校与中国教育近代化》两书中都把它说成外国学校的学生占中国学生总数的 80%，显然是错误的。请参阅舒新城编《中国近代教育史资料》（下册），第 1090 页。

国传统文化的整理、继承和发展。有些学者把五四运动说成是全盘西化是不正确的。五四运动的参加者很复杂，但其主流是反帝反封建，是吸收西方先进的思想，改造中国的旧文化，建立中国新民主主义的新文化。这种吸收、融合、继承、创造世界一切优秀文化的传统，保证了我国高等教育的质量和学术繁荣，是值得我们永远继承和发扬的。

但是，我们不能不看到，这个时期的中国高等教育处在北洋军阀统治和国民党统治时期，它的发展不仅缓慢，而且带有严重的半封建半殖民地性质。高等学校受制于北洋军阀和国民党的专制统治，学校中充塞着各种反动特务组织。同时学校中的复古势力始终没有消停。另外，中国近代高等教育的发展一直是向西方学习，甚至完全照搬西方国家的，创办或主政高等学校的也大多是从欧美归国的知识分子，必然带来许多西方的思想和传统。当时西方流行实用主义教育思潮，杜威曾应北大和江苏教育学会的邀请来华讲学 2 年零 2 个月，对中国高等教育也有重大影响。总之，这一时期充满着矛盾和冲突，很难说已经建立起中国自己的高等教育传统。

三、解放前革命根据地的高等教育

五四运动以后，中国革命走向了新民主主义革命的道路。1927 年蒋介石背叛革命以后，中国共产党领导土地革命，在革命根据地建立了崭新的工农政权。革命根据地时期可以分为两个阶段，一是苏区时期，二是抗日民主根据地时期。两个时期因革命性质不同而有所区别。

苏区时期处于土地革命和国内战争的环境中。为了土地革命的成功和反对国民党军事“围剿”的胜利，党和苏维埃政府提出了“一切苏维埃工作服从革命战争的要求”，教育工作也不例外。1934 年 1 月，毛泽东在第二次全国苏维埃代表大会上所作的报告中提出，苏维埃文化教育的总方针是：“在于用共产主义的精神来教育广大劳苦民众，在于使文化教育为革命战争与阶级斗争服务，在于使教育与劳动联系起来，在于使广大中国民众成为享受文明幸福的人。”在当时的战争条件下不可能举办普通的高等学校，主要以干部教育为主，培养党、政、军干部。苏区的高等学校主要有：中国工农红军大学，创建于 1933 年 11 月，学员共有六七百人，分指挥科、政治科和参谋科；苏维埃大学，1933 年 8 月创立，毛泽东任校长，设特别工作班和普通班，特别班是本科，开设土地、国民经济、财政、工农检察、教育、内务、劳动、司法等 8 个专业班，次年又增设外交、粮食两个班，共 10 个专业班；普通班为预科。还有马克思共产主义大学（主要任务是培养革命政治工作干部，1933）、中央农业学校（1933）、高尔基戏剧学校（1934）等。

1937 年卢沟桥事变，中国共产党深入敌后，在陕甘宁、晋察冀、晋冀鲁豫、华中、东江等地区建立了抗日民主根据地。根据地实施“抗战教育”。毛泽东在《论新阶段》的政治报告中提出：“实行抗战教育政策，使教育为长期战争服务。”高等教育主要为抗日战争培养军事、政治、经济和文化等方面的人才。在当时特殊的战争环境下，不允许开办所谓正规大学，必须实行新制度、新课程，以短期训练为主。当时建立的大学有：

中国人民抗日军政大学，1936 年 6 月创建于陕北瓦窑堡，并先后在山东、晋察冀、淮北、苏北、苏中、鄂豫皖、太行、太岳等解放区办了 12 所分校，直到 1945 年，共培养了 20 余万干部；陕北公学，1937 年 7 月成立，为到延安求学的知识青年而设的干部学校，1941

年并入延安大学；鲁迅艺术文学院，1938年4月成立于延安，初设戏剧、音乐、美术3个系，后又设文学系，1943年4月并入延安大学；中国女子大学，1939年7月成立于延安，1941年并入延安大学；华北联合大学，1939年夏由陕北公学、鲁迅艺术文学院、青年训练班、延安工人学校合并而成，初设社会科学、文艺、工人、青年4个部，后改为社会科学、文艺、教育3个学院，1948年8月与北方大学合并为华北大学；延安自然科学院，1940年9月创办，设有物理、化学、生物、地矿4个系，学制三年，是抗日根据地第一所理工科大学，1943年4月并入延安大学；延安大学，1941年9月由陕北公学、中国女子大学、青年干部学校合并而成，设社会科学院、教育学院、法学院和英文、俄文专修科，1943年4月又有鲁迅艺术文学院、延安自然科学院、民族学院和新文字干部学校并入。此外，在延安还有医科大学、军政学院、俄文学院、民族学院等高等学校。

以抗大为首的抗日根据地的高等学校为抗日战争和解放战争的胜利培养了大批革命干部。毛泽东为抗大制定了“坚定正确的政治方向，艰苦朴素的工作作风，灵活机动的战略战术”的教育方针和“团结、紧张、严肃、活泼”的校训，成为抗日根据地高等教育的传统。

整个革命根据地的高等教育完全是一种新型的教育。它是以马克思列宁主义、毛泽东思想为指导的、民族的、科学的、大众的新民主主义教育。它的教育方针、教育制度、教育内容和方法都不同于传统的高等教育。它创造了许多新的经验，形成了许多新传统，影响着以后我国高等教育的发展。在这方面的研究已经很多，我们只从教育传统的角度谈几点看法。

第一，建立起了高等教育为现实斗争服务的信念和传统。无论在土地革命时期的反“围剿”斗争，还是抗日战争，当时的现实是要争取战争的胜利，没有这种胜利就没有工农政权，就没有中国人民的解放。因此，高等教育要为革命战争的胜利服务。这种传统是值得继承和发扬的。

第二，建立起了教育与生产劳动相结合的传统。革命根据地受到敌人的封锁，物资匮乏，只有靠生产自救，才能取得革命战争的胜利。因此，高等学校的师生必须参加生产劳动，边学习边生产，教育与生产劳动紧密结合。

第三，建立起了理论联系实际的优良传统。革命根据地处于战争状态，不容许学校脱离实际，坐而论道，而是要把学习与应用结合，联系中国革命的实际，研究解决中国革命的问题。特别是毛泽东在1930年发表《反对本本主义》的文章，1941年又发表了《改造我们的学习》，并经过延安整风运动，克服了教条主义和脱离实际的倾向。因此，高等学校十分重视理论联系实际，重视实践能力的培养。

第四，形成了顽强奋斗、艰苦朴素的思想作风，生动活泼、自觉主动的学习风气，团结民主的管理方法。

革命根据地高等教育的经验是很丰富的。它所形成的优良传统，为新中国高等教育的建设提供了宝贵的经验并得到了继承和发展。革命根据地的高等教育的另一个特点是以干部教育为主，对学生实行统包统分制度，享受干部待遇，这种制度对建国以后的高等教育也产生了很大的影响。

四、新中国高等教育的发展

中华人民共和国成立以后，中国高等教育进入了一个发展的新阶段。解放战争的胜利，彻底推翻了封建主义和帝国主义的统治，半封建半殖民地的教育传统失去了它的基础。《中国人民政治协商会议共同纲领》第四十一条提出，要“肃清封建的、买办的、法西斯的思想”，建立民族的、科学的、大众的新民主主义教育。经过解放初期的教育改革，收回教育主权，知识分子思想改造，学习苏联经验，院系调整等一系列运动，中国高等教育的传统发生了新的变化。在这段时间里变化比较大的是：

（1）确立了中国共产党对高等学校的领导，建立了政治工作机构，开设了马列主义课程，明确了高等教育为工农开门，为生产服务的方向。为此，1949 年 12 月 16 日政务院通过了成立中国人民大学的决定。（2）高等教育开始学习苏联经验，全盘搬用苏联高等学校的教学模式、教材、教学组织形式等。从 1952 年起，教育部规定大学从一年级开始采用苏联教学计划和教学大纲。组织教师翻译苏联教材，成立教研室。哈尔滨工业大学和中国人民大学就是学习苏联的典型。（3）批判了“通才”教育和理论脱离实际的思想，明确高等教育的任务是培养高级专门人才。为了改变旧中国通才教育和重文法轻理工的倾向，1952 年下半年开始在全国范围内进行了院系调整。经过调整，高等学校由 1949 年的 129 所调整为 143 所。综合大学由 49 所调整为 14 所，工业院校由 28 所增加到 38 所，农业院校由 18 所增加到 29 所，医药院校由 22 所增加到 29 所，师范院校由 12 所增加到 33 所。1958 年又建立了一批新的工科院校，如航空学院、邮电学院、钢铁学院、石油学院、地质学院等。以后，院系和专业调整工作进行过多次。到 1966 年以前，我国初步形成了一个包括基础学科、技术学科、社会学科、艺术、体育、外语、师范教育的高等教育体系。（4）院系调整促进了我国高等教育的发展，培养了大批新中国建设所需要的人才。但是，这种调整也是按照苏联的模式进行的。许多著名的综合大学被拆散，变成文理大学或工科大学，使理工分家、文理分家，为今天的改革留下了消极的影响。（5）中央对高等学校实行统一集中领导。1953 年 10 月中央人民政府政务院《关于高等学校领导关系的决定》中规定，高等教育部颁发的有关全国高等学校的建设计划、财务计划、财务制度、人事制度、教学计划、教学大纲、生产实习规程以及其他重要法规、指示或命令，全国高等学校均应执行。

新中国成立以后 17 年的中国高等教育基本上建立了完整的体系，形成了自己的教育传统。这种传统，吸收了我国革命根据地的传统和苏联教育的经验。但是，这种教育传统是在计划经济条件下形成的，照搬苏联的一套也脱离了中国的实际，形成了比较僵化的模式。同时，我国封建主义教育思想作为一种体系已经彻底崩溃。但是我们不能不认识到，思想体系的崩溃不等于这些思想从此绝迹。某些封建主义教育思想残余仍然会存留下来，至今可能在一些人的头脑中还在起作用，而且不同程度地阻碍着教育改革的进行和发展。

五、改革开放以来的高等教育改革

改革开放以后，我国社会发生了巨大的变化。党的十一届三中全会确立了以经济建设为中心的总路线；党的十四大确定了建立社会主义市场经济的新体制；党的十五大又确立了科教兴国的方针。这一切都要求高等教育进行深入的改革。20 世纪 80 年代世界形势的变化，科学技术的突飞猛进，国际竞争的日益激烈，世界高等教育改革的新形势，都使人们认识到，旧的教育制度、教育内容和方法已经不适应新的要求，迫切需要改革。1985 年《中共中央关于教育体制改革的决定》拉开了新时期教育改革的序幕。1992 年国家教委召开了第四次高等教育会议，使高等教育改革进一步深入。十多年来，高等教育体制有了较大的变化。高教体制改革包括五个方面：一是办学体制改革。采取了“调整、共建、合作、合并”等办法达到资源互补，提高效益。二是管理体制改革，实行三级办学，二级管理的体制，给高等学校办学的自主权。三是投资体制改革，由国家拨款改为以国家拨款为主，多方筹资的体制，鼓励个人捐资，社会团体办学。四是招生、就业、缴费体制改革。五是校内管理体制改革。为了办好一批大学，国家实施“211”工程，重点投资建设。

从1995年开始，高等教育改革深入到教学领域，调整专业设置，改革课程和编写面向21世纪的新教材，以迎接新世纪知识经济到来的挑战。根据十五大确定的科教兴国的战略方针，1999年6月中共中央、国务院召开了改革开放以来第三次全国教育工作会议，作出了“深化教育改革，全面推进素质教育”的决定。教育部制定了《面向21世纪教育振兴行动计划》，提出了高教改革的思路和实施措施。要使高等教育不仅培养高质量的人才，而且要在国家科技创新体系中发挥重要作用。

以上这些改革，实际上是对以往已经形成的中国高等教育传统的一次否定，新的传统正在逐步形成之中。因此，要使改革顺利进行，就必须在教育观念上加以转变。我们在改革过程中明显地感到，改革的艰难就在于思想观念的转变。往往是“山重水复疑无路，柳暗花明又一村”，只要思想解放，观念转变，办法就出来了，改革就能顺利进行。为了转变教育观念，就必须研究我国高等教育传统形成和演变的过程，用辩证唯物主义方法分析形成教育传统的因素，分析教育传统的内涵和特点，继承和发扬优秀的教育传统，摒弃陈旧的、不符合时代要求的教育传统。同时，还要学习外国一切优秀的教育经验，为我所用。对于外国的经验也要研究和分析，并与我国的实际相结合，防止盲目照搬。

从以上我国高等教育发展的历程可以看到，形成今天我国高等教育传统的因素是多方面的，不能简单地归之于某个国家教育模式的影响。例如有些同志认为，中国高等教育就是苏联高等教育的翻版，这是不确切的。当然，建国后我国推行向苏联学习的政策，高等教育也照搬苏联的模式，但是我国高等教育传统中还渗透着我们自己的传统。这种传统是长期积淀而成的。正如英国教育家阿什比所说："任何类型的大学都是遗传和环境的产物。"遗传是指本身固有的传统，包括本民族的文化传统，环境是指时代的影响，外部条件的影响。大学是如此，一个国家的高等教育传统更是如此。高等教育的模式是不能简单移植的，日本战后的大学以美国为蓝本的改制就是最好例子，最后他们还是走自己的道路。高等教育的传统更不能移植。因为任何传统中总渗透着本国、本民族的文化传统，这有如人的遗传素质一样是不易改变的。当然文化传统也是变化的，即在长期的过程中随着时代的发展而变化。高等教育的传统也是随着时代的发展和社会的变革而变革的。今天认为优秀的传统，明天可能又会落后于时代的要求，又要不断变革。同时它又和民族文化传统一样，又应坚持民族的特性，保持民族的特色。但是在社会剧烈变革的时代，特别是在当今我国经济体制改革和生产增长方式转型的时代，在科技迅猛发展的时代，在国际竞争激烈的时代，我们更应该重视传统观念的转变，这样才能较快地适应时代的要求，建立起新的有中国特色的高等教育体系。

高等教育评估中几个值得探讨的问题*

高等教育评估研究，如果从1985年镜泊湖会议开始算起，至今刚好20周年。我国高等教育评估研究开展得较晚，但发展得很快。特别是教育评估的实际工作，这几年搞得轰轰烈烈。但是教育评估的研究却没有跟上。也可以反过来说，教育评估的实践没有很好地得到理论的指导，因此，各高等学校对现在评估之多、评估之烦琐，颇有怨言。当然，实践总是走在前头，并对理论提出课题，不能等理论完善了再实践。但是，实践也不能是盲目的，总应该有初步的理论为指导，同时初步的理论又在实践中检验，在实践中吸收营养，进一步提高理论认识，更好地指导实践。因此，高等教育评估进行了20年，有必要从理论上反思一下，从而提高我们的认识，使高等教育评估制度更加完善。我想有几个问题是值得探讨的。

---

* 原载《高教发展与评估》，2006年第3期。

一、高等教育评估的目的和功能问题

这个问题似乎是老生常谈，不言而喻的。但我们在评估过程中往往并不太明确。我国高等教育评估界曾经提出过很好的口号，叫做“以评促改，以评促建，评建结合，重在建设”。这就是评估的目的。评估可以分为形成性评估、总结性评估。不论哪种评估，都是肯定成绩，找出问题，便于改进。但是，在实际工作中，往往重视评估的结果，重视评估以后带来的学校的声誉。这是对评估的理性认识和情感认识的差异。由于这种认识上的偏差，就造成评估工作的缺乏客观性和科学性。表现在许多学校在自评中不是寻找缺点和差距，而是盲目地提高自我评价的水平，有的甚至弄虚作假。这就违背了“以评促改、以评促建”的宗旨。

教育评估的目的总是和教育评估的功能问题联系在一起。那么，教育评估有哪些功能？我想可以列出如下几点：

(1) 诊断性功能。教育评估是对教育事实进行诊断，是否达到教育目标的要求，学校采取的措施符合不符合教育规律；教育行为中有没有出现什么毛病，毛病出在哪里？通过教育评估就可以找出这些毛病，这样就可以有的放矢地改进工作。对教师和学生来讲，这种诊断性评估更为重要，因为旁观者清，评估专家会在评估中找到问题的症结。

(2) 导向性功能。教育评估过程中总是要设立一些评估指标，而且每个指标都有不同的权重。这些指标就像一根指挥棒，对学校的工作起到导向作用。因此，在教育评估中设立指标体系是非常重要的。如果我们在评估中重视科研成果的发表，则学校就会增加科研投入；如果在评估中重视教学工作，教授上讲台，学校就会重视教学工作。

当前高等学校中就有重科研轻教学的倾向，就是因为许多学校在聘任教授、副教授时重科研成果轻教学的反映。

(3) 激励功能。也就是说，通过教育评估可以调动评估对象的积极性。如果评估对象在评估中取得好的成绩，也就是他的教育行为受到肯定，他就能够在精神上、心理上得到一种满足感和成就感，从而激发其更加努力。对教师也好，对学生也好，他们的教育行为总是会有一种动机在驱动。动机有内部动机和外部动机之分。内部动机是出于内心对教育行为的渴求，外部动机是外部的刺激迫使其去从事某种教育行为。外部动机往往是不能持久的，而内部动机才有持久性。但外部动机也可以转化为内部动机。高等教育评估也要重视这种激励作用，并且通过激励来激发评估对象的内部动机。

(4) 改进功能。改进功能与诊断功能是联系在一起的。前面已经讲到，高等教育评估的目的就是“以评促改，以评促建”。通过评估可以发现哪些教育行为是正确的、哪些教育行为是不正确或者是不完善的。在评估过程中评估专家还会随时反馈评估信息，提出改进意见。这就便于评估对象不断优化正确的教育行为，控制和改进工作，从而提高教育质量。

(5) 鉴定功能。这是评估最后总要做的对评估对象的一个整体的评价。鉴定评估对象达到教育目标的程度和水平。鉴定可以有几种表述：一种是合格不合格；一种是达到教育目标的水平，一般分优秀、良好、合格、不合格几个等次。有时还可以把评估的结果量化而排序，把评估对象列入被评估对象的序列之中。采取什么方式要根据评估之前设计的目的而定。一般说来，排序是最难以把握的，而且会产生一些消极影响。因为，评估工作是十分复杂的，评估对象又千差万别，很难用一把尺子来衡量。对学生来讲，考试的排序最易伤害学生的自尊心、自信心，应该明令禁止。

（6）咨询决策的功能。教育评估不仅对评估对象有诊断、激励、改进等功能，而且对于教育行政决策部门有了解信息、判断实情、为决策提出咨询的信息和意见的作用。教育行政部门制定一项政策，可以事前找一批典型机构进行教育评估，收集信息，分析信息，提出科学的决策意见。

二、高等教育评估与教育质量保障系统

教育质量保障系统是20世纪80年代才提出来的。为什么在这个时候提出来？我想是不是与高等教育大众化的进程有关。高等教育在20世纪六七十年代有了很大的发展。量的发展必然要带来质的问题，因此，如何保证高等教育的质量就提到议事日程上。在欧洲，欧盟的出现也促进了这个运动的发展。因为，欧盟作为一个共同体，它要协调成员国的高等教育质量。

高等教育质量保障系统可以分为外部系统和内部系统。外部系统是政府通过评估和审计对高等学校质量的监督。在海外，政府一般不直接参与评估，而是支持和资助中介机构来进行。外部系统虽然由校外机构进行，但还是要以自我评估为主。教育保障系统的内部系统主要是指高等学校内部建立的系统。现在一般在教务处建立评估室。但是，教务处的评估室只对学校的本科生教学起到监督保障作用，对整个学校的办学质量无法起作用。教育质量的保障不仅仅是教务处的事情，它涉及学校方方面面的工作，因此需要研究成立一个机构来保证这项工作的进行；或是由各校的高等教育研究所来承担，或是在校长领导下成立专门机构。

从概念上来讲，高等教育质量保障系统的概念要比高等教育评估

的概念大得多。高等教育评估只是高等教育质量保障系统的一种手段，高等教育质量保障系统是一套组织行为，而评估则是实行这一套组织行为的手段，两者是互相依存的。既然高等教育评估是为了保证教育质量，那就不能等到最后已经形成的教育结果出现了再来评估。就像某一种产品一样，不能等产品出来以后再检验合格不合格，当然这也是需要的，不能让不合格的产品流入市场。但更重要的是要在生产的各个环节把好质量关，使它不出废品。教育是培养人才的活动，更不能出废品。因此，也必须在教育过程的各个环节把好质量关。这样才能真正称得上是质量保证系统，而不是鉴定系统。鉴定系统是检验结果，而保障系统则是监督过程，使结果合于目标的要求。从教育质量保障系统来看，高等教育评估具有诊断性评估、形成性评估的特点。

如何建立高等教育质量保障系统？外部教育质量保障系统需要建立教育评估的中介机构。现在教育部成立了研究生与学位评估研究中心，之后又成立了高等教育教学评估中心。我不知道能否成为高等教育质量保障系统的中介机构。如果要成为中介机构，还要在管理体制上、职能上加以调整。首先，目前它们还是教育部直属的事业单位，不是独立的法人单位，还带着许多行政的色彩。教育行政部门应该支持，甚至资助这些中介机构，但不应作行政干预。其次，两个机构缺乏联系统一，一个是评估研究生，一个是评估本科生，缺乏对整个高等学校办学效率和办学质量的整体保障。应该说，教育部下属的考试中心，也是一个教育评估机构，也能检验学校的质量。但是它主要是负责高等学校入学考试，恐怕难以起到质量保障的作用。因此，如何建立一个完善的高等教育质量保障系统，还值得我们进一步探讨。

三、高等教育评估与人文精神

高等教育评估是高等教育管理的一种手段，用来保障教育质量。目前，教育管理正在由20世纪五六十年代的科学管理转向人文管理。所谓人文管理，就是强调以人为本，重视人与人之间的关系，调动人的积极性和自主性。教育以育人为目的，学校不同于物质生产的企业，学校以学生为本，教师为主体，因此，教育管理更应该人文化，重视调动教师和学生的积极性。高等教育评估也应该体现这个精神，把它作为人文管理的一种手段。要做到这一点，高等教育评估的办法要改进。评估主体和评估对象要对话，要沟通，要理解。现在的评估往往是填写一大堆表格，使人感到厌烦。评估的信息采集应该放在平时，不应该在评估的时候才提出要求。评估时除检查信息是否符合学校的实际外，更重要的是评估专家与学校教师和学生的对话，通过对话来了解学校的办学思想、管理水平和办学质量，同时共同讨论如何改进学校的教育教学工作。学校内部的评估更要人文化。教师对学生的评估考核、学生对老师教学的评估也应该达到以评促改的目的。考核要严格要求，要坚持原则，否则会形成不良的学风，难以纠正。但考核的指导思想和方式要人文化，即重视调动积极因素，避免消极因素。例如教师考核学生，就不宜故意出难题出偏题，用考试来卡学生；学生考核老师的教学也要尊重老师的人格，实事求是，善意提出改进教学的意见。总之，都要用发展的眼光来看待评估的对象，做到互相沟通，互相理解，共同进步。

四、高等教育评估的再评估问题

高等教育的评估程序是否科学、指标体系设计是否合理、评估过程是否客观、评估结果是否确切、是不是需要检验，这就是高等教育评估的再评估问题。一般说来，在一项正式评估以前，对评估的设计要反复研究，特别是对评估指标体系的设计，要反复测试，找出最科学的符合实际的指标。我记得 20 世纪 90 年代初，航空航天部教育司对全国 4 所航空院校进行了一次社会评估。评估的结果，第一名是西安航空学院，北京航空学院排在最后。问题出在一个权重特别大的指标，就是毕业生愿意不愿意到基层，有多少人到了基层。这当然是非常重要的指标，但能不能就以这一个指标来说明学校的办学质量呢？又如 90 年代初国家教委高教司在北京科技大学、中国人民大学等 4 所学校进行试评，也出现不科学的结论，文科院校排在最后。后来才觉得应该分类评估。由于我们的评估总是不能做到十全十美，因此，评估的再评估就十分必要和重要。每次评估以后应该及时地进行再评估，以便弥补评估中的不足，有些带有导向的问题可以得到及时纠正。

再评估还有一个对评估的成本加以评估的问题。高等教育评估是要付出成本的。但这个问题常常被组织评估的行政部门所忽视。为什么现在高等学校对上级布置的各种各样的评估颇有怨言，就是因为成本太高。学校为了应付一次评估要花一、二年的时间准备，许多学校为此调集人马，成立“迎评办公室”，花费的经费不用说，花费的人力更是难以用价格来计算。因此，评估要考虑到成本，再评估也要评估一下评估的成本，使评估的投入和产出相对称。如果评估的投入太高，产出太少，或者评估的效果太低，那就应该考虑这项评估的必要性。总之，评估不能走形式，要讲究实际效果。

铸造大学的灵魂——一流大学建设的关键所在*

一流大学有许多指标，刚才王校长讲了三个方面：自身的实力论、社会的贡献论、社会同行的评价三点。一般说来，大家对一流大学都有一个直观的认识，就是一流大学需要有一流的教师，一流的学科，在科学研究和培养人才方面有卓越的贡献，这恐怕是大家的共识。但除此之外，还有一个最重要的东西，就是王校长最后讲到的校园文化的建设。校园文化的建设我理解得要广一些，不仅仅是校园里的硬件、软件的建设，更主要的是一所学校要有一个文化的蕴涵、文化的底蕴。文化的蕴涵越深厚，学校的基础就越深厚。大学本来就是文化的产物，是研究文化、创造知识、创造文化的场所。如果一所大学没有文化的底蕴，是创造不出新的文化来的。一流大学和一般大学的不同就在此。我曾走访过一些大学，感觉到在真正的名牌大学，一进到校园里头，就有一种不同的气氛。一般的大学尽管

* 原载《清华大学教育研究》，2003年第3期。

房子盖得非常漂亮，硬件非常好，但总觉得大学里的气氛缺少了一种什么东西。而一些比较好的大学，比如说东京大学、早稻田大学，一走进这个大学就觉得有一种文化的气氛。东京大学有个很古老的图书馆，一走到这个图书馆里头，就有一种使人肃然起敬的感觉。有一年我去早稻田大学时刚好碰到他们开学，学校正在欢迎新生。他们欢迎新生跟我们不大一样，我们欢迎新生，每一个系挂出一个牌子来，新生直接到这个系报到。早稻田大学是学生的社团在招募会员，头一天，全校几百个社团都在校园里设摊，讲我们的社团是干什么的，有的是保护野生动物志愿者团体，有的是社会志愿者社团，有的是文艺社团。各种各样的社团，吸引新生参加。整个校园就像一个大市场。这个气氛我在一般的学校没有见到过。早稻田大学我去过多次，我就喜欢他们出的各种海报，有政治性的，更多是学术讲座、社团活动的五彩缤纷的海报，显得学校很有生气。这就是这个大学的传统。我去过美国一些好的大学，也都有各自不同的文化传统。

去年 5 月我曾经参观了欧洲波隆尼亚大学，这是大家公认的世界上最早建立的现代意义的大学，建于中世纪 1067 年。该校位于波隆尼亚城中心东北的萨帕尼街（Via Zamboni）上，没有统一的校门，一座座学院分布在街道的两旁。在街道边上，学院的门口摆满了各种兜卖纪念品的小摊。拿现代大学校园的标准来看有点不像大学。我们首先走进法学院，那是有三层楼房的四合院，建筑很古老。院子里三三两两地聚集着许多年轻人，有的拿着书，有的拿着笔记本，上面用彩色笔划得花花绿绿。通过交谈得知他们是法律系二年级的学生，正在等待考试。教育系在旁边另一座楼房里，进门就是一条长廊。廊上墙壁上有如布告栏，贴满了课程表、学生的成绩单和各种通知。楼上就是教室和研究室了。楼梯很古老，树立着罗马式人物雕像。旁边一座楼是信息系，格局基本相同。大致都建在十七八世纪。学校的主楼在街道的南面，建于 16 世纪，现在主要作图书馆用。楼里廊上树立着在这所学校任过教的著名教授和学者的胸像，但丁的胸像就立在图书馆的门口，给人一种庄严肃穆的感觉。这所大学没有宏伟壮丽的大门，没有现代化的建筑，没有草坪，但当你走进任何一个学院的院落，你都会感到一种凝重的气息。那里的每一个廊柱，每一个塑像，每一张布告，都散发出它的历史、它的身份。我想这就是一种文化，一所著名大学的文化。

大学文化最根本的核心，我认为是学风问题、校风问题，校风问题也就是学风问题。校风问题就是一个学校的思维方式和工作态度问题。从思维方式来讲，就是大学怎么办，办成什么样子，有些什么思路。办大学要有目标，有思路，这很重要。今天王校长讲的，清华大学要办成一流大学就有一个思路，有一套措施。这个思维方式表现在大学的理想、大学的思路上。我记得斯坦福大学的一位前任校长讲过，大学最根本的任务不是传授知识，更重要的是创造一个新的思维方式和新的价值观。因为，大学不是把原来的知识传给学生，而是怎么对待原来的知识，怎么对待人类文化的知识，怎么对待将来知识的发展。一个大学要使学生通过几年的学习获得一个新的、具有创新精神的思维方式；还要使学生获得正确的符合时代精神的价值观。当然，思维方式问题还包括实事求是，联系实际问题。是理论联系实际，解决实际问题，还是空谈理论。刚才王校长讲到，要把清华办成一流大学，就要结合我们国家的实际，还要注意国外一流大学，看看它们的这些指标是怎么来的，结合我们国家的具体国情，制定我们的一些指标，解放思想、实事求是、理论联系实际，这就是一个思想方法的问题。

大学学风的另一个问题，就是工作态度、治学态度的问题。在科研、教学中是戒骄戒躁，严于治学，还是浮躁不专，急功近利，这是一个治学态度的问题。回想我们这些老大学，像清华创建已90多年，北师大去年庆祝创建100周年，这百年的历程是怎么走过来的？就是靠一批学术大师。他们治学严谨，把做学问当做自己的生命，孜孜以求；对学生的要求也非常严格，而不是急功近利。他们不仅文章做得好，而且人格魅力也吸引着学生。但是，近些年来，我觉得我们学术界浮躁不专的态度有所滋长，急功近利的思想有所滋长。当然，原因很复杂，现在我们的社会正在变革，经济正在转型。市场经济有它积极的一面，如促进了竞争，发展了经济。但也有一些消极的因素存在，这些消极因素影响到大学中某些师生的治学态度。另外，一些制度不尽完善，评价制度不科学，再加上学校采取的一些措施，建立的一些机制不够合理，不很科学，容易出现浮躁不专，急功近利的问题。

我觉得学风建设恐怕是一流大学的灵魂，创建一流大学首先要铸造大学的灵魂。学风不是一代人就能建立起来的，而是经过几代人的努力，一代代传下去。我们的老师教育我们，我们现在来传给学生，一代一代人努力塑造，塑造大学的文化，为全体师生所共识，形成一个传统。有了这样的传统，就有了灵魂，一流大学才能办得更好。现在要建造、要塑造大学的灵魂，我觉得需要加强学校人文精神的教育。加强人文精神的教育不仅仅是加强文科的教育，当然，一个学校里如果有文科很好，但不是所有的学校都有文科，清华大学建立了一个人文学院，这非常好，非常有必要。真正的著名大学都有文理科。但人文精神不仅仅表现在人文学科上，自然科学里头也有很多的人文精神。现在我们讲科学教育，科学教育在半个世纪以来是不断发展的。半个世纪之前讲科学教育，主要是培养精英，掌握科学技术。但现在，20 世纪 80～90 年代以来，从世界范围来讲，科学教育不完全是知识教育，更重要的是提高学生的科学素养，培养国民的科学素养。怎么培养国民的科学素养？不仅仅使国民知道科学解决什么问题，而是要知道科学的价值在哪里，它对人类发展的价值在哪里。这就是科学的人文精神。工程教育里面也有人文精神。从这个意义上讲，不光是文科院校，还有理工科院校，任何大学，如果要办成一所好的大学，一流大学，就应该强调学校的人文基础，以此来铸造大学的文化。当然，铸造大学的文化还可以从各个方面进行，包括刚才王校长讲到的硬件建设、软件建设、教育的环境建设等等。总之，大学是一个文化的殿堂，是一个育人的场所，校园里头的一言一行，一草一木，都应该体现出它的文化蕴涵，都应该体现它育人的氛围。

师 范 教 育

加强师范教育是发展教育事业的根本*

党的十二大为我国社会主义建设确定了战略目标、战略重点和战略步骤，并且明确地提出教育和科学是经济发展的战略重点之一。胡耀邦同志在报告中指出："必须大力普及初等教育，加强中等职业教育和高等教育，发展包括干部教育、职工教育、农民教育、扫除文盲在内的城乡各级各类教育事业，培养各种专业人才，提高全民族的科学文化水平。"这个任务是比较艰巨的，但又是必须完成的。作为一个教育工作者，我们感到责任重大，任务艰巨和光荣。为了完成这个任务，当前要加强师范教育，提高师资水平，这是提高教育的关键。现在从三个方面来说明这个问题。

一、必须提高对师范教育的认识

教育工作在整个国民经济发展中的地位和作用，经过近几年来的宣传和教育，已经逐步地为人们所认识。但是

* 原载《教育研究》，1982年第11期。

办好教育的关键在哪里？除了党的领导，各级领导的重视，还有一个很重要的条件，这就是要有一批既热爱教育事业，又懂得教育规律的人来办教育，要有一支高质量的教师队伍。建立这样一支教育干部和教师队伍，毫无疑义，师范教育肩负着重要的任务。因此，办好师范教育，是教育事业得以发展的根本保证。

但是，有些同志不重视师范教育。在他们的眼里，教师是什么人都能当的。因此，有的干部有了问题，在机关里不好安排，往往就精简下来往教师队伍中塞；在教师队伍中发现了优秀人才就往机关里拔。写到这里，我不禁想起50年前鲁迅在《热风·随感录二十五》中写的一段很有趣的话。他说："前清末年，某省初开师范学堂的时候，有一位老先生听了，很为诧异，便发愤说，'师何以还须受教，如此看来，还该有父范学堂了！'这位老先生，便以为父的资格，只要能生。能生这件事，自然便会，何需受教呢。却不知中国现在，正需父范学堂；这位先生便须编入初等第一年级。"这里说的是清朝末年的事。可惜啊！现在这种人还有。他们不理解，教育者必先受教育。父母需要受教育，才懂得如何教育子女；教师更需要受教育，才会懂得如何教育学生。

更令人奇怪的是，有些办教育的人却不重视师范教育。他们认为，教师不需要高深的学问，只要能把课本上的知识教给学生就可以了。因此轻视师范院校，师范院校的经费可以比别的院校少一些，设备可以差一些。表面上看来他们重视理工人才的培养，不重视师范。其实，轻视师范，中小学的教育基础打不好，理工人才也难培养出来。又何况，要把课本上的知识教给学生并不是一件容易的事。教师不经过专门的严格训练，自己没有渊博的科学文化知识，不懂得教育教学规律，要想把课本上的知识教给学生，被学生所接受是不可能的。在当代科学技术突飞猛进的时代，作为一名教师不仅要掌握现存的知识，而且要具有吸取新知识的能力。师范院校必须开展科学研究工作，特别是开展教育科学的研究，总结我国教育工作经验，把它提高到教育理论上，再去指导实践。

尤为奇怪的是，有些办师范教育的人也看不起师范教育，口口声声提出要“向综合大学看齐”。他们认为综合大学的毕业生水平高，底子厚，当教师比师范院校的毕业生有后劲（不知道怎样得出这样的结论的?），而妨碍师范院校提高水平的，就是倒霉的教育学科。因此他们主张不讲教育学科，不搞教育实习，以便腾出时间来教授专业课。也就是取消教育科目，摘掉师范帽子。这是极大的偏见。教育是一门科学，有它自己的客观规律。只有遵循教育的规律进行教学，才能提高质量，培养人才。要掌握教育规律，就要学习教育理论。当然，教育规律像其他学科的知识一样，不是说非在学校里学习才能获得。但是，学过教育理论的人总是比没有学过的人懂得教育的规律，就像有人也能业余学好数学，并不等于学校就可以取消数学课。有的同志还引用了有些国家近年来逐步取消师范院校的建制，认为可以不要师范教育。殊不知，有些国家取消师范院校，然而并没有取消师范教育。他们通常在综合大学内部设立教育学院，大学其他专业的学生想在将来当教师，就必须到教育学院修满必需的学分，或者在其他专业毕业以后再到教育学院学习一至二年，经过考试合格才能成为合格的教师。可见，他们取消师范院校，不过是改变师资培养的方式，或者说是为了提高师范教育的水平，并不是取消师范教育。何况这种非定向的师范教育近年来已经受到一些学者的批评。认为这种学校出来的毕业生，专业思想不巩固，专业训练不扎实。日本近年来又重新建立了几所教育大学，就是这种思想的反映。

从我国的实际情况来讲，我国人口众多，教育发展很快，而师资数量不足，需要办各种水平的师范院校，以满足各级各类学校的需要。重点师范大学的学术水平，不能低于综合大学，但也不能要求所有师范院校都达到综合大学的水平。各种院校都应该根据它的任务和培养目标达到高水平，而不能提倡这类学校向那类学校看齐。

二、办好师范教育，培养合格教师

办好师范教育，就是做好教师职业前的训练，培养合格的教师。世界各国都很重视教师的职业前训练，提出严格的要求。例如法国，教师的选拔要经过严格的竞争性考试，而且分几种等级：(1) 国立中学的高级教师必须是取得大学硕士学位，或高等师范学校毕业，再经过严格的“中学教师会考”取得教师头衔证书，才能担任。(2) 中学一般教师由高等师范学校的毕业生，未通过“中学教师会考”者，或者取得大学学士学位后，经过一次考试，得到“中等教育职业证书”者担任。(3) 助教是由具有硕士学位的大学助教，在大学不能取得讲师资格者担任，没有正式教师头衔，职业也不固定。(4) 辅助教师由取得学士学位的大学毕业生担任，只是教师的助手，不能担任讲课教师。小学教师必须是高中毕业接受二年的师范教育，然后在一所初等学校从事二年教学工作，经考试合格，具有学士学位，才能获得初等教育正式教师的称号。联邦德国的基础学校和国民学校的教师，必须在师范学院学习三年的专业知识，然后接受第一次教师资格考试，合格者作为见习教师的身份受二至五年的实习训练，再接受第二次教师资格考试（包括提高有关教育实践的论文、进行观摩教学和口头问答），合格者才能被录用为正式教师。

这种对教师的严格选拔和职业前的严格训练是结合起来的。教师职业前的训练一般包括三个方面：（1）专业知识的训练。高等师范学院一般根据中学的课程设立专业，中等师范学校则不设专业。（2）教育专业训练。包括教育理论、心理学、教学法等方面的知识。（3）教育实习。各个国家在安排上各不相同，但这三者缺一不可。特别对教育实习非常重视。例如法国培养小学教师的师范学校在二年教育专业训练中有 4 个半月实习，毕业后还要从事二年的实际工作；培养中学教师的师范生在取得学士学位，并参加“中等教师资格证书”的理论考试及格后，还要进入“地区教育中心”接受一年的教育专业训练，在此期间总共进行 27 周的教育实习。

借鉴外国办师范教育的经验，如何办好我国师范教育，这里提出几点意见：

第一，对各级各类学校教师的要求要立法。用法律规定，达到什么水平才能担任那一级的教师，规定教师的考核制度和晋升制度；对新教师要按照法律的规定严格要求；对在职教师通过进修逐步达到规定的标准。

第二，招生时要特别注意师范院校的新生质量。近两年来高校招生录取时，师范院校优先录取，这个办法很好。但还需要动员优秀的中学毕业生报考师范院校。中学的领导和老师要重视师范教育，要像挑选自己的接班人一样，把优秀的、有教育才能和组织能力的学生输送到师范院校。

第三，各级教育部门要重视师范教育的建设。在经费上、设备上，要把师范院校放到和综合大学同等重要的位置上。把发展师范教育看做是发展教育事业的战略措施，改善师范院校的办学条件。

第四，师范院校的课程设置要进行改革。要研究培养一个合格教师需要什么样的知识结构和能力结构，合理地安排专业训练、教育专业训练和教育实习的比例。现在普遍的现象是重视专业训练，不重视教育专业训练和教育实习，后两者在教学时数中所占的比例极小。这种比例不能培养合格的教师。师范生一进学校以后就应该让他们接触教育实际，进行教育专业思想教育。要加强教育学科的教学，改进这些学科的讲授方法，改变那种空讲理论、脱离实际的讲授方法，把讲课和见习、实习结合起来。实习的时间要适当延长，一般以3个月为适宜。教育学课程可以在实习前和实习期间进行。学生学习时就有目的性、针对性，可以结合实习中的问题进行讨论，理论联系实际，学得深刻。由于延长了实习时间，重点师范院校可以适当延长学制。中等师范学校的学制也要延长，以便学完普通高中的课程。

第五，要在综合大学中开设教育课程。因为中学教师光靠师范学院来培养是不够的。实际情况也是这样，过去综合大学毕业生中有相当一部分要去当中学教师。因此，对他们进行师范专业训练，使他们懂得教育规律，掌握从事教育教学工作的技能是很有必要的。

第六，随着中等教育结构的改革，职业学校和中等专业学校要有很大的发展，这类学校的师资要有专门的训练。因此要创办一些专业师范学院，以保证专业教师的质量。

三、加强在职教师的培训，提高师资质量

教师是如此重要，但是我们现有教师队伍的状况却与要求极不相称。特别是经过十年动乱，教师队伍受到了严重的破坏。一方面许多师范学校被撤销，新教师缺乏来源；另一方面，教育事业发展得很快，需要不断地补充新教师。据统计，1978年全国普通中学在校学生为1965年的7倍，专任教师为6.9倍。这些教师从哪里来的？一是吸收了一批没有经过专业训练的高中毕业生，二是从下面层层选

拔，从小学教师中选拔好一点的教初中，初中教师选拔上去教高中。不少人在小学、初中是好教师，提到初中、高中却难以胜任。结果不仅使高中的教育质量受影响，初中、小学教育也受到严重影响。据教育部 1978 年的统计，全国高中教师中大学本科毕业的，1965 年占教师总数的 70.3%，1977 年下降到 33.2%；初中教师中大专程度以上的 1965 年为 71.9%，1977 年下降到 14.3%；小学教师中中师程度以上的 1965 年为 47.4%，1977 年下降到 28%。近年来由于压缩高中，情况稍有好转，但还没有起根本的变化。教师队伍的这种状况不改变，我国中小学教育的质量就不可能提高，教育经费增加再多，也是白白地浪费。因此，加强在职教师的培训问题已经是刻不容缓的问题。

加强在职教师的培训，不仅仅在于把不合格的教师提高到合格的程度，而且要使现在合格的教师的业务水平进一步提高。在当代科学技术迅猛发展的时代，知识的陈旧周期不断加速，教师光靠过去在学校里学到的一些知识是不够用的。例如固体物理学在 60 年代是前沿科学，现在固体物理学的理论已经应用得很普遍。60 年代师范院校物理系的毕业生如果不继续进修，就会缺少这一部分知识。我们还应该看到，现在的中学生与 60 年代 70 年代的中学生也大不相同了。他们通过广播、电视、电影等现代化的技术手段获得许多知识，他们要求教师进一步满足他们求知的欲望。如果老师不学习，就很难受到学生的欢迎。

因此，当前我国教师的在职培训，应该分两种类型：一种是为了解决合格的教师问题，一种是为了提高合格教师的水平问题。两者都需要重视，不能只顾一面，忽视另一面。当然，我们当前的主要的任务，也是最艰巨的任务，是解决合格的教师问题。不解决这个问题，起码的教育质量就不能保证。但是也不能忽视胜任教师的提高问题，因为这部分胜任的教师是当前教师队伍中的骨干。他们的水平提高了，不仅对教育质量的提高有着重要意义，而且可以带动其他教师，帮助其他教师提高。同时从长远的观点来看，今天是胜任的教师，如果不继续提高，明天可能就会变成不胜任的教师，因此，提高他们的水平，也是具有战略意义的。

培训这两部分教师，可以做一些分工。地方上的教育学院和教师进修学校主要承担把不合格的教师培养成合格教师的任务；各师范学院，特别是重点师范院校则承担提高胜任教师的任务。这是第一个问题，即解决教师培训中的普及和提高的问题。

第二个问题是要建立一个培训的制度。近几年来各地都很重视教师的培训工作，但是缺乏规划，年年培训，年年过不了关。我觉得培训教师要有一个规划，有一个制度，一门一门课解决，不要零打碎敲。首先要规定，什么样的水平可以当小学教师，什么样的水平可以当中学教师。达不到这种水平的进行业余或脱产进修，修完一门课程，经过考试合格发给证书；修完规定的全部课程，发给合格教师证书。也可以采用学分制，规定必须修完多少学分才能成为合格教师。

第三，要把教师的培训制度和劳动工资制度、职称的晋升制度结合起来。现在正在制定中小学教师的职称制度，这是很有必要的。各行各业都有职称，中小学教师也应该有职称，这样有利于教师的努力和提高。教师的培训制度要和它结合起来。不合格的教师通过进修，达到合格的标准就可以得到相应的职称，工资待遇也应相应地提高。对于获得一定职称的教师还应定期检查，促进他们不断提高。苏联从1974年开始对中小学教师建立了定期评定考核制度，规定每个教师五年评定一次。评定的主要内容包括：教师的教学和教育工作质量，运用和研究教学法情况，业务和政治理论水平的提高，道德行为和政治表现。评定的结果分四类：(1) 称职并给予奖励；(2) 称职；(3) 称职，但须履行评委会的建议；(4) 不称职。对不称职的教师在评定后两个月内调动工作。苏联这种对教师定期检查的基本精神是可以借鉴的。

总之，师范教育是发展文化教育事业的基础。要办好师范教育，需要办教育的同志对师范教育的性质、任务，学校的结构，课程的安排，训练的方法进行充分的研究，制定出一套切合我国实际的师范教育制度，培养更多更好的教师，以便从根本上提高我国的教育质量，促进党的十二大提出的宏伟目标的早日实现。

论高等师范教育的改革*

当前，师资的数量和质量问题已经成为各级各类教育事业发展的关键。社会各界人士无不关心这件大事。加强师范教育，虽然在措施上还不够落实，但是已经被各级领导所关心和重视。现在的问题是，如何加强师范教育，师范教育如何进行改革，才能适应我国教育事业发展的需要。这是一个值得严肃讨论的问题。

一

关于师范教育历来就有许多争论，这些争论影响到师范院校的办学方针和教学内容和方法，影响到师资的质量。因此，讨论师范教育的改革还必须从澄清思想开始，统一思想，统一认识，才能把师范教育办好。最近我率领幼儿教育代表团访问北美两国（美国和加拿大），无论是讲到幼儿教育，还是讲到幼儿教育师资的培训，他们都强调指导思想，他们称之谓哲学（philosophy），而在确定指导思想

* 原载《教育科学》，1988 年第 1 期。

的时候又首先要考虑文化历史背景。我觉得不管他们的教育制度和方法是否对我们有用，这种考虑问题的方法是对的。那么，我们就来探讨一下我国师范教育的指导思想（philosphy）和我国的文化历史背景对这些指导思想的影响。

在指导思想上有几个问题需要认真讨论一下，第一个问题是在我国要不要建立单独的师范教育体系问题，这个问题已经讨论了20多年。有人主张培养师资并不需要办师范院校，应该像现在大多数欧美国家一样，培养师资实行开放性，所有院校都可以培养师资。的确，现在世界上，大多数国家已经很少设有单独的师范院校，苏联是一个例外。但是有两点需要注意到：首先，独立的师范院校的消亡是有一个历史过程的。考察这些国家师范教育发展的历史可以看到他们也存在过独立的师范院校体系，实行开放性的师范教育是由独立师范院校发展而来的。这种发展需要具备三个条件：一是师资数量在这个国家已经得到充分的满足；二是师资的质量需要提高，这种提高包括了教师所教的学科专业水平和教育职业水平；三是教师的职业已有一定的社会吸引力，有一定的竞争能力。美国是在20年代开始逐步把师范院校改为综合性大学的，到了战后才基本上完成这个过程。即使如此，并不排除有些专门培养师资的师范院校的存在。其次需要注意到的是，实行开放性培养师资，并不等于取消师范教育，相反，加强了师范教育，也即加强了师范的职业训练。我们看到欧美开放性培养师资的形式有两种：一种是在综合大学或者学院里设立教育学院或教育系，在本科生阶段直接培养教师。这些学院和系大多是培养幼儿教育工作者或基础学校（即小学）的教师。这里教育学科，特别是课程和方法的内容占很大比重；另一种形式是在综合大学里设立教育学院，不开设本科生课程，而是招收具有其他学科毕业水平的学生，开设硕士以上的教育课程或符合州政府对教师证书要求的课程，使学生具有教师的资格，时间一至二年不等。学习的科目主要是教育学科和教学方法。从以上两种情况可以看出，所谓开放性的师范教育，不是对师范教育的削弱，而是加强，对教师的职业培训大大加强了。

我国现在这样做，办得到吗？我国现在有1000万中小学教师，而其中约有一半在学历上还没有达到国家规定的基本要求；到20世纪末，我们要求普及九年义务教育，需要补充新教师约300万名。在这种文化历史背景下，我们能不能取消单独设立师范院校，实行开放性师资培训的办法。我想这是不现实的。我国现在对教师资格的要求是低水平的，大致处于发达国家20世纪二三十年代的水平；小学教师只要求有中等教育的文化水平，初中教师只要求有高等专科教育的文化水平，高中教师才要求大学本科毕业的水平。这种要求是十分低的，在现代科学技术迅速发展的时代，这种要求应该说是不符合时代的要求的。但是由于我国现阶段还处在社会主义发展的初级阶段，文化发展水准还较低，师资又严重不足，这种要求恐怕还要维持几十年，等到现有教师都能达到这个基本要求，师资有足够数量以后才能谈得上进一步提高教师培训的水准。其次，当前在我国教师职业还没有具备较大的社会吸引力，更没有竞争能力。要让其他专业的本科生毕业以后再到教育学院学习一年是办不到的。

在我国当前情况下，我们要提倡的不是取消师范院校的单独建制的开放性，而是要在办好师范院校的同时，提倡其他院校也来承担培养师资的任务的开放性，以便加速我国师资队伍的建设，但很难在较短的时间内使我国全体中小学教师都能达到国家的最基本的要求。到那个时候再来学习欧美开放性师范教育，才具有最起码的可能性。

第二个问题是：师范教育的办学方针是什么？学科专业培训与职

业培训的关系如何处理？有两种极端的思想，一是主张当教师不需要特别的职业训练，只需要把专业学科学好即行。他们认为综合大学的毕业生业务水平高，底子厚，当教师比师范院校的毕业生有后劲。还有人认为妨碍师范院校提高水平的是教育学科，因此主张取消教育学、心理学，取消教育实习，腾出时间来教授专业课。这是一种歧视教育科学的偏见。综合大学毕业生比师范院校毕业生有后劲，并无科学根据。也许有这种现象，但这种现象的出现是多年来轻视师范教育的结果。因为师范院校的设备条件差，教师水平不如综合大学，再加上青年不愿意上师范院校，生源水准就比综合大学低许多。拿一种表面现象不加分析地来说明本质问题是不科学的。

另外，什么叫高水平的师资？是不是专业知识学得越多，教师的水平就越高？显然不是。专业知识只是教师必须具备的一个条件，但不是唯一的条件。不能把教师专业知识水平的高低和师资质量的高低等同起来。作为一名合格教师，除了要有比较渊博的知识以外，还需要掌握教育科学的理论，懂得教育规律，善于把自己的知识教给学生，启发学生创造性思维，发展学生的能力，并且要用自己的高尚品质和崇高的精神境界去影响学生，使他们成为优秀的社会主义公民。

在这个问题上也有另外一种极端。认为当教师不需要什么高深的学问，只要能够把中小学生的知识教给学生即可，由于以这种思想作指导，他们认为师范院校不需要综合大学那样的设备和条件，认为师范院校不需要搞科研。这又是轻视师范教育的另一种偏见，或者是一种陈腐的观念。当科学技术尚不发达的时候，工人、农民主要靠自己的手艺干活，那个时候中小学的任务，除了少数人为了升学在特殊的学术性学校（例如英国的公学）学习外，一般只要求有极低水平的文化科学知识。那时对中小学教师的专业要求当然不是很高，即使如此，对那种培养高级人才预备教育的高中教师的要求也是很高的。现时代可不同了，科学技术迅猛发展，许多过去只是在大学课程中学到的东西，现在已经在中小学里出现。中小学生发展水平也与几十年前大不相同。教师如果只有中小学生所要学习的那点知识，是远远满足不了青年学生求知的要求的，而且也教不好那些课程。中学教育是给青年学生打基础的，但是如果教师只知道学生要学习的那点知识，对整个学科不了解，对学生以后将要学习什么不了解，教师就不知道如何给学生打好基础，正如建筑师没有整个楼房的建筑蓝图，他就不知道基础应该打多么深一样。苏步青教授为什么要给中学教师办数学讲座呢？他说是为了让教师在教学中做到心中有数，言之有物，避免不懂装懂，贻误青年。他说，现在数学上的有些问题，在中学里是作为已知的东西给学生讲的，没有证明，有的教师对这些问题并不了解。他说，只有用高等数学观点来指导初等数学的教学，才能使教师望得高，讲得透彻，收到深入浅出、启发学生的效果。要培养这样的教师，高等师范院校本身应有较高的水平。

有的同志总喜欢和外国来比。那么，看看外国师范教育发展的趋势吧！经与许多外国专家讨论，现在师资的培养是向着两个深度发展，一个深度是专业水平，一个深度是教育训练。近些年来，确实有加强专业水平的趋势，许多专家认为，要当好教师，教师本身的专业水平是极其重要的；但是另一方面，又强调教育方法的训练，他们强调的职业训练与我们强调的不同，他们强调教育的应用方法。他们的教育课程很注意联系实际。以学生为对象来研究方法问题，而不是从抽象理论出发给学生说教。我国的现状是，无论专业学科的教学还是教育职业训练都不够，由于师范学习的年限与普通综合大学一样长，但要学习两类课程；学生的来源又不及综合大学，因此两方面的训练都嫌不足。因此要从两个方面来加强，不能只强调一方面而忽视另一方面。当前从领导来讲尤其要重视师范院校的物质设备和教师队伍的建设，因为过去对师范教育欠账太多，要使师范院校跟上综合大学的水平，需要对师范教育重点扶植才行。

二

高等师范院校的主要任务是培养中等学校的师资，但中等学校有不同的水平，有初级中学和高级中学；有多样化的结构，有普通中学、职业中学、技工学校和中等专业学校等等。因此，高等师范教育本身应该是一个多层次、多样化的结构，才能适应多种师资的要求。我们可以设想把高等师范院校分成四个层次：第一层是师范专科学校，招收高中毕业生，学制二至三年，培养初级中学的教师；第二层是四年制师范学院，培养高级中学教师；第三层是五年制的师范大学和综合大学，培养重点中学和中等师范学校水平比较高的教师；第四层是师范院校和综合大学的研究生院（硕士研究生或研究班），培养师范专科学校和师范院校的教师。这是从纵的方面讲。从横的方面讲，除了设立一般师范院校外，目前亟待建立技术师范学院、艺术师范学院和体育师范学院。另外，要确立综合大学和其他理工学院承担培养中等师资的任务。

从纵的方面来讲，就要根据不同的师范院校提出不同的要求和进行不同的建设。这种不同的要求和建设是根据任务来确定的，不存在哪个学校高级，哪个学校低级；也不存在用这种要求和建设来确定哪个学校办得好，哪个学校办得不好，学校办得好坏主要是看它的任务完成得如何。我们这次去参观了位于纽约的银行街学院，这所学院培养的幼儿教师在北美有突出的口碑，我们走到哪一所大学，只要提到幼儿教育，他们就会问你，参观过银行街学院没有。由于它办得好，办得有名气，这个学院的气派很大，参观的人络绎不绝。如果我们的师范院校，不管是哪个层次，能办成像银行街学院那样有名气，我想就是一所好学校，一所名牌学校。

从横的方面来讲，大家对办技术师范学院有争议。主要是认为职业中学、技工学校的师资光靠技术师范学院来培养是不可能的，这固然有一定的道理。但是目前技术教师缺乏，理工学院又不可能大量培养这方面的师资，适当建立技术师范学院是必要的。特别是有些专业，如服务性的专业，服装设计、烹饪、家用电器修理等专业的教师没有地方培养，设立技术师范学院可以弥补理工学院的空白。与此同时应该明文规定一切高等院校都有培养师资的任务，这样才能解决我国各类中等学校师资的不足。尤其是综合大学，要确定培养师资的一定比例。实际上地方办的综合大学有的是原来由师范学院改名而成的，不过增加了几个非师范专业。这类综合大学应以师范教育为主，其他一些综合大学也应开设教育专业的课程，也可以在综合大学里建立教育学院，像欧美国家一样，将来准备当教师的学生可以在学习期间选修教育课程，或在结业后再到教育学院学习一年教育理论和实践，取得教师资格证书，这样可以使综合大学的学生多一些就业的机会。我想这条路子，随着我国职业构成的变化，会越来越宽。

三

应该办好几所重点师范大学，使它起示范作用和工作母机作用。高等师范院校在高等教育中所占的比重很大，现在全国有高等师范院校 265 所，占全国高等院校的四分之一。要把这么多师范院校办好是很不容易的，只有办好几所重点师范大学，才能带动其他师范院校。

这些重点师范大学的任务不仅要为中学培养师资，而且要为其他高等师范院校培养师资，要出科研成果，要编写高等师范院校的使用教材。这样的师范大学既是教育中心，又是科研中心。它们的专业业务水平不应低于综合大学，而教育业务水平应该高于综合大学。为了达到这个要求，重点师范大学在学制、专业设置和科学研究方面要进行改革：

(1) 学制延长为五年，用四年时间进行专业学科教学，一年时间进行师范职业培训。师范职业培训的内容可以分散进行，也可以像综合大学教育学院培养师资一样，集中在最后一年进行。为了体现较高水平的学历，可以设立双学位，即授予专业学士学位和教育学士学位。在毕业后的工资待遇上也应该体现他们学历的不同，可以取消一年的实习试用期。

(2) 重点师范大学的专业设置应该全面一些，不要局限于中学所授的科目，要根据当代科学技术发展的形势，设立一些新兴的有发展前途和普及意义的专业，如电子计算机、环境保护、社会学、人口学等等。

(3) 增加研究生和进修生的比重，同时改进培养办法，这些研究生大部分要到高等学校当教师，因此他们在学习期间应该参加一定的教学工作，兼作助教或政治辅导员，培养从事高等教育的能力。

(4) 建立一些研究机构，开展科学研究。重点师范大学的科研方向主要是开展教育科学研究和基础学科研究，当然也可以根据学校的条件和传统，开展一些新兴的前沿科学的研究，特别是对于提高基础学科有帮助的新学科的研究，以提高学校的学术水平和教师的业务素质，教育科学研究不要只局限于教育理论的研究，应重视教育实际的研究，如中学教材教法、中学思想教育的研究。

(5) 改善重点师范大学的管理水平。重点师范大学应该研究自身的建设，改革管理制度，提高管理水平，应该成为高等院校的模范。

四

要努力改善教育学科的教学工作，培养学生的专业思想和从事教育教学的技能和技巧。现在师范院校的学生普遍不太重视教育学科的学习，这固然与学生不愿意当教师的思想有关，但教育学科的教学本身也存在着严重的问题，最大的问题是理论脱离实际。学生听起来感到枯燥乏味，许多学生反映，教育学科的教学最不符合教学原则，这个批评很中肯。教育学科的教师要改变一种观念，即认为理论必须是思辨式的，必须用概念来套概念。其实，理论是一种经验的概括，在实际应用中概括出它的规律来，就是理论，不必把理论看得过于神秘。过去我们把哲学看得很神秘，这次我到北美，他们口口声声讲 philosophy（哲学）。所谓哲学，就是你做什么事的指导思想，并无神秘可言。他们讲哲学，不是讲大篇的道理，而是和学生一起分析一种现象，找出为什么发生这种现象，应该如何对待这种现象，非常强调的是在实际中学习理论。我们就缺乏这一点。我们从事教育学科的教师，自己很少到中学去实践，不了解中学的实际，不在学生中分析中学发生的现象，空讲一套理论，学生当然感到很枯燥。因此，教育学科的教师首先要到教育实际中去，了解中学存在的问题，研究解决实际问题的方法，同时把学生带到实际中去，让他们去观察，要和学生一起讨论实际中发生的现象，研究解决的办法，这样不仅使学生真正掌握教育的理论，而且使学生对教育思想有深刻的认识，并建立起一定的信念，懂得一些教育规律，同时还可以获得进行实际教育教学工作的技能和技巧。

师范院校用于教育学科的学习和教育实习的时间应当适当增加，增加的时间不一定用于讲课，而是引导学生自学。可以结合专业，指导学生读点教育论文、教育小说，如《教育诗》、《班主任》等，看点教育电影，增加对教育工作的感性认识，学校应从学生一进校门开始就从各方面给学生一种做教师的熏陶，教育部门和现代教育技术研究单位应该搞出几套教育软件，配合教育学科的教学，改变过去一本讲稿、一支粉笔的教学方式。

师范院校要办好一两所附属中学。不要把附属中学办成追求升学率的重点中学，而是要办成真正的实验学校。我们这次去访问几所著名的大学，其教育学院都有自己的附属实验学校，这种学校和大学的关系十分密切，大学教师在那里亲自讲课，研究生在那里搞实验、做助理教师。其校舍的设计也是为实验用的，有装有单向玻璃的观察室，研究人员可以在不妨碍教师教学的情况下观察、录像、录音，我们在多伦多路尔圣技术学院儿童早期教育系参观，看到一位50多岁的麦凯教授亲自在儿童教育中心和孩子们一起坐在地毯上教孩子唱歌，教孩子学习音乐的节奏。这在中国似乎是很难见到的。但是只有这样，教师才有教育儿童的实际经验，也才能把这些经验化为理论教育自己的学生，否则，只能是空洞的说教。

五

要改革师范院校的招生分配制度。现在已经给师范院校优先录取新生的权利，许多地方还采取师范院校提前考试的办法，这些都是很好的措施。但是最重要的是要动员优秀的中学毕业生报考师范院校，才能真正保证师范生的质量。这当然要靠提高教师的社会地位和工资待遇来解决。但是教育部门和宣传机关也有许多事可以做：

（1）宣传教师职业的重要性，教师劳动的特点和他的苦与乐。教师的劳动是很辛苦的，但也有它的乐趣。宣传部门不要只讲教师辛苦的一面，也应讲到乐趣的一面，使中学生感到教师是一个既重要又很有乐趣的职业，要让学生乐于当教师，而不是苦于当教师。

（2）采取考试和保送相结合的办法。师范院校可以增加保送名额，但也不宜太多。因为有些学校并不把真正优秀的学生保送上师范，而只是中等的学生保送，以便增加学校的升学率。因此，保送的名额要控制，可以把考试和推荐相结合，在考分成绩达到基本要求的情况下，优先录取推荐的学生。

（3）规定师范毕业生服务的年限。现在为了稳定教师队伍，中小学教师不容许流动，这样做固然可以稳定现有的教师，但是却把未来的教师吓到门外去了，青年人一看进了门就出不了门，就不敢进门了。同时用不容许流动的方法来稳定教师，教师的积极性不可能发挥。因此要容许流动，但要求有一定的服务年限，规定的服务年限不宜太长，以五年为宜。工作满五年可以转职业，这是一个方面。另一个方面我们要尽力改善教师的工作条件，提高教师的社会地位和福利待遇，这样才能使教师在工作中心情舒畅，觉得有前途、有出路，才能真正把教师稳定住。也就是说，我们改革的方针是开放，而不是封闭，只有开放搞活才有出路，封闭僵化是搞不好的，经济是这样，教育也同样是这样。技术人才流动能够促进技术改革，我想教师的流动也能促进教育的改革，促使社会各界都来关心教育，激发教师的积极性。

必须使教师职业具有不可替代性*

对于如何提高教师的社会地位，人们往往着重在提高教师工资待遇上做文章，这当然是十分必要的。但更重要的是尽快地提高教师队伍的素质，加强教师队伍建设，使之成为一支训练有素的不可替代的专业队伍。

一项职业，工资待遇比较优厚，自然具有吸引力而为社会上的人所羡慕。也就是说，有了经济地位才可能有社会地位。但是，这只是问题的一个方面。任何一项职业，越具有很强的不可替代的职业性，它的社会地位才越高。可以认为，一项人人都可以干的职业，是不会受到社会的重视和尊重的。比如在我国，医生的工资待遇和教师的差不多，但医生受到社会的重视和尊重，就是因为医生是要受过专门训练的，别人不能替代。

我国教师地位的低下，是 20 世纪 50 年代以来"左"的路线搞乱了教师队伍的结果。50 年代中期开始的历次政治运动，总在运动后把一批批不能在机关当干部的人"下

* 原载《瞭望》，1989 年第 22 期。

放”到教师队伍，这就造成了一种似乎教师在政治上“不纯洁”的社会印象。过去的一个小学教师，在农村是最有学问的。他可以帮助村民写家信，逢年过节写对联，很受村民们的尊重。但自从把“不纯洁”的人下放到农村学校后，教师的形象在村民中发生了变化。因为你是“右派”、是“反革命”，所以村干部可以打骂你，群众可以侮辱你，特别是到了“知识越多越反动”的“十年浩劫”时期，教师的社会地位更是一落千丈。这是一方面的原因。

另一方面的原因是教师队伍本身的素质下降。60年代以来，我国的教育事业发展很快。这本来是件好事，但教师跟不上，于是就有一批不合格的人进入了教师队伍。小学毕业教小学，初中毕业教初中的现象比较普遍。在农村甚至有的干部把识字不多的三亲六故派到学校当民办教师。社会上包括一些领导干部，头脑中有一种错误的观念，似乎只要识点字，人人都可以当教师。这种人人都能干的职业，自然就不会有较高的社会地位。

因此，要提高教师的社会地位，必须从两个方面着手。一方面，尽快提高教师的工资待遇，使这一职业在社会上有一定的吸引力。另一方面，我认为更重要的是尽快提高教师队伍的素质，加强教师队伍建设，使之成为一支训练有素的不可替代的专业队伍。

加强教师队伍的建设，首先必须实行教师合格证书制。经过专门训练并考试合格的，领到教师合格证书才能当教师。有人会说，现在人们不愿意当教师，你要求这么严格，就更没人愿意当教师了。我说不！实行合格证书制度，正是真正地保护了教师的利益，它犹如一道屏障，可以挡住不合格的人进入教师队伍，从而保持教师队伍的纯洁性、职业性。只有这样，教师的职业才真正具有吸引力，教师的社会地位才能提高。我国的东邻日本就是实行教师合格证书制度，大学毕业后要经过两次考试才能被录取当教师；联邦德国也是这样，大学毕业要经过国家考试才能当见习教师，然后再经过第二次考试合格才能成为正式教师。所以，在那些国家，教师受到全社会的尊重。

提高教师队伍素质的途径有两条，一是把教师职前的培训搞好，即加强师范教育；二是使现有不合格的教师通过进修，提高文化素质和业务能力，再通过考试成为合格的教师。

办好师范教育当前面临的最大问题是生源不足。优秀青年不愿意报考师范，改变这种状况与改变整个教师社会地位有关，根本的解决是在教师的社会地位提高以后才有可能。但眼下还是可以做一些工作，例如：提高师范生的奖学金；规定师范毕业生一定的服务年限，使青年感到师范的门可进可出，来去自由。这样反而会吸引青年人。再有不断改善教师待遇，实行大学毕业生不包分配、双向选择等政策，教师职业的吸引力是会有所增强的。此外，解决师范学校的生源问题还必须增加对师范教育的投入。过去师范教育不被重视，师范院校的教师队伍和设备条件都比同类的学校差。这样怎么能吸引青年报考？青年人都有好强的心理，都愿意报考好学校。因此如果能把师范院校办成同类院校中水平较高、设备条件较好的学校，青年人也就会去报考了。

对于在职教师的进修提高，各级政府和教育部门应该拨专款进行，要看到这是一项有深远影响的战略性投资。同时，也一定要严格实行合格证书的考试。我最担心合格考试的走过场。如果这次国家教委主持的教师合格考试走过场，其后果就不堪设想。因为教师的素质不能提高，不仅教师的社会地位提不高，教育质量也不能保证，到头来就会严重威胁到我国整个的民族素质。

师范教育的传统与变迁*

一、师范教育是近代社会的产物

自有人类社会以来就有教育，人类进入奴隶社会以后就产生了学校，有了专门的教师。但培养教师的师范教育却是近代社会开始才有的。在古代，凡有知识、有学问的人，就可以做教师。到了近代，社会职业分工越来越细，要求越来越高，所以产生了培养教师的师范教育。最早的师范教育产生在欧洲，1684 年法国拉萨尔（La Salle，1651～1719）于兰斯（Rheims）创办的教师训练机构和 1695 年德国法兰克（A. H. Francke，1663 ～ 1772）于哈雷（Halle）创办的教员养成所是最早的师范教育机构。之后，在欧洲其他国家也开始举办这种机构。1794 年秋，法国临时议会通过法令，在巴黎设立公立师范学校，1795 年 1 月正式成立。1810 年在原巴黎师范学校基础上成立高等师范学校，1845 年改为巴黎高等师范学校。19 世纪 70～80 年

---

* 原载《高等师范教育研究》，2003 年第 3 期。

代，许多国家颁布法令设置师范学校，师范教育随之制度化、系统化。

师范教育是近代社会的产物。近代科学的发展，促进了社会生产力的提高。现代大工业生产需要工人有一定的文化知识，于是，各个资本主义国家于19世纪中叶开始实施普及义务教育。随着儿童入学率的提高，小学教师的需求量越来越大，许多工业发达国家都建立师范学校或者采取其他方式培养师资。师范教育得到迅速发展，师范教育体系得以建立并日臻完善。

师范教育发展到今天，经过了几个阶段，无论在教育水平上还是在培养方式上都有许多变化。最初师范教育的水平很低。师范学校招收初等学校毕业生，培养小学教师，修业时间不一，短期的仅数星期，长期的约两年。中学教师除法国有巴黎高师外，大多数国家由大学或文理学院中开设一些教育方面的课程来培养。在19世纪末20世纪初其他国家才建立师范学院，如美国第一所师范学院纽约州立师范学院是于1893年在奥尔巴尼市成立的，以后各州纷纷建立。英国在颁布《1902年教育法》后才授权地方政府兴办地方公立师范学院。

我国师范教育始于1897年（光绪二十三年），当时清政府大理寺少卿盛宣怀经奏准在上海创办南洋公学，内设师范院为其他各院培养师资。1902年京师大学堂内设师范馆，培养中学师资。从此建立了师范教育体系。中国的师范教育起先是学习日本的，中华人民共和国成立以后，根据苏联的模式加以改造，建立了中等师范学校（培养幼儿园和小学教师）、高等师范专科学校（培养初中教师）、师范学院和师范大学（培养高中教师）的师范教育体系，一直延续至今。

二、师范教育走向开放性

20世纪中叶，师范教育开始走向开放性，有人把它叫做转型。所谓转型，是指由师范院校封闭地培养师资转变为由所有高等学校开放地培养师资。首先，中等师范学校逐渐取消或者升格为师范学院，目的是提高小学教师的水平；其次是师范学院升格为综合大学，由他们的教育学院来培养师资。应该说，在这之前，培养师资也不是由师范院校绝对垄断的，哪个国家都存在着师范院校和综合大学同时培养师资的模式，只是各国侧重不同而已；同时，转型以后，也不是绝对没有师范学院，如美国、日本是开放型的师范教育体系，但至今仍然有少数师范学院存在。所以说转型，只能相对而言，不如说是更加开放。尤其是以美国、日本为代表。美国在20世纪30年代和40年代，鉴于小学教师的任务繁重，必须提高培训标准，佛罗里达州首先实行中小学教师单一工资制，即教师工资不再按他任课的学校的等级确定，而是按他们受教育的程度而定。从此，师范学院、综合大学都成为中小学教师的养成所，师范学校逐渐减少，至1949年全国只剩下14所。第二次世界大战以后，师范学院纷纷改为州立大学或文理学院。师范教育的独立体系不复存在。日本在战前，师范学校是单独设立的，但战后按照美国模式改建学校体系，就没有师范学校的单独设置，只有少数学艺大学被保留下来，直到1978年又成立了3所教育大学，宗旨是提高中小学教师的素质和能力，为他们提供深造与研究教育科学的场所，设有进修和研究生课程。

由此看来，师范教育走向开放性，或叫转型的目的主要是提高师资的质量。因为前期对师范教育的要求是比较低的，师范院校的办学水平也是比较低的。二次大战前后，科学技术有了很大的发展，中小学教育也有了很大发展，这就要求教师有较高的水平。而原有师范院校不能满足这种要求，所以师范院校要向文理学院和综合大学转变，让教师接受大学教育。师范教育由封闭型转向了开放型，但这种转型也必须在一定的条件下才有可能。这些条件是：

第一，师资已经基本上满足需求，不需要用师范院校的独立体系来加以保证。

第二，教师的职业已具有一定的吸引力。此前，大多数国家为了吸引优秀青年从事教师工作，师范院校不仅免收学费，而且提供奖学金。现在，教师职业已有吸引力，不必再采取特别的措施。

第三，高等教育走向大众化。师范院校要为高等教育大众化服务，就必然要改变专业设置，增设非师范专业。美国师范院校的转型就是典型的例子。根据 1944 年美国国会通过的《退伍军人权利法》，战后大批退伍军人回到家乡，涌入当地的高等学校，但当地只有一所师范学院，并不需要那么多教师。于是就办起其他专业并升格为州立大学。

可见，师范教育的转型是时代的产物，不是个人意志所能决定的。它的本质特征是提高教师的培养质量，而不在于用什么类型的学校培养教师。师范学院升格为综合大学以后可以按照大学的水平和要求来培养师资，同时可以利用综合大学多学科的优势，更好地培养教师。但是也仍然有些国家保持着师范教育体系，例如法国和俄罗斯。法国小学教师始终由师范学校培养，不过在 20 世纪 60 年代末以后不断提高学历程度，1989 年以后就升格为师范学院，招收综合大学第一阶段（二年）的结业生，再学习二年，相当于法国大学的硕士程度。俄罗斯至今还保持着师范学院和师范大学的建制。但这两个国家的综合大学也始终有培养教师的任务，特别是法国，中学教师是由综合大学培养的，现在小学教师培养的第一阶段也在综合大学进行。

三、教师教育的专业化

1966年联合国教科文组织在《关于教师地位的建议》中提出应该把教学工作视为一种专门职业，认为它是一种要求教师具备经过严格和持续不断的研究才能获得，并要维持专业知识及专门技能的公共业务。因而形成了新的教师教育的概念，它分三个阶段进行：职前教育、入门教育和在职教育。[①] 长期以来，对教师是不是专业性的职业是有争议的。有的人认为，教师不是专业性的职业，任何有知识、有学问的人都能做教师；有的人认为，教师是半专业性职业，教师需要学习一些教育教学的技能，但并不像医生那样的专业性；而一部分教育专家则认为，教师应该是专业性的职业，需要经过专业训练才能胜任。联合国教科文组织关于教师地位的建议肯定了教师的专业性，对教师教育有着重要的影响。近20年来各国都十分重视教师教育，把它作为提高本国教育质量的重要举措。1986年美国卡内基教育和经济论坛的主题就是“教育作为一种专门职业”，它的工作组的报告叫做《国家为培养21世纪的教师作准备》。报告在概要中就指出：“美国人尚未认识到两点最本质的真理：第一，美国的成功取决于更高的教育质量，这一质量标准是迄今从未有人敢于提出和追求的一种高标准；第二，取得成功的关键是建立一支与此任务相适应的专业队伍，即一支经过良好教育的师资队伍。”[②] 日本自1984年8月至1987年8

---

① 见我的研究生、韩国留学生宋吉缮的博士论文：《中韩两国教师专业化比较研究》。

② 《发达国家教育改革的动向和趋势》第2集，265～266页，北京，人民教育出版社，1988。

月的3年间，首相府临时教育审议会相继发表了四次咨询报告，其中对教师教育改革提出了一系列建议：改革大学的教师培养课程、建立新任教师进修一年的制度、完善在职教师的进修体制等。法国于1989年通过《教育方向指导法》，要求把小学教师提高到大学的水平，废除培养小学教师的师范学校，包括地方教师培训中心，而在每个学区建立一所培养小学教师的学院，叫教师培训大学学院（IUFM），从而把小学教师的培养纳入到大学教育中。其他国家也都采取了提高教师专业化水平的措施。

需要说明一下，师范教育转称为教师教育在中国有特殊的意义。"师范"二字是从日本引进的。日本的师范教育体系在明治初年是效法于法国的。法国"师范"（normale）一词源于拉丁语 norma，意为评价事物所依靠的标准，本义为木匠的尺规。① 其实英美等国一直沿用教师教育（teachers training）。日本于20世纪80年代开始推进第三次教育改革，提高了教师任职资格，加强教师职后培训，于是就有了教师教育的提法。近些年来我国留学日本的学者一再撰文提出"师范教育"的提法已经陈旧，应以"教师教育"取代之。其理由是，师范教育只指教师的职前培养，不含职后进修与培训，职前职后脱节；而教师教育是指教师整个培养培训过程，一名成熟的教师不能只有职前的培养，还需要在职时不断进修学习。这种观点已经被我国学术界和教育界所接受。由于观念的转变，相应的，我国教师教育的体制会发生一系列的变化。

现在我们来探讨一下，什么叫教师的专业性，为什么教师是专业

---

① 顾明远、梁忠义主编：《世界教育大系·教师教育》，33页，长春，吉林教育出版社，1998。

性的职业？

首先，教师的专业性是由他的职业对象、职业目的、职业内容和职业手段决定的。教师职业的对象是活生生的人，是正在成长中的儿童青少年，而不是无生命的物体，他们具有主观能动性；其次，教师的职业目的是育人，是帮助正在成长的儿童青少年健康地成长，成为社会的一员；第三，教师职业的内容是传授知识，教书育人，是提供教育服务；第四，教师职业的手段不是任何工具，而是教师用自己的知识和才能、品德和智慧，在与自己的教育对象学生共同活动中影响他们。因此，教师职业具有以下特点：(1) 具有复杂的脑力劳动的特点；(2) 具有极大的创造性和灵活性；(3) 具有鲜明的示范性；(4) 教育效果具有长期性和长效性。

为什么教师职业要专业化？我想，以下几点理由是否可以成立：

第一，学生的成长是有规律可循的，教育是有规律的，做教师需要了解学生的成长规律。尽管目前教育科学还不成熟，学生成长的机制还说不太清楚，但有些教育理念是为大家所共识的，有些教育原则和方法是行之有效的，作为一名教师是必须掌握的。不能因为教育理论不成熟，就简单地否认教师的专业性。就如当今医学一样，有许多疾病的机理至今不明，但我们不能否定医学是一门科学，医生是专业性很强的职业。

第二，现代教育不是简单地传授知识，而是要发展学生的能力。要善于指导学生学习，学会探究；要培养学生的创新精神和实践能力。因此，教师不仅要有渊博的知识，还要研究学生，善于优化教学过程，开启学生的智慧。

第三，科学技术发展得越来越迅速，知识越来越丰富，许多新知识生长在学科的交叉点上。教师既要有较高学科专业知识，又要有宽广渊博的综合知识，才能满足学生求知的要求，指导学生去探索未知的世界，这一点与一个专业科学家是很不相同的。因此教师需要不断地学习。

第四，现代教育技术需要教师理解和掌握，并能运用到教育教学中，教师要善于设计教学，善于在汹涌而来的信息面前指导学生选择正确学习路线和学习策略，学会处理信息。

第五，现代师生关系需要建立在民主、平等、理解和信赖的基础上。没有正确的教育观念，不懂得学生心理，不讲究方法是做不到的。

那么，教师的专业性有哪些内容呢?

教师的专业性是随着时代的发展不断提高的。宋吉缮在研究一般专门职业特点以后提出教师职业应有以下一些内容：

(1) 教师职业要有较高的专门知识和技能。她介绍了美国卡内基教学促进会主席舒尔曼 (Shulman) 的观点，认为："教师教育要强调理解和推理、转化和反省这一教学理念，根据这一理念，教师必备的专业知识至少应该包括如下方面：学科内容知识；一般教学法知识；课程知识；学科教学法知识；学生及其特性知识；教育脉络知识；教育目的目标、价值、哲学及历史渊源知识。"①

(2) 教师职业必须具有较高的职业道德。教师的职业对象是未成年人，它与一般的职业不同。教师不仅要传授知识，还要通过其专业活动帮助未成熟的儿童青少年树立正确的价值观、伦理意识和道德态度。教师的职业道德就是敬业爱生，热爱教育事业，爱护学生。这种爱是建立在理解和信赖的基础上，这样才能和学生沟通。要时时注意

① 宋吉缮：《中韩两国教师专业化比较研究》(博士论文)。

自己的行为，重视行为的教育性。

（3）教师职业需要长时间的专门职业训练。教师比起医生和律师这样的专门职业来说，专门职业训练的时间太短。医生在开始营业之前必须经过住院医师和学习医师阶段；大部分律师都是从助手开始做起。因此，教师也应该经过较长时间的实习训练。所以，这就是为什么德国的教师要在毕业后取得教师资格后还要经过两年实践，再经过考试合格才能获得正式的教师资格证书。

（4）教师职业需要不断地学习进修（专业发展）。教师要适应学生全面、不断的发展，就必须不断完善自己的专业技能，不断进修，并将教育理论和研究成果运用到教学实践中；并通过实践反省自己，不断总结经验和学习新理论、新方法。

（5）教师职业的自主权。教师大部分时间在封闭的教室中工作，其他人几乎没有机会观察他的工作。新教师上课，会有老教师听课，评价他的教学能力。但一旦经过这一阶段，几乎没有人听课，新教师享有较高的自主权。当然教师会接受学生的监督、社会的监督和检查，但教师在课堂教学上有较高的自主权。这就要求教师有较高的判断能力，以及能熟练地处理教育教学的能力。

（6）教师的专业组织。一般都有教师工会、教育研究组织来约束教师的行为。

由此可见，教师职业具有一般专门职业的特点，教师专业性是存在的，它确实具有其他职业无法替代的作用。如果说我国目前教师专业性不强，那么这正是需要我们改进的。

四、我国教师教育改革的前景

我国的师范教育一百多年来培养了数以千万计的教师，特别是新中国成立以来为我国普及教育和国民素质的提高，作出了很大贡献。但是自从我国建立师范教育体系以后，虽经多次改革，但封闭的状态没有改变。现在已经不能适应形势发展的需要，表现在教师的专业性不足，不能胜任教师专业性的职业要求。具体表现在：缺乏应有的先进的教育理念和思想、知识面过窄、教育教学技能训练不足。自从1999年第三次全国教育工作会议提出，一般高等学校也可以培养教师的意见后，打破了师范教育的封闭性，拉开了教师教育改革的序幕。但是如何改革，目前还在讨论之中。为了供决策者参考，我想提出一孔之见。

首先，改革必须结合我国的国情，承认原来的状况，并在继承中加以发展和改造。我国师范教育有一个与其他国家不同的特点，就是起步虽晚，但起点较高。例如北京师范大学的前身是京师大学堂师范馆，是与京师大学堂的仕学馆同一起点的。后来虽然独立成校，但两校的教师是相通的，许多大师级人物既是京师大学堂（后为北京大学）的教师，又是北京高师的教师。建国以后，北京师范大学虽然经过院系调整，但仍然保留着文理各科的强大优势。特别是1958年以后增加了不少非师范专业。实际上，它早已具有综合大学的性质和水平。其他如华东师范大学、东北师范大学等也都有综合大学的实力，甚至于强于一般的地方综合大学。这就与西方20世纪中叶以前的师范学院不同，不存在升格和转型的问题。对这批学校来讲，最主要的是支持他们的综合实力，利用他们的优势，培养高质量、高层次的师资。

其次，根据我国国情，师范院校在一段时间内还需要存在。因为，我国教师的数量还不足，教师的合格率还不高，教师职业的吸引力还不强。目前取消师范院校的独立建制，会严重削弱教师教育，不利于基础教育的发展，会影响十六大提出的使“人民享有接受良好教育的机会，基本普及高中阶段教育”任务的完成。但现有的师范院校需要改造。师范院校的教学既要提高学科的专业水平，又要加强教师的职业训练。要改造现有的教育课程，用最先进的教育理念武装学生，增加教育实习时间。因而就要延长修业时间。相应地在劳动制度上、工资制度上加以调理。师范院校还有一些特殊任务，就是培养初中综合课程的教师、科学课程的教师、小学教师、幼儿教师、特殊儿童教师。

第三，要把综合大学和师范院校培养的中学教师的规格统一起来。即综合大学的毕业生如果愿意做教师的，应当学习教育学科的课程；师范院校的学生则在专业学科水平上要与综合大学基本相当。综合大学要取得培养教师的资格，必须提出教师教育的课程计划，开足一定的学分，经专家评估后由教育行政部门批准。

第四，彻底改造现有师专层次。中学教师不应再分初中教师和高中教师，一律由大学和师范学院来培养。师专不再培养初中教师，只承担培养小学教师、幼儿教师、特殊儿童教师以及一些大学本科来不及培养的专业教师的任务。

第五，根据我国地区经济发展不平衡、教育发展不平衡的现实，不要轻易地取消中等师范学校。中师重视师范训练，中师毕业生较受小学的欢迎，问题在于他们的文化科学知识太欠缺。因此中师升格为师专的，中师的传统不能丢。师专不是向师院去看齐，而是要在加强科学文化通识教育的基础上，继承中师的优点。小学不要分专业，可以设一些选修课或方向课。

第六，教育学院与师院或师专合并，把教师的职前培养和职后培训结合起来。同时，职后培训的要求比职前培养的要求更高，现有的教育学院是胜任不了的。两校合并，可以合理配置资源，优势互补。要充分利用信息技术，发展远程教育，把现有不合格的教师提高为合格教师。但要认真组织和考核，不能流于形式。

第七，最最重要的一条是要实行教师资格证书制度，这样才能在实行教师教育开放性时把好教师准入的质量关。并且需要修改《教师法》，对教师的资格进行具体规定。

五、结　论

社会职业有一条铁的规律，即只有专业化，具有不可替代性，才有社会地位，才能受到社会的尊重。如果一种职业是人人可以担任的，则在社会上是没有地位的。教师如果没有社会地位，教师的职业不被社会尊重，那么这个社会的教育大厦就会倒塌，这个社会也不会进步。

教师的职业特点与教师专业化*

教师专业化的问题是中国近些年来在教育界谈论得最多的话题。但教育界对为什么教师要专业化，怎样才能专业化，还有许多不同的看法。我认为先要从教师的职业特点说起。

一、教师是什么样的职业？

研究教师是什么样的职业，需要从教师的职业对象、职业内容和职业手段与其他职业有什么不同而来说明它所具有的特点。

(1) 从职业的对象来说，教师职业的对象是活生生的人，不是无生命的物质，是正在成长中的儿童青少年。他们具有主观能动性，而且千差万别，人人不同。社会职业中没有任何职业的对象能像教师职业的这种对象有如此的复杂性。医生的对象也是人，但是它是人的疾病。而人与人之间的生理解剖是没有什么差别的。教师职业对象是人

* 原载《教师教育研究》，2004 年第 6 期。

的成长，是体力和脑力的发展，是知识的获取、智慧的增长、品德的养成。这个过程每个人是不一样的。教师要把每一个学生培养成才，如果不研究学生成长的规律，不懂得教育的规律，不掌握正确的教育方法，是很难做到的。

（2）从职业的内容和任务来讲，教师的工作不仅要教书，而且要育人。唐朝教育家韩愈说，教师要“传道、授业、解惑”。今天来说，就是要使学生身心健康发展，把他们培养成有理想、有道德、有文化、有纪律的人。教育的内容很丰富，任务很复杂。不是只有知识就能教好学生，教师不能只是一名教书匠。教师需要有专业知识，而且要有把知识传授给学生，养成学生具有崇高的思想品德的专业能力。

（3）教师的工作方式也与其他社会职业不同。他不是像其他职业那样要使用什么工具，而是要用教师自己的知识、智慧、人格魅力在和学生共同活动中去影响学生。教师对学生来说是知识的传播者、智慧的启迪者、情操的陶冶者。正是教师职业的这些特点，要求教师做到“学为人师，行为世范”。教师的一言一行对学生来说都具有示范性。教师要时时注意自己的行为能不能成为学生的表率，能不能对学生起到积极的影响。

因此，教师的职业具有以下一些特点：

首先，具有复杂脑力劳动的特点。教师的劳动是很复杂的，需要运用教师的知识和智慧。教育既是一门科学，又是一门艺术，需要专门的训练才能掌握它。

其次，具有极大的创造性和灵活性。任何职业都要求创造性，但教师更需要有创造性，并且还要有灵活性。教师面对的是千差万别的学生，不可能用一种模式去塑造他，也不可能用一个标准去要求他。需要教师有教育的机敏性，创造性地灵活地运用各种方法。

第三，具有鲜明的示范性。教师具有权威性，学生往往把教师视为学习的榜样。因此，教师有如一面镜子，面对着无数明亮的眼睛，并被学生所摹仿。

最后，具有长期性和长效性。教师教育的效果有些是立竿见影的，而大多不是立刻起作用，需要长期的工作。所以常常有人把教育比作"雨露"，所谓"雨露滋润禾苗壮"，就是形容教育的长期性和渗透性。教育还有长效性，有时老师一句不经意的话会影响学生一辈子。

二、为什么教师要专业化?

除了教师的职业特点要求教师专业化以外，还因为以下几个原因：

(1) 学生的成长是有规律可循的，教师需要了解学生成长的规律。教育学是一门科学，它研究青少年儿童成长的规律、教育的规律。尽管教育学现在还不够完善，但经过几百年的发展，人们对教育这项社会活动已经有了较多的认识。无数教育实践也证明，只要按照教育学理论中提出的一些原则讲行，教育就会取得成效；如果违反了教育原则，教育就要失败，就会贻误人才的成长。有些学者不承认教育学是一门科学，认为只要有专业知识就能做教师，这是不正确的。当前学校中遇到的一些问题，就是与教师缺乏教育专业知识和技能有关。现代教育不仅仅是传授知识，而且还要发展学生的能力，指导学生自我学习，学会探究。教师如果没有正确的教育理念，不掌握先进的教育方法，就不可能培养学生的创造精神和实践能力。

(2) 科学技术发展得越来越迅速，教师既要有较高的学科专业知识，又要有宽广渊博的综合知识，与一个专业科学家不同。现代科学技术发展越来越分化，也越来越综合。作为一个科学家需要在某一个领域钻研得很深，解决科学技术中的难题，创造新的知识。而作为一个教师，他的任务是让学生获取知识，并由此而发展能力。教师需要把最基本的知识教给学生，并不需要去钻研新的知识。同时，学生的思维还没有像一个科学家那样深入一个领域，他们学习的是科学技术的常识或一般原理，他们对事物的看法还处于一种懵懂的综合的状态。教师需要具有宽广渊博的综合知识，以引导学生全面正确地认识事物的本质，同时指导他们对某一学科的认识和兴趣。

（3）现代信息技术需要教师理解和掌握，并能恰当地运用到教育教学中，教师要善于设计教学，善于在汹涌而来的信息面前指导学生选择正确的学习路线和学习策略，学会处理信息。信息技术进课堂似乎已经成为教育现代化的标志。但是学校应用信息技术的目的是追求教学效果的最优化。因此不能盲目地运用信息技术，要用得恰当，这就要求教师钻研教材，研究学生的认识规律，进行严密的教学设计，使教学效果真正达到最优化。

网络技术对学校教育已经产生了重大影响。网络技术是一把双刃剑，运用得好，会有利于学生个别化学习，调动学生学习的积极性和主动性，获取更多的知识和信息；运用不好，会使学生沉迷于网上游戏或获取有害的信息。教师需要研究网络技术对教育的影响。

（4）教师的角色正在发生变化，现代师生关系需要建立在民主、平等、理解和信任的基础上。没有正确的教育理念，不懂得学生的心理，不讲究教育方法是做不到的。

教师已经不是知识的唯一载体。学生可以通过多种渠道获得知识，有时他们的知识比老师更广泛。因此，教师要成为学生共同学习的伙伴。当然教师仍然要起主导作用，主要表现在上面提到的指导学生选择正确的学习路线和学习策略上。

民主、平等的师生关系必须建立在理解和信任的基础上。教师要信任学生、理解学生、尊重学生。只有尊重学生才能教育学生；只有信任学生，学生才能信任教师，心服口服地接受教育。

三、教师专业性有哪些内容?

教师的专业性是随着时代的发展而不断提高的。我们这个时代是知识经济的时代，是知识创新的时代，也是竞争十分激烈的时代。因此，对教师专业性的要求就越来越高。在20世纪上半叶，教师职业专业性的要求是不够高的，学历要求也不高。但是在第二次世界大战以后，由于科学技术的发展和教育的普及，也由于研究儿童学习成长的教育科学和心理科学的发展，对教师的要求不断提高。1966年国际劳工组织和联合国教科文组织提出《关于教师地位的建议》指出："应把教学工作视为专门的职业，这种职业要求教师经过严格的、持续地学习，获得并保持专门的知识和特别的技术。它是一种公共的业务。另外，对于在其负责下的学生的教育和福利，要求教师具有个人和集体的责任感。"1986年美国卡内基教育和经济论坛、赫尔姆斯小组相继发表了《国家为培养21世纪教师作准备》和《明日的教师》两份报告，指出：公共教育质量只有当学校教学发展成为一门成熟的专业时才能得以改善。从此教师专业化的问题就受到各国的重视。

那么，教师专业化有哪些内容？怎样才能达到教师职业的专业性？

(1) 要使教师掌握较高的专门（所教学科）知识和技能体系。目前来讲，普遍要求至少有本科学历的知识水平，包括小学教师在内。中国由于人口众多，学生人数众多，教师需求量很大，目前小学教师还不可能一下子从中师学历达到大学本科水平。但沿海地区、经济发达地区已经朝这个方向努力。

(2) 经过较长时期的专门职业训练，指掌握教育学科的知识和技能，并需经过“临床”实习。教育是实践应用性职业。教师要善于把自己掌握的学科专业知识传授给学生，成为学生自己的知识，就需要有教育的技能和技巧。这种技能和技巧是要通过教育理论的学习和实习应用才能获得的。一个成熟的教师需要经过三个阶段：一是职前培养阶段，这主要是师范专业本科学习的阶段；二是初职阶段，即实习锻炼的阶段，大致要 2 至 3 年，这指新教师在教师集体中向别的有经验的教师学习，在实践中遇到各种情况和困难，摸索解决问题的办法，积累经验，掌握规律。我们现在的实习时间太短，不能起到练习锻炼的目的；三是成熟的阶段，大致需要 3 至 5 年，经过探索与思考，在继续学习和终身学习中不断提高自己的业务水平和能力，能够得心应手地处理各种教育问题，他就能成为一个成熟的优秀的教师。如果经过 5 年到 8 年的锻炼还不能成为一名优秀教师，最好请他换一种职业，说明他没有做教师的天赋。

(3) 要有较高的职业道德。任何一个职业都有各自的职业道德。例如医生的职业道德是救死扶伤。教师的职业道德就是敬业爱生。敬业，就是忠于人民的教育事业，严谨笃学，勤奋工作，不断钻研业务，提高教育水平。教师要有奉献精神，但是那种把教师比做“红烛”，“照亮了别人，毁灭了自己”的说法，我认为是不正确的。教师的人生价值就体现在把青少年培养成才上。教师照亮别人的时候，也照亮了自己。看到自己的学生一个一个成才，教师就会有一种成就感；受到社会的尊重，就会有一种荣誉感，这就是教师的人生价值。爱生，就是爱护每一个学生，相信每一个学生都能成才。没有爱就没有教育，这是教育的真谛。我们绝大多数教师是热爱学生的，但有不少教师不懂得怎样才是爱学生。我认为爱学生，首先要相信学生，理解学生，尊重学生。这是教师的天职，也是教师的信条。因此，那种把学生从小分成三六九等的做法是不对的。一些是好学生，一些是差学生，这种做法不仅会伤害大多数学生，而且会使少数学生滋长优越感，不利于他们的成长。青少年儿童处在成长过程中，他们的发展不是线性的，是有曲折的。他们难免会犯错误。不能一犯错误就把他打入“差生”的队伍。把成年人中一些不健康的竞争做法用到少年儿童身上，不仅不会起好作用，反而会影响少年儿童心理健康的发展。

(4) 教师需要有不断增强自身的能力，即进修的意识和不断学习的能力。今天的时代已经是知识经济的时代，学习化的时代。科学技术日新月异，教育学、心理学也有很大的发展，对学生成长的规律也有了新的认识。教师只有不断学习才能适应时代的要求，适应教育新形势的需要。教师在工作中要不断研究教材，研究学生，反思自己的行为，成为一名研究型的教师。

(5) 任何职业都要有职业的自主权，包括在职业生活中，对于专业事宜的判断和行动的独立性，自主地规定适合本职业的资格条件。也就是说，教师有权根据教育方针和课程标准自主地处理教育教学工作，并且自主地提出教师的资格要求。教师的教育行为不是由行政部门来规定的，而是自主进行的。当然教师也要对自己的行为负责。

(6) 要有职业的专门组织，也即行业组织，进行行业自律。必须实行教师资格证书制度。如果不实行教师资格证书制度，就等于不承认教师是一个专业化的职业。

四、21 世纪对教师有什么要求?

教师的素质要随着时代的发展和社会的进步不断提高。21 世纪是知识经济的世纪、创新的世纪、个性得到尊重和发展的世纪。教师需要不断学习，拓展视野，增长见识，提高业务能力。

(1) 要在教育理念上创新，树立现代教育观念。在培养目标上要改变过去以单纯传授知识为主为以培养能力为主。当然，不是知识不重要，知识是基础，始终要放在重要位置上。但在学校教育的短短几年内，不可能，也没有必要把人类的全部知识教给学生，重要的是要培养学生自己获取知识的能力。

(2) 要树立培养个性的观念。市场经济与计划经济时代不同，在计划经济时代学生毕业以后就有一个工作岗位。在市场经济条件下国家已经不包分配，需要个人到市场上去竞争，去选择。市场经济是一种竞争的经济，只有不断创新才能赢得胜利。科学技术的日新月异，也需要每个人具有创新的能力。个性的核心就是创造性，培养个性就是要培养学生勇于开拓和敢于实践的创新精神和实践能力。

(3) 要树立终身教育，终身学习的观念。科学技术的迅猛发展把人类带进了学习化社会，只有学习，不断地学习，才能生存，才能发展。21 世纪，学习已经不再为了什么目的，学习本身就是目的，学习将成为人们生活的一部分。教师为了自身的发展也好，为了学生全面发展也好，都要有终身教育、终身学习的意识和能力。

(4) 要树立教育国际化观念。经济的全球化，网络的国际化，国际的交往越来越频繁，也越来越便捷。我们的教育需要更加开放，面向现代化，面向未来，面向世界。我们要教育学生了解别国的文化，具有国际视野，具有开展国际交往的能力。因此，教师首先要了解世界，具有教育国际化的观念，善于开展国际交流活动。

(5) 树立网络教育的观念。教师对网络技术对教育的影响要有一个清晰的认识，要充分利用网络技术的积极影响来促进教育的最优化。滥用网络技术不可取，拒绝接受也是不明智，不可能的；只有取利去弊地运用它。

(6) 要不断提高师德修养。师德也有时代的特点。敬业爱生是师德的集中体现，而敬业爱生也要赋以时代的内涵。新时代更强调民主平等的师生关系，更重视亲密和谐的伙伴关系。

最后有一个结论：社会职业有一条铁的规律，即只有专业化才有社会地位，才能受到社会的尊重。如果一个职业是人人可以担任的，则在社会上是没有地位的。教师如果没有社会地位，教师的职业不被社会尊重，那么这个社会的教育大厦就会倒塌，这个社会也就不会进步。

改革教师教育的10点建议*

最近以来教师教育成了教育界的热门话题。的确，教师是办好教育的关键。列宁曾经说过："学校的真正的性质和方向并不由地方组织的良好愿望决定，不由学生'委员会'的决议决定，也不由'教学大纲'等等决定，而是由教学人员决定的。"教育方针再明确，课程标准再理想，教材教参再优良，如果教师的水平达不到，或者缺乏教育改革的热情，教育质量仍然难以保证。因此，改革教师教育，提高教师水平和能力，已经到了刻不容缓的地步。如何改革教师教育？教育部师范司管培俊司长在今年的《中国高等教育》第2期上谈了10个观点，我很同意。我在这里也强调10个观点，以引起大家对教师教育改革的更多关注。

第一，要立法。过去我们常常强调观念的转变。观念是很重要的，它支配着教师的行为。但观念不是从天上掉下来的，要以物质为基础，即要在一定的条件下才能发生转变。而且不是每一个教师都能转变的。这就需要制度做

---

* 原载《中国高等教育》，2004年第9期。

保证。制度是观念的凝结，它可以保证先进理念的落实。特别是法律具有强制性，是每个教师都必须遵守的。在立法上，我国本来已经有《教师法》，但现在的《教师法》只规定教师的学历要求，没有具体的能力要求，而且学历要求也偏低。因此，亟须修改《教师法》。

第二，要建立各级各类教师资格证书制度。现在学校的正式教师都有教师证书。但过去颁发教师证书并无严格的要求，这种证书只能代表从事的职业，却不能代表教师的资格。要建立严格的教师资格证书，就像司机的行车执照、医师的行医执照那样经过严格考核，才能发给教师资格证书，并且要定期考查，促进教师不断进修和提高。这也需要通过立法来解决。有了严格的教师资格证书，就可以实行教师教育的开放性，各类高等学校可以按照教师的标准来培养教师，也就有可能在社会上招聘优秀青年补充教师队伍。

第三，实施开放性教师教育，需要对实施教师教育的学校作资格认定。并非因为开放性，任何学校都可以培养师资。必须对开设教师教育的学校有无能力培养师资进行考核，考核的内容包括是否有一套完整的教师教育课程体系、是否有相应课程的教师队伍、有没有实验条件和实习基地等。要有专家委员会来审核这些条件。

第四，教师的培养需要经过三个阶段。这是由教师成长规律决定的。第一个阶段是职前培养，即大学学习的阶段，其学习年限视各级各类教师的要求而定；第二个阶段是初职阶段，即实习练习的阶段，一般2～3年。有如新上岗的医生，需做几年住院医生才能独立出诊，新教师也需要在老教师的带领下研究教学、研究学生。德国就是大学本科毕业以后经过考试取得教师资格，再经过2年实际教学实践，提交论文，再经过考试，才能取得教师资格证书；第三阶段是成熟阶段，大约需要3～5年。也就是说，如果一名教师经过5～8年的学习与锻炼，还不能成为一名合格的教师，那就说明他（她）没有做教师的天赋，最好请他（她）换一个工作。

第五，要加强教师的职业训练。过去由师范院校封闭式的培养教师，教师的职业训练很不够。学校为了提高学生的专业知识，以便能与综合大学毕业生竞争研究生，总是牺牲教师的职业训练。多年的师范教育的学术性与师范性之争，总是以减少师范性而告终。教师是一种专门职业，需要专门培养和训练。这与古代教育不同，不是有了学问就能当教师。儿童青少年成长是有规律的，教育活动是科学活动，要遵循儿童青少年成长的规律，否则就会损害他们的成长。当前，我国基础教育中教师的问题，固然有文化知识水平不高，达不到规定的学历要求的，但更多的问题是教师不会教，尤其是不会教学生做人。教师不理解学生，不能和学生沟通，不能解决学生需要解决的问题；师生关系紧张，教学引起不了学生的学习兴趣；更有甚者，有的教师歧视学生，用语言伤害学生，甚至体罚学生。这一切都说明教师缺乏教育的专业知识和专门的技能。实践证明，越是低年级的教师，越需要有专门的职业技能。许多老师和家长都深感现在的孩子越来越难教育，其实不是孩子难教，而是我们跟不上时代的变化，拿不出新的办法。孩子在当今社会转型、文化冲突、价值观变化的时代，心理上有许多矛盾和困惑。教师要善于了解他们心理上的矛盾和困惑，去疏导它、缓解它，才能帮助他们成长。而不能像传统教育那样去训责他、束缚他。教师要做到这一点，唯一的办法就是学习、训练，不仅是专业知识，更是职业知识和技能的学习和训练。

第六，教师教育和其他专业一样，不可能一次完成，要不断学习，终身学习。要把教师职前培养和职后进修提高结合起来，实行教师教育一体化，也就是要把教师成长的三个阶段连接起来。过去，师范院校只管职前培养，进修学校和教育学院负责职后进修培训。不仅职前职后脱节，而且进修学校和教育学院只能做教材教法上的指导，不能给予教师理论上的提升。教师的终身学习必须和大学结合起来。因为大学是最高学府，是创造知识和新的思维方式的地方，教师只有在大学中接受学术熏陶，才能提高眼界，更新思维。因此，我一直主张，教师的进修应该是开放的，不能只局限在课程教材的研究上。可以分层进修，对新教师来说，要让他们熟悉课程教材，在当前新课程改革中，也要把重点放在理解新课标、熟悉新教材上；但从长远来讲，对老教师而言，更要重视知识和理念的更新，从而学会研究问题，总结经验，把自己的经验升华为理论，逐渐成为教育专家。

第七，要重新思考小学教师的培养方式。过去小学教师由中等师范学校培养，招收初中毕业生，科学文化水平较低，加上中师生年龄较轻，还不能理解教育的本质，因而小学教师的质量偏低。现在改为由大学专科或本科来培养，科学文化水平大大提高。但是，小学教师需要有较广博的知识、能歌善舞，与小孩子同游戏共学习。而高等学校招生的起点是高中毕业生，高中毕业生不如初中毕业生的可塑性大，难以培养他们能歌善舞的技能，这不能不说是一个矛盾。而且据现在设有小学教育专业的高师反映，生源质量远不如中师时代，这又是另一个矛盾。解决的办法是把小学教师的培养分步走，先办五年制的师专，招收初中生，毕业以后到小学实习二年，再到大学续本科。这样既解决了上述两个矛盾，又可以防止中师盲目地一步升到大学本科而降低大学的质量。

第八，要重视教育硕士专业学位的推广和建设。国务院学位委员会于 1996 年第十四次会议决定开设教育硕士专业学位。这对教师质量的提高、社会地位的提升有着重大意义。试点工作 7 年来，已有 29

所师范大学（今年将增加12所，包括几所综合大学），已招生约3万人，获得学位的约7千人。但中国有1千多万中小学教师，如果要求10%的教师达到研究生水平，则需100万人。何年何月才能达到这个要求？因此，要加快教育硕士学位的发展。如何既能满足中小学教师学历层次提升的要求，又能保证研究生的质量？我认为，一方面要对试点学校和培养方案、培养过程严格要求，另一方面希望中小学要把优秀教师推荐出来。现在的问题是许多重点学校不愿意让骨干教师出来学习，怕影响升学率。这是一种近视的看法，不利于我国教师队伍的建设，也不利于学校的长远发展。

第九，为了尽快提高研究生在教师队伍中的比例，应该在大学中设置本硕连读。现在的教育硕士专业学位只给在职教师提供，不适用于应届毕业生的直接连读。将来真正实行任何大学都能培养教师，就必然会突破上述的框框。我们应该像英美国家那样，把中学教师培养放到研究生阶段，即先在专业系科读完本科，再到教育学院攻读教师专业课程。这种专业课程也就是今天我们所倡导的教育硕士专业学位。当然，这种培养模式也有一个缺陷，即学生缺乏教师实践的经验。这可以从增加教育实习来弥补，也可以采取学完课程以后，先到学校带薪实习1～2年，然后提交论文，回大学答辩，通过后取得学位。这既有利于教师学历的提高、专业能力的提升，又有利于促进教师教育的改革。我国教师培养的模式已落后发达国家几十年，今天，我国已具备了教师培养模式改革的基本条件，因而应该尽快试点，并逐渐推广。

第十，要认真研究解决优质教师怎样通向农村的问题。大家都认为，“三农”问题的解决在于农业工业化、农村现代化，其关键在于农民要有知识。国务院农村教育工作会议已确定农村教育是教育中的重中之重。发展农村教育关键又在于有合格和优质的教师队伍。农村条件艰苦，有较高学历的优质教师一般不愿意到农村学校工作。因此，国家应该制定一些优惠政策，鼓励优质教师下农村。例如规定城乡教师对口支援，对下乡教师发放特殊津贴，新毕业生志愿回乡服务者可以免交贷款、返回大学期间的学费，并且数年以后可以优先保送攻读研究生等等。总之，得想出办法来改善农村的教师队伍。

以上十点是我对教师教育改革的一些初浅的想法，供决策部门参考。

我国教师教育改革的反思*

20世纪末，我国提出教师专业化的问题，教师教育改革被提到议事日程。但大家对教师专业化的理解并不一致。许多同志把教师专业化只理解为必须提高教师的学历层次，有的同志还提出教师要不断学习、终身学习，从而提高教师的专业水平。这些意见无疑都是对的，但是都还没有真正理解教师专业化的整体内涵，因此在我国教师教育改革上出现一些偏差。今天来进行反思，感到有许多理论问题和实际问题值得重新审视。

21世纪初，许多专家提出教师教育转型的问题，我也曾经写过此类的文章。转型表现在三个方面：一是由三级师范向二级师范转型，或者称由老三级师范向新三级师范转型，这是指取消中等师范层次，增加研究生层次；二是师范教育由封闭型向开放型转型，所有高等学校只要具备培养师资的条件都可以培养教师；三是实行职前培养和职后培训一体化。这三个转变仅仅表现在学历层次上，培养

* 原载《教师教育研究》，2006年第6期。

教师的机构上，却没有反映这种转变的实质。虽然我在2001年华东师范大学举办的教育政策论坛上曾经讲过："教师教育转型的实质不是培养形式的变化，而是水平的提高"①。但是教师需要什么样的水平，教师专业化的内容是什么，并未解释清楚。由于在理论上准备得不充分，在实际上又没有调查得很清楚，对改革缺乏科学的论证，使我国教师教育的改革走了一段弯路。

近几年来，师范教育的机构改革进行得非常神速，而教师专业化水平并未有多大提高。师范教育的机构改革表现在以下几方面：

一是为了提高小学教师和幼儿教师的学历，一大批中师被撤销。中等师范学校由1000多所削减到现在的100多所。一部分中师升格为师专，一部分中师改为普通中学，中师资源几乎流失殆尽。

二是为了体现师范教育的开放性，不再强调师范教育的单独体系。许多师专、师院纷纷扩展为综合性学校，极大地削弱了师范教育。

三是为了体现教师教育职前职后一体化，许多地方教育学院合并到师专或师范学院，教师的职后培训并未得到加强。

这些改革的后果是什么呢？说得极端激进一些是削弱了师范教育体系，降低了教师专业化水平，其中损失最大的是小学教师。这不是危言耸听，有事实为据。过去中师毕业的小学教师虽然接受普通教育的水平较差，但是他们都是各地优秀的初中毕业生，在中师通过严格的师范教育的训练，掌握了较好的教育小学儿童的知识和技能。但是现在的师专生，却是高考队伍中较差的一部分学生，只达到专科的录取分数线。师专的专业分科较窄，学习的课程缺乏小学教育应有的科

① 顾明远：《论教师教育的开放性》，载《高等师范教育研究》，2001年第4期。

目。小学教师需要的是宽广而不是专深的知识，而且他们最好在艺术方面有所专长，会唱善跳，能适应儿童活泼的天性。但是师专的学生都来自高中毕业生，可塑性就不如中师生，艺术素养和技能都不如中师生。再加上高等学校那种专业的导向作用，不利于培养小学教师，如，不论专科学校还是本科院校，强大的导向是报考研究生，在这种导向下，教师教育的质量是难以保证的。许多小学校长反映，现在专科或本科毕业的小学老师反而不如中师毕业生那样适应小学教育。今天来反思，如果当初不是一刀切地取消中师，而是渐进式的，保留中师的建制，延长中师的学习年限，可能会比现在这种状况好得多。我国师范教育建立 100 多年来，各地建立了一批中等师范，如长沙一师、南通师范、保定师范等，都有上百年的历史，培养了大批革命工作者和教师，今天毁于一旦，实在感到可惜。

高师的情况也不容乐观。本来国家提倡开放型培养师资，目的也是为了提高教师的质量，让一些高水平的综合大学也来培养师资。但是事实上综合大学尚没有做好准备，也还没有提出培养师资的要求，而师范院校却已经纷纷改为综合大学。从国外师范教育发展的历史来看，师范学院转为综合大学是历史的必然。但是，过去我曾经论述过，必须具备以下三个条件：一是科学技术的迅速发展，要求教师水平的提高，师范学院历来学术水平较低，已经不适应培养高水平教师的需要；二是教师数量上已经基本得到满足，不需要设立专门的师范学院来培养；三是教师职业在社会上已有一定的吸引力，优秀青年愿意当教师，不需要采取专门的机构，用免缴学费等优厚条件来吸引生源。[1] 应该说，这三个条件在我国初步具备，但还不充分。特别是教师职业吸引力不强，我们在这方面估计不足。总以为，现在不包分配，就业困难，教师职业比较稳定，报考师范专业的学生会多起来。事实并非如此。许多青年不到万不得已的情况下不当教师。这与我国教师地位不高、工资待遇偏低不无关系。教师是一种崇高的职业，需要对学生有热情，需要有点奉献精神，这种勉强为之的人怎么能成为高水平的教师？

师范院校综合化的目的是提高师范专业的学术水平。但是目前的事实是有多少转型的院校把力量加强在师范专业上？他们都热衷于扩大非师范专业，忙于升格，企图挤入高校名牌，因而有不少学校不是借用综合学科的优势来加强师范专业，而是抽调师范专业的教师去充实其他新建立的学科，这就反而削弱了师范专业。这与改革的宗旨背道而驰。

师范院校转为综合大学本应该按照综合大学办师范的模式，先在一般学院修完基础学科课程，再到教育学院接受教师职业培训。可是我国师范院校的学校类型转变了，师范教育的培养模式并无变化。少数师范大学试行 4＋2 的模式，但也还存在着教学计划、课程设置、师资等诸多问题。

从上面分析可以看出，我国教师教育转型的目的不明确，科学论证不够，条件准备不足，与提高师资质量的要求背道而驰。

应该说，我也是教师教育转型的鼓吹者。现在看来，我对这个问题研究得不深入，考虑我国的国情不够。过去我曾经主张，根据我国

---

① 顾明远：《师范院校的出路何在》，载《高等师范教育研究》，2000 年第 6 期。

的国情，师范院校在一个较长的历史时期还应该成为教师教育的主体，但是没有预料到中国师范院校转型的积极性那样高，转变得那样快。问题还不在转变的快慢，根本问题是没有在转型过程中真正转变教师教育的培养模式，没有在专业设置、课程安排、教学方式上相应地进行调整，没有真正地利用综合学科的资源来加强教师教育。

在教师教育职前职后一体化的问题上似乎也不尽如人意。许多地方教育学院与师专等合并了，但并未加强职后的培训。许多师专热衷于改制，并不重视教师的职后培训，而且本来与地方基础教育联系较密切的优势也丧失殆尽。

以上一些现实值得我们今天来反思，思考今后改革的方向。这里丝毫没有追究谁的责任的问题。要说责任，我有很大的责任。我虽然不是决策者，但我作为一名专家，而且是长期从事师范教育的专家，曾经倡导过教师教育的转型，写过不少文章，应该说影响了决策。今天来反思，觉得有许多意见是值得重新审视的，至少是过于理想化，脱离了中国的实际。

今后的出路何在?

首先，要在理论上对教师专业化的内涵进行深入的研究，弄清21世纪的教师究竟应该具备什么样的品质，应该掌握哪些知识和技能。其次，研究如何才能培养这样的教师。

关于第一个问题。许多学者研究过职业的专业化问题，大致有以下一些观点：

（1）专门职业必须具备高水平的专业知识和技术体系。教师职业必须掌握教师所教学科的系统的专业知识和技术体系。这就是我们过去通常讲的学术性问题。教师教育的学术性要加强。这是因为当今科学文化知识发展迅猛，教师如果没有较高的专业知识，很难培养学生掌握最先进的知识和创新能力。因此，国际上教师教育的发展趋势也是强调要加强师范生的专业知识的掌握。

（2）需要长期的专业培养和训练。成熟的专门职业如医生、律师，他们的培养都不是短期的，除了学习理论知识外，很重视临床实习，在实际中学习解决问题的能力。成熟的教师也需要长期的培养和训练。除了学习和掌握教育理论和技能外，还要经过较长时间的实际操练。一名成熟的教师要经过三个时期：一是职前学习时期，主要是学习学科知识和教育原理；二是初职时期，约2～3年，在学校中经过老教师的指导和实际锻炼，逐渐融入教师的角色；三是成熟阶段，约需3～5年，通过自己的教育实践，不断反思，逐渐熟练地掌握教育教学的技能和技巧，成为一名成熟的优秀教师。

（3）要有较高的职业道德。任何职业都有职业道德，教师的职业道德尤其重要。因为他是培养人的职业，是学生心目中的榜样。教师的职业道德就是敬业爱生，严谨笃学。对学生倾注无限的爱心，对教育事业具有奉献精神。最近全国都在学习孟二冬教授的对教育事业无限忠诚、对学生无比热爱的精神。胡锦涛总书记给孟二冬同志女儿的回信中，强调了要学习孟二冬同志对教育事业无私奉献的精神。师德教育要放在教师教育的首位。

（4）要不断增强自身专业的能力。在科学技术迅猛发展的今天，不继续学习就不能跟上专业发展的需要，专业人员会变成非专业人员。教师要有不断学习、终身学习的意识和能力，不断提高自己的专业水平。

（5）专门职业具有高度的自主权，也即专业人员在职业活动中，对于专业事宜的判断和行为具有独立性。教师要具备独立设计教育活动的能力，不断反思，成为研究型的教师。

(6) 专门的职业需要有自己的行业组织，实行行业自律。[①]

关于教师专业化的特征，还可以进一步深入研究。幼儿园、小学、中学教师的专业化有很大的区别，各学科教师的专业化也不尽相同，因此需要进一步研究，使它具体化，具有可操作性。

关于第二个问题，如何培养？我想培养的模式是可以多种多样的。但需要制定幼儿园教师、小学教师、中学教师三种不同规格的教师培养方案和教师教育课程标准。通识教育、学科教育、教师专业教育、实习这四大模块是不可或缺的。我认为，幼儿园、小学教师还应该以师专为主，招收初中毕业生，提前招生。这样可以招收到优秀的初中毕业生，同时他们年龄小，可塑性大，可以培养成掌握艺术技能的、适合幼儿和小学儿童教育的教师。目前，根据我国的实际情况和财力还不宜于提倡小学教师都由本科来培养。初中教师由师范院校本科培养，高中教师由师范大学和综合大学用4＋1或4＋2模式培养。即学习欧美的模式，先在各系科学习学科专业课程，然后到教育学院接受一至二年的教育专业教育和实习，经过考试取得教师资格证书。

为了吸引优秀青年报考教师专业，应该恢复免缴学费的制度，或者加大奖学金的额度。也可以实行贷款制，毕业以后从事教师职业达到一定年限，贷款由政府偿还。

要制定非师范院校培养教师的准入制度。既然实行教师教育的开放性，就应该及早制定非师范院校进行教师教育的办法。现在除了过去原本是师范学院转型的综合大学设有教师培养专业外，老牌的综合大学和其他大学还没有动静。这可能与不知道如何着手有关。但有些大学本来没有教师教育的基础和经验，不愿意招收教师教育的本科

① 宋吉缮：《中韩两国教师专业化比较研究》，2002。

生，却在招收教育博士研究生。这种混乱的局面应该加以调整。

必须严格地实行教师资格证书制度。既然教师教育实行开放性，就必须有一个标准来要求教师，有一道门槛来严格把关。教师教育开放性，并不是说任何人都能当教师。即使是师范院校毕业生也应该经过严格的考核才能取得教师资格证书。例如他们毕业后可以取得临时资格证书，两年实践后再经过考核取得正式的资格证书。目前，我国颁发教师资格证书的制度也有些混乱。据说，有些地方，师范大学的毕业生还要到当地的教育学院去领取资格证书。颁发教师资格证书应该是当地教育行政部门的事情，不应该下放给学校。这些问题都应该在修订《教师法》中明文规定。

当前最紧要的任务是堵塞师范教育资源的流失，扩大资源，规范办学。我认为，根据我国国情，还需要在一个相当时期内保留师范教育的独立体系，同时实行教师教育的开放性。

培养高质量的教师队伍在我国是当务之急。近几年来，我国对教育的投入不断增加。前不久人大常务会通过的《义务教育法》修订案，明确义务教育的经费由国家承担。教育经费已得到保证，但是如果没有合格的教师队伍，投入再多也没有效果，经费会白白地浪费掉。教育有如一座大厦，合格的教师队伍是教育大厦的支柱，缺乏合格的教师队伍，教育大厦就会倒塌。因此，对教师教育的改革要慎之又慎。

以上意见不一定正确，说出来和大家讨论。

从师资现状看师范生免费*

当前，对基础教育来讲，实行教育公平、推行素质教育、提高教育质量是最最重要的任务，而任务关键在于教师。如果没有一支高质量的教师队伍，教育投入再多，也只能打水漂。因此，在国家增加教育投入的同时要抓紧教师队伍的建设，尽快提高教师的质量。对师范生实行免费教育，就是一个有效的解决办法。

一、现有教师队伍存在不足

当今世界，科学技术日新月异，国际竞争日益激烈。这种竞争说到底是人才的竞争，是民族创新能力的竞争。教育是培养人才和增强民族创新能力的基础。因此必须把教育放在社会主义现代化建设优先发展的战略地位。要优先发展就要有举措。加大教育投入，实行农村地区义务教育免费、扩大高中阶段的教育、大力加强职业教育、提高高等教育的质量、实施高等教育211工程、985工程等都是

* 原载《光明日报》，2007年5月16日。

重要的举措。

当前，我国教师队伍的状况怎样呢？应该说，全国 1000 多万中小学教师绝大多数是勤勤恳恳、辛辛苦苦坚持在教育第一线，培养着大批人才，其中不乏许多称得上是教育家的优秀教师。但是从总体上来讲，我国的教师队伍还处在数量缺、水平低、观念旧的状态。

1. 数量缺　目前，我国小学学龄人口下降，但城市中小学班额太大，按照小学班额以 25～30 人为宜的标准，则城市小学教师仍需补充；农村小学很分散，农村小学老师的现有编制非常紧张，小学教师缺口大；初中教师基本上满足需要，但学历层次有待提高，学科结构也不合理；高中教师缺口较大，今后要发展高中阶段教育，教师会更加紧缺。

2. 水平低　虽然小学和初中教师基本上达到了学历要求，但总体上水平还不高；高中教师还有一部分没有达到学历要求。特别是一些教师跟不上形势发展的要求，不能适应当前科学文化发展的需要和新课程改革的要求，教学质量堪忧。有些教师缺乏应有的思想道德，不能为人师表。

3. 观念旧　不少教师还停留在“应试教育”、单纯用分数评价学生的陈旧的教育观念上。有些教师缺乏应有的爱心，不能正确对待学生，在教学上只相信老经验，不愿意接受新事物，不能适应新形势和新课改的要求。

从师范教育来讲，由于取消了中等师范学校，许多师范院校转型，使师范教育的资源大量流失。自从中师取消以后，师专只能招收高考第三批录取的新生，质量远不如前。再加上师专的专业和课程不能适应小学的要求，小学教师的质量也有所下降。

师范生免费教育这项重大的政策举措，向全社会表明：政府高度重视教育，国家重视师范教育，政府要用政策来吸引优秀青年上师范、当教师、终身从事教育工作。有了免费教育，会有不少贫困家庭的优秀青年报考师范。历史上许多事实也说明了这项政策的有效性。

二、免费师范生教育需要稳妥的制度设计

要落实师范生免费教育政策，确实还有许多工作要做，要进行细致的制度设计。我想可以从招生、培养、毕业工作安排三个方面来设计。

1. 招生制度　有些同志担忧，在市场经济功利主义的影响下，优秀青年能不能来报考师范院校？解决这个问题的办法需要从两个方面着手。

首先，要大力宣传师范生免费教育的政策，让广大青年知道这个政策举措及其意义，鼓励优秀青年报考师范。现在有一种悖论：家长总希望自己的孩子能够遇到好老师，但又不愿意让自己的孩子当老师；学校老师不愿意自己的好学生报考师范。这恐怕也还是因为教师的待遇低，社会地位不高的缘故。因此，政府要改善教师的待遇，社会要形成尊师的氛围。

其次，更重要的是要进行制度设计。我建议采取以下政策：第一，提前招生。第二，师范生扩大保送名额。第三，招生名额向中西部地区倾斜，将来回得去，留得住。

2. 培养制度　长期以来我国师范院校由于强调学术性，忽视师范教育的特点，师范毕业生首先在思想上不愿意当教师，在业务能力上也缺乏职业训练。因此，对免费师范生应该用新的模式来培养他们。一进师范学校的校门就应该让他们接触中小学校，接触孩子，进行专业思想的教育。要加强教育实习，教师要能教书育人，要能帮助

学生学习，矫正学生的一些错误行为，教育实习也非常重要。当然，学科知识也非常重要，教师要有扎实的学科知识，了解学科发展的前沿，掌握传授知识的艺术。教师只有课上得好，才能受到学生的喜爱和尊重。因此，要将学术性和师范性有效的结合，才能培养出合格的教师。

3. 就业制度　免费师范生在入校的时候应该签订合约。政府提供学杂费，学生毕业以后有义务到政府指定的地区去从教若干年。如果违约要负法律责任，而且要作为诚信记录在案。这种诚信记录会影响他到其他单位的就业。

我们鼓励师范生终身从教，但从政策上要宽容。服务年限应有所要求，时间短了，失去了师范生免费教育的意义；时间长了，有些青年会有顾虑，也不便于青年的转业。政策的宽严要适度。我相信，只要进来了，会有一部分人热爱教师的职业，留下来终身献给教育事业。

4. 进修学习制度　青年总是希望上进的，因此要给他们的发展提供机会。如从教三年以后就可以进修半年或若干月；中西部地区的教师可以到东部优质学校挂职进修；允许报考教育硕士学位研究生；选拔优秀的青年教师出国进修考察等等。青年有了发展的机会，他们就会更加热爱教育工作，就会不断学习钻研，提高教育质量，将来成为一名教育家。

谈谈我国教师教育的改革和走向*

近年来，为了加强教师队伍的建设，尽快提高教师的质量，国务院采取了一系列措施。去年，在教育部直属的六所师范大学实行师范生免费教育，就是一项具有历史意义的重大举措。

师范生免费教育目前虽然只在六所师范大学实行，但是它却给我们提出一个重要的问题：今后我国师范教育应该怎么办？近十年来，我国师范教育正在转型，即由三级师范（中师、师专、师院）向二级师范转变，取消了中师层次；由单一的师范院校封闭式的培养模式向所有院校都可以培养师资的开放式模式转变；由职前培养和职后进修培训的分离向职前职后培训一体化转变。但是试行的结果并不理想：中师的取消导致小学教师培养的削弱；各地师专、师院纷纷升格为综合性的学院和大学，师范教育的资源流失严重；本来期望其他大学都来培养师资，但综合性大学对培养普通中小学师资根本没有兴趣；许多担负在职

* 原载《求是杂志》，2008 年第 7 期。

教师培训的教育学院合并到师院后反而削弱了教师的在职培训。今天我们不能不进行深入的反思，思考下一步如何结合我国的国情，构建我国的教师教育体系。

一

师范教育在我国一直是备受重视的。早在1897年盛宣怀奏请创办南洋公学时，就首先要求设立师范院。京师大学堂筹办之初也是师范馆首先招生。1904年清政府颁布的《奏定学堂章程》把师范教育单列系统，专门制定了初级、优级师范学堂章程。但是，在要不要单独设立师范大学方面，却一直存在着争论。早在20世纪20年代初就有部分学者反对建立师范大学，后经当时北京高师的教授们力争，北京师范大学方得以成立；稍后又曾经历过一阵师大与普通大学合并之风，也因北师大师生的抗争而作罢。中华人民共和国成立以后，加强了师范院校的建设。1949年底召开的第一次全国教育工作会议就讨论了改进北京师范大学和改进各地师范学校的意见。1951年教育部召开的第一次全国师范教育会议确定，每一大行政区至少建立一所健全的师范学院；大学中的师范学院或教育学院以独立设置为原则。从此，我国师范教育体系独立而完整地建立起来。

然而，在师范大学究竟应该怎么办的问题上，一直存在着师范性和学术性之争。一种意见是师范院校应该为中学服务，要突出师范性；另一种意见是师范院校毕业生的学术水平不能低于一般大学，要向综合大学看齐。应该说两种意见都是有道理的。经过讨论，在1961年的全国师范教育会议上基本上取得了一致认识。大家认为，高师毕业生要为人师表，在政治思想水平和共产主义道德品质修养方面，要求应更高一些、严格一些；在文化科学知识方面，基础知识应宽一些、厚一些，并应达到相当于综合大学同科的水平；此外，还应掌握专门的教育理论知识和技能技巧，从而使这个论争告一段落。但是事实上这个问题没有彻底解决。除了北京师大和华东师大两校学制延长一年外，其他地方师范院校办学仍然是低水平的。因此，直至20世纪80年代，学术性、师范性之争仍是师范院校办学的焦点。

20世纪90年代教师专业化的问题提上日程，大家普遍认为我国各级学校的教师学历偏低，学术水平不高，提出师范教育的改革和转型问题。1999年的全国教育工作会议提出："调整师范学校的层次和布局，鼓励综合性高等学校和非师范类高等学校参与培养、培训中小学教师的工作，探索在有条件的综合性高等学校中试办师范学院。"我国师范教育的转型就是从这时开始的。

应该说教师专业化、教师培养由封闭走向开放是世界教育发展的趋势。第一次世界大战后，随着义务教育年限的延长，欧美一些国家的师范学校陆续升格为师范学院。20世纪50年代以后，许多发达国家的师范学院或并入综合大学，或自身扩充为综合大学。从此，师范教育由封闭走向开放，或者叫转型。所谓转型，是指由师范院校封闭地培养师资转变为由所有高等学校开放地培养师资。总体上讲，师范学校升格转型的根本目的是提高教师的水平和质量。特别是1966年联合国教科文组织在《关于教师地位的建议》中提出应该把教学工作视为一种专门职业以后，教师专业化的呼声更加高涨，师范教育的概念也逐渐为教师教育所代替。我国教师教育的改革就是在这个背景下提出来的。

二

既然教师专业化是世界教育发展的趋势，那为什么我们近年来的教师教育改革未能取得预期的效果？我想，原因可能有以下几方面：

首先，我国的教师职业还没有成为一种让社会尊重而羡慕的职业。社会上有这样一种自相矛盾的现象：人人都希望自己的孩子能够遇到优秀的教师，但是很少有家长愿意送自己的子女读师范。因此，师范院校改制以后，特别是学费并轨以后，报考师范的学生更少了。

其次，劳动工资制度的限制。虽然《义务教育法》中规定教师工资不得低于当地公务员的工资，但久久未能落实。

第三，一段时间以来，不少学校都想把自己办大办高。于是中等师范升格为师专、师院，师专升格为师院或综合大学。有些地方师专，为了当地经济社会的发展，扩大专业是必要的，也是大势所趋，但需要有计划、有条件地发展。一旦成为一股风潮，就不仅影响高等教育的质量，也使师范教育的资源大量流失。

第四，政策上有值得商榷之处，特别表现在中等师范学校的消亡上。全国最多的时候约有上千所中师学校，她们为我国培养了上千万名合格的小学教师。当然，随着科技的发展、社会的进步，中师毕业生学历偏低，文化科学知识不足，确实需要提高。但是对如何提高，我们却采取了一种激进的办法：取消中师，改由师专或师院培养小学教师。中师取消后，有些师专和师院近来确实培养了一批高水平的小学教师，但是从全国范围来讲，中师几近消失了（现在大约只剩下100余所），小学教师的水平不仅未能提高，据许多小学反映，师专毕业生反而并不适应小学教师的要求。一是师范生的生源水平降低了。原来各地中师都是提前招生，许多优秀初中毕业生，特别是农村学生报考师范。现在师专招来的学生却是高考中分数最低档次的学生。二是师专与中师培养的方式不同。过去中师非常重视教师的职业培训，重视教育学、心理学的教学，重视书法、音乐、美术、舞蹈等方面的训练，现在师专的课程中，教师的职业训练科目削弱了；有的师专为了追求学生考上研究生的比率甚至只在研究生考试的科目上下工夫，极大地削弱了师范性；同时高中毕业生由于年龄关系在音乐、美术、舞蹈等方面的可塑性大不如中师招的初中毕业生。现在看来，我们当初就不应该简单地取消中师，可以像法国或者我国台湾地区那样采取渐进的方式：逐步延长中师的学制，从提高中师学生的科学文化知识水平做起；保留中师的建制，提高毕业生的工资待遇，逐渐过渡到小学教师达到本科学历水平。

三

今天，我们需要重新思考教师教育的重建问题，师范生免费教育也为我国教师教育的重建提供了契机。

首先，要形成尊师重教的社会风尚，吸引优秀青年报考师范，长期从事教育工作。师范生免费教育的消息传出来以后，社会上议论纷纷，赞成者有之，反对者有之。反对的一种意见认为，师范生免费教育是计划经济时代的产物，现在实行市场经济，师范生免费教育是否是个倒退？另一种意见是担心师范生毕业以后能不能真正去当教师，特别是能不能到最需要的中西部去当教师。也就是说，对免费教育能不能达到预期效果表示怀疑。这几个问题是非常实际的，需要认真回答。

我认为，首先需要站在国家发展全局的高度来认识这项举措对我国教育发展，甚至于对国家发展的重大而深远的意义。其次要在制度上精心设计，使这项重大的举措取得预期的效果。比如可以采取以下政策：提前招生；扩大师范生保送名额；招生名额向中西部倾斜，将来回得去，留得住。至于有人说，不应该再用计划经济的办法吸引优秀青年上师范，我认为这项举措与市场经济或计划经济没有必然的联系。这是政府的一项政策举措，是政府对教育的导向。任何国家在必要的时候都会出台政策来引导教育的发展。例如，市场经济最发达的美国，为了与苏联竞争，1958年通过了著名的《国防教育法》，由联邦政府拨款设立大量奖学金名额，鼓励优秀青年上大学。发达的资本主义市场经济国家尚且有如此政策举措，为什么我们社会主义市场经济的国家就不能有这种政策呢？特别是我国还有许多学生由于家庭贫困而难以就学，虽然有贷学金制度，但毕竟无法充分缓解贫困家庭的经济压力。如果有免费教育，我想会有不少贫困家庭的优秀青年报考师范。去年招生成功的事实也说明了这项政策的有效性。

其次，教师教育体系要重建。学校是分层次的，有幼儿园、小学、初中、高中多个层次。各层次学校对教师的要求也是不一样的。与此相对应，师范教育的模式也应该有所区别。从教师教育体系上来说，需要从我国的国情出发，在实行教师教育开放性的同时，保留师范院校的独立体系，并以师范院校作为培养师资的骨干，逐步鼓励非师范性高等学校参与培养教师。

要明确师范教育的办学方向。实行师范生免费教育的目的是培养一批长期从事教育工作的教育家。因此，师范教育要彻底改革。师范院校与综合大学是两类不同性质的学校，他们培养的目标不同，规格要求不同，因此这两类学校是没有可比性的。当然，作为一名现代教师，需要有渊博的学识、扎实的学科知识，但更需要有当教师的愿望，有热爱学生、热爱教育的感情，有把知识教给学生的能力，即有教书育人的能力。

长期以来，我国师范院校由于强调学术性，忽视师范教育的特点，使得师范毕业生在思想上不愿意当老师，在业务能力上也缺乏职业训练。因此，应该用新的模式来培养未来的教师。师范生一进师范学校的校门就应该接触中小学校，接触孩子，进行专业思想的教育。还要切实加强教育实习。教师这个职业是应用性的职业，不是学术性的。教师只有课上得好，才能受到学生的喜爱和尊重。当然，扎实的学科知识对于上好课也非常重要。所以，只有学术性和师范性的结合，才能培养出合格的教师。

第三，要多给青年教师提供进修学习的机会。为什么过去许多青年不愿意当教师？其中原因之一是，他们看到教师终日忙忙碌碌、平平庸庸，缺乏发展的机会和空间。青年总是希望上进的，因此要给他们的发展提供机会。如从教几年以后就可以进修半年或若干月；中西部地区的老师可以到东部优质学校挂职进修；允许报考教育硕士学位研究生；选拔优秀的青年教师出国进修考察等等。青年有了发展的机会，就会更加热爱教育工作，就会不断学习钻研，提高教育质量，将来成为一名教育家。

中国教育发展史上的里程碑*

——谈教育硕士专业学位

一

1996年国务院学位委员会通过决议设置教育硕士专业学位，为中学教师获取研究生学位开辟了渠道。这在我国教育发展史上还是第一次，它的意义是巨大而深远的。

“科教兴国”已经成为我国的国策。教育是“科教兴国”的基础工程，只有打好基础，社会主义现代化强国的大厦才能拔地而起。而要搞好教育，教师队伍的质量将是关键。但是我国教师的学历要求还偏低，很不适应现代科学技术和文化发展的要求。为中学教师开设教育硕士专业学位，就为中学教师提高学历层次，提高专业水平提供了条件。虽然不可能在短期内使多数教师获取研究生学位，但一部分获得学位的教师必将成为教育教学的骨干，帮助整个教师队伍的提高，从而有力地促进整体教育质量的提高。

---

* 原载《中国教育报》，1998年9月24日。

为中学教师开设研究生课程有没有必要？有的同志认为，当一名中学教师只需要大学毕业，能够把中学课本的内容教给学生就可以了，用不着高深的学问。这是一种偏见，也是一种陈旧的观念。要想当好一名教师，必须具备渊博的知识、高尚的品质，还要有高超的教育技能。特别是当代科学技术高速度地发展，知识增长速度加快，往往一名大学生学习的知识还来不及使用就有一部分陈旧了。因而知识需要不断更新，才能跟上科技的发展。教育媒体的发展，学生接受信息渠道的增多，也迫使教师要不断充实自己的知识才能满足学生求知的要求。虽然我国已经建有教师继续学习进修的制度和机构，但是这种进修往往是零星的、不系统的。开设研究生课程，就为教师系统学习新知识，掌握学科的前沿提供了可能。教育活动是一种科学活动，它有规律可循。只有遵循教育科学规律，才能提高质量，培养出高质量的人才。认识教育科学规律，掌握教育教学技能也需要教师不断学习。现代教育学和心理学的新发展为教育教学提供了许多新的理论，教师掌握了这些新理论就能创造出新的教育方法和经验，推动我国教育的改革和发展。

教育硕士专业学位的开辟还有利于教师地位的提高。社会上任何一个职业，只有它的专业性越强，具有不可替代性，社会地位才越高。以往教师地位不高，有各种原因，其中之一就是人人可以当教师，教师缺乏专业性。教育硕士专业学位的开辟提高了教师职业的专业性，必然会提高教师的社会地位，更加受到社会的尊重。

教育硕士专业学位的开辟促进了师范院校研究生教育的改革，师范院校的任务是为基础教育服务，师范院校的研究生除了为高等学校培养一部分师资外，还为中小学培养高质量的师资。从我国师范院校的现状来看，除了极少数可以与综合大学文理学科相抗衡，发展成为研究型大学，大多数学校所具有的优势主要在教育学科（包括学科教学）方面，他们的研究应该重点放在教育科学上。教育硕士专业学位的设置，有利于大多数师范院校把科研工作和研究生教育转到教育科学上来，切切实实地为基础教育服务。

二

教育硕士专业学位有哪些特点？我国的学位制度中把学位分成两种类型：一种是学术性学位，它分 12 个门类 88 个一级学科，学位按门类授予；另一种是专业性学位，现在有工商管理、法学、建筑、教育等专业学位。专业性学位与学术性学位不同，体现在以下几方面：

（1）专业性学位的设置不是以学科为依据，而是以职业为依据，因此亦可称为职业性学位。教育硕士专业学位是为中学教师（将来还要扩大到小学和幼儿园教师）准备的。

（2）专业性学位与学术性学位的培养目标不同。学术性学位是以培养科研人员为主，包括具有科研能力的高等学校的教师。专业性学位是培养高层次的中学教师（将来包括小学和幼儿园教师）。它也不同于过去的学科教学论的学位，学科教学论（现改为课程与教学论）主要培养学科教学理论的研究人员，包括高等师范院校中学科教学论的教师，而教育硕士专业学位只培养高水平的中学教师。教育管理专业的情况也是这样。学术性教育管理学（现改为教育经济与管理）是培养教育管理学的理论研究工作者或这门学科的高等学校的教师。教育硕士专业学位中的教育管理方向则培养具有科学管理能力的中学校长。

（3）教育硕士专业学位的对象是具有教师职业背景的人员，他们必须有 3 年以上的教育教学工作经验；而学术性学位则没有这种特定的要求。

（4）培养方式不同。学术性学位的培养是以科研为主，学位课程只要求 3～4 门，最后以研究论文为主要成果。教育硕士专业是以课程学习为主（12 门），要求研究生掌握某门专业的最新知识和了解它的发展趋向，从而能够加深对基础知识的理解，并且能够善于把这些知识教给学生。论文只是学习研究的一部分，要求重在联系教育教学实际，解决实际问题的能力。

（5）申请学位的渠道不同。学术性学位主要通过全国统一考试，进入研究生学习阶段然后获得学位，当然也不排除在职申请学位。而教育硕士专业学位是以在职申请为主（当然也不排除通过统一考试）。但是这种在职申请又与个别的在职申请学位不同。一是教育硕士专业学位的在职申请是经过入门考试的，不是全国统考，而是招生单位的联考；二是有组织有计划的课程设置和授课，因此它的学习组织又与普通在校研究生相同。

正是上述许多特点，决定了教育硕士专业学位不同于一般的学术性学位。这种学位的设置是由中国教育事业发展的实际需要决定的。有的同志不大理解这种专业学位的性质，总是用学术性学位的标准来衡量它，因而认为它的课程设置缺乏学术性，偏重于教育理论的学习，教育技能的培养等。固然一名教师首先需要有渊博的知识，特别是在当前科学技术迅猛发展的时代，只有掌握了最新的科学知识，才能对基础知识有深刻的理解，才能把基础知识深入浅出地教给学生。但是有些同志总有一种偏见，认为教育理论不是科学，教育理论不需要学习，教育技能不需要培养。他们总认为有了学问就能当好教师。可是现实生活是最好的教员，现在中国教育实践说明只有学问而没有正确的教育思想是培养不出人才来的。陈景润是我国著名的数学家，是大学问家，但却不是一名好教师，这是一个突出的例子。

三

设置教育硕士专业学位是一件新事物，要把这件事办好，关键是质量问题。因此，要建立一个质量保证系统。

首先，要把好入学这一关。教育硕士专业学位的在职申请不同于个别在职申请，必须经过招生单位的联考。这是因为他们以学习课程为主，不再举行全国联考；同时要求入学的教师很多，不能无条件地满足所有教师的要求，经过联考可以选择一批有一定基础的、有条件学习的学员，保证将来学习的质量。

其次，要按照专家组通过的培养方案进行培养。这个培养方案是在广泛征求专家和中学教师、校长意见的基础上制订的。当然不能说十分完善，但有一定的群众基础。由于培养方案尚未完全付诸实现，也不能肯定就是最完善的，需要在实践中检验并不断修订。但为了保证统一质量，有必要要求各校按培养方案进行，同时在方案中也留有一定的余地让各校自行安排，既有统一性，又有灵活性。在执行培养方案中要注意处理好儿个关系：即教育类课程和专业类课程的关系；理论与实际的关系；课程学习与论文写作的关系。

第三，为了保证质量，要建立一支相对稳定的高水平的教师队伍。保证质量的关键在教师，各校要组织高水平的和最有教学经验的教师来授学位课程。同时要对研究生有严格要求。为了交流经验，互通情况，专家组准备举办一些研讨班。

第四，编写一批高质量的教材和参考文献。

第五，建立一套评估制度，定期地对各校的培养工作进行评估。评估的目的是促改革促质量，因此以自我评估为主，专家评估为辅。

总之，教育硕士专业学位的建立还属初创，任何人都没有经验，需要我们共同努力，在实践中摸索经验。我们也希望社会各界关心这个学位的建设，帮助我们完善和提高。

敬业爱生　严谨笃学*

——纪念第 23 个教师节

8 月 31 日，胡锦涛总书记在全国优秀教师代表座谈会上发表了重要讲话，高屋建瓴地论述了教育优先发展和尊师重教的重要意义，对教师提出了殷切的希望。这是党中央向全社会发出的尊师重教的伟大号角，具有重大的历史意义。

当前，我国教育正处在从数量发展到质量提高的转折点上。全面推进素质教育，提高教育教学质量是当前的迫切任务。完成这个任务要靠全社会的支持，更要靠全体教师的努力。胡锦涛总书记说："教师是人类文明的传承者。推动教育事业又好又快发展，培养高素质人才，教师是关键。"又说："尊重教师是重视教育的必然要求，是社会文明进步的重要标志，是尊重劳动、尊重知识、尊重人才、尊重创造的具体体现。"教师是如此重要，受到全社会的尊重。那么教师怎样才能做到值得让人家尊重，怎样才能更好地完成教书育人的任务呢？胡锦涛总书记对我们提出了

* 原载《中国教育学刊》，2007 年第 9 期。

四点希望，这就是：爱岗敬业、关爱学生；刻苦钻研、严谨笃学；勇于创新、奋发进取；淡泊名利、志存高远。他还勉励教师要自尊自励，努力成为无愧于党和人民的人类灵魂工程师，以人民教师特有的人格魅力、学识魅力和卓有成效的工作赢得全社会的尊重。学习胡锦涛总书记的讲话，觉得无比温暖，又觉得责任重大。我想，我们只有按照总书记的要求，敬业爱生，严谨笃学，恪尽职守，努力把青少年培养成才，以此来报答党和人民对我们的关心。

敬业爱生、严谨笃学是教师职业道德的具体体现。所谓敬业，就是忠诚于人民的教育事业。做一名教师首先要热爱教育事业，不断钻研教育教学业务，提高业务能力和水平，提高教育质量。所谓爱生，就是要用满腔热情来对待学生，热爱每个学生。敬业和爱生是密不可分的，它们统一在培养人才上。敬业是为了更好地培养人才，敬业也体现在爱生上。一名老师不热爱学生怎么能说明他敬业呢？爱生也需要有敬业精神，没有对教育事业的忠诚，怎么能去爱学生呢？温家宝总理说：没有爱就没有教育。教师对教育事业的爱，对学生的爱，不同于父母对子女的爱，这种爱体现了对人类的爱，对民族的爱，对未来的爱，是不求回报的无私的爱。所以教育的爱是伟大的爱。

严谨笃学就是要树立严谨治学的态度，建立优良的学风。教师要学为人师，行为世范，就要不断学习，努力钻研，不断提高教育教学的业务能力和水平。严谨笃学不仅要钻研学科，钻研教材，更要钻研学生。我认为，当前要特别提倡研究学生。教师要引导学生，就需要和学生沟通。要和学生沟通，首先要了解学生，信任学生，理解学生。信任和理解都要建立在了解的基础上。教师要了解青少年的生理、心理特点，了解他们的需要，了解每个学生的特点。这样，教育工作才能有的放矢，让学生容易接受。

我国大多数教师都能做到敬业爱生，严谨笃学，所以才培养出我国各行各业的人才。但是也无可讳言，还有一部分教师缺乏这种职业操守。有的视学生为敌人，用各种办法去伤害学生。师生关系的紧张已经在一些学校成为较为普遍的现象，不能不引起大家的关注。

我曾经看到《中国教育报》上刊登过一张大幅照片：一个小同学（大约也就一年级的学生）因为迟到被老师罚坐在黑板边上，两只大眼睛望着镜头，好像在期盼救星；老师在讲课，但其他同学却望着坐在墙角的同学。看到这张照片，使我感到十分悲哀。我们的老师怎么能这样对待自己的学生？他是在教育学生还是在伤害学生？无独有偶，最近又有人告诉我，现在《义务教育法》明确规定，学校不能设重点班，但是不少学校却暗暗地设ABC班。有些老师还用这种分班来压学生，讥讽学生。有的老师常常训斥学生，有时开家长会还训斥家长。这种情况有失教师的职业道德，难以让学生信服，不可能收到应有的教育效果。

的确，现在教师受到的压力很重。社会种种矛盾压在学校和教师身上。升学的压力、安全的压力，特别是升学率的压力使教师们透不过气来。因此，有些教师把自己受到的压力转到学生身上。在应试教育的压力下，老师受到的心理压力是很沉重的，许多老师心情烦躁，总觉得学生不听话，不争气，于是给学生施加压力，造成师生关系的紧张；有一些教师有错误的观念，认为爱学生就要严格要求，许多老师认为，把书教好，严格要求就是最好的爱。常常会听到老师说："批评你就是为你好"，"布置这么多作业就是为你好"，但是学生并不领情，有时甚至有反感；还有的老师认为，严厉才能使学生听话，对学生的缺点或错误不能耐心教育和容忍，而是采取简单粗暴的办法对学生；有的老师对学生不公平，只爱好学生，不爱有缺点的学生，处理问题是褊袒好学生，从而引起一部分学生的不满。凡此种种都说明一个问题，就是有一部分老师的教育观念还有待转变，师德还有待提高。

敬业爱生，严谨笃学。首先，要树立以学生为本的思想，处处为学生的健康发展着想。其次，要懂得学生的年龄特征和发展规律。青少年儿童是长知识、长智慧、长身体的时期，他们还不成熟，他们的愿望和能力还不平衡，有时会犯错误；青少年儿童的发展也不是线性的，会有曲折，了解了这些特点我们就不会事事责怪他们。第三，要理解学生，理解学生的需要，青少年儿童活泼好动，富有好奇心，他们有求知的需要，有玩耍的需要，有探究的需要，有交友的需要。老师要了解他们的多种需要，尽量满足他们合理的需要，学生就会反过来理解老师，尊重和完成老师的要求。第四，老师要相信每一个学生，同时注意培养学生的自信心。切忌把学生分成三六九等，那样容易使一部分学生感到老师不信任他，看不起他。这种学生往往对老师是敬而远之，采取不信任的态度。在这种状态下，老师要想教育他是很难的。信任是相互的，只有信任学生，学生才能信任老师。其实，良好的师生关系是最巨大的教育力量。教师热爱学生，学生热爱老师，师生之间还有什么矛盾不能解决呢？

改善师生关系就要求教师研究教育策略、提高教育技能。教育既是一种科学活动，要遵循教育规律；教育又是一门艺术，需要讲究教育技巧，或者叫做教育艺术。不是有这样一个大家熟悉的例子吗？一名学生在老师提问时总是积极举手，但等到老师让他发言时又总答不出来。原来，他怕不举手，同学会看不起他。老师了解这个情况后没有简单地责怪他，而是与他约好，如果他会答题就举右手，如果还不会答题就举左手，举右手时老师就叫他，他顺利地回答了老师的问题。这个学生从而建立起学习的信心。这就是教育艺术。

教师的人格魅力会影响师生关系。“学为人师，行为世范”，老师的一言一行都在学生严格的监视下，学生会时时评价老师。因此，老师要不断提高自己的素养，注意自己的行为举止。教师职业的特点就在于教师的教育手段是和教师的人格融为一体的，老师是用人格影响学生的人格，用心灵塑造学生的心灵。在纪念教师节时，我们不能忘记自己所肩负的责任，不断地提高自己的师德水平。

比 较 教 育

当代工业发达国家的教育改革*

教育在历史上从来没有像今天这样受到社会广泛的重视，也从来没有像近20年来有这么多国家对教育进行重大的改革。是什么力量促使了教育这样飞速的发展和剧烈的变革呢？有的教育家分析，这是由于战后人口的爆炸，随之而来的就学人数的增长；有的教育家认为，是由于科学情报的爆炸，使人类受到现代新知识巨浪的冲击；也有的教育家认为，由于现代化带来的灾难，文明世界的堕落，青少年犯罪的增长，促使教育不得不研究如何改革这种状况。的确，这些都是促使教育变革的因素。但是最根本的因素应该是科学技术的迅猛发展，促使生产力急剧发展，从而改变着人类社会的整个经济生活和文化生活。科学技术和经济的不断发展、新的行业的出现，就要求教育为其培养人才和高质量的劳动力，以便使人们适应经济现代化所带来的物质生活和精神生活的变化。传统的教育再也不能适应新形势的需要了。教育改革就成为当代的必然趋势。

---

* 原载《北京师范大学学报》，1980年第4期。

那么，20多年来工业发达国家的教育有哪些重大变化？发展趋势又是什么？有哪些问题是值得我们注意、可以从中得到启发的呢？根据我对世界教育的肤浅了解，提出下列几个方面的想法以供参考。

一、科学教育的加强

50年代末开始，各国掀起了教育改革的浪潮，内容主要是加强中小学的科学教育。由于科技的进步，科学技术要应用到生产上去，就需要有掌握科技的劳动力。但是普通学校的科学教科书自20世纪以来没有明显的改变，内容陈旧落后，不能适应国民经济现代化的需要。有些科学家反映“教科书的内容不再代表科学界的观点了”，“科学上的新发现在教材中是看不到的”①。有的科学家认为，旧教学大纲至多反映了19世纪末期教育思想的水平。同时，战后国际竞争十分激烈，一些国家的政府越来越认识到改进科学教育对培养人才、发展科技、增强国防和经济实力的重要性。特别是1957年苏联第一颗人造地球卫星上天震动了美国统治集团。他们通过调查发现，美国科技之所以落在苏联之后，是由于中小学教育质量低下。因此，美国国会于1958年制定《国防教育法案》。当时艾森豪威尔总统在批准这一法案时说：这是个“紧急措施”，“要通过这个法案大大加强我们美国的教育制度，使之能满足国家基本安全法提出的要求”。法案决定，增拨科学教育经费，重点改进各级学校的数学、自然科学和现代外语的教学，充实各级学校理科教学的实验设备，确定选拔、培养“天才”学生的办法。同时组织科学家编写新的数学、物理、化学、生物

① 参阅艾伯特·V·贝滋：《世界科学教育的革新》第四章，联合国教科文组织1976年。

等教材，把现代的科技成果充实到教材中去。为了改进科学教育，美国政府大幅度增加这项工作的经费。如 1952～1960 年八年期间，美国国家科学基金会用于改革科学教育课程的经费为 1350 万美元，而在 1966 年一年就达 1600 万美元，超过了前八年的总和。另外还有用于研究、师资培训以及师生科学教育其他特殊活动方面等辅助项目的经费达到 11300 万美元。①

这个时期，苏联的中等教育也在进行改革，组成了有科学家、教育学家、心理学家和教师等 500 多人的委员会，它的任务是“促使教育内容和性质符合于现代科学、技术和文化发展水平”。从 1964 年开始，用了十年时间对普通学校的教育内容，特别是数学、物理、生物、化学、天文等课程进行了改革，到 1974 学年度完成了普通学校采取新的教学大纲的工作，在此期间编写了 103 种教科书。

普通教育的改革几乎波及各国，许多国际教育组织召开了一系列科学教育会议，讨论改善科学教育的问题，出版了各种科学教育的教科书和教师指南。所谓“新数学”就是在这个浪潮中提出来的。

加强科学教育是从两个方面进行的：一是从教材方面，所谓“恢复教材在教育过程中的首要地位”，强调教科书的作用。为此，动员了许多著名科学家来为中小学编写教材。50 年代以前，编写中小学教科书主要由中学教师承担，重点放在事实的知识方面。50 年代以后，科学家参加进来，这就使得教材内容实现了现代化。二是改进教学方法，强调学生学习的主动性。把由教师负责学习过程变成由学生自己负责。不是由教师单方面向学生传授知识，而必须由学生自己积

① 参阅艾伯特·V·贝滋：《世界科学教育的革新》第四章，联合国教科文组织 1976 年。

极参加和有所发现。教师的作用则是创造学生的学习条件。因此，在教学过程中采用现代化的教育手段，强调了学生通过实验室和现场的新经验去发现新的见解，而不是仅仅验证以前的固定的原理。

用新的观点编写出来的教材有以下几个特点：

第一，教材内容的现代化。强调教材内容要符合现代科技发展的水平，删除传统教材中陈腐过时的内容，补充20世纪中期以来科学技术上的新成果内容。拿数学为例，现代数学的特点之一是高度抽象和广泛应用。原先认为没有多少应用价值的抽象数学分支，如数理逻辑、抽象代数、组合理论等也得到了广泛的应用。因此，中学的教材就以这种现代数学的基本思想，统一处理传统的代数、几何、三角等内容。

第二，教材内容的理论化。理论化和现代化是分不开的。数学在各个领域里的广泛应用，出现了许多新的数学分支和边缘学科，如程序设计、运筹学、网络理论、信息加工、随机过程等新学科的建立，它的基础需要微积分、线性代数、数理逻辑和概率论等理论知识。因此，数学和自然科学教材中增加了基础理论知识的比重。

第三，教材内容逐级下放，随着生产和科学技术的发展，对各行各业的工作人员提出了比以前更高的文化要求。特别是技术更新较快，每隔几年对职工就要重新训练一次，只有文化科学基础较好的人，重新训练才比较容易，因而，数学和自然科学的教材中就把原来大学课程中的某些近代科学的内容下放到中学，中学的某些内容下放到小学。

第四，配合新的教材辅以现代化的教学手段，十分重视电化教育。如物理、生物几乎每节课都配有电影教学，有科教片、动画片、参观现场的影片、演示实验的影片等。这种现代化的视听手段，代替了只用粉笔和黑板进行教学的传统方式，提高了教学效果。

但是，到了60年代后期和70年代初期，对数学和自然科学教育现代化改革的批评意见越来越多。批评的意见集中在下面几个方面：

第一，认为新教材只适用于有才能的学生的需要，脱离了大多数学生的实际。有人认为，学校中仅有15%的学生具有学新数学的能力，美国物理科学研究委员会会员艾伯特·V·贝兹承认，中学高年级对该委员会编的课程感兴趣的大约只占4%，尽管该委员会做了很大的努力，注册学习中学物理课的人数却逐年下降。因此，他不能不承认："物理科学研究委员会的计划，虽然对有科学天才的学生来说是极好的，但是对一般学生以及在科学方面没有什么兴趣或能力的学生说来则太难了，或者可能就不适合。"①

第二，认为由于不适当地增加教材的难度和分量，使学生负担过重。特别是数学，被强调到了过分的地位。法国《巴黎竞赛画报》发表了一篇文章叫"数学的霸主地位"，报道了高中学生为数学的过重负担而苦恼，同时由于数学的负担，埋没了学生的其他兴趣和才能。日本《朝日新闻》的一位记者，调查了许多学校以后指出：日本1968年、1969年、1970年分别修改过的小学、初中、高中的现行教学大纲是"最坏"的大纲，其中最明显的是数理部分。她写道："因在算术中加进'集合'这一概念而知名的'现代化教材'的引进，反映出为提高数理教育水平而抽掉科学的验证，把不需要的东西也一古脑儿都填进去，从而受到了广泛的批评。"由于这些批评，日本现行小学教学教材已把"集合"的概念删去了。

---

① 参阅艾伯特·V·贝滋：《世界科学教育的革新》第四章，联合国教科文组织1976年。

第三，由于片面强调理论知识，也带来了脱离实际的倾向。批评家认为，新数学只代表数学家、逻辑学家的兴趣，并不符合一般中学生和教师的实际情况，它所注意的是数学的纯理论的抽象的东西，而忽略了数学的实际应用的基本训练，苏联于1977年12月经过苏共中央和部长会议通过的《关于进一步改进普通学校学生的教学、教育和劳动训练》的决议，提出要减轻学生的负担，增加劳动教学时间，加强职业选择的指导，实际上也是对前一段教育改革中学生负担过重、脱离实际的缺点的纠正。

随着对教育现代化改革的批评，在西方国家掀起了所谓"恢复基础教育"的运动，强调所有学生（除了那些智力上极差的以外）均应接受各门基础学科的足够教育。在低年级，要在一定时间内把注意力集中在读、写、算上面，然后再考虑外语和自然科学。许多科学家和教育家主张，教育改革应该以多种形式进行试验，也可以为不同能力的学生编写不同的教材。

尽管对教育现代化的改革有许多批评，但是它在60年代、70年代确实为培养大批的科技人才作出了贡献。教育改革的趋势是不可阻挡的，重新回复到旧的传统已不可能。

二、重视学生能力的培养

近20年来的教育改革除了教学内容的革新以外，在教学思想和教学方法上特别重视学生的能力培养。提出这个问题的最有名的教育家就是苏联的赞可夫院士。他在1957年开始进行"教育与发展的关系"的大规模和长时间的实验，1964年在第一阶段实验的基础上总结并公布了"小学教学新体系"的主张，提出教学工作最重要的任务是以最高的效率推动学生的一般发展。他提出了三条教学原则，即：

(1) 在高难度上进行教学的原则；(2) 高速度进行教学的原则；(3) 理论知识起指导作用的原则。他的试验证明了原来小学四年的课程可以在三年内学完，而且学生的水平比以前还高。他的新体系和教学原则曾引起了苏联教育界一场激烈争论，结果苏联的小学终于在 1966 学年度开始由四年缩短为三年。

在美国，布鲁纳的结构主义教育思想曾经一度流行。他在 1960 年出版《教育过程》一书认为，不论选教什么学科，务必使学生理解该学科的基本结构。而且他大胆地假设："任何学科都能够用在智育上是诚实的方式，有效地教给任何发展阶段的任何儿童。"但是，布鲁纳的教育思想并没能实现。他在 1971 年又重新写了《教育过程再探》一书，总结十年来教育改革的经验，认为"开始阶段过于理想主义了。""没有想到，最初五年的课程设计，竟没有一个是值得采用的。"到了 1970 年他所关心的已不是凭借课程从内容方面去改革学校，而是要把学校全部改组以切合社会的需要。虽然布鲁纳当前在美国已经不太被重视了，但是他的教育思想对课程改革还是有重要的影响。特别是他的中心思想，即"如果你理解了知识的结构，那么这种理解会使你可以独立前进，你无须为了知道各事物的属性而与每事每物打交道，只要通过对某些深奥原理的掌握，便有可能推断出所要知道的个别事物。"①。他所主张的学生学习的"发现法"的思想对于教学论的研究也有着重要的意义。

重视学生的能力的培养，也是与当代科技的发展相关的。

第一，科技知识的爆炸使得教育家们不得不考虑，如何使一个人在短短的十几年的学龄时期掌握人类积累起来的所有知识。只有发展

---

① 布鲁纳：《教育过程再探》，载《教育研究》，1979 年第 1 期。

学生的能力，使他掌握各门学科的最基本的原理，并能举一反三，能够去探索新的知识，才能适应科技不断发展的需要。

第二，科学技术的日新月异，生产过程的不断革新，使得职业不断变化。要适应这种变化，光靠在学校中学到的一些专业知识是远远不够的。因此，各级学校都强调，在加强基础知识的同时，要培养学生的能力，以便将来在工作岗位上能够适应这些变化。

三、重视“天才教育”

为了迅速培养高级专门人才，近几十年来世界各国普遍重视“天才教育”，发现天才儿童加以特殊的培养。美国1958年的《国防教育法案》提出：“为了国家的安全，必须选拔我国大量的天才儿童，并努力进行天才儿童教育。”1959年科南特在他的关于美国中学的建议中，强调按“能力分组”，“对有高度天才的学生应有某种特殊的安排”。他主张从七或八年级或更早些就开始辨识这些高材生，因为“在大学年代才来发现和发展那些天才，通常是太晚了”。1962年5月，海曼·里可弗在美国国会作的一次教育报告也积极主张按学生的能力分别施教，对“天赋能力”的学生给予特殊的教育。他认为这是关系到培养人才的速度和质量问题。否则，美国教育将以“蜗牛般的速度进行”①。1973年美国国会又通过一项“天才教育法案”，为天才教育的实施提供了经费、人力、物力以及法律上的保证。

在“经济高速增长”的1960年，日本经济审议会发表“日本经济的长期展望”，第一次提出“人才开发论”。以后又提出“开发英才与扩充育英制度”。1961年起对初二、初三年级全体学生实行“全国

① 《战后美国中小学的教育改革》，载《外国教育动态》，1978年第17期。

统一学力调查”，其目的之一就是依据“人才开发论”，对青少年进行早期开发，发现英才，培养英才。日本的所谓英才教育，与美国的天才教育，不完全是一回事，他们对于英才的定义存在着争论，总的说来是指“高才能的人”。日本为了推行“英才教育”，成立了日本育英会，对高中以上学生实施育英奖学金贷与制度。1974 年，贷与人数在学生总数中的比率是：高中约 2.1%，高专 23.8%，大学 10.4%，修硕士课程的 44.1%，修博士课程的则达 79.8%。可见其主要对象是研究院的研究生，即有“高才能的人”。

苏联过去对天才教育持批判态度，但近 20 年来有了变化。特别是一些心理学家对儿童心理特点的研究，提出教育要考虑到学生的个人能力和个性。在这种思想指导下，在中学高年级开始设选修课，并为一些天才儿童设立特殊学校。苏联的特殊学校有外国语学校和自然科学学校两种。外国语学校从小学二年级（满 8 岁）开始起教外语。据了解，目前这类学校在苏联有 705 所。自然科学学校主要是数学—物理学校。由各个学校从八年级毕业生中推荐在数学、物理学科上获得特别优异成绩的学生上这种学校。据说现在这类学校全国有 799 所。最有名的是莫斯科市第 444 中学、诺沃西伯利斯克大学附属物理学校。

实施天才教育的办法是多种多样的，但不外乎是选拔天才和培养天才两方面。在选拔天才儿童方面，西方国家采取的主要方法是“智力测验”。培养天才儿童的方法有以下各种：

（1）“能力分组”。按照学生的智力差别、能力大小进行分别施教。美国采用这种形式较为普遍，有的小学甚至取消了年级划分，把一至三年级改为初级学习单位，把四至六年级改为中级学习单位，在学习单位中，再实行“能力分组”。学生根据自己的能力参加相应的组学习。这种组每隔几周根据学生成绩的好坏加以调整，有的学校按学科分组，因为学生的才能不是在所有学科中都是一样的。也可以根据他的能力的变化，变换组别。

(2) 加速学习。对于智力超常的儿童，不受年龄、年级的限制，可以提前上小学或跳级。有天才的中学生，可以提前上大学。美国有一个组织叫“对数学上早熟青年的研究”(SMPY)，专门帮助能力强的青年，尤其是在数学领域内能力强的青年加速学习，包括提早进入大学。芝加哥大学从1941年起就录取优秀的上过两年中学的学生进入大学。50年代末，福特基金会创立了“促进教育特别基金会”，奖励有才能的青年提前上大学。1957年该会公布提前上大学计划的结果是非常积极的。这次计划包括130名学生，他们入大学时平均年龄是16岁半。这批学生都没有因为提前离开中学而感到吃力。根据有些教育家的研究，发现通过跳级而加速学习的学生比没有这样做的学生有更大的抱负，更多地上了名牌大学。

(3) 加深学习。既不把有才能的学生与普通学生分开，又照顾到他们的特殊才能，采取对有才能的学生加深学习的办法。例如在课外进行一些科学研究，进行创造性的写作，或者让他们选修更高水平的课程等等。

(4) 组织特殊班级和学校。如美国佐治亚州有些学校开设“优等生荣誉班”，东普罗登斯市有些学校开设“天才生试验班”。苏联则设有专门的特殊学校，对天才生进行特殊教育。

对于天才教育，评价不一。学生的天资的区别，应该说是存在的。因材施教，按照学生的不同的天资和才能，进行不同的教育，使得早出人才，快出人才，出优秀人才，这是教育工作者应该考虑的问题。但是如何发现有才能的学生，如何培养他，认识是不一致的。运用智力测验的方法把天才儿童作为未来的统治人物来培养，这种教育方法带来了不良的后果，已引起许多教育家的重视。美国一本教育杂志曾于1978年刊登了加利福尼亚州一位教师的文章，批评对天才儿童实施特殊教育的做法，认为这种做法培养了“等级意识”、“优越感”，同时“肯定损害了其他儿童的自尊心”。她还批评智力测验根据智商公开地给学生贴标签、分等级，这样就建立了等级制度。

四、发展职业教育和终生教育

科学技术的日新月异带来了生产过程的不断变革，新的行业不断出现。这就要求教育为其培养熟练的劳动力。同时，随着中等教育的逐渐普及，教育如何为青年就业做准备的问题就突出出来。职业技术教育更为各国所重视。美国于1963年通过“职业教育法案”，1968年又提出了修正案，极大地刺激了职业教育的发展。在50～60年代的20年间，美国四年制的职业技术中学注册生数增加了一倍多，经费增加了大约六倍，成为中等教育中增长最快的一部分。进入70年代，美国政府又强调对职业教育的改革，提出所谓“职业前途教育”，把“职业前途教育”作为中等教育的目的。前教育总署署长马兰说：“学校的任务是准备使学生毕业后开始工作，或为从事某种职业去升大学，因此从幼儿园、小学到十二年级开设的全部课程，都应与未来要从事的职业联系起来。”他还主张职业前途教育“将成为所有学生的，而不只是职业学校学生课程的一部分，应贯穿于小学一年级到高中，甚至大专院校的所有年级”。职业前途教育得到美国教育团体以及各州、各级学校的重视。从1971年到1974年仅教育总署和全国教育协会的拨款就达6100万美元，1977年美国国会众议院通过了职业前途教育的五年计划，拨款4亿美元。各州已通过或正考虑通过职业前途教育的法令，制订全面的职业前途教育的发展规模①。

在日本，职业教育也十分受到重视。日本教育的一个很大特点是企业界直接干预教育工作。1956 年日本经营者团体联盟（简称“经团联”）提出“关于适应新时代要求的技术教育的意见”，要求有计划地培养科学家、工程师、技术员和技术工人，推进义务教育的理科教育和职业教育，改善培养技术人员的理工科大学教育，谋求理工科大学同产业的紧密联系。日本实施职业教育从两个方面进行：一个方面是在初中、高中、专门学校和大学中对学生进行从事农业、工业、商业、水产及其他产业所必需的知识、技能和态度的教育；另一方面是把高中分为以普通教育为主的普通科和以职业教育为主的职业科。职业科有工业科、农业科、商业科、水产科、家庭科，另外还有少数外语科、数理科、体育科、音乐科、美术科、福利科等专门科。职业高中占全部高中的 22%左右。在 60 年代“国民收入倍增计划”期间，因为强调“振兴产业”，职业高中发展比较快。进入 70 年代以后，由于高中逐步普及，大学入学率的增高，职业高中有下降的趋势。为了发展职业教育，日本政府还鼓励私人开办各种职业技术学校。到 1976 年这类学校已有 7000 多所，在校学生 100 多万人。这种职业技术学校名目繁多，专业范围很广，包括商业、工业、医疗、艺术等各个方面。为了培训技术工人，日本从 1976 年起开办了各种专修学校。

苏联对职业教育也很重视，专门有职业教育体系。职业技术学校分为三种：（1）职业技术学校，招收八年制学校毕业生，修业 1～3 年，培养普通工人；（2）中等职业技术学校，招收八年制学校毕业生，修业 3～4 年，授予职业教育和普通中等教育，培养具有中等教

① 《工业化国家经济发展与教育》，载《外国教育动态》，1979 年第 9 期。

育程度的熟练工人；(3) 技术学校，招收十年制学校的毕业生，修业1～2年，授予一两种职业技能，培养具有较为复杂的技术工人和初级技术员。随着技术发展和生产工艺的变换，职业技术教育的专业也在不断变化，过去职业技术教育系统按1264种工种培养技术工人，现在增加到1409种。

南斯拉夫的高中分普通中学和各种技术学校、职业学校。1974年南共联盟十大通过决议，把这两种学校合并，在十一年级和十二年级直接进行职业教育或职业定向培训。

科学技术在生产上的应用，也造成了失业和职业的变动；新的科技发明和创造，又使学生在校学到的知识迅速过时。这就促使人们要不断学习和重新接受培训，以便适应瞬息万变的世界。面对这种形势，再加上工人阶级反对解雇的斗争，许多国家提出继续教育的主张，西方把它称之为“终身教育”。首先提出来的是联合国教科文组织成人教育局教育课长朗格朗，他认为，把人生分成两半，前半生用于受教育，后半生用于劳动，是毫无科学根据的。教育应当是每一个人从生到死的继续着的过程。在每个人需要的时刻，应以最好的方式提供必要的知识。1965年联合国教科文组织国际成人教育推进委员会讨论了朗格朗的“终身教育”提案。此后，得到许多国家的赞助，终身教育与成人教育一起成为国际教育研究的重要问题。

随着这种教育思潮的出现，各种类型的学校也就应运而生。函授大学、广播电视大学、开放大学、暑期课程以至于车厢大学。总之是利用各种时间，采取各种方式为成人提供继续教育的机会。

与终身教育的思想相近似，近十多年来出现一种叫回归教育的思想，主张向有志学习的人提供第二次、第三次受教育的机会。高等教育不是一次上完，而是分几次。中学毕业以后就业一段时间，再回到学校学习一段时间，又去就业，过一段时间再回到学校学习。或者在大学先学习一段时间，就去就业，过一段时间再回到学校学习。这种回归教育首先在瑞典得到提倡，目前在美国也流行起来，就是所谓大学生的“辍学”。学生在学习期间主动停学去就业，过了几年再继续学习。

终身教育的主张，在资本主义国家来说，主要是为了使工人不断适应劳动力市场的需要。正如美国社区学院和初级学院联合会社区学院——工会合作服务中心主任威廉·艾博特在《未来学家》1978 年 8 月号上的文章中所说，企图“用教育战胜失业”。当然，如果资本主义制度不改变，教育是战胜不了失业的。但是，终身教育的思想还是可取的，特别是在我们社会主义制度下，加强在职职工的教育，使他们适应科学技术的发展，是有利于四个现代化的实现的。在这方面，西方国家的有些做法也是值得我们借鉴的。例如法国于 1971 年制定了“使终身教育成为一项全国性的义务”的法案，规定：(1) 承认职工在工作期间离职进修的权利，这就是“训练假”(不是全部带薪)。(2) 企业主要为他们雇佣人员的职业继续培训提供一定的费用，1976 年为该企业全年工资总额的 2%。(3) 政府提供预算并监督执行，支付学员报酬并资助某些培训中心的装备和训练。他们的这种办法是值得参考的。

五、改革高等教育

战后发展最快的要算高等教育。这是因为科技的迅速发展对教育提出的要求首先表现于高级人才的培养。为了扩军备战，改进武器装备，加强国际竞争的实力，需要高级科研人员；为了革新生产工艺，提高生产效率，攫取高额利润，需要高级科技人员。再加上中等教育的渐趋普及，劳动人民要求享受高等教育的呼声越来越高。这一切都促进了高等教育的发展。

高等教育的发展不仅表现在数量上，而且还表现在培养高级专家的方向、内容、形式和方法上的改革。

第一，高等教育的任务有了变化。追溯高等教育的历史可以发现，在高等教育发展的最初阶段，作为高等学府的综合大学的任务是保存和传授人类文化的成就，比较注重古典人文科学。随着工业革命的发展，提出了培养科技人才的任务。除了综合大学以外，西欧各国开始建立了专业化的技术学院。二次大战以后，随着科学技术的新发展，高等教育的任务又发生了新的变化，现在，高等学校的任务已经不能只限于通过教学过程把现有的知识传授给学生。科技的发展进程提出了在高等学校开展基础科学方面科学研究工作的必要性。科学研究工作已经成为高等学校教育的基本组成部分和基本任务之一。这是因为：(1) 为了提高高等学校的一般水平和毕业生的质量，在现代科技发展的时代，高等学校如果不开展科学研究，就不可能跟上形势，也不可能提高教学质量；(2) 培养做研究工作的熟练人员的必要性不断增长；(3) 现代许多研究课题是跨学科的，高等学校特别是多科性的学院和综合大学具备解决跨学科课题的条件，特别是涉及人文学科与自然学科的研究更是如此。某些欧洲国家在高等教育上出现了教学与科研工作一体化的强烈趋势。例如法国，1968 年实行高等教育的改革，其中一项重要内容是取消原来的学院，建立“教学与科学研究单位”作为学校的基层单位，把教学和科学研究密切结合起来，教师要搞科研，学生也要搞科研，特别是第三阶段的学生。

第二，对大学毕业生的规格提出了新的要求。由生产力和生产关系总的发展所提出的现阶段高等教育的另一项重要任务是，培养能满足现代科学技术以及社会的政治、经济和文化生活各个领域所需要的具有高度专业水平的专家，为了满足社会的这种要求，近 20 年来，各国高等教育都比较重视职业教育，重视未来专家的职业训练。但是，某些国家现在已经又提出了新的问题：狭窄的专业化是否符合当代科技发展的趋势。在生产过程不断革新的情况下，那种进行职业训练的狭窄的教学所传授的知识很快就会过时。因此，高等教育除了为具体的生产部门培养具有职业训练的专家外，还要为这些专家提供宽广的文化和科学基础，即有些教育家提出的，大学生在大学里是“学习如何学习”。

苏联最近在高等教育杂志中多次提到对专家的新的要求。认为过去培养的是“现成的专家”，他们学到的是“开处方”的知识。这些专家在具体的生产岗位上，处理具体的生产问题起了很大的作用。但是，由于现代科技的发展，这种专家已经不能适应形势的要求。科学技术的迅猛发展，使得技术革新从个别生产部门或生产环节普及到整个生产部门和过程。这就在专家的培养上提出了职业上的机动性、适应性问题，即他应当具备克服当前专业知识迅速过时的能力。

同时，由于教育过程的周期较长，人才的规划不可能对今后几年、几十年所需专门人才的数量作出准确估计，也不可能随着技术革新迅速地改变培养计划。因此，就要求高等教育在培养专家的方向上克服职业的狭窄性。从这点出发，有人主张，现在的高等教育应该与日后的终身教育结合起来，或者说，把高等教育纳入到终身教育的轨道。美国波士顿东北大学办起了工读制的教学，英国有所谓“三明治课程”，实行学习和工作交替进行的制度。

第三，文理科互相渗透和结合。基于上述一些原因，近几十年来大学课程的改革沿着文理科互相渗透的方向进行。美国著名大学麻省理工学院就设有人文和社会科学院、管理学院、建筑和规划学院，包括政治学、经济学、人文学、语言和哲学、管理学、建筑学、城市研究和规划、教育的学习和研究、技术和政策等系科。一方面培养文科人才，另一方面加强文理渗透。该学院的基础课程也体现了这个精神。例如规定大学普通必修课共180学分，其中自然科学必修课60学分，人文、艺术、社会科学必修课72学分，自然科学分类必修课36学分，实验室必修课12学分，几乎是文理各半。

苏联的理工学院近年来也逐渐重视文理科的互相渗透。如在一些高等技术学院设立心理学和教育理论系，有些学院还开设历史、文学、艺术等人文学科的选修课，要求未来的工程师熟悉劳动立法、工程心理学等等。

近年来，国外高等教育又从文理渗透发展到跨学科的课程，产生许多边缘学科。美国高等学校中跨学科的趋势最为突出，有的几个院系协作配合开设跨学科课程。

第四，加强基础课教学。为了防止狭隘的专业化，国外高等学校近年来普遍重视加强基础课的教学。美国一些比较著名的理工科院校，近年来讲授数学和其他基础科学的时间增多，专业课的时间显著减少。例如培养电气工程师的教学计划中，基础课教学50年代占总教学时间的25%，60年代占40%，70年代初增加到50%，而专业课时间分别由45%降到30%，乃至20%①。最近美国一些主要大学正在研究如何改革公共基础课。1978年3月，哈佛大学公布了新的公共基础课方案。这个方案规定大学本科生在四年的学习计划当中要以四

① 《美国麻省理工学院教学计划的几个特点》，载《外国教育动态》，1978年第15期。

分之一的时间学习五个学术领域的公共基础课，以代替1945年以来的三个领域（传统的人文、自然科学和社会科学）的公共基础课。新的五个学术领域是：文学和艺术领域、历史领域、社会和哲学分析领域、外国语言和文化领域、数学和科学领域。

苏联过去强调专业课，近年来也注意加强基础课，强调把“广泛的基础科学训练同高深的专业知识教学结合起来”。根据这种精神，列宁格勒工学院采用的一个实验性课程表中，社会政治课占全部学时的7.9%，基础理论课占31%，专业基础课占50%，专业课仅占11.1%。莫斯科鲍曼高等工学院则公共课（包括政治课、外语、体育课，但不包括政治经济学）占全部学时的13.8%，基础理论课（包括专业基础课和政治经济学）占56.2%，专业课占30%。

其他国家也都强调加强基础课。如法国大学的理科头两年分：数学—物理、物理—化学、化学—生物、生物—地质等四个基础学科，学完“大学普通教育文凭”才能进入“深造阶段”和“专业研究阶段”。日本大学新生先要入教养学部读两年普通基础课程，然后才学专业。

第五，高等教育的结构日趋多样化，特别是短期大学发展特别快。如美国的初级学院（又称社区学院）成立于1902年，从1960年至1976年间在校学生猛增了五倍，现在已占大学生总数的21.5%。英国于1966年将70多所专门职业学校和技术专科学校合并成31所多科技术学院，纳入高等教育，这类学校发展很快，预计到1981年其学生数将与普通大学学生数相等。日本的短期大学最早成立于1946年，到1964年日本政府从法律上正式确定发展2～3年制的短期大学。法国于1966年开始创办二年制的短期技术大学。从这几个工业发达国家来看，这种短期大学主要是在60年代建立或兴起的。那么，哪些因素促进了这类学校的发展呢？（1）科学技术的发展不仅需要有高级的科技专家，而且需要更多的中等专业技术人才。（2）中等教育的渐趋普及，劳动人民要求享受高等教育的机会均等。许多国家办起这种短期大学以缓和青年升学的压力和解决青年失学失业问题。（3）这类学校的职业方向性强，容易得到就业的保证。据法国《世界报》报道，法国10年来，长期高等教育学校的毕业率下降，学生淘汰率上升，而短期技术大学学生获得文凭的数字逐年增加，1978年几乎达到了长期高等教育第一、二阶段授予学位的总和。其原因之一就是这类大学的毕业生比较容易找到与其所学专业有关的技术工作。英国的多科技术学院几乎与地方工商业都有密切的联系，毕业后容易直接参加地方工商业企业工作。

高等教育的多样化还表现在各种新型的学校的出现，如开放大学、广播电视函授大学等。过去在大学学习的大多是十七八岁至二十五六岁的青年，现在则有许多三四十岁的壮年，许多成年人为了适应劳动力市场的变化，不得不再到大学学习。

西方资本主义国家的高等教育目前正面临着重大的危机。危机表现在大学毕业生失业，大学招生不足，许多大学面临着经费不足，开学困难等方面。几年前还高喊教育不足，现在一变成为教育过剩了。据美国劳动统计局估计，新的大学毕业生到1985年可能超过要求有技能的就业人数约80万人。日本东京大学副教授天野郁夫在《文部时报》1980年1月号上说：“50年代至60年代是教育的畅想时代，进入70年代，转而成了高喊教育危机的时代。”他预计，叫喊危机的呼声在80年代只有加强而不会减弱。

实际上，这个问题是和资本主义国家经济生活有着密切的关系。50年代和60年代是几个发达的资本主义国家经济发展的黄金时代。

那时，经济发展很快，新的科学技术在生产上的应用需要大量的有科学文化知识和技能的人才，教育也就迅速发展起来。当时人们有一种错觉，认为经济可以无限地增长下去，教育可以提高劳动力质量，从而提高个人的收入，对于社会似乎也可以消除贫困和不平等。但是到70年代初期，爆发了不可避免的资本主义的经济危机，打破了人们的美梦。经济的衰退带来了教育的危机，教育受到劳动力市场的影响，青年人尤其是大学毕业生的失业成为严重的社会问题。人们开始看到，教育并不能总是给所有的人都带来富裕，教育的投资不能自然而然地增长福利，社会的贫困和不平等的问题也不能单靠教育就能解决。教育是从属于社会的政治经济的。它对社会政治经济的发展起着重要的作用，但最终决定教育命运的还是这个社会的政治经济制度。

以上是对当代工业发达国家教育发展的一个粗浅的鸟瞰，材料几乎都来自国内兄弟院校出版的外国教育资料。由于系统的研究不够，资料掌握得不够丰富，再加上水平的限制，许多分析是肤浅的。请教育界同仁批评。

90 年代世界教育发展的展望*

近些年来，世界各国为两大问题所困扰，一是国际间经济的激烈竞争；二是环境污染威胁人类的生存。这两个问题都企求通过教育来解决。

80 年代，世界经济的格局发生了很大的变化。正如最近基辛格和中曾根在会谈中谈到的：美苏两极体制已不复存在，欧洲共同体和日本将在政治、经济和军事等所有领域发挥重要作用；日本实际上将成为超级大国，日美摩擦不断加深。这种激烈的竞争迫使各国的政治家、企业家、科学家不仅要应付当前的问题，而且要考虑未来。普遍认为改革教育、提高质量、培养人才、发展科技，是应付竞争的重要途径。

美国《卡内基教育和经济论坛》在 1986 年 5 月发表的《教育作为一种专门职业》的工作报告中，开头第一句话就说："美国在世界市场上的竞争能力正在减弱。我们竞争对手生产力的增长超过了我们。"接着讲到："很少人觉察到

* 原载《中国教育报》，1990 年 3 月 24 日。

世界经济正处在一场深刻的转折关头，这一转折要求对教育标准作出新的理解，即必须造就一支能够在全球经济中参加竞争一比高低的高薪劳动队伍。”英国在关于高等教育的绿皮书中也提到：“我们国家的竞争对手，正在培养或计划培养比英国更多的合格科学家、工程师、工艺和技术人才。繁荣经济需要这些专门人才方能发挥企业家的才智和支持他们的成就。”其他国家也无不为了竞争而致力于教育改革。

环境污染问题是人们关心的又一个热点。去年12月初在北京召开的“迎接21世纪教育国际研讨会”上，大家最关心的就是这个问题。认为工业的高度发展带来的最大问题是人类居住的地球上的生态遭到极大的破坏。如果不加制止这种破坏，将有一天人类会失去居住的条件。因此，认为要通过教育让人们认识到关心保护环境的重要性。

资本主义社会的教育质量的日趋下降，青少年吸毒、犯罪率的增长，也困扰着各国的教育家。因此，有的教育家提出“学会关心”的口号。说60年代的教育口号是“学会生存”，现在应该提出“学会关心”。人们，不论是穷人还是富人，都生活在同一个星球上，工业对地球生态的破坏将毁灭人类。因此，大家要互相关心。要教育学生不仅关心自己，而且要关心他人，关心环境。当然，在资本主义激烈竞争的时代，在超级大国实行霸权主义的时代，这种“学会关心”只是一种乌托邦的空想。

对于社会主义国家来讲，还有一个如何抵制资本主义侵蚀、反对“和平演变”的斗争的问题，这也是教育的重要课题。

90年代世界教育的发展，实际上是在为21世纪的更激烈的竞争作准备。同时也是80年代教育改革的继续。

80年代各国教育都经历了一系列的改革。改革的中心内容是如何提高基础教育质量和如何使教育适应新的科技进步及其带来的生产变革的需要。它同样有着深刻的社会原因。这就是，一方面教育经过 60 年代、70 年代的大发展带来了质量下降的问题；另一方面，资本主义经过 70 年代的经济危机，到 80 年代初开始复苏，新的科学技术的发展，使生产力又爬上了一个新的台阶。它要求劳动者掌握更高的文化和技能，这与教育质量的下降形成了一个鲜明的反差，深感教育非改革不可。1983 年美国教育质量委员会给全国人民的公开信“国家处境危险——迫切需要教育改革”发出了第一个信号，同时在美国掀起了一个提高教育质量的运动。《卡内基教育和经济论坛》评论说，“这场遍及全国的改善学校条件、提高学生成绩的运动，其规模之大可以和美国历史上任何一次类似的运动相比”。苏联于 1984 年公布了“普通学校和职业技术学校改革的基本方针”，1987 年公布了“高等学校和中等专业学校改革的基本方针”。日本于 1984 年成立了临时教育审议会，至 1987 年结束，连续发表了四次咨询报告，提出在日本实行第三次教育改革。英国、法国也都先后提出了许多教育改革的报告，中心的议题都是如何提高教育质量，培养人才，以适应科技发展的需要，提高竞争能力。

但是，80 年代的教育改革远不尽如人意。有的教育家认为只是初见成效，有的则以为没有什么进展，令人失望。事实上，教育改革是长期的而且是极其复杂的系统工程。它受到政治、经济、文化和传统势力等各方面的影响。60 年代的改革教学内容和改善设备条件相对比较容易做到，但要普遍提高教育质量，使教育不断适应科技和生产变化的需要却不是一件容易的事。特别是资本主义社会要解决青少年吸毒和犯罪，解决学生厌学和辍学等社会问题，更不是单靠教育所能奏效的。

展望90年代世界教育的发展，恐怕仍然是要围绕教育质量的提高和教育如何适应经济发展这两个问题做文章。当然，这两个问题的解决，在经济发展水平不同的国家的要求是不同的。经济发达国家将着重放在高科技人才的培养上。正如美国卡内基教育和经济论坛的报告中讲到的："我们首先指出世界经济变化的本质，不仅要求扭转学校教学成绩下降的局面，而且必须使其达到比以往任何时候都要高的水平。"并且指出："我们不认为教育制度只要修修补补就行了，我们认为如果我们打算培养21世纪富有创造力的新一代，教育制度必须重建，以适应经济急剧变化的需要。"它建议美国必须向多数人提供目前只为少数幸运者享有的高质量教育。对于经济发展中国家来讲，更重要的是普及和加强基础教育，提高民族的文化素质，同时培养一部分掌握先进科学技术的人才，以便尽快地赶上世界科技发展的水平。

无论哪一类国家，要提高教育水平，最最关键的是教师。因此，80年代的教育改革都提到教师的问题，但现在看来这个问题并未解决。教师的工资待遇低下是世界上带有普遍性的现象，一些优秀人才不愿意当教师的状况并未改变。因此，90年代教育改革如果要能有所进展的话，首先要在教师队伍的建设上有新的突破。《卡内基教育和经济论坛》已经注意到这一点，所以它把报告的题目称为"国家为培养21世纪的教师作准备"。它要美国人认识两点最本质的真理："第一，美国的成功取决于更高的教育质量……；第二，取得成功的关键是建设一支与此任务相适应的专业队伍，即一支经过良好教育的师资队伍。"这不能不说是真知灼见。

展望90年代教育的发展，我国的教育改革应该着眼于21世纪，培养能经受得起新科技革命和"和平演变"两种挑战的优秀人才。而要培养这样的人才，关键在于有一支经过良好教育的师资队伍。

比较教育的回顾与展望*

改革开放的十年，也是比较教育繁荣昌盛发展的十年。中国教育学会比较教育研究会成立至今也已经有整整11个年头了。在这段时间里，中国比较教育经历了起步和发展的两个时期，现在到了如何深入发展的一个新阶段，有许多问题值得我国比较教育工作者深入思考，以便走出一条新的路子，使比较教育的研究向纵深发展。为了思考未来，我们不妨回顾一下过去。过去的十多年大致可以分为两个阶段。

第一个阶段是对外国教育的客观介绍和描述。我国比较教育的研究实际上是“文革”以后才开始的。在多年闭关自守以后，一旦打开门户，发现世界的天地是那么广阔，各国教育在五六十年代有了较大的发展，我国的教育远远落后于世界教育发展的水平。我国广大教育工作者渴望了解世界教育发展和改革的形势，这种客观需要促进了我国比较教育的繁荣。其实，早在20世纪50年代，我国学者

* 原载《外国教育动态》，1991年第1期。

就曾经介绍过苏联赞可夫教学改革的思想；1973 年上海的同志就翻译出版了《学会生存——教育世界的昨天与明天》一书。但是在当时闭目塞听的形势下并没有引起读者的重视。直到实行改革开放政策以后，才忽然发现世界上还有赞可夫的教学改革、布鲁纳的发现法、终身教育的思想等等。在新奇之余不免要想了解个究竟，于是比较教育才热闹起来，这个时期的主要特点是以翻译介绍外国教育情况为主，间或有一些评论和借鉴。介绍的文章是大量的，不仅有比较教育研究机构公开出版的五种杂志，而且各种报刊都辟有专栏，专门介绍外国教育。这一时期有代表性的译著有：《教育的传统和变革》、《比较教育学》、《美国教育基础》、《六国教育概况》、《日本的经济发展与教育》等等，还出版了我国第一本教科书《比较教育》。在这个时期积累了大量的资料，如北师大外教所编译的两卷集《苏联教育的政策法令汇编》等。这个时期比较教育的队伍有了很大的发展。由于比较教育成为高等师范院校教育系的一门课程，因此除了科研人员以外又增加了比较教育课程的教师和学生，比较教育工作者的队伍一下子从几十人发展到几百人。

第二个阶段是对外国教育进行比较和借鉴。1985 年中共中央作出了关于教育体制改革的决定，我国教育发展进入了一个新的历史时期。教育改革需要借鉴别国的经验，广大读者已经不能满足对外国教育的客观介绍，他们要求对外国教育进行分析和评价，对不同国家的教育进行比较，找出可以借鉴的经验。于是比较教育的研究进入了一个新的发展时期，几个发达国家战后教育研究被列为“六五”时期哲学社会科学研究规划的重点。这个项目现在已经完成，有的成果已经出版，如《日本战后教育的研究》；有的即将出版。同时一系列带有比较研究的著作陆续问世，有代表性的如《比较高等教育学》、《比较教育学》、《现代课程论》、《当代苏联教育家的新思想》等，有的研究课题虽已完成，但成果还躺在出版社的抽屉里。这个时期还没有结束，许多比较研究的课题还在继续进行中，同时第一个时期的介绍工作也还在进行。近几年又陆续出版了几部好书，如《别国的学校和我们的学校》、《世界教育危机》等。在这个时期我们的队伍又有所壮大，特别值得提到的是，我国自己培养了第一批比较教育的博士，同时从国外回来了一批博士，他们是比较教育研究队伍中的新生力量，也必然会成为骨干力量。

回顾过去，我国比较教育研究的成果累累，人才辈出，呈现了一片繁荣兴旺的气象。但是我们不能不看到在繁荣的背后也还隐藏着一种危机。这种危机表现在，我国比较教育研究的进一步出路在哪里？它如何更好地为我国教育改革和发展服务？为了找出路，我想分析一下我国比较教育研究中存在的弱点，以便对症下药，今后改进我们的工作。我国当前比较教育研究中有以下几个问题：

第一，严重地脱离中国教育的实际。如果说，过去我国广大教育工作者不了解外国教育情况的话，那么现在是我们许多比较教育研究工作者不了解中国教育情况。他们终日埋头于外国教育的资料里，很少了解中国教育发生了什么事情，需要些什么。因此，尽管过去在介绍外国教育情况时热闹了一阵，但现在要求他讲出一些中国怎么办，却说不出所以然来。这样长此下去既不能满足读者的要求，也失去了比较教育研究的目的。

第二，比较教育研究缺乏理论的深度。许多外国教育的介绍和比较停留在表面层次上，不能从分析比较中找出规律性的东西。找不出规律就难于吸收和借鉴。这一点恐怕与我们比较教育研究的队伍的素质有关。我们这支队伍大致是由两部分人组成。一部分人原本是研究教育的，以后改为搞比较教育研究，这部分同志大多数有一定的理论水平，但外语能力较差，往往只是借助第二手材料搞研究；另一部分是原本搞外语的，以后改为搞比较教育，他们的外语能力较强，但缺乏教育理论的修养，不善于把外国的第一手材料提高到理论上来分析。当然也不乏两方面都有基础的同志，特别是一批新毕业的博士和硕士，但毕竟是少数。

第三，这些年来我们不重视比较教育学科本身的建设。近十年中虽然出版了几本比较教育的教科书，但是无论从体系来讲，还是从内容来讲没有突破五六十年代比较教育的框框。这种课本只能适用于一般初步接触比较教育的人作为比较教育的入门，还不能反映比较教育作为一门教育科学分支学科的现代水平，更谈不上有我们中国比较教育的特色。

综上所述，比较教育研究现在已经走到了一个十字路口，需要我们共同努力，找出一个正确的方向，把我们的研究深入一步，为此我想提出几点建议，供大家讨论参考。

第一，比较教育要改变以往的研究重点，将单纯研究外国教育转移到从中国教育的实际出发，研究中外教育的比较上。研究外国教育如何结合本国实际，历来是中西方比较教育界共同存在的难题。尽管比较教育研究工作者对比较教育的目的有不同的解释，但我认为，比较教育作为教育科学群体中的一个分支，它和其他学科一样，都是为了找出教育发展的规律，找出规律的目的也还是在于发展本国的教育。为了从中国教育的实际出发，研究中外教育比较，就要求比较教育工作者深入到中国教育实际中去，了解我国教育发展的现状和存在的问题。改革开放十年来，我国教育有了很大的发展，普及九年义务教育正在稳步地发展；中等教育的结构改革已经卓有成效；中小学的教育改革在端正办学方向的基础上，正在深入到课程改革、考试制度改革、教育方法的改革等各个方面；高等教育的改革也正在办学方向、加强思想政治工作、调整专业、提高素质等方面展开。但是存在的问题也是大量的。例如：庞大的人口基数与落后的文化教育水平的矛盾；日益增长的教育需求与教育资源的匮乏的矛盾；有限的教育资源与教育效益很低，人才浪费的矛盾；培养社会主义事业的接班人和西方资产阶级思想渗透、思想工作薄弱的矛盾；现代化建设和社会发展对培养人才的迫切需要和陈旧的学校教育体制的矛盾等等，这都是我国教育亟待解决的重大问题。作为比较教育工作者，如何严肃而客观地正视我国教育的现状和困难；如何改变以往研究中的盲目倾向，脚踏实地、认真深入地了解和研究一两个中国教育中的紧迫问题，并以此为出发点，借鉴和引进外国教育的经验和教训，真正发挥比较教育学科的优越性，将成为今后比较教育研究的方向和重要任务。这样，我国的比较教育才能得到发展，也才能得到社会的承认。

第二，拓宽研究领域问题。在 1986 年的第五次会议上我在谈到我国比较教育发展中的几个问题时就提到要扩大研究领域。这几年来稍有进展，出现了研究印度教育的博士论文，还有一些个别的文章。但是为数很少，研究的重点仍停留在几个发达国家上，对发展中国家的教育研究甚少。当然造成这种局面的原因很多，缺乏资料是一个很大原因。但是我们的主观努力不够也是重要因素。我希望在今后十年中能够逐步解决这个问题，至少对我们邻近的、国情相似的几个亚洲国家的教育要有突破性的研究。

拓宽研究领域不光表现在国别的研究上，还包括扩展到教育内部的结构和层次上。过去，我们研究学校教育比较多，研究社会教育、家庭教育比较少；研究正规教育比较多，研究非正规教育、成人教育比较少；研究宏观教育比较多，研究微观教育（教学过程、教学内容、教学方法）比较少。今后需要把研究扩展到社会教育、家庭教育、成人教育，扩展到微观方面。

拓宽研究领域还包括要向纵深发展。一个国家的教育制度总是与这个国家的政治经济和文化传统有关，特别是一些教育思想与传统的文化思想有关。如果要想把问题研究得透彻，需要深入到文化思想的层面。有人把文化分成三个层面，属于表面的是物质的科学技术，属于中间层面的是制度，最深层的是思想。任何科学技术和制度都有思想观念的影响。因此，比较教育不能只研究外国的教育制度，需要深入研究外国教育思想以及更深层面的文化思想，当然思想观念是上层建筑的东西，又是反映一定的经济基础和政治的。不能脱离了经济政治来谈思想。但是作为一个国家文化传统的核心——思想观念有某些相对的独立性，它影响着教育思想和教育制度，忽视了这种研究，必然只能停留在表面上。

第三，加强比较教育学科的建设。比较教育是一门古老而又年轻的学科。说它古老，是因为很早以前就有人注目外国教育的经验，把外国的经验引进到国内。说它年轻，是因为作为一门学科它还很不成熟。什么叫比较教育这个名称至今尚无定论。比较教育理论体系尚未真正建立起来，比较教育的研究方法还众说纷纭。至于建立具有中国特色的比较教育更是不具备条件。如何建立比较教育的学科体系，我建议专业机构的一批比较教育专业研究工作者，特别是有权授予博士学位和硕士学位的单位的同志开一些专业会议来讨论这个问题，捋出一个头绪，制定一个发展规划，作为今后十年的任务来完成。

第四，资料工作仍然是要强调加强的工作。过去十多年各单位都做了大量的资料工作，为我国开展比较教育研究打下了基础，但是总的来说还很不够。我们积累的资料不够系统，不够全面，我们还没有能在资料工作中使用现代技术手段，已有的资料流通使用相应地也很不够。在第五次年会上我曾建议几家研究机构分工协作把一些主要国家的教育资料系统地搞一搞。至今已过去 4 年，在这方面进展不大。我建议这一届年会以后，几家研究机构开一些专业会议来研究讨论这个工作。当然搞这项工作，需要投入人力、物力，我想请求教育科学规划办公室把它列入科研规划。整理资料当然没有研究一个专题容易出成果，但是这是基础工作，忽视了资料工作，科研就不能深入，我们要克服一些短期行为，把资料工作作为基础工程扎扎实实地搞一搞。

第五，加强比较教育队伍的建设。比较教育的发展关键在于人，在于比较教育这支队伍。十多年来我们的队伍有了很大发展，但是发展得很不平衡，有些单位甚至有所削弱。商品经济对我们的冲击很大。我们的研究机构是无法创收的单位，科研经费少得可怜，成果没有地方出版。在这种十分困难的情况下，我们许多同志不为名不为利，孜孜不倦地研究，这种精神是值得钦佩的。但我们不能永远停留在这种困境中，我们要主动地找出路。出路何在？就在于和我国教育实际相结合，承担我国教育实际中亟待解决的实际科研任务。比较教育工作者不要说自己只懂外国，不懂中国，要勇敢地去研究中国教育问题。前面第一点就谈到这个问题，那是从科研方面来说的，现在是从比较教育队伍的建设来说，一个比较教育工作者只有了解本国的教育才能算是一个真正的比较教育工作者，才能有出路。因此，建议比较教育工作者多接触中国教育实际，把自己培养成为本国教育研究的专家。

我国比较教育工作者需要加强教育基础理论的修养，特别要加强马列主义教育理论的修养。马克思列宁主义经典作家的教育理论不仅对当时的教育实际问题提出了精辟的见解，而且它给我们提供了研究教育问题的方法，掌握了这种方法才能在教育与其他复杂的社会现象中找出本质的东西。比较教育工作者还需要有较宽广的知识，例如经济学、社会学、历史、心理学以及其他方面的知识。有了宽广的知识才能在更广阔的领域内驾驭教育问题的研究。

20 世纪还剩下 9 年多的时间，许多学者都在作世纪末的思考，也就是对 20 世纪作一个回顾，总结经验教训，以迎接新的世纪的到来。本世纪是风云变幻、五洲激荡的 100 年，有许多经验值得总结。展望未来，21 世纪将是更加激动人心的百年。我不是未来学家，但有几点是大多数人都能预测到的，这就是世界竞争将更加激烈，世界人口将进一步增加，而地球上人类赖以生存的资源会越来越枯竭，生活圈受到破坏将越来越严重。21 世纪如果不解决这些问题，人类难以在地球上生存，这已经不是危言耸听，而是人类面临的现实，许多学者都希望教育能够培养有全球头脑的、有创造能力的人才。但是对我们社会主义国家来说，还面临着资本主义渗透的威胁。在历史的长河中，总是先进的生产力代替落后的生产力，一种社会制度代替另一种社会制度，我们坚信社会主义是以先进的生产力为基础的社会制度，它具有比资本主义更多的优越性。但是在我国，现实的矛盾是生产力还很低，如何尽快地提高我国的生产力，充分发挥社会主义优越性，同时又教育年青一代坚持社会主义道路，成为社会主义事业的接班人，是我国每个教育工作者的艰巨任务。21 世纪已经在向我们召唤，让我们大家共同努力，在本世纪的最后 10 年为 21 世纪比较教育的发展打下坚实的基础。

中国比较教育的名和实*

中国比较教育的发展经过了一条曲折的道路。不说解放以前的情况，就说建国以来的历程，开始是简单地照搬苏联经验，虽然对于我国改造旧教育，建立社会主义教育的新体系起了不可磨灭的作用。但却只是单向的学习，没有或者很少考虑我国的国情，没有对苏联教育从比较教育的角度进行分析，因此学习的东西也是浅层的。20 世纪 60 年代初，在周恩来同志要研究外国的指示下，全国建立起一批外国研究机构，其中包括外国教育研究机构。教育界开始从单一的研究苏联教育，转向研究西方几个发达国家的教育。当时主要从资料入手，大量收集了各国教育的资料，以便作进一步的研究。但是事业才刚刚开始，就遇到了史无前例的“文化大革命”，把已经打开的大门重新又关闭起来，过去积累的资料也差一点丧失殆尽。直到“文革"以后，党的十一届三中全会确定了改革开放的路线，比较教育才得到了复苏，同时开始从简单地介绍外国教育，逐

* 原载《外国教育资料》，1991 年第 1 期。

步走上了比较分析和学科建设的道路。近十年来是比较教育兴旺发达的十年。我们比较教育的队伍不断壮大，从只有几十个人发展到现在六百多人；我们的研究成果累累，不仅完成了“六五”、“七五”哲学社会科学规划的许多重点项目，而且出版了多种杂志，发表了几千篇论文、几十部专著。但是，我觉得我们不能满足于这些成绩，比较教育发展中还有许多问题值得我们进一步思考和研究。我想借华东师大比较教育研究所主编的《比较教育》① 创刊之际谈谈我想到的几个问题，请教于比较教育界的同行们。

一、什么是比较教育？

虽然不少比较教育学者认为试图给比较教育下定义是无益的，但是我们总应该对比较教育的性质、它的研究对象和任务说出一二三来，否则我们的研究就无法开展。关于什么是比较教育，我国出版的三本教科书的说法都不尽相同，以王承绪教授为首主编的我国第一本《比较教育》中是这样写的：“比较教育是用比较分析的方法，研究当代外国教育的理论和实践，找出教育发展的共同规律和发展趋势，以作为改革本国教育的借鉴。”成有信教授主编的《比较教育教程》中是这样表述的：“比较教育学是把比较的方法作为它的主要方法，去研究当代世界不同国家或地区的各种教育理论和教育实践问题，揭示影响它们发展的最主要的条件和因素，找出它们的共同性和差异性并做出比较性评价、探索问题的发展趋势和一般规律，以作为改进本国教育的借鉴的一门教育科学。”吴文侃、杨汉清两位教授主编的《比

① 华东师范大学比较教育研究所主办的《外国教育资料》杂志拟改刊为《比较教育》，后未果。

较教育学》作了如下表述："比较教育学是以比较法为主要方法，研究当代世界各国教育的一般规律与特殊规律，揭示教育发展的主要因素及其相互关系，探索未来教育的发展趋势的一门教育科学。"我们可以对上述三种表述作一番比较。它们有几点是相同的：(1) 运用比较的方法研究外国的教育或者世界各国的教育；(2) 找出教育发展的规律和趋势。也有不同的地方：(1) 第一本教科书只提到研究当代外国教育，没有提本国的教育；第二、第三本教科书则提到研究当代世界各国的教育或世界不同国家的教育，第二本还提到不同地区的教育。(2) 前两本都提到作为改进本国教育的借鉴，第三本没有这样提。

我认为，上述三种提法基本上都是可取的，但是根据比较教育近些年来的发展，似乎还可以有所修正。

第一，过去我们在讨论比较教育的性质时，总是强调它的国际性或跨国性。但是综观近些年来各国比较教育学者研究的著作和论文，真正跨国的研究越来越少，国别的研究却越来越多，也有对某个国家的不同时期教育的发展，或者不同地区教育的发展进行的比较研究。因此，比较教育的界定是否可以扩大一些，扩大到研究当代不同国家或某个国家不同地区的教育发展。

第二，三本教科书中都提到运用比较方法来研究各国的教育理论和实践，比较教育无疑是要采用比较的方法。但未免失之笼统。因为任何学科的研究都需要采用比较、分析、演绎、归纳等方法，才能从不同的事物中找出本质。比较法不是比较教育所特有的方法、比较教育还需要有一些特殊的方法。近些年来，比较教育与其他学科的联系越来越紧密，许多学科的研究方法也成了比较教育研究的方法，如社会学、经济学、人类学，特别是"三论"的发展，对比较教育方法论产生了重大的影响。比较教育的界定中似乎也应把这种变化反映进去。

第三，要不要提出为本国教育的改革作借鉴？有的同志提到，任何一门学科都有其服务对象和实用价值，但是界定学科性质时不一定提到它们，只需要提到学科研究对象就可以了。例如教育学的定义，一般只提到“教育学是研究培养人的规律的科学”，不提它为改革教育服务。因此，比较教育的界定只需要提到从各国教育的比较中找出教育的一般规律，不需要提为本国教育的改革作借鉴。我认为，比较教育作为教育科学体系中的一个特殊的分支学科有它特定的任务。它从诞生之日起就具有借鉴的作用。提出为本国教育改革作借鉴，可以使比较教育的研究更明确，更有目的性。虽然我们在前面讲到比较教育的研究范围可以扩大到一个国家的不同地区教育的比较，但它总是以别国的教育或不同于本地区的教育为研究对象。为什么要研究别国或别地区的教育，按照过去比较教育家的认识是，一为更好地掌握本国教育，正如罗马历史学家塔西佗讲的：“要想认识自己，就要把自己同别人进行比较”；二为推动本国的教育改革。因此，我们在界定比较教育时不妨把这个任务放进去，使我们的研究更有目的性，更有针对性。

根据上面的分析，我们是否可以对比较教育作如下的界定，“比较教育是对当代世界不同的国家或不同的地区的教育进行比较分析，找出教育发展的一般规律和特殊规律，为本国或本地区的教育改革作借鉴。”这里只提比较分析，没有把它作为方法问题提出来，因为如前所说，方法是多种多样的，各种方法中都有比较分析。

二、关于从本国的实际出发，结合本国实际的问题

既然比较教育有为本国或者本地区教育改革作借鉴的任务，那么就要引发出另一个问题，即如何才能做到为本国或本地区的教育改革作借鉴，这是比较教育工作者常常遇到的问题。我认为，要做到这一点，首先要把本国或本地区的实际问题作为比较教育研究的出发点。十年来我国比较教育走过了开创和发展两个阶段。在开创阶段，大量介绍了外国教育的情况。经过“文革”的十年闭关自守，大家渴望了解外国教育的经验，所以这种介绍受到了广大教育工作者的欢迎。同时这种介绍也为比较教育的研究积累了资料。但是它还谈不上是真正的比较，由于很少比较和分析，因此介绍也不是全面的。近几年来比较教育研究有了进一步发展，从简单的介绍发展到进行比较，于是，比较高等教育、比较职业技术教育、比较教育管理这一方面的专著和论文相继问世。许多比较都把我国的教育放进去，这是一大进步，它促进了我国教育的改革。但是这种比较还处于浅层，往往停留在简单的对比上，还没有深入到实质，因此还不能找出规律性的东西，因此，比较教育有待深入。我认为，当前比较教育已经走到一个十字路口。为什么这样说，因为，在前一个阶段，当广大教育工作者渴望了解外国教育经验的时候，我们大量介绍外国经验并作一些简单的比较，很容易受到读者的欢迎。但是近十多年来广大读者已经对外国教育有了初步的了解，他们已经不满足于一般的介绍，他们要求比较教育工作者回答哪些外国教育的经验是合乎教育的普遍规律的，哪些经验是我国可以采用的。因此，现在如果再不结合中国的实际来说外国教育，读者是不会欢迎的。正因为如此，联系中国教育的实际是当前我国比较教育研究中的关键问题，是能不能使我国比较教育的研究有

生命力的问题。当然，所谓联系中国教育实际，并非事事要讲到中国，不能这样简单化地理解联系中国实际。而是说，我们的研究工作要从中国的实际出发，我们研究的成果要能为中国教育改革作借鉴，能对中国教育工作者有启发。

要做到这一点，我们比较教育工作者就要了解中国教育的实际。过去，我们搞比较教育的，往往埋头于外国教育的资料之中，对本国教育了解甚少，因此在比较的时候，联系到中国就说不出什么意见来，今后要克服这种弱点。如果说，为了认识自己，就需要把自己和别人比较；反过来也可以说，为了和别人比较，首先要认识自己，这两者是辩证统一的。了解了自己才能与别人比较；与别人比较了才更认识自己；又可以说，认识了自己可以更好地认识别人。特别是我们提倡要作深层次的比较，即不是表面的制度、方法的比较，而是要找出制度背后指导思想、文化观念的比较，这种比较更需要对本国的政治、经济、文化、历史传统有较深的了解。要做到这些是不容易的，但它是我们努力的方向。

三、关于比较教育学科建设的问题

十多年来，比较教育的研究大多放在对各国教育的理论和实践的研究上，对比较教育作为教育科学的一个分支学科的建设注意得不够。虽新出版了几本教科书，但以学科为研究对象的论著很少。比较教育总的来讲是比较年轻的学科，至今对它的界说众说纷纭，它的方法论体系更有多种流派，学科体系尚未最后建立。特别应该注意的是，比较教育产生于西方，历来就是以西方教育为中心。近几年来虽然许多学者开始对第三世界感兴趣，但是大多数比较教育学者的思维逻辑仍是西方式的，他们对第三世界，特别是对具有 12 亿人口的东方大国——中国发生的许多事情不能理解。因此，中国比较教育工作者肩负着建立一个具有中国特色的比较教育体系的重任。我们是社会主义国家，我们以马克思主义、毛泽东思想为指导，它是我国比较教育方法论的基础。如何从这个基础上研究出中国比较教育的体系，是我们义不容辞的责任。要建立中国比较教育的体系，首先要从方法论着手，要研究中国比较教育的方法论体系。

有的同志把联系中国教育的实际与学科建设对立起来。他们强调现在广大读者要求了解了外国教育的经验立即就能用上。这种理解是片面的。建立中国比较教育的体系恰恰是为了更好地为中国教育服务。因为只有建立了我们自己的体系，我们才能把比较教育研究深入一步。那种开处方式的介绍外国经验是需要的，但它只能治标，不能治本。当然学科理论的研究并不排除系统介绍外国教育的优秀经验。不仅如此，我们还要求把介绍外国优秀经验和改革实验结合起来，使外国的经验转化为我们自己的经验，现在许多地方正在做这方面的研究，例如上海关于课程改革的实验研究，广西关于沙塔洛夫教学方法的研究等等。

四、比较教育的文献资料的建设问题

十年来，我们介绍了大量外国教育情况，也出版了不少资料。但是总的来看，这些资料还都是零散的、不成系统的。资料工作是比较教育研究的基础工程。有些同志看不起资料工作，认为搞资料不是搞科研。这是大错特错的。我国史学界、语言文学界许多学者搞古籍的校订注释，因此成了本门学科的名家。校订注释不就是资料工作吗？实际上，只有某门学科的专家才能搞得好某门学科的资料，外行是搞不好的。例如，要给一部比较教育专著做索引和评价，没有一定水平的学者是概括不出来的，所以著名的大学都是选派学术造诣较深的学者去担任图书资料中心的主任。我国对教育文献资料的收集和整理都不够重视，今后恐怕非加强不可。

搞好资料情报工作靠一个单位是搞不成的，需要全国比较教育研究机构加强协作。我们希望在全国教育科学规划中能把文献资料建设作为重大科研课题规划进去。

比较教育研究中还有许多问题值得讨论。我只是就自己在研究工作和教学工作中遇到的几个问题谈了自己的看法，不一定正确，愿请同行们批评指正。

世纪之交的思考*

——评80年代以来世界教育的改革

20世纪的帷幕正在徐徐降下，21世纪的曙光已经依稀可见。在这世纪之交的时刻，人们都在回顾过去，展望未来。教育当然也不例外，世界教育在风云变幻的20世纪的90年中经历了激烈巨大的变化。归结起来，是否可以说发生了三件大事：一是在20世纪初工业化国家完成初等教育的普及；二是在二次大战以后又完成了中等教育的普及和实现了高等教育的大众化；三是发展中国家随着政治上的独立，教育由极端落后向普及教育迈进。这三件都是了不起的大事。但是教育的发展并不尽如人意，总的来说是教育总是跟不上形势的需要。当前，世界充满着矛盾和激烈的竞争，国际间的竞争，说到底是综合国力的竞争，关键是科学技术和人才的竞争。培养人才是教育的主要职能，教育在这场竞争中起什么作用，如何迎接21世纪的到来，是大家关心的问题。这就是80年代教育改革的契机。本文要评介一下80年代以来各国的教育改革。

* 原载《外国教育资料》，1992年第5期。

一

进入80年代以后，世界各国都在纷纷研究和推进教育改革，各种各样的改革方案如雨后春笋般地涌现出来，这次教育改革牵动面之广，涉及内容之宽，讨论问题之深，持续时间之长都是历史上空前的。

关心这次教育改革的人，几乎涉及社会的各个阶层，上至国家元首，下至平民百姓，都对教育改革提出各种不同的意见和建议。曾记得，早在1984年日本前任首相中曾根康弘就发表了教育改革的五项原则，接着就成立了首相府的教育咨询机构——临时教育审议会，拉开了日本第三次教育改革的序幕。美国总统布什在1988年竞选总统时，曾就美国教育政策和应采取的措施提出过设想。其他国家如英国、法国以及解体前的苏联都曾抛出过许多教育改革的方案。

这次教育改革的一个很大特点是涉及的范围很广，讨论的问题较深。不仅涉及中等教育和高等教育，也涉及社会教育和家庭教育；不仅限于教育的结构、内容和方法，而且深入到教育思想、教育观念的思考。提出要面向21世纪社会发展的需要，正如联合国教科文组织咨询小组提出的要“重新考虑未来教育的重点”。

这次教育改革的另一个特点是持续时间很长，许多国家从70年代末就开始酝酿，不断提出新的改革设想和方案，而至今仍没有看到它的尽头。例如在美国，1983年美国全国教育质量委员会经过18个月的调查，发表了“国家在危险中，迫切需要教育改革”的公开信，拉开了教育改革的序幕，接着1984年和1986年联邦教育部和卡内基基金会又公布了提高美国高等教育质量的报告。布什总统上台以后，在1990年提出了六项国家教育目标；1991年4月又发表了《美国

2000年教育规划》共4章32条。日本自1984年成立“临教审”以后逐年发表了咨询报告直至1987年底结束，接着文部省又成立了“日本教育改革实施总部”继续推动教育改革。这种旷日持久的改革，说明教育改革决非一蹴而就，同时也说明社会政治、经济的变化和科学技术的进步正在使社会各个领域发生巨大而急剧的变化，教育改革已经不能一劳永逸，需要随着时代的变化而不断变革。

二

80年代掀起教育改革的热潮不是偶然的，它是社会政治经济变革的结果。特别是科学技术的突飞猛进，对世界政治、经济形势产生了不可估量的影响，而支配未来社会命运的人才的培养，就成为各国各阶层人士关心的焦点。

如果我们结合教育自身发展中的问题加以分析，则80年代的教育改革有着如下一些社会原因。

（一）新的科技革命给生产带来的巨大变革影响到人才的培养。关于新的科技革命的议论已经历时很久。大家一致认为，这次新的科技革命不同于以往的历次科技革命，具有新的特点，是人类认识自然和在生产上迅速地运用这次认识的一个巨大的质的飞跃。它意味着，人在社会生产力体系中的作用发生了重大的变化，但是教育远不能适应这种需要。今天的教育模式、教育内容和方法还是19个世纪的东西，虽然几经改革，但没有从根本上改变。

（二）世界政治格局的变化，使经济竞争更加突出。虽然世界充满着矛盾，但苏联的解体和东欧的巨变，缓和了东西方的冲突。现在各国都着眼于打经济战争，而经济的竞争实际上是科技的竞争，人才的竞争。美国卡内基教育和经济论坛在1986年5月发表的“教育作为一种专门职业”的工作组的报告中开头第一句话就是说：“美国在世界市场上的竞争能力正在减弱，我们竞争对手生产力的增长超过了我们。”接着说：“很少人觉察到世界经济正处在一场深刻的转折关头，这一转折要求对教育标准做新的说明，即必须造就一支能够在全球经济中参加竞争一比高低的高薪劳动队伍。”英国在高等教育的绿皮书中也提到：“我们国家的竞争对手，正在培养或计划培养比美国更多的合格的科学家、工程师、工艺和技术人才。繁荣经济需要这些专门人才方能发挥企业家的才智和支持他们的成就。”可见，各国都深感人才竞争的激烈，认识到它对国际竞争的重大意义，力求通过教育改革来培养具有竞争力的人才。

（三）由于社会现代化带来的地球生态问题，使广大有识之士感到担忧。科学技术的进步固然给人类带来了物质文明，但是工业化的结果是，地球正在遭受严重的破坏，资源枯竭、环境污染、人口爆炸等等，人类生存的环境正在愈来愈恶化。有识之士无不呼吁加强环境保护的措施，最近在巴西里约热内卢召开的世界环保大会受到全世界的关注不是偶然的，1989 年 12 月在北京召开的“迎接 21 世纪的教育研讨会”上，各国教育家都说到要教育年青一代关心环境，关心他人。有的教育家甚至提出“学会关心”的口号，说 60 年代的教育口号是“学会生存”，现在应该提“学会关心”。当然，在当代激烈竞争的世界，这种“学会关心”只是乌托邦式的空想，但保护生态环境却是各国都关心的大事，也是教育要做的事。

六七十年代教育的大发展带来的质量问题引起了各界人士的担忧。教育质量下降，使道德水准严重滑坡、青少年吸毒、犯罪率增加等等成为严重的社会问题。中小学教育质量的下降又影响到高等教育的质量和职工的素质。因此，在 70 年代后期各国都在寻求出路，实行教育改革。

三

80年代以来教育改革的内容是什么？有些什么特点呢？教育改革必须和本国的政治经济以及文化相适应，因此各国教育改革的具体措施和内容有所不同。但是，因为遇到的问题都大体上是一致的，所以也有许多共同点。任何一种教育改革都必须以教育思想为指导，80年代以来的改革是以教育观念的更新为先导。它们是：

1. 着眼于21世纪，为21世纪培养人才。教育具有迟效性，培养人才的周期较长，今天的教育主要将在21世纪发挥社会效益。因此各国教育改革都把目标放到21世纪，力求使教育适应21世纪人才的需要。上面提到的卡内基教育和经济论坛的报告中指出："我们不认为教育制度只要修修补补就行了，我们认为如果我们打算培养在21世纪富有创造力的新一代，教育制度必须重建，以适应经济急剧变化的需要。"报告还描述了一幅21世纪学校的远景图，试图说明今后教育改革的方向。日本"临教审"向首相府提出的第二次审议报告，第一个标题就是"面向21世纪教育的基本问题"，提出21世纪的教育目标是：（1）宽广的胸怀、健康的体魄、丰富的创造能力；（2）自由、自律与公共精神；（3）世界之中的日本人。要求为21世纪调整教育体系。其他各国的教育改革也都瞄准了21世纪。

2. 要建立大教育的观念。教育发展经过了一个综合、分化、再综合的过程。在人类的原始社会里，教育是随着人们的社会生产和社会生活同时进行的，教育尚没有分化为独立的社会职能。随着生产力的发展，出现了专门从事教育的机构——学校，有了专门从事教育工作的教师，于是学校便成为培养人才的主要场所，教育同其他社会活动相脱离。现在随着科学技术的发展并由此而引起的社会变革，教育已经越出了学校的范围，再一次回归到社会。除了学校教育以外，家庭教育和社会教育越来越起到重要的作用。现代技术深入到家庭，现代化传播媒介不断地传播着教育信息，教育的空间扩大了。

从年龄上讲，过去认为教育只为一定年龄阶段（6、7 岁至 24、25 岁）的人们提供学习机会。他们从学校获得足够的知识，终身受用不尽。现在则认为教育不只应该给儿童和青少年提供学习的机会，还应该为需要学习的所有年龄的人们提供必要的学习机会。学校教育已经不只是职前教育，而且担负着继续教育、转业教育，甚至闲暇教育的任务，现代教育已经把学校教育纳入到终身教育的轨道中。从教育的任务来说，教育不只是给人们以职业训练，为社会物质生产创造条件，而且是提高全民科学文化素质和思想道德素质的主要途径。因此，只有树立这种全民教育、终身教育、全时空教育的新的大教育观才能适应 21 世纪的需求。

四

除了人们的教育观念要更新以外，80 年代以来各国教育的改革还有以下几方面的总的趋向。

1. 普遍重视道德教育。青少年的道德面貌是社会普遍关心的问题。科学技术的进步固然为人类带来了物质文明，但是它也给人们带来许多社会问题：人际关系的淡漠、道德堕落、青少年吸毒、犯罪率增加，使得许多家长担心自己的孩子变坏，呼吁学校加强道德教育。在北京“面向 21 世纪教育国际研讨会”上，许多代表提出新的世纪面临着新的挑战，呼唤着新的道德规范，要求实现“从为私利而学习向为公共利益而学习的转变”，澳大利亚代表埃利雅德还在会上提出

“三张通行证”的主张。他认为，未来的人都应当握三张“通行证”，一张是学术性的，一张是职业性的，第三张是证明一个人的事业心和开拓能力。这都反映了新世纪的伦理要求。

为了重视道德教育，日本在 1988 年 2 月曾召开了“加强道德教育的全国大会”，专门讨论如何加强和改善中小学道德教育问题。认为，学校应当成为儿童的“精神食堂”，首先应培养儿童的社会规范意识，使儿童具有追求真善美之心和富有同情心；道德教育不能单靠学校进行，必须使学校、家庭、社会密切结合起来，通过开展“建设家乡”活动和“礼貌活动”等方式形成儿童的道德习惯。日本在小学里取消了社会科和自然科，改为生活科，从小培养儿童的生活规范和习惯。英国教育大臣在教育改革议案中也提到，要加强德育，使学生懂得诚实、自强、责任心和尊重别人的价值观，全体学生必须按以往规定接受宗教教育，取消传统的晨会，坚持每天举行集体礼拜活动。

道德教育是有阶级性的，资本主义国家施行的道德教育总是为了维护资本主义制度，但是强调道德教育的重要性却是这次教育改革的共同特点。而且道德规范中有一部分社会公德教育也有可以互相借鉴的东西。

2. 重视基础知识的教育，强调提高教育质量。提高教育质量是 80 年代以来教育改革的核心，各个国家无不为质量的下降而忧心忡忡。经过几十年的改革得到一个共识：为了提高教育质量，必须加强基础知识的教育。1988 年，美国教育部长贝内特给里根总统的“关于美国教育改革的报告”中说：“从 60 年代到 70 年代，一场混乱席卷我们的学校。混乱主要表现在成人们说不清哪些教育内容是主要的，哪些不是；对希望学校做些什么事情也提不出确切意见。这场混乱不仅从根本上削弱了美国的整个教育，而且对学校的教学大纲和课程设置都有着破坏性影响。”“教育改革的首要目标就是以充分协调而富有学术内容的课程来取代那些肤浅的‘自助餐式课程’①。”“不管中学生毕业后干什么，我们都要他们成为既有知识又有技能，既有共同思想基础又有共同道德观和知识修养的人。”

许多国家都去重新审议中小学的课程和教材。日本从1987年开始对中小学《学习指导要领》进行修改，充实、完善各级各科教学内容。此项工作已在1989年春天完成。美国从70年代初开展“回到基础”教育运动，各州制定了“最低限度能力”法。1991年《美国2000年教育规划》中又确定：英语、数学、科学、地理、历史为5门核心课程；并建立“美国学业考试”制度，统考对象是四年级、八年级、十二年级学生。英国确立10门课程为基础课程，80年代掀起了一门新课程，这就是科学技术社会课程，简称STS课程。这是因为现代科学技术已经深入到生产和生活的各个领域，要求中学的理科教育使学生完整地理解科学、技术和社会的关系。也就是说理科教学不仅要使学生了解科学的各种事实和一系列原理、原则、学说，而且要让学生懂得科学原理的应用问题，懂得科学技术在社会上的应用而产生的新的价值观的问题。许多国家把这门新课程作为理科教育改革的重要内容。

3. 强调发挥学生的积极性和主动性。要提高教育质量，光靠教师的努力是不行的。只有充分调动学生的积极性和主动性才能实现。要求教师激发学生的学习兴趣和动机，吸引他们参与教学工作。

① 美国全国教育质量委员会的公开信中批评美国许多学校的课程是“自助餐式的课程”，喻以学生要什么给什么，没有统一的标准和要求。

教学要注意个性化和多样化。提倡个性化就是要充分注意儿童的个别特征，注意他的兴趣、爱好和特长，反对强求一律。多样化是实行个性化的途径，只有多样化才能适应不同特点的儿童的需要。德国教育部长在教育改革的方针中提到反对办学的统一化和标准化，充分发展学生的智力和情感，减轻学生的负担等原则。各国教育改革中一个很有兴趣的现象是：一些自由化的国家强调要制定统一的课程和标准，而一向持统一体制的国家则强调个性化和多样化。各自修正自己的弱点，目的都是为了保证教育的质量。

许多专家认为要充分发挥学生的积极性和主动性，就要建立学生的自信心和自学心。美国在开展“有效教育学校”时强调，要使学生养成对自己学习能力的积极态度，提高学生的自信心，并且使学生感觉到教师对其在学业上的成功充满信心，学生的自信心和教师对学生的信心一旦建立起来，教学的学习成绩就可以提高。

4. 重视教师的培训和提高。各国教育改革方案都把提高教师的质量作为教育改革的重点。美国卡内基教育和经济论坛“教育作为一种专门职业”工作组的报告的题目就是“国家为培养 21 世纪的教师作准备”，强调教师在建立 21 世纪学校中的关键作用。工作组建议，改组教师队伍，在学校中推出一种新型的教师，叫做“领导教师”(Lead Teacher)，他们在重新设计学校和帮助同事提高教育质量和教育水平中能起积极的先锋作用；工作组还建议，教师必须在具有文、理等大学学位的基础上学习教学专业的课程，在中小学见习和实习；同时建议提高教师的薪金。日本、英国、法国的教育改革无不把改善教师的职业培训和待遇放在重要的位置。

综观 80 年代以来的教育改革，教育目标是培养 21 世纪的人才；核心是解决一个教育质量问题；途径是课程和学生各种活动的改善；

关键是教师素质的提高。这几个方面也都是我国教育改革所应重视的。

参考文献

[1]《发达国家教育改革的动向和趋势》第一、二、三集，北京，人民教育出版社。

[2]《未来教育面临的困惑与挑战——面向21世纪教育国际研讨会论文集》，北京，人民教育出版社，1991。

[3]赵学漱：《科学教育、技术教育、社会教育——中小学教学改革的重要方面》，光明日报，1992年9月10日。

终身教育——20世纪最重要的教育思潮*

20世纪60年代，在西方世界出现了终身教育思想。主张教育应该贯穿于人的一生的各个年龄阶段，而不是只在儿童和青少年期。1995年，联合国教科文组织成人教育局局长、法国人郎格朗的终身教育提案经联合国教科文组织国际成人教育促进委员会讨论通过后，这个思想得到广泛传播，许多国家制定了教育法规来推行终身教育。1972年，联合国教科文组织发表国际教育委员会的报告《学会生存——教育世界的今天和明天》。报告深刻地分析了新的科学技术革命对人类活动的影响，认为人类正在走向学习化社会，每个人必须终身继续不断地学习，才能适应科学技术的发展和社会的变革，终身教育是学习化社会的基石。该报告在出版后的两年内就相继被译成33种文字在世界各国出版发行，成为20世纪最有影响的教育著作。终身教育也成为最有影响的现代教育思潮。

---

* 此文是作者在2000年"终身学习国际研讨会"上的主题发言。原载《职业技术教育（教科版）》，2001年第1期。

我第一次接触到终身教育这个词是在1974年，当时联合国教科文组织恢复我国席位不久，我作为中国代表团的成员参加了联合国教科文组织第十八届大会。各国提交大会的提案中有两大类：一类是发展中国家提出的，多为扫盲和普及初等教育的提案；另一类是发达国家提出的，多为成人教育和终身教育的提案。我不知道什么叫终身教育，因为它是西方发达国家提出的，就简单地把它当做西方资产阶级教育思想。1976年我看到了《学会生存》的简译本（该书中译本由华东师范大学原外国教育研究室翻译，1979年由上海译文出版社出版），才认识到终身教育的时代意义。1980年我在准备《现代生产与现代教育》的报告时，查阅了马恩的著作，发现马克思在一百几十年以前就深刻地阐述了大工业生产与教育的关系，其中就蕴含了终身教育的思想。他说："大工业的本性决定了劳动的变换、职能的更动和工人的全面流动性。"又说："大工业还使下面这一点成为生死攸关的问题：用适应于不断变动的劳动需求而可以随意支配的人员，来代替那些适应于资本的不断变动的剥削需要而处于后备状态的、可供支配的、大量的贫穷工人人口；用那种把不同社会职能当做互相交替的活动方式的全面发展的个人，来代替只是承担一种社会局部职能的局部个人。"① 简言之，现代生产需要全面发展的人，而这种全面发展的人只有不断学习才能做到。

因此，终身教育思想是符合时代发展要求的，代表着先进生产力的要求。这种观点的提出有着宏观的历史时代背景。

第一，20世纪50年代科学技术得到飞速发展，由此而引起了一

① 《马克思恩格斯全集》第26卷，534～535页，北京，人民出版社，1973。

系列社会变革，同时也对教育提出了新的要求。《学会生存》一书指出："到目前为止，还没有什么东西可以和我们现在所说的科学技术革命所产生的后果相比拟。"① "18 世纪的产业革命是用机器去代替和加强人类的机体功能。可与这种产业革命和最初的机器时代相比的是，科学与技术革命同时还进而征服了人类的精神世界，即在任何距离之间都可以直接传递信息，而且发明了日益完善的、理性化的计算机。"② 这种现象必然影响到全人类的活动，包括教育。首先，教育已经不只是少数人的特权，而是人民大众的权利；其次，教育不是一次受完，人的一生要不断受教育。现代科学技术革命使生产过程不断变革，造成了劳动的变换、职能的更动和工人的全面流动。现代工业使得许多传统职业在社会上消失，同时新的职业不断涌现，一个人一辈子固定在一个工作岗位上已不可能，如果不继续学习，他就会很快被抛出现代生产以外。

第二，科学技术革命不仅促进了生产的变革，而且自身也在不断发展，新的技术日新月异。由于核子、电子技术的发明和应用，使人类进入了信息时代。同时知识也在急剧增长，据有人估计，人类知识总和的 90％是最近 30 年创造的。知识的爆炸和不断更新，使得一个人不可能在短短的学龄期间（一般指 6～24 岁）掌握人类创造的全部知识，而是要不断学习、终身学习才能适应这种变革。正如终身教育的创始人郎格朗所说：把人的一生分为两半，前半生用于学习，后半生用于工作，是没有科学依据的。终身教育要在每个社会成员需要的

① 《学会生存——教育世界的今天和明天》，5 页，上海，上海译文出版社，1979。

② 同上书，196 页。

时候给他提供学习机会。

第三，科学技术的进步使人类更深刻地认识到人与自然、人与社会的关系，认识到人类自身的发展和责任。人类要想不断发展，可持续发展，就要善待自然，还要对社会有高度的责任心，因而要不断提高自身的素质。科学技术是中性的，它可以用来创造可供人类享受的物质财富，同时也可用来制造毁灭人类自身的武器。只有不断提高人类对自然、对科学技术和社会的认识，才能使科学技术造福于人类。

就是在这种时代背景下，产生了终身教育的思想。这种思想一经提出，就受到社会的极大关注，许多国家把它列入国家发展的战略。起初，大家把终身教育看做是成人教育、职工教育的同义语。谈到终身教育，总是和职工的继续教育连在一起。后来人们逐渐地认识到，只从职工教育的角度来理解终身教育是不够的，需要把整个教育系统纳入到终身教育的体系之中，而且从内容到形式都与传统意义的教育有根本的不同。《学会生存》在定义终身教育时指出："终身教育就变成了由一切形式、一切表达方式和一切阶段的教学行动构成一个循环往复的关系时所使用的工具和表现方法。"①

终身教育改变了传统教育的理念。教育的目的已经不再只是训练儿童和青少年，而是使所有的人终身受教育；这种教育已经不只限定学校教育，而是包括了正规教育和非正规教育、学校教育和社会教育的一切教育形式；教育的内容已经不限于传授和储存知识，而是要努力寻求获取知识的方法；教学过程正在发生变化，学习过程正在趋向于代替教学过程，学生的主体性和主动性正受到越来越多的重视；教

① 《学会生存——教育世界的今天和明天》，5页，上海，上海译文出版社，1979。

师的作用也在起变化，由权威性地传授现存的知识，转变为更多的是判断学习者的需要，设计学习环境，推动和鼓励学生学习，评价学习过程，帮助学生改进学习方法。

知识经济时代的到来使终身教育具有更新的意义。所谓知识经济，根据现有的认识，它的基本特征是，知识和信息是社会生产的基本要素，是经济和社会发展的驱动力。如果说，传统农业是以土地、劳动力为基本的生产要素，传统工业是以资本和能源为其基本的生产要素的话，那么，知识经济则是以知识（信息）为其基本的生产要素。而这种知识，不是我们一般理解的书本上的知识、现存的知识，而是不断创新的知识。掌握前人的知识固然是十分重要的，它是知识创新的基础，但书本上的知识毕竟是过去的经验，创新的知识则是面向未来的。知识的不断创新，必将引起生产的不断变革，从而促进整个国民经济的持续增长，促进社会的不断进步。这种知识的掌握和创新不能只靠学校教育，更要靠社会实践，结合自己的工作不断学习，不断创新。教育要把职前教育和职后教育结合起来，所以终身教育具有更为重要的意义。

在知识经济时代，我们对终身教育应有如下一些新的认识：

第一，终身教育是一种知识更新、知识创新的教育。终身教育是为了适应科学技术的不断进步和生产的不断变革而提出来的。它要使人们适应这种变化，促进这种变化，并通过不断实践、不断学习、不断更新自己的知识，掌握人类创造的最新知识，同时不断自我创新，从而促进生产的变革和社会的进步。

第二，要把终身教育思想纳入到整个教育体系之中。学校教育的目的不只是为了升学，而是为终身学习打好基础。教育是为了人类的生存，为了个体的发展。以往人们把教育分为正规教育和非正规教育，普通教育和成人职工教育，认为终身教育只是非正规教育的任务，或者是成人职工教育的任务，属于正规教育以后的继续教育。这是很大的误解。终身教育是一种教育思想，体现这种思想的教育体系就是终身教育体系。它贯穿于人的一生。

普通中小学教育是打基础的教育。这种基础就包括了终身教育的基础。为了使中小学毕业生有终身学习的基础，就不能只传授现存的书本上的死的知识，更重要的是要教会学生学习，使他们具有自学的能力，走出校门后有自己获取新知识的能力。

普通高等教育是一种专业教育，是培养专门人才的教育。但在知识经济时代，专门人才要能适应科学技术的不断发展，只有继续学习，不断学习。因此高等学校不能只传授现存的知识，更重要的是培养学生的能力，要以终身教育思想来设计课程和学习。现代高等学校区别于传统大学的基本特征就是创新知识。现代高等学校的职能不在于保存、传播和发扬人类创造的已有知识，更重要的是要创造新的知识，创造新的思维方式和新的价值观。

第三，为了使整个教育系统都纳入终身教育体系，必须改革现在的教育制度，研究各级各类学校的衔接和转换问题。终身教育思想是要使每一个人都不断学习，终身学习。因此无论哪一类教育都要给毕业生以继续学习的出路和机会。教育结构的多样化是必然的。只有教育结构的多样化，才能满足社会生产和社会生活多样化的要求，才能适应不同学生的不同要求。但是社会的需求和个人的需要也是不断变化的，因此我们的教育体系就要适应这种变化，各类中级学校能够相互贯通、相互转换。当前我国的学校制度还缺乏这种连贯性，例如职业高中的毕业生基本上断绝了继续学习的路子。要把整个教育系统都纳入终身教育体系，就要为这部分学校找出路，他们的毕业生在需要继续学习的时候给他们提供学习的机会。当然职工教育、成人教育的大门是比较宽的，任何人都可以进入职工学校或成人学校学习。但从正规学校系统来说，我国当前的学制却是不连贯的，需要研究一个办法使它连贯起来。例如加强高等职业学校的建设，在普通高校中设预科等，使任何青年在需要学习时都有可能继续深造。

第四，要转变教育观念，使我们的教育行为符合终身教育的要求。终身教育是一种自我学习、自我教育的理念，是对传统的驯化教育的一种解放，是为了个体的脑力和体力充分自由的发展。因而教师要充分尊重学生的自主性，不能越俎代庖。现代教育技术的应用，为学生自主学习提供了更为有利的条件。但是，并不是说教师就不需要了。教师的职业永远不会消失，只是他的角色在起变化，由知识的载体、学术的权威、高高在上的教育者变为学生学习的引路人、学习的伙伴。教师还应该成为学生的智慧的启迪者、情操的陶冶者。

终身教育是信息时代、学习社会的产物，是现代教育的基本特征。终身教育是 20 世纪最重要的教育思潮，它改变了人们对教育的认识。它的影响超越了时空，不仅遍及全世界，而且将影响到 21 世纪乃至更长远。

文化研究与比较教育*

导言——比较教育学史中的文化研究

比较教育研究对文化的重视可以追溯到一百年以前。1900年，萨德勒（M. E. Sadler）在题为《我们能在多大程度上从外国教育制度研究中学到有实际价值的东西?》（*How far can we learn anything of practical value from the study of foreign system of education*）的著名演讲中，第一次指明了文化研究对比较教育的重要意义。他的一句名言是："在研究外国教育制度时，我们不应忘记校外的事情比校内的事情更重要，并且制约和说明校内的事情。"他说的校外的事情主要是指一个国家的民族精神。他说："当我们倡导研究外国教育制度时，我们注意的焦点一定不能只集中在有形有色的建筑物上或仅仅落在教师与学生身上，但是我们一定要走上街头，深入民间家庭，并努力去发现在任何成功的教育制度背后，维系着实际上的学校制度并

* 原载《比较教育研究》，2000年第4期。

对其取得的实际成效予以说明的那种无形的、难以理解的精神力量。”民族精神是文化的核心。也就是说，只有理解了一个国家的文化传统，才能理解这个国家的教育制度。

20世纪20～30年代，康德尔（I. L. Kandel）等人秉承了这一思想，他们开创了因素分析时代，为比较教育中的文化研究奠定了重要地位。康德尔提倡描述历史事实，分析社会历史背景。他还把民族主义和民族性作为决定各国教育制度性质的因素提出。汉斯（N. Hans）则对影响教育的诸种外部因素加以系统化，并主张应当对形成教育的因素给以历史的说明。他把影响各国教育制度性质的因素分为三类：自然的因素（种族、语言、地理和经济因素）、宗教的因素（罗马天主教、英国国教和清教徒）、世俗的因素（人文主义、社会主义、民族主义和民主主义）。三类因素中文化因素占了主要地位。埃德蒙·金（Edmund King）也十分重视教育的历史背景。他的相对主义方法论重视客文化中的主体对教育现象的观点。要了解他们的观点，就必须对他们的文化有深入的了解，因此文化研究是必不可少的。

近几十年来，文化研究在比较教育界越来越受到重视。但是综观以往的研究，在文化研究上还存在着三个问题：一是比较教育中的文化研究所依赖的参照系只是西方文化，用它作为一个普遍的准则来影响包括非西方世界在内的全世界的比较教育研究，这一做法有失公正，也与当今世界色彩纷呈的各民族文化极不协调。二是对文化的理解过于狭窄，把文化只理解为“民族特性”。实际上文化的概念更广泛。三是对文化与教育的互动关系研究得不够。往往只讲到民族文化对教育制度的影响，很少谈到文化对教育主体（教育决策者、教师、家长）的观念的影响。关于教育对于文化的反作用的研究更不多见。

因此，对于比较教育中的文化研究还有深入一步的必要。

一、文化的概念及其特点

文化是什么，如何理解文化？文化是一个有广泛内涵的概念，据说学术界对文化的定义已有二百多种。有的说，文化是一种生活形态；有的说，文化是人类创造的物质和精神成果的总和。这都有一定的道理。我认为，所谓文化，是指人类在生产实践和社会实践活动中所采用的方式和创造的物质和精神成果的总和。这里面包括了人类的活动方式（动态的）和活动所取得的成果（静态的）两个方面。一般分为三个层面，即物质层面（包括建筑、服饰、器皿等等）、制度层面（包括教育制度在内的一切制度）、思想层面（包括思维方式和民族精神等）。物质层面最容易交流和吸收，制度层面也常常因为政治变革而改变，唯独思想层面具有较强的保守性和凝固性，不容易吸收异质文化和互相交融。但是随着时代的变迁和各民族间的交往，思想层面的内容也总是在变化的。概括起来，文化具有以下一些特性。

第一，具有民族性。文化总是由人类的某个民族创造的，而一个民族的特性也较多地集中表现在文化中。因此文化传统和民族文化传统可以是同义词。由于世界各民族所处的历史时期不同，环境不同，对自然界和社会各种现象的认识和理解不同，他们创造出各自不同的文化。例如，对待自然，中国文化比较重视人与自然的和谐，而西方文化则强调人征服自然、战胜自然；对待社会和他人，中国人主张中庸、谦让，西方人则主张竞争、斗争。这是从观念形态上讲的。表现在物质形态上也有极大的不同。例如中国的民间艺术图案讲究对称、统一、和谐；西方民族则讲究差异、多样。可见民族性表现在各个方面。

第二，具有稳定性。民族文化传统常常表现出相对的凝固性和稳定性。这种稳定性表现在时间上就是惯性。也就是说，文化传统发展变化的速度比较慢，总是落后于时代的发展，具有滞后性。这种稳定性表现在空间上，就是民族文化的独特性，也就是维持着自己民族文化的发展轨迹，往往拒绝外来文化的影响，形成了一定的保守性。所以，在世界文化交流已经如此频繁和深入的今天，各民族文化仍然保持着各自的特点，从而形成了世界文化的多元性。民族文化传统的稳定性是民族文化传统得以保存的主要原因，但在某种程度上却表现出凝固性和保守性。它不仅在发展进程上落后于时代，有时甚至于拒绝时代变革的要求，拒绝外来文化的渗透。中国近代学习西方经过了曲折的过程就是一个明显的例子。因此文化传统的稳固性具有两方面意义：积极方面的意义是它保持了文化传统的独特性，即民族性；消极方面的意义是它影响到文化传统的交流和变革，阻碍着对先进文化的吸收、创造和传播。

第三，具有变异性。每个民族文化都是不断发展的，也就是不断变革的。人类社会在不断发展，民族也在不断发展，民族文化也在不断发展。要发展就要有变革。也就是说，文化传统不能完全保持原来的样式，总要增加新的符合时代的内容，要去掉一些不符合时代要求的内容。例如，无论是在中国还是在日本都有男尊女卑的思想传统，但是现在是男女平等的时代，这种男尊女卑的陋习就应该除掉。

每个民族的文化传统中都有优秀的内容，也不免有落后的内容。在文化发展和变革中就要继承和发扬文化传统中的优秀的东西，摒弃落后的、不符合时代要求的东西。对待外来文化，也是这种态度，吸收外来文化中优秀的东西，排斥落后的东西。这就是我们在比较教育研究中的基本的文化观。

二、文化研究与克服西方文化中心主义

要克服西方文化中心主义的观念，就要承认世界文化的多元性。自从人类进入文明时代开始，就有五大古代文明，即古希腊文明、古巴比伦文明、古埃及文明、古印度文明、古代东方中国文明。虽然经过几千年的历史变迁，由于战争和其他原因，有些文明衰落了，希腊文明成了西方文明的源头，而东方的中国文明却一直延续到今天。但不论是哪种文明．都给世界文化留下了许多宝贵的文化遗产。文艺复兴以后，西方文明有了较快的发展。生产力的提高，特别是工业革命以后生产力的飞速发展，物质生产的迅速增长，为西方国家的扩张提供了条件。实际上，西方文明是在掠夺其他文明的基础上发展起来的。西方文化的发达，并不能排除其他各民族文化的发展。只要这个民族还存在，它的文化总是会按照自己的方式发展的。

20 世纪 60 年代西方出现一种现代化理论，认为非西方发展中国家与西方发达国家的发展历程是一致的，前者现在所处的阶段是后者经历过的一个阶段。非西方发展中国家要想实现现代化，唯一的途径就是西方化和照搬西方的模式，只有靠西方文明的传播，靠输入西方社会的现代化因素才有可能。这种理论代表了西方中心主义的观点。事实上世界文明并非以西方文明为中心，西方文明只是人类文明中的一个类型。20 世纪 60 年代以后许多东方国家走上现代化的道路，创造了各自现代化的模式，打破了“现代化理论”的神话。“现代化理论”在比较教育研究中有一定的影响。70 年代以后它受到许多学者的批判，现在已经不起什么作用。但是西方文化中心主义的文化观很难被西方学者克服，原因不在于他们自己不想克服，而是他们不了解别的文化。尤其是比较教育，它产生于西方，长期活动在西方，更容

易受到西方文化中心主义的影响。近几年来，世界比较教育学会理事会在非西方国家举行年会，对于西方学者了解非西方文化是大有裨益的。亚洲比较教育学会的成立，更有利于东西方比较教育学者的交流。

应该特别提出，以儒教为核心的东亚文化，覆盖东亚、东南亚以及世界其他东亚移民居住地区，但是在包括比较教育在内的几乎所有的人文社会科学研究中，它都未能发挥重要作用。在新的世纪，东亚各国应自觉地挖掘本民族文化中的优秀传统，使之成为东亚比较教育研究的重要理论源泉。

要克服西方文化中心主义观念，东方学者也有责任。东方学者要放弃迷信西方的观念，要跳出表面看西方教育制度的框框，深入到西方文化的深层去认识西方的教育；要在学习西方文化的优秀经验时注意理解它的实质，并尽力使之本土化。这就要开展文化研究。

三、文化与教育的互动关系

教育是文化的组成部分，但它又具有相对的独立性。教育离不开文化传统，教育除了受一定社会的政治制度、经济发展的影响外，教育思想、教育制度、教育内容和方法无不留下文化传统的痕迹。例如中国历史上长期存在的科举制度是在封建制度中形成的，这种科举制度把学校教育与人才的选拔制度结合在一起，这就影响到中国一千多年的教育传统。清朝末年帝国主义列强的侵略，动摇了封建主义统治的基础，科举制度终于随着政治经济的剧烈变革而彻底消亡。但是科举制度作为一种制度虽然在中国已消失了一百年，而与科举制度相伴随的教育思想却作为一种传统的思想至今仍然在一些人的头脑中留存下来，追求学历、重视考试就是这种教育思想的反映。日本的所谓

“考试地狱”恐怕也与中国的这种传统有关。

教育一方面受到文化传统的影响，另一方面它又是发展文化、创造文化的最重要的手段。也就是说，教育无时无刻不在传播文化、创造文化。文化靠什么继承和发展？靠教育。当然这种教育不仅指学校教育，也包括家庭教育、社会教育，但是学校教育起着重要的作用。教育总是根据时代的要求、社会的需要对文化传统加以选择和改造，特别是学校教育是有计划有组织的活动，它要根据国家的教育方针、培养目标来选择文化、传播文化、改造文化、创造文化，使它符合时代的要求、社会的需要。

比较教育要了解一个国家的教育，就需要研究影响这个国家教育制度的各种因素，特别是文化因素。前面说到，文化的内涵很广，但对教育来说，最重要的是一个国家、一个民族的价值观、思维方式、民族心理和民族精神。例如西方文化强调个人主义，而东方文化则重视集体主义；发达国家多少具有大国沙文主义倾向，不发达国家总是抱有民族主义倾向。即使同是西方发达国家，由于历史文化背景不同，他们的思维方式和民族心理也很不相同。笔者最近访问法国，适值WTO在西雅图开会，法国教授批评WTO过分重视商业，不重视文化。这是因为法国人总是为自己的文化传统而自豪，但你如果到美国，就很难听到这种声音。一个国家的这种传统必然会反映到教育上，特别是反映到教育思想观念上，从而影响到教育的各个方面。这就是为什么要强调在比较教育中文化研究的重要性。也就是说，只有从文化研究中才能认识一个国家、一个民族的教育的本质。

四、文化研究的困难与课题

进行文化研究是很困难的一件事。最好是采用文化人类学的方法，到当地去生活一段较长的时间。正像萨德勒曾经说过的，不能只注意一个国家的有形有色的建筑物和教师与学生，还要走上街头，深入民间家庭，去发现无形的精神力量。这是难以做到的。即使在一个国家做到了，对其他国家还是不了解，仍然难以比较。

还有另一个困难是，研究者本身是另一种文化的主体，他自身已经具有本民族文化的传统，也就是具有本民族的思维定式，即使他能够深入到客文化中，如果不克服自身的思维定式，也不能得出客观的科学的结论。因此从事文化研究的比较教育学者，特别是西方学者需要克服自身的文化偏见，树立多元文化的观念，尊重别国、别民族的文化，尊重他们的价值观。

进行文化研究还需要与历史研究结合起来。因为文化传统总是历史延续下来的，不了解一个国家的历史，就不可能了解这个国家的文化传统是怎样形成的，也就不能了解它的文化实质。因此，比较教育中的文化研究不仅是跨文化的研究，也是跨学科的研究。

虽然有以上的困难，但还是可以在比较教育中开展文化研究的。因为一个国家的文化总有它的表现形式，它们常常表现在他们的哲学历史著作、文学艺术中，也常常表现在他们的教育政策、教育体制、教育管理等方面。研究他们的文献资料，特别是该国的著名学者的著作，是可以把握他们的文化实质的。尤其是近几十年来教育的国际化促进了人员的交往，许多留学生到异国他乡去学习，对当地的文化有了较为深入的了解，有利于开展文化研究；各国学者的交往与合作也有利于对别国文化的了解和认识，特别是几个国家的学者如果能合作开展文化研究，则将会取得更好的成果。

我们北京师范大学国际与比较教育研究所，正在从事题为“文化传统和教育现代化”的研究，目的是想通过研究了解各国文化传统在教育现代化的进程中起了什么作用、传统教育如何向现代教育转变，从而认识今天如何进行教育改革。我们的方法是：选择有在某个国家留学经验或对该国教育有较深了解的学者，研究该国的历史、哲学以及文学；研究该国教育政策文献；实地考察该国的教育，包括参观访问、与教师、学生以及学者座谈，然后与其他国家加以比较。此项研究已进行了九年，第一阶段的成果反映在《民族文化传统与教育现代化》这部专著中。该书研究了美、英、德、俄、日、中六国的文化传统和教育传统，并对中西人文主义传统、中日人才观、中美师生观以及西方现代知识观进行了比较分析。此项研究还有必要进一步深入，研究还在继续中。

参考文献

[1] 顾明远、薛理银著：《比较教育导论——教育与国家发展》，北京，人民教育出版社，1996。

[2] 顾明远主编：《民族文化传统与教育现代化》，北京，北京师范大学出版社，1998。

[3] 全国比较教育研究会编：《国际教育纵横——中国比较教育文选》，北京，人民教育出版社，1994。

[4] 王承绪著：《比较教育学史》，北京，人民教育出版社，1997。

[5] 薛理银著：《当代比较教育方法论研究——作为国际教育交流论坛的比较教育》，北京，首都师范大学出版社，1993。

[6] 赵中建等著：《比较教育的理论与方法——国外比较教育文选》，北京，人民教育出版社，1994。

[7] 朱勃等编译：《比较教育——名著与评论》，长春，吉林教育出版社，1988。

知识经济时代比较教育的使命*

20 世纪比较教育研究的回顾

比较教育是工业时代的产物。工业革命是在生产劳动和科学技术结合的形势下发生的。工业革命使人类认识自然和控制自然的能力得到空前的提高，并且在社会的各个领域引起了一系列的变革。它对教育的发展也有着深远的影响。工业大生产一方面要求劳动者必须具备一定的文化知识，以提高劳动生产率；另一方面又把大批儿童抛向街头。为了生计，许多家庭中妻子和丈夫一样外出劳动，而儿童却无人照顾。19 世纪初，一些资本主义发展较快的国家，开始为学前儿童设立专门的公共教育机构；一些慈善家也开办一些幼儿学校，招收无人照管的儿童，使他们受到一定的教育。同时大机器生产也要求劳动者有一定文化知识，于是公共教育开始发展起来。教育的发展为比较教育的产生和发展创造了条件。朱利安、库森对比较教育的

---

* 原载《比较教育研究》，2003 年第 1 期。

研究就是在这种背景下展开的。

19世纪，欧洲民族主义高涨，民族国家纷纷独立。为了维护民族意识和增强国力，各国都十分重视教育，国家开始兴办公立学校。欧洲许多国家从普鲁士举办公共教育和学校世俗化方面得到启示，特别是普法战争以后，许多有识之士认为，普鲁士的胜利不是在战场上，而是在课堂上，因此纷纷向普鲁士学习，从教会手中取得教育的领导权，加强国家对教育的控制。比较教育的研究开始兴旺起来。

20世纪是风云变幻的世纪，一方面，科学技术迅猛发展，生产率极大提高，世界经济虽然经过多次危机，但还是得到空前的发展和繁荣；另一方面，世界各国争斗不断，两次世界大战都发生在20世纪前半期。教育成为科学技术发展的基础，提高综合国力的途径。因此，各国对教育的重视也是空前的。以往教育改革只是在教育界内部展开，但20世纪后半叶的教育改革却都是在政府的参与下进行的。特别是在冷战的年代，教育变成冷战的工具。冷战双方都在研究和进行教育改革，以便培养更多更优秀的科学技术人才，夺得科学技术的制高点，以期取得冷战的胜利。于是20世纪也就成为比较教育研究最有生气的年代。比较教育可以从政府或者基金会取得足够的经费，开展对各国教育的研究。正如已故比较教育学家霍尔姆斯所说的：“在历史上，我们可以看出有趣的比较教育研究是如何被激起的。当苏联发射了第一颗人造地球卫星之后，美国变得更加关注其工程技术人员的培养。基于当时的美苏关系，这个危机激起了美国学者对比较教育的兴趣。英法殖民地的独立运动激起了对发展中国家教育的兴趣。”①

20世纪比较教育研究兴起的另一个原因，就是霍尔姆斯前面所说的，英法殖民地的独立运动激发起了对发展中国家进行教育研究的兴趣。民族民主国家独立以后，急需人才。过去这些国家连教师都是大多来自宗主国，教育制度更是宗主国教育制度的简单移植，并不适合当地的实际。独立以后，为了确立民族意识和发展经济，需要对殖民时期的教育进行改革。于是发展中国家急需借鉴发达国家教育改革的经验；而发达国家的学者也对发展中国家的教育改革感兴趣，并想输出自己的经验。现代化理论和人才资本理论都是在这种背景下产生的。但是，这些理论并未给发展中国家带来他们所预期的结果。

20世纪80年代以后，西方比较教育研究逐步退潮，而发展中国家对比较教育的研究却方兴未艾。有些学者对这种现象不能理解，其实这里面暴露了比较教育本身的缺陷。其一，比较教育从诞生之日起就是西方中心主义的。研究者只研究工业化国家的教育制度，分析这些教育制度产生的种种因素，以作为本国教育改革的借鉴。但是到了80年代，许多发达国家认为自己的教育制度已经完善了，无需向别国学习。正如霍尔姆斯所说的：“我认为比较教育将不会像从前曾经有过的那样得到更多的资助。如果将来出现新的世界危机，那么人们也许就会重视比较教育。”② 其二，现代化理论、人力资本理论也是西方中心主义的理论。他们试图将发达国家发展的模式移植到发展中国家，但是效果不佳，极大地减低了比较教育研究者的兴趣。60年

① 薛理银：《问题法与比较教育——对布莱恩·霍尔姆斯的一次采访》，载《比较教育研究》，1992年第3期。

② 同上。

代，一些持激进观点的社会学者受到社会的重视，其中采用马克思主义观点的学者形成了新马克思主义学派。与此同时，拉丁美洲的社会学者提出依附理论。这些学派的观点也影响到比较教育。比较教育研究的重心逐渐向发展中国家转移。其三，比较教育研究的理论建设，特别是它的方法论一直困扰着比较教育学者。比较教育是一门学科还是一个研究领域？比较教育有没有自己独特的方法？至今谁也说不清楚。我不是否定比较教育将近200年来发展的成就，我们的前辈为我们做了许多工作，无论是20世纪前半叶的康德尔、施奈德、汉斯，还是后半叶的贝雷迪、霍尔姆斯以及至今还健在的诺亚、埃克斯坦、阿尔特巴赫等都对比较教育研究和理论发展作出了重大贡献。当代比较教育学者如黎南魁、施瑞尔、许美德等等一大批比较教育学者仍在孜孜不倦地开拓比较教育的新天地，为比较教育的学科建设而努力。但比较教育理论的先天不足也是显而易见的。

近20年来发展中国家的比较教育有了很大的发展，但是他们研究的对象也主要是发达国家的教育，作为本国教育改革的借鉴。发展中国家对比较教育研究的热情很高，一方面总是想跟上世界教育发展的潮流，另一方面也是为了改善本国的教育。不像发达国家的学者那样作纯理论的、“价值中立”的研究。发展中国家比较教育研究的困难还在于经费不足，不能作人类学的田野考察。他们的研究资源主要来自文献资料。虽然许多国际组织，如联合国教科文组织、国际教育局、世界银行、经合组织等都收集各国教育信息资料，但是这些资料大多来自各国的官方文件，与实际情况是否有出入，不作实际调查是难以判断的。另外，这些资料即使是可靠的，但是它们产生的背景，光凭资料也是说不清楚的。

中国的比较教育研究也是在这种背景下产生的。改革开放以前，中国主要是学习苏联的教育经验，还谈不上进行比较教育的研究。改革开放以后前十多年主要研究美国、英国、法国、德国、苏联、日本的教育，近几年来才开始研究周边发展中国家的教育，并把教育的本土化问题提到议事日程。而且对比较教育的方法论研究缺乏兴趣，至今缺乏有力的著作问世。也因为经费的缺乏，中国比较教育学者参加国际会议的机会较少，当然还有语言的障碍，国际交往和交流不够，也影响了比较教育研究的发展。我想，随着中国经济的发展，国家的进一步开放，年青一代比较教育学者的成长，这些困难都会逐渐克服。

中国比较教育在新世纪的使命

新世纪进入了一个新的时代，即是知识经济的时代。知识经济时代的特征不仅是知识成为经济发展的主要要素，而且带来了经济的全球化和社会的各种变革，而最大的变革是人们价值观的变化。知识经济使人们看到了人的价值、知识的价值。在工业经济时代，人们看到的是资本的力量、机器的力量。虽然 20 世纪 60 年代提出了人才资本理论，认识到人受到的教育程度直接影响到经济的增长，但还只是从提高劳动生产率的角度提出来的，并未认识到人的真正价值。在知识经济时代可不同，人不是简单的创造资本的机器，人是社会的主人，又是自然的一员。在工业经济时代，人一方面创造了供一部分人享受的丰富的物质财富，另一方面破坏了人类赖以生存的环境。今天人们开始认识到可持续发展的道理。知识经济时代还要继续发展经济，但不能以损害人类的长远利益为代价。人的发展、人类的发展是第一位的。人的创造、经济的发展，归根到底是为了人类自身的发展。

对教育也应有进一步的认识。教育的本质是育人，是提高人的素质。但长期以来人们常常把教育视为工具，政治家把教育视为阶级斗争，乃至政治斗争的工具；经济学家，在人力资本理论的影响下，把教育视为实现经济增长的重要手段；广大家长则把教育视作谋取优越职业的敲门砖。这都曲解了教育的本质，不利于人的发展。教育确实离不开政治和经济的发展，离不开整个社会的发展，但是教育不只是依附于政治经济，更重要的是促进社会的进步和发展，而最终的目的，也还是促进人类自身的发展。

知识经济是全球化的经济，它是20世纪科学技术迅猛发展所带来的生产社会化和国际化的必然结果。经济全球化必然会加剧国际间的竞争，而总的趋势是有利于发达国家，发展中国家则处于不利地位。为了竞争，就要培养人才，各国总想把教育重点放在培养高级人才上，以求占领高新科技的制高点，从而使教育的资源配置越来越不均衡。同时由于富国和穷国的差距在扩大，发展中国家的人才必然会流向发达国家，这都造成教育的新危机。

21世纪科学技术发展将变得更加迅速。信息化数字化时代使生产工具从机器生产时代的人手的延伸发展到人脑的延伸，整个劳动方式、生产方式、生活方式、思维方式都将产生重大变化。信息网络化又使得各种文化思想的传播十分迅速。这一切必将促进教育的国际化，同时也带来了中西文化的冲突。

总之，21世纪将给我们带来一个崭新的世界，教育将在这新世纪里有重大的发展与变革。只要教育有发展和变革，比较教育就有发展和前途。

中国是一个名副其实的发展中国家，改革开放20多年来有了飞速的发展，在新世纪中叶要达到中等发达国家水平，但发达国家并非停步不前，因此，中国还要加倍的努力，才能赶上发达国家。但是中国教育还存在许多困难。最大的困难是教育资源的不足和教育需求之间的矛盾。我们用了15年的时间，花了很大的力气在20世纪末基本上实现了普及九年义务教育，基本上扫除了青壮年文盲。但是教育发展极不平衡，沿海发达城市的教育基本上已经达到现代化水平，而边远地区、贫困地区的教育尚不够发达；在同一城市、同一地区，优质学校与薄弱学校的差距也很大；高等教育虽然近几年扩大招生规模，但仍然不能满足青年升学的追求。中国教育正在进行着重大的调整和改革，以扩大教育资源，提高办学效率，推进区域的均衡发展。中国比较教育仍然要以研究国际教育发展规律，借鉴外国优秀教育经验，发展本国教育为己任。为此，我们有许多工作要做。

首先，我们需要继续深入研究发达国家优秀的教育经验。所谓继续研究，就是要跟踪研究各国新的教育改革、新的教育理论和新鲜的经验，并通过这些研究预测教育发展的趋势；所谓深入研究，就是要探究各国教育改革的原由，了解各国教育的本质特征。过去20年，我们对几个主要发达国家的教育制度、课程内容、思想流派都进行了比较研究，但是难以说已经很深入。这就是为什么我提倡文化研究的原因。我认为，缺乏对西方文化的认识，很难理解西方的教育；缺乏对一个具体国家文化的了解，就很难理解该国的教育。因此要真正学到别国教育的优点，必须继续深入研究。

其次，要深入研究别国的教育，就要深入到该国的社会中去。过去由于经费的原因，再加上语言障碍，老一辈的比较教育学者出国的机会极少，出去也是走马观花。现在情况有了极大的改变，年轻学者出国机会很多，也没有太大的语言障碍。但有一点我想提醒青年学者注意，出国学习期间不能埋头于课堂和图书馆，听教师讲课和收集资料的确是重要的，但如果你不深入到社会中去，作田野式的考察，是消化不了老师的讲课和资料的，结果拿回来的仍然是脱离实际的书本知识和理论。我自认为是文化相对主义者，我认为比较教育研究要引入人类学研究方法，以客文化中的一员，深入其境进行较长时期的观察研究，才能获得真实可靠的材料，才能理解客文化，从而理解它的教育的实质。① 要做到这一点当然不容易，但的确是必要的，是我们努力的方向。

第三，要重视比较教育研究本土化问题。现在世界各国的教育理论五彩纷呈。各种教育理论，除非是绝顶荒谬的，都有它合理的一面，但各种理论也都有各自的哲学基础和文化背景。引入任何一种理论都需要评价和鉴别，吸收其精华，融化到我国的主文化中，使其本土化。在本土化问题上要克服两种片面性：一种是盲目照搬，不加评价和鉴别，甚至都是外来的语言，我并不排斥外来语，但不能是生造的，而是能够让大家理解的。另一种是认为，由于比较教育的传统是西方中心主义的，因而认定外国的理论都不适合中国国情，中国教育理论只能在本土生长。比较教育中流传着一种“去殖民化”理论。我理解的“去殖民化”是不要用西方中心主义的思维、价值观来观察事物、判断事物，并不是排斥外国的经验。教育的国际化是必然的趋势，表现在教育的国际交流与合作，互相学习，互相融合，取长补短上。在全球化时代，纯粹的本土理论是没有的，本土生产的理论也需要从世界文化中吸收营养。

第四，要把比较教育研究与我国教育发展和改革的研究结合起来。我不大赞成“价值无涉”、“价值中立”的为研究而研究。特别是

① 薛理银：《当代比较教育方法论研究》，北京，首都师范大学出版社，1993。

我们还是一个发展中国家，决策部门、教育实际工作者迫切希望比较教育向他们提供可借鉴的外国经验。这就需要比较教育学者，特别是我们的年青学者和研究人员关心本国教育的现实。其实比较教育本土化问题的关键在于我们对自己的认识。只有对自己的国情和教育有了认识，才能以我为主，吸收一切有益于我们发展的理论，建立本土化的理论。为此，在比较教育研究中要突破“跨国性”的界限。过去我们把比较教育定位在跨国的研究上。其实一个国家内部不同地区教育的发展也不相同，特别是中国，不仅地域广阔，经济发展不均衡，教育发展也不均衡；而且中国是一个多民族国家，各个民族有不同的文化传统，就有不同的教育传统。现在香港、澳门回归以后，一国两制，教育制度完全不同。因此对国内的教育也需要做跨地区、跨文化的比较研究，才能真正了解我们自己的教育，探索教育发展规律，为我国的教育发展服务。

第五，要加强比较教育的理论建设，比较教育的理论建设是我国比较教育研究的薄弱环节，希望在新世纪之初能有所发展。理论建设不是凭空想出来的，一方面需要运用现代科学理论成果来分析研究当代教育问题，另一方面要研究透彻比较教育学者已经提出的理论，结合当代教育发展的实际提出新的理论框架，加以反复验证。在方法论研究上，我个人的观点是要把实证研究和定性研究结合起来。由于长期以来我国教育研究停留在描述性研究和定性研究上，所以强调加强实证研究是必要的。

总之，知识经济时代是一个多元化时代，理论的多元化是必然的。只有在百家争鸣中我们的理论才能发展。但是教育理论界却缺少争鸣。我希望在新世纪中能够有更多的争鸣，以繁荣我国的比较教育学术研究。

第六，要加强和国际比较教育学者的交流与合作。可惜的是近10多年来因为台湾学会在世界比较教育学联合会的名称问题一直没有解决，妨碍了中国大陆的学者参加国际研讨会。我们希望世界比较教育联合会执委会能妥善解决这个问题，否则占世界五分之一人口大国的学者不能参加会议，这个组织也很难称得上包括世界各国在内的国际组织。无论如何，中国比较教育学会一直抱着积极的态度和各国比较教育学者开展着合作和交流，我们邀请了许多著名的学者来华讲学、访问，我们利用我们的条件召开各种国际会议，1998 年我们还成功地举办了第二届亚洲比较教育学会年会。今后还要采取各种措施，进一步加强和各国比较教育学者的联系和对话。

我们现在还没有真正和国外的学者对话，因为过去我们只是介绍国外的教育经验，很少把我国的教育经验介绍给外国学者。今后我们也应主动走向世界，在国际著名杂志上发表我们的论文，这样才能与国外学者对话。最近我看到强海燕教授和英国学者合作，完成了“中英 14 所学校管理模式的个案研究与比较”的课题，并在 COMPARE 杂志上发表多篇文章，我感到非常高兴，希望今后能有更多的这样的合作和研究。①

总之，知识经济时代的信息网络化使得各国教育改革的新动向很快传遍全世界，各国学者交流更加便捷。中国比较教育学者在新世纪里任重道远，但也将大有作为。

---

① COMPARE, *Special Issue on School Management in the People's Republic of China*. Volume 28. Number 2, June, 1998.

比较教育的身份危机及出路 *

今天的比较教育研讨会有着特别的意义，今年适值铃木慎一先生 70 华诞，为此，我要代表中国教育界的同行、北京师范大学的同事们以及我个人向铃木先生表示最热烈的祝贺和敬意，衷心祝愿他健康长寿，阖家幸福。

铃木慎一先生是我认识最早的日本学者之一。早在 1980 年我在参加世界比较教育学会联合会在日本琦玉县召开的第四届比较教育大会期间就认识了他。此后，我们在许多国际会议上常常见面。我每次访问日本，他都会热情地接待我。铃木先生是日本著名的学者，在中国也很有名。他在早稻田大学工作了 40 年，培养了大批学生，在比较教育和教师教育方面尤其有突出的贡献。他治学严谨，待人诚恳，为中日教育交流做了大量工作。尤其是与北京师范大学国际与比较教育研究所有着密切的交往，他是我们所的客座教授。今天我们来庆祝他 70 华诞，我们要向他学

---

* 此文为 2003 年 3 月 20 日参加日本早稻田大学举办的一次国际研讨会上的发言。原载《比较教育研究》，2003 年第 7 期。

习，为进一步促进中日两国学者的交流，促进国际合作，为我们下一代的和平幸福的成长而努力工作。

关于比较教育，我非常赞赏这次研讨会的主题“比较教育的历史文化自我认同与他者”（Historical & Cultural Self Identities and of Others in Comparative Perspectives）。最近，不少学者在谈论比较教育的身份危机，认为比较教育在20世纪60、70年代曾辉煌一时，近20年来却逐渐地衰落下来，原因在于比较教育的身份危机：比较教育是不是一门学科？比较教育有没有自己的研究方法？比较教育起什么作用？我认为，比较教育学者首先不要去纠缠比较教育是什么的争论，而是要从切切实实研究当代世界教育中存在哪些问题、如何解决当中，找到关于比较教育自身问题的答案。教育学科中所有的学科都在研究教育问题，但他们只是从自身学科的视角研究这些问题。例如，教育经济学是从经济学的视角研究教育的投入和产出；教育社会学则是从社会学的视角研究教育在社会变迁中的作用等。比较教育则是要从世界的大视野来审视教育问题，这种审视似乎至今还没有哪一门学科能够替代。特别是20世纪，人类创造了物质文明的辉煌，同时带来了毁灭性的战乱和生态环境的破坏；一部分人过着奢侈的生活，另一部分人却连最起码的生存条件都没有；物质欲望在增长而道德水准却在下降；教育质量滑坡，学校暴力日趋严重，等等。这一切难道不值得比较教育工作者关注吗？比较教育工作者有许多事情需要做，不必自暴自弃，自我制造身份的危机。其实任何一门学科都可能产生危机，当这门学科的知识不能解决现有的问题时，危机就出现了。我们要努力寻求解决问题的方法，当问题解决了，学科就会得到进一步发展。因此可以说，没有危机就没有进步，就没有发展。比较教育何尝不是这样呢？

教育的历史和文化的自我认同是比较教育研究的重要课题。比较教育不只是研究各国教育的共同点和不同点，而且要说出这些共同点和不同点的由来，这样才能深刻理解一个国家或一个民族的教育，也才能寻找出教育发展的内在规律。教育的历史和文化认同要求比较教育学者对本国的教育要作客观的历史的自我分析，而不是仅仅用别国的理论或别国的价值观来评价本国的教育；研究别国的教育应该站在客文化的立场上作客观的分析，不要用研究者主体的理论或个人的价值观去评价别国的教育。所以我有时说，我是赞同文化相对主义的。在当今民族主义高涨的时代，更要强调文化的多元化，反对任何文化霸权主义。但是，教育既是文化的产物，同时又是科学的产物。文化是有个性的，科学却是不分国界的。因此在教育领域里有许多共同的话语，不同国家的学者可以互相对话，互相沟通。

教育的科学性表现在教育发展是有规律可循的，尽管这种规律有时难以捉摸。由于影响教育发展的可变因素太多，难以用自然科学的方法来精密测量，所以长期以来比较教育学者试图用科学的方法来测量教育的发展总是难以奏效。例如过去教育经济学者认为，初等教育的收益率是最高的，近些年来却发现，还是高等教育的收益率比较高。正如世界银行和联合国教科文组织联合组织的高等教育与社会特别工作组编著的《发展中国家的高等教育：危机与出路》一书所指出的："20 世纪 80 年代以来，许多国家的政府和国际捐助者都把高等教育置于一个相对较低的地位。在我们看来，狭隘的和误导的经济分析促成了这样一种观点，即与投资于初等和中等学校相比，对于大学和学院的公共投资所带来的收益要小，并且高等教育加剧了收入不平等。"知识经济时代的到来，使得教育越来越重要。正如上述特别工作组在该书一开头就指出："通过两年多的研究，特别工作组在集中讨论和听取意见的基础上，得出这样的结论：没有更多更高质的高等教育，发展中国家将会发现自身越来越难以从全球性知识经济中受益。”最后又强调：“高等教育不再是一种奢侈品：它是国家、社会和经济发展的必需。”① 这种观点的转变是通过各种可变因素得出的。其实，80年代的观点也未必就是错误的。在一个刚刚步入工业化的国家，恐怕应该把主要投资放在中小学上，否则缺乏优质的劳动力，发展经济是不现实的。但是，知识经济的迅速到来，教育外部因素变化了，发展教育的策略自然也应该变化。这种变化是带有规律性的，是可以预见的。比较教育工作者在这方面有许多工作要做。而且，当今世界，科学技术日新月异，社会发展瞬息万变，比较教育工作者更要关注并研究这些变化对教育的影响，预测教育未来的发展。

以上是从教育发展的宏观上来讲的，从教育的微观上来看，更有许多带有规律性的问题可以研究。近几年来脑科学的发展，人们对人的认识过程、人的能力的发展提出了许多新见解。重新审视传统教育的内容、方式和方法，提出新的教育内容、方式和方法，是各国广大教师关注的焦点。比较教育工作者在这方面也不是无所事事的。比较教育工作者不仅需要去比较各种教育内容、方式和方法的异同，更要研究哪种教育内容、方式和方法在何种背景下、何种条件下才能取得成功。

比较教育学界有一种观点，认为比较教育借鉴别国经验的时代已经过去，借鉴别国经验是现代化的理论，是文化殖民主义的表现，也是比较教育落后之所在。现在要用后现代主义的理论来消解现代化理

① 《发展中国家的高等教育：危机与出路》，北京，教育科学出版社，2001。

论，用后现代主义来审视教育。文化本来就是多元的，教育当然也是多元的，因此无所谓借鉴。我无意在这篇小文章中来评论后现代主义理论，我只想说明，任何学科都有两种研究，一种是基础研究，一种是应用研究。比较教育也不例外，比较教育的基础研究可以是对比较教育的定义的研究、方法论的研究、国际教育的调查与分析等等。比较教育的应用研究就是借鉴，就是为我所用。没有必要把教育借鉴与教育多元化对立起来。事实上，没有教育的多元化也就用不着借鉴，正是因为彼此不同才需要借鉴；而在当今国际化时代，没有借鉴也就没有发展。后现代主义是主张创新的，但从来的创新都是在多元文化的互相冲突和互相学习中产生的，从来没有毫无基础的创新，没有半空中掉下来的创新。比较教育工作者如果想为自己的国家教育发展作点贡献，那就要认真研究别国的教育，吸取一切有益的经验，为本国的教育改革提出建议。当然这种借鉴并不是照搬，而是在对本国的教育和别国的教育研究透彻的基础上进行，就像人体器官移植那样，使别人的器官能够融入自己的机体，成为自己机体的一部分。现在人人都提倡对话、交流，先不说对话的目的，对话的结果必然是互相了解，互相学习。无论现代还是后现代，这一点恐怕是没有区别的。区别只在于不要把自己的价值观强加于别人。

比较教育是靠借鉴发展起来的，近几十年来比较教育之所以衰退，正是因为忽视了教育的借鉴意义。正如已故比较教育学家霍尔姆斯在 90 年代初所说的："在历史上，我们可以看出有趣的比较教育研究是如何被激起的。当苏联发射了第一颗人造地球卫星之后，美国变得更加关注其工程技术人员的培养。基于当时的美苏关系，这个危机激起了美国学者对比较教育的兴趣。英法殖民地的独立运动激起了对发展中国家教育的兴趣。"他还说："我认为比较教育将不会像从前曾经有过的那样得到更多的资助。如果将来出现新的世界危机，那么人们也许就会重视比较教育。”① 可见，现在并非是比较教育学者不想从事比较教育研究，而是决策者觉得不需要借鉴别国的教育经验，所以不需要比较教育。当然，比较教育学者需要研究改善这门学科，完善它的理论体系。但并不能用比较教育的学科的身份危机来抹杀比较教育的借鉴作用；或把教育的借鉴说成是比较教育身份危机的根源。

经济的全球化给比较教育带来了新的课题。经济的全球化已经把世界连成一体，互相依存，共同发展。但是，国家之间的竞争越来越激烈。在当今知识经济时代，国际间的竞争，说到底是知识的竞争，人才的竞争。因此新一轮的教育改革正在全球兴起。各国的教育工作者无不关注着别国的教育改革和发展。这种关注也可以理解为借鉴。借鉴并非把别国的经验拿来，也可以把别国的经验作为一面镜子来对照自己，从而更深刻地认识自己并设法改善自己。比较教育借鉴的理论确实已经很古老，但是在新的时代却越发显现出它的重要性。

在全球化、国际化的浪潮中，各国教育更需要历史的、文化的自我认同。要借鉴别国的经验，首先对自己要有清醒的认识。就像移植人体器官一样，首先要检查自己的身体，有没有接受别人的器官的能力，有没有排异现象。历史的、文化的自我认同也是在比较中认识的。例如东方文化的特点，必须在和西方文化相比较中才能显现出来。长期以来，比较教育中的西方中心主义占统治地位，比较教育学者很少研究东方文化，自然也就不了解东方国家的教育。东方国家由于近几百年来的停滞，在科学技术和经济发展上落后于西方国家，并

① 薛理银：《问题法与比较教育——对布莱恩·霍尔姆斯的一次采访》，载《比较教育研究》，1992 年第 3 期。

且是在西方列强的逼迫和侵略下走向现代化道路，是后发外发型国家，因此长期以来把西方先发内发的现代化国家视为自己的榜样。东方的比较教育工作者，较多地注意研究和介绍别国的教育经验，却对自己的历史文化传统认识不足。尤其是中国比较教育工作者，由于长期闭关自守政策的限制，渴望着了解别国的情况，改革开放，犹如一下子打开窗户看到了外面五彩缤纷的世界，因而迫不及待地把它们介绍到中国来。近些年来我们开始反思，国外的经验都是好的吗？能不能适合中国的国情？和中国传统文化如何结合？我们能不能创造出自己的经验？这种反思就要求中国比较教育工作者认真研究中国的文化历史，然后再与别国做比较。这种比较才具有深刻性。我和我的研究生正在做这种研究。当然这还只是刚刚开始，还有许多艰苦的工作。

参考文献

[1] 薛理银著：《当代比较教育方法论研究》，北京，首都师范大学出版社，1993。

[2] 顾明远、薛理银著：《比较教育导论》，北京，人民教育出版社，1996。

[3] 赵中建、顾建民选编：《比较教育的理论与方法》，北京，人民教育出版社，1994。

论苏联教育理论对中国教育的影响*

学习苏联教育经验，是我国教育发展史上一个重要阶段。虽然20世纪60年代中苏关系恶化以后，中国教育界就开始批判苏联教育，但是苏联教育思想和教育模式已经在我国扎下了根，至今还有深刻的影响。因此研究这段历史，对于建构有中国特色的社会主义教育体系，有着重要的意义。

一、苏联教育理论在中国的传播

1. 确立全面学习苏联的方针

苏联教育思想传入中国，可以追溯到五四运动之前。俄国十月革命的胜利给中国先进知识分子带来了希望。早期马克思主义者在介绍俄国革命时，也把苏俄的教育思想和经验介绍到中国。但是很快就被美国实用主义教育思想所淹没，特别是1919年杜威来华以后，中国教育界只听到实用主义教育一种声音。苏联教育思想在中国的大量传播

* 原载《北京师范大学学报（社会科学版）》，2004年第1期。

是在解放战争的后期，在东北新解放区开始的。

1948年秋季，东北和华北大部分地区获得解放，全国解放指日可待。新的形势要求解放区的教育，既要考虑到解放战争继续发展中对各种干部的需要，也要考虑到全国解放以后经济恢复和建设所需要的大批干部。东北行政委员会和华北解放区召开各种教育会议，重点讨论中等教育的正规化和东北解放区高等教育改造问题。东北解放区最先开始向苏联学习。

由于历史的原因，旅大地区居住着许多苏联人，并在那里办起了苏联中学。1948年10月，中国的旅顺中学就开始和苏联中学建立经常联系，着手学习苏联教育经验。当时主要是从学习苏联的教学方法和五级记分的成绩考核方法入手，改变过去的填鸭式教学法。继而双方合作，学习苏联的教育内容、思想教育、学校管理及教育理论。为此，旅顺中学还专门成立了苏联教育研究小组。

1948年9月，东北行政委员会召开第四次教育会议，明确提出了学习苏联教育经验的口号。1949年12月5日，时任东北人民政府教育部副部长的董纯才曾在《东北教育》上发表文章《学习苏联，改造我们的教育》。在董纯才的直接领导下，从1949年到1951年，《东北教育》共组织发表苏联教育经验文章89篇，介绍研究新教材的文章53篇，东北教育社翻译出版了苏联教育理论书籍，包括冈察洛夫的《教育原理》、凯洛夫的《教育学》以及《五级分和它的用法》等。东北人民政府教育部还组织力量，以苏联十年制中学的自然科学各科教科书为蓝本，编写中学教科书，从初中一、二年级开始逐步施用。与此同时，培养了学习苏联教育经验的先进典型，并组织这些典型到各地传播经验[①]。

中华人民共和国成立以后，确立了“一边倒”向苏联学习的方针。1949 年 10 月 5 日，刘少奇在中苏友好协会成立大会上指出：“我们要建国，同样也必须‘以俄为师’，学习苏联人民的建国经验”；“苏联有许多世界上所没有的完全新的科学知识，我们只有从苏联才能学到这些科学知识，例如：经济学、银行学、财政学、商业学、教育学等等”[②]。1949 年 12 月 23～31 日，第一次全国教育工作会议在北京召开。会议提出：“建设新教育要以老解放区新教育经验为基础，吸收旧教育某些有用的经验，特别要借助苏联教育建设的先进经验。”[③] 从而掀起了学习苏联教育经验的高潮。

为什么新中国教育建设要“以俄为师”？这是有历史原因的。

首先，中国新民主主义革命是中国无产阶级领导的世界无产阶级革命的一部分，是革命的第一步，将来还要进行社会主义革命。苏联是世界上取得社会主义革命胜利的第一个国家。中国的新民主主义革命就是在十月革命的影响下展开的，并取得了胜利，走苏联的道路，无疑是中国的选择。同时，苏中两国都是以马克思列宁主义思想为指导，意识形态是一致的。教育是社会的上层建筑之一，苏联教育是以马克思主义教育理论为指导，是社会主义性质的教育。新中国的教育是新民主主义教育，从思想体系来讲是属于社会主义范畴，它与苏联教育在意识形态上和发展方向上是一致的。新中国的教育自然应以苏

---

① 《董老对东北人民教育事业的卓越贡献》，见《董纯才纪念集》，170 页，北京，教育科学出版社，1992。

② 《中华人民共和国教育大事纪（1949～1982）》，4 页，北京，教育科学出版社，1984。

③ 同上书，8 页。

为师。

其次，苏联进行社会主义建设已经有30多年的历史，取得了巨大的成就，积累了丰富的经验。特别是苏联建国不久就战胜了强大的法西斯，取得了伟大的卫国战争的胜利，受到世界的瞩目，也受到中国知识分子的敬仰。苏联所走过的社会主义道路和模式，自然成了中国新民主主义建设的榜样。苏联教育在改造旧教育方面有丰富的经验，在建设社会主义教育方面已有一整套成熟的理论和制度，借鉴苏联教育的经验自然被认为是中国改造旧教育和建设新教育的捷径。

第三，当时美国等西方帝国主义国家不承认中华人民共和国，并实行对我国的封锁。迫使中国只能“一边倒”，在政治上和苏联结成联盟，在经济建设、文化教育建设方面当然也要更多地依靠苏联的帮助。

2. 向苏联教育学习的主要渠道和方式

向苏联教育学习是通过几种渠道进行的。

通过翻译苏联教育的理论著作和教材。上文已经谈到，东北解放区早在建国前夕就已经翻译了许多苏联的教育理论书籍和教科书。建国以后翻译的论著更多。1949年11月14日，《人民日报》发表了节译的凯洛夫主编的《教育学》（1948年版）的第二十一章《国民教育制度》；继而又连续发表了第十二章《劳动教育》，第一章第五节《教育学是科学》等。接着，1950年12月和1951年2月，由沈颖、南致善等翻译的凯洛夫主编的《教育学》（1948年版，上下册）由新华书店出版，1951年12月又由南致善、陈侠共同修订，由人民教育出版社再版发行，该书后面还增列了俄华名词对照表，其发行量之大是空前的。笔者手头的一部注明是“1953年4月上海16版”，全国发行量之大可见一斑。其他被翻译成中文的、比较重要和有影响的教育理论著作还有：

冈察洛夫著，郭从周等译：《教育学原理》，人民出版社，1951年版；

叶希波夫、冈察洛夫编，于卓、王继麟等译：《教育学》，人民教育出版社，1952～1953年版；

斯米尔诺夫著，陈侠、丁酉成译：《教育学初级读本》，人民教育出版社，1953年版；

申比廖夫、奥哥洛德尼柯夫著，陈侠、熊承涤等译：《教育学》，人民教育出版社，1955年版；

凯洛夫总主编，冈察洛夫、叶希波夫、赞科夫主编，陈侠、朱智贤等译：《教育学》，人民教育出版社，1957年版；

达尼洛夫、叶希波夫编著，北京师范大学外语系1955级学生译：《教学论》，人民教育出版社，1961年版；

马卡连科著《论共产主义教育》和《父母必读》等等。

此外，人民教育出版社还办了一份刊物《教育译报》，专门翻译介绍苏联教育理论和经验。

邀请苏联专家担任教育部顾问、学校的顾问和到校讲课。中华人民共和国成立不久，1949年10月，以法捷耶夫为团长的苏联文化艺术科学工作者代表团访问我国，代表团成员、俄罗斯联邦共和国人民教育部副部长杜伯洛维娜在北京、上海等地向我国教育工作者介绍苏联教育工作经验。以后许多大学聘请苏联专家来校讲课。1950年至1952年末，教育部先后聘请苏联专家阿尔辛节夫、福民、达拉巴金、顾思明、戈林娜五人担任教育部顾问。另有在北京师范大学的苏联专家二人兼任教育部普通教育与幼儿教育的顾问。专家的主要工作是：参加部务会议、部工作会议和专业会议，介绍情况，提供意见，解答问题；开各种讲座，给训练班讲课，到各地视察，帮助各级教育干部和学校教师提高业务水平等①。全国主要高等学校也聘请苏联专家任教。以北京师范大学为例，该校从 1950 年开始就请苏联专家来校长期讲学，至 1958 年，先后请了十几位苏联专家到各系讲学，其中教育学、心理学专家就有 8 位。他们基本上是把苏联的课程搬过来。他们的讲义不仅是学生的教科书，也是后来老师编写教材的依据。为了把苏联专家讲的课学到手，每位专家都配备了年轻的骨干教师作他的助手，教研室的老师都要跟班听课。为了扩大影响，苏联专家讲学期间，办起了大学教师进修班和研究班。五六十年代我国一批教育理论工作者，几乎都在这些进修班或研究班学习过。为了学习苏联教育理论和担任苏联专家的翻译，北师大教育系还成立了翻译室，大量翻译苏联教育著作。自 1949 年至 1960 年中苏关系恶化，苏联专家撤走，我国教育部门和高等学校先后共聘请苏联专家 861 人，担任顾问或从事教学、科研工作②。

按照苏联的教育模式建立新型学校。1949 年 12 月 16 日，政务院第十一次政务会议决定，为了适应国家建设的需要，成立一所新型的大学——中国人民大学。中国人民大学“接受苏联先进的建设经验，并聘请苏联教授，有计划、有步骤地培养新国家的各种建设干部。”该校的教育方针是：“教学与实际联系，苏联经验与中国情况相结合。”③ 根据这个决定，以老解放区华北大学为基础，筹建了中国人民大学，第一任校长是吴玉章。吴玉章校长在开学典礼的讲话中说，

---

① 《中华人民共和国教育大事纪（1949～1982）》，71 页，北京，教育科学出版社，1984。

② 同上书，279 页。

③ 同上书，7 页。

中央交给中国人民大学的任务第一，为国家培养建设骨干；第二，改革旧的高等教育，树立一个新型大学的典型。学校聘请了36名苏联专家。他们的任务主要是帮助培养教师，先由苏联专家给教师讲课，再由教师向学生授课；培养研究生，给研究生讲课；指导教师编写讲义和教材，自1950年至1957年，由苏联专家直接编写的和苏联专家指导下编写的讲义、教材共达101种；帮助建立一套高等教育制度和教学方法①。

1950年4月29日，教育部按照中华人民共和国副主席刘少奇的指示精神，提出《哈尔滨工业大学改进计划》，《计划》提出：哈尔滨工业大学应仿效苏联工业大学的办法，培养重工业部门的工程师和国内大学的理工科师资，以代替派大批学生去苏联留学；并每年抽调各大学理工学院讲师、助教和教授150名，入该校参加教学研究班，在苏联教授帮助下，研究深造，以提高国内大学的理工科师资水平②。哈尔滨工业大学前身是中俄工业学校，由中、苏两国共管，1950年由中国正式接管。原来规模很小，设备简陋，行政人员和学生基本上是苏侨。1950年根据中央的《改进计划》，对学校按照苏联多科性工科院校的模式进行改造，增设了许多专业，先后从苏联26所高等学校中聘请了67位专家来校讲学，引进苏联高等工业学校的教学制度、教学计划、教学大纲和教材，建立五年制本科专业及二年制研究生部。

中国人民大学和哈尔滨工业大学成为我国最早学习苏联教育经验

---

① 郝维谦、龙正中：《高等教育史》，海口，海南出版社，2000。

② 《中华人民共和国教育大事纪（1949～1982）》，16页，北京，教育科学出版社，1984。

的样板，从而影响到其他大学的建设。

派遣留学生到苏联学习。1951 年 8 月 19 日，首批派往苏联的 375 名留学生启程。学习的领域包括了理工、农医、财经、外交、师范等各个方面。首批留学生主要分布在莫斯科、列宁格勒、基辅等几个大城市的著名大学和学院。自这年开始，我国每年都选派留学生到苏联学习，每年少则 200 多人，最多的一年达 2000 多人。除留学生外，国内许多企业部门还派遣了大量实习生，到苏联的企业实习学习。这批留学生回国以后都成为中国建设中的骨干。他们不仅带回了专业知识，也带回了某些苏联的文化。

二、苏联教育理论的特点及其对中国教育理论界的影响

“向苏联学习”，这是建国初期全国建设的方针，也是教育工作的方针，是自上而下的运动，因此学习苏联的教育理论和经验就在全国范围内展开了。这种学习是单向的，只允许老老实实地学，不允许有丝毫的怀疑或批判。开始的时候，有一部分知识分子不理解，对苏联的教育理论有怀疑有保留，甚至在专家讲课的时候向专家提出质疑。但这部分知识分子在思想改造运动中都受到批判，做了检查。自此之后，再也没有人敢于提出不同的意见了。学习苏联由不自觉逐渐变成自觉的行动，所谓“全心全意向苏联学习”。

苏联教育理论虽然反映在多种著作中，但中国教育界学习的主要是凯洛夫主编的 1948 年版的《教育学》。中国教育工作者，包括师范院校的学生，几乎人手一册，逐章逐节地进行学习。因此形成了所谓“凯洛夫教育理论体系”。这个理论体系影响了我国教育理论达半个世纪之久，至今仍有它的影子。因此，我们不能不对它作一点简要的剖析。

凯洛夫教育理论是力图以马克思列宁主义的方法论来分析人类教育的本质和它的功能和作用。其中有几个要点常常被我们所引用：

教育是上层建筑，是经济基础的反映，阶级社会的教育具有历史性、阶级性；苏维埃教育要为无产阶级的事业、苏维埃的建设服务。凯洛夫在《教育学》的第一章第一节，论述了各个社会形态的教育以后指出："教育总是和政治相联系着的。无产阶级社会主义革命必然要消灭阻碍社会向前发展的资产阶级的阶级教育，而以共产主义教育来代替它。"①

强调教育学的"党性"原则。凯洛夫认为，教育学是社会科学，苏维埃教育学是建立在最先进的哲学理论——马克思列宁主义理论的基础上的。他说："苏维埃教育学就是论述共产主义教育的科学。共产主义世界观是马克思列宁主义党的世界观；是现代社会最先进阶级，即工人阶级党的世界观。苏维埃教育学是在实行着这个先进阶级的政策，它的党的政策。"② 中国教育理论工作者也是坚信不疑地认为教育学要为党的路线和政策服务，发展到后来为阶级斗争服务，为无产阶级专政服务。

引进了"教育"、"教学"、"教养"这三个概念。按照凯洛夫《教育学》一书中的解释，教育是总的概念，是"包罗万象"的概念。他说：

共产主义教育的范围如下：

(1) 用构成将来能担任任何职业之准备基础的知识、技能、熟练

① 凯洛夫：《教育学》(上册)，沈颖等译，10 页，北京，人民教育出版社，1953。

② 同上书，29 页。

技巧来武装儿童；儿童智力的全面发展；观点和信念的养成；建立科学的世界观，使学生操行具有共产主义的道德精神；

（2）学生嗜好、兴趣、才能和禀赋的形成与完善化；培养构成列宁式的未来活动家性格之品质；

（3）养成由于社会主义共同生活之要求和条件所决定的高尚行为的习惯；

（4）关怀学生健康的和强壮的体格，旨在使其成长为健壮的和愉快的人，并成为将来强有力的工作者和自己祖国的坚定不移的、机警的保卫者。

教养，是指掌握知识、技能、熟练技巧的体系而言，并且在这个基础上发展学生的认识能力，形成他们科学的世界观，养成他们在自己的行动中为共产主义社会福利而贡献其知识的崇高情感和志向。

教学，是在学校内有计划实行着的工作，这个工作在于教师有系统地和循序地把知识传达给学生和组织学生的活动，使其自觉、积极和坚实的学会一定的知识、技能和熟练技巧，并且在积极的教学工作的基础上，使他们每一个人都养成与共产主义教养任务相适合的品格。①

为了分清和学好这三个概念，北京师范大学教育学教研室主任王焕勋教授曾经在《光明日报》上发表过整版的文章，详细地解释。

教育主要是在教学的基础上实现的。凯洛夫说：“只有在掌握科学原理的基础上，才可能建立学生的共产主义世界观。只有在教学过程中，才能成为具有共产主义教育的人，同时也才成为受有高度教养

① 凯洛夫：《教育学》（上册），沈颖等译，14～15页，北京，人民教育出版社，1953。

的人。”[①] 又说：“教学，是教育的基本途径。”[②] 这一条后来在“文革”中被批判为“智育第一”，是凯洛夫教育学修正主义的铁证。

强调系统知识的传授。凯洛夫教育学以及整个苏联教育，特别强调给学生传授系统的知识。他们批判杜威实用主义教育，就是认为，实用主义教育不能给学生以系统的知识。十月革命以后，苏联在20年代的教育改革中，一方面强调学校以生产劳动为基础；另一方面盲目学习西方的教育经验，采用综合教学大纲、设计教学法等做法，严重地影响到学生的文化学习，学生不能学到系统的科学文化知识，毕业生不能满足高等学校培养干部的要求。于是30年代进行全面的改革和调整。联共（布）中央做出了一系列决定来纠正20年代的错误。其中最有名的，也是常常被中国教育理论界所引用的是：1931年9月5日联共（布）中央《关于小学和中学的决定》、1932年8月25日的《关于中小学教学大纲和作息制度的决定》、1936年7月4日《关于教育人民委员部系统中的儿童学曲解的决定》。第一个文件严厉批评苏联的学校没有给予学生充分的普通教育知识，没有培养通晓文字、掌握科学的基础，批判了“学校消亡论”和“设计教学法”。第二个文件是，建议教育人民委员部改订中小学的教学大纲，以保证儿童能真正掌握牢固的有系统的各种学科的基本知识、关于事实的知识以及正确说话、作文、演算数学习题的技能；同时确定中小学校中教学工作组织的基本形式是分班上课，有严格规定的日程表，教师必须负责地有系统和连贯地讲述他所教的科目。第三个文件是，批判儿童学的宿

---

① 凯洛夫：《教育学》（上册），沈颖等译，15页，北京，人民教育出版社，1953。

② 同上书，56页。

命论，把儿童天赋归结于生理上和社会上（家庭）的因素，从而把大多数工农子女列为“落后的”、“有缺陷的”一类儿童而被送入特殊学校，使他们受不到正常的教育。以上三个文件从不同的角度强调学生掌握系统知识的重要性。在他们的教育实践中强调儿童尽早学习分科知识。苏联小学阶段学习年限只有四年，五年级进入初中阶段，就开始分科学习。这种教育思想对我国教育影响非常深刻。我国建国以来也是一直强调要以系统的知识传授给学生，强调学生要掌握基础知识和基本技能。

强调教师的主导作用。凯洛夫认为：“教师本身是决定教学的培养效果之最重要的、有决定作用的因素。”虽然他也主张“学习是学生自觉地与积极地掌握知识的过程”，但是他又认为，“教学的内容、方法、组织之实施，除了经过教师，别无他法。”① 因而确定了教师在教学中的权威性、主导性。这一条被我国教育工作者牢牢地掌握，因为它与中国传统教育中的师道尊严是相一致的。

接受了凯洛夫教育学的整个理论体系。凯洛夫教育学的结构分四大部分：（1）总论。说明教育的本质、学校的目的和任务、儿童成长和发展的基本阶段及教育、国民教育体系；（2）教学论。教学过程、教学内容、教学原则、教学方法等；（3）教育理论。德育、体育和美育的任务、内容、方法和组织儿童集体、课外和校外活动、学校与家庭的合作组织问题；（4）学校行政和领导。我国几十年来编写的大部分《教育学》都没有摆脱这个四大块的体系。

从总体来讲，以凯洛夫教育学为代表的苏联教育学，力图以马克

① 凯洛夫：《教育学》（上册），沈颖等译，58～60页，北京，人民教育出版社，1953。

思主义的唯物辩证法作为教育学的哲学基础，批判地吸收了历史上哲学家、思想家和教育家的各种教育思想，形成了自己的所谓“苏维埃教育学”的理论体系。但从根本上来讲，这个体系实际上没有摆脱赫尔巴特理论的影响。它强调的是学科中心、课堂中心、教师中心，与杜威的实用主义教育思想是相对立的。苏维埃教育学的发展也是在30年代批判实用主义教育思想中建立起来的。在苏联教育学的影响下，我国也开始批判杜威的实用主义教育学。1950年10月《人民教育》第一卷第6期上发表了我国教育史学家曹孚的文章：《杜威批判引论》(第二卷第1期续完)。文章指出，要批判旧教育思想，首先应该批判杜威。要充分批判杜威，必须批判他的教育思想基础——哲学体系。文章对杜威的生长论、进步论、无定论、智慧论、知识论、经验论等一系列的哲学、教育思想进行了分析批判。1951年人民教育出版社汇集成册出版。1956年人教社又出版了陈元晖著的《实用主义教育学批判》一书。后来又发展到对陶行知“生活教育”、陈鹤琴“活教育”的批判。

三、苏联教育对我国教育实践的影响

在建国以后至改革开放以前，我国教育理论界不仅被苏联凯洛夫教育理论统治着，而且由于苏联专家的实地指导，苏联教育经验的广泛传播，我国的教育实际，包括教育工作者的教育观念、教育制度、教学内容和教学方法都按照苏联教育的模式加以改造。这种改造，不单是为了学习苏联，也是我国当时计划经济集中统一所需要的。我们扼其要者进行一些分析。

1. 仿效苏联的教育制度

1951年10月1日，政务院公布施行《关于改革学制的决定》。新学制原定小学为五年一贯制，入学年龄以7足岁为标准。这就是受苏联学制的影响。我国解放前的小学是6年制，分初小、高小两段，入学年龄为6岁。小学分段，不利于工农子女接受完全的初等教育，所以改为五年一贯制，但因为农村条件不成熟，五年一贯制未能实行。后来随着国家经济、文化建设的发展，小学就实行了六年一贯制。新学制中强调工人农民的干部学校、各种补习学校和训练班在学校系统中的地位。这既是继承了老解放区教育的传统，又借鉴了苏联的经验。苏联很重视干部的业余教育，特别是在革命初期，这种干部教育是十分必要的。早在学制改革以前，1950年4月3日我国第一所工农速成中学就在北京开学，至6月初，全国就开办了12所。这种类型的学校就是学习苏联高等学校中附设的工人系、农民系的做法而建成的。创建这类学校的原因是，工农干部在战争年代没有机会接受正规的学校教育；建国以后各条战线又非常需要工农干部，为了使他们能够接受高等教育，需要采取特别的方式，让他们快速地补习完成中等教育。苏联是采取在高等学校设立工人系、农民系的办法，实际上是大学的预科。我国则设立工农速成中学，性质和苏联的工人系、农民系是一样的。1958年，在中等学校中工农子女比例增加以后，这类学校即停办。

高等学校的院系调整是我国高等教育制度的大改革，也是在苏联高等教育体制影响下进行的。当然，院系调整不单是为了学习苏联，而是为了改变高等教育不适应新中国建设需要的状况，但调整的方向和调整的结果是苏联高等教育模式在中国的形成。这次院系调整，自1952年从京津开始，陆续在华东、西南、中南、东北及西北等大行政区展开，到1953年基本结束。这次调整的重点是整顿和加强综合大学，发展专门学院，首先是工业学院和师范学院；其次调整高等学校地区的布局。高等学校的类型，基本上仿效苏联高等学校的类型，分为综合大学（只设文、理两类学科）及专门学院（按工、农、医、师范、财经、政法、艺术、语言、体育等学科分别设置）。1953 年又进行了第二次院系调整，主要以中南行政区为重点。

院系调整的主要目的是改变高等教育不能适应新中国经济建设的需要。调整前我国高等教育的状况是：全国共有高等学校 211 所。其中综合大学（至少拥有 3 个学科门类的学院或学系）49 所，独立学院 91 所，专科学校 71 所。主要存在三个方面的问题：

学校类型结构不合理，学校内部科类设置不合理。表现在重文轻工，师范不足。在 211 所高校中，高等工业学校和高等工业专科学校共有 33 所，仅占全国高等学校总数的 15%；高等农林学校和高等农林专科学校共有 17 所，仅占全国高等学校总数的 8%；高等师范学校在建国初只有 12 所，1952 年增加到 32 所①。

学校规模太小，培养学生数量很少，不能满足经济建设人才的需求。1951 年高等学校在校学生共 153 402 人，平均每校 745 人。规模在 2000 人以上的学校是极少数，而各系招生规模多则几十人，少则不足 10 人。既不能适应国家建设对人才的需求，又造成教育资源的浪费。

学校地区结构布局不合理，多数院校分布在沿海地区和大城市，西部地区很少。

经过两次院系调整，全国高等学校减为 182 所，其中综合大学 14

---

① 参见郝维谦、龙正中主编的《高等教育史》。按《中国教育年鉴》(1949～1982) 和《中国教育成就》(统计资料 1949～1983) 统计：1951 年我国高等学校总数为 206 所，其中综合大学 47 所、工业院校 36 所、农业院校 15 所、师范院校 30 所。

所、高等工业学校39所、高等师范学校31所、高等农林学校29所、高等医药学校29所、高等政治学校4所、高等财经学校6所、高等艺术学校15所、高等语言学校8所、高等体育学校5所、少数民族高等学校2所。但地区分布不合理的状况未能解决。

高等学校的领导管理体制也参照苏联的模式进行改革：一是中央高等教育部对全国高等学校（军事学校除外）实行统一的领导。凡中央高等教育部所颁布的有关全国高等教育的建设计划、财务计划、财务制度、教学计划、教学大纲、生产实习规程以及其他重要法规、指示或命令，全国高等学校均应执行。二是高等学校的直接管理工作，由中央教育部和中央有关业务部门分别负责：综合大学、多科性工业学校，由高等教育部直接管理；单科性高等学校由中央有关业务部门管理；有些学校委托所在地的大区行政委员会或省、市、自治区人民政府管理①。

院系调整和仿效苏联教育模式的改革，使我国很快地改造了旧教育，建立起全新的教育制度，提高了高等教育的质量，为新中国的社会主义建设培养了大批专业人才。特别是一批专门的高等工业学校的成立，如地质学院、石油学院、矿业学院、钢铁学院、航空学院、邮电学院等的建立，填补了我国高等工业教育的空白，为我国工业化建设培养了大批专家；高等师范院校独立设置，保证了我国基础教育的发展。其历史功绩是不可磨灭的。但是，这次改革也带来许多后遗症。主要是：

第一，从高等教育的培养目标来说，苏联高等教育是培养高级专家，强调高等教育是专门教育。我国高等教育仿效苏联的模式，也强调培养专才，因而批判通才教育，把通才教育说成是资产阶级的，是

---

① 郝维谦、龙正中：《高等教育史》，海口，海南出版社，2000。

理论脱离实际的教育。在高等教育的专业设置上求专求细，使得我国高等学校的毕业生知识面过窄，不能适应新科技发展的形势。

第二，造成高等学校分工过细，理工分家的局面。综合大学变成文理大学，失去了综合的优势；单科学院学科太单一，特别是一些工科院校，缺乏基础理科的支撑，不利于发展新兴学科和交叉学科，更缺乏人文精神的熏陶。这些缺点在80年代以后暴露得越来越明显。

第三，强调高度的集中统一，人才培养只有一种模式，过于呆板划一。全国实行统一的专业设置、统一的教学计划、统一的教学大纲、统一的教材、统一的教学管理。不照顾地方特点，学校办学没有主动权。这种“大一统”的培养模式，使得学术思想僵化，妨碍了学生的学习性和创造性的发挥，不利于优秀人才的培养。

第四，通过院系调整，拆散了几所知名大学，分散了学术力量和教师队伍，为我国创办世界一流大学造成了困难。

第五，全国对高等学校没有统一的管理领导。高教部只管理少数部属院校，大多数学校由中央各业务部委管理，形成条块分割的局面。这种情况到1999年以后的高等教育的体制改革才得以改变。

2. 采用苏联的教学模式和教学方法

建国初期我国的教育不仅仿效苏联的教育制度，而且学习和采用他们的教材、教学模式和教学方法。1952年11月12日，教育部发出指示，要求各高等学校制订编译苏联教材的计划。指示要求首先翻译苏联高等学校一、二年级基础课的教材及某些必要并有条件解决的专业课教材，而后再逐步翻译其他各种课的教材。为组织全国各高等学校及有关人力，有步骤、有计划地进行这一工作，教育部于同年11月27日又发出《关于翻译苏联高等学校教材的暂行规定》，规定各校的翻译计划。译稿经教材编审委员会审查批准后，以“教育部推荐高等学校教材试用本”的名义出版①。可见，建国初期，我国高等学校使用的教材基本上是苏联的。

高等学校建立教研室，中小学教研组制度也是来自苏联。这是学校的教学基层单位。高等学校的教研室以专业为单位，所有教师都按照自己的专业被分配到相应的教研室，他们共同备课，讨论本专业的学术问题，编写教材。中小学教研组以学科为单位，教师以所授学科为依据，分别列入相应的教研组，共同备课，互相听课，集体参加学校的各种活动。这种组织，有利于发挥教师的集体作用，保证教学质量，特别是能发挥老教师指导帮助青年教师的作用。但也有一些消极的作用，即助长有些教师的依赖心理，同时有时会抑制教师的创造性。这种教学组织形式，至今还在我国各级各类学校中采用。

课堂教学除教师讲课外，引进了习明纳尔的制度。习明纳尔(Seminar)，又译课堂讨论，其实并非苏联高等学校独有的教学形式，早就在西方大学中应用，即小组讨论的方式，至今在西方大学中仍很流行。但建国初期作为苏联的教学经验被引进我国高等学校。习明纳尔是一种师生互动，同学交流，共同讨论，互相启发的一种教学形式。西方大学教学非常重视这种形式，例如在德国的大学里，教师的讲课可以不听，但课堂讨论是必须参加的，如果缺课太多，将来就不允许参加考试。我曾在法国巴黎第八大学讲学，听过他们多节讲课，他们每一节课是150分钟，但老师一般只讲半个小时，其余的时间都是讨论。我在苏联学习时也是每门课都有习明纳尔。到高年级最多一学期每周有6次习明纳尔。在课堂讨论之前，要根据老师布置的作业

① 《中华人民共和国教育大事纪（1949～1982)》，68页，北京，教育科学出版社，1984。

认真阅读参考文献，写好发言提纲。通过准备阅读原著和其他文献，通过讨论对课程内容的理解会深刻得多，而且会从同学的发言中，老师的点拨中学到个人阅读没有掌握的知识。可惜我国在引进这种教学方式时，未能理解它的实质和优点，未能坚持下来。我回国教学时发现我国的学生害怕习明纳尔，每周设置一二次习明纳尔，学生就叫喊负担过重。不久习明纳尔的教学方式就在中国的高等学校中消失了。究其原因，不能不说与我国的传统教育有关。中国的传统教育就是教师“传道、授业、解惑”，在教学过程中没有学生的地位，学习就是接受现存的经典，无需讨论。

学年制、“三层楼”的课程结构、毕业论文、毕业设计也是从苏联引进的教学方式。苏联对高等教育的定位是培养高级专门人才，反对通才教育。因此高等教育的学制较长，一般都需修业五年，工科院校五年半至六年。课程设置分基础课、专业基础课、专业课三个层次，所以我国俗称它为“三层楼”。基础课中特别强调政治理论课，必须学习联共（布）党史、政治经济学、辩证唯物主义、历史唯物主义这几门课程。所有课程都是必修课，不设选修课，实行学年制。毕业要求也较高，文理科需做毕业论文，工科需完成毕业设计，并通过国家考试合格，方能毕业。平时文理科需写学年论文，工科则作课程设计，教学要求极为严格。本科毕业生不设学位，只有专业人员的称谓。这种制度，在我国学位制度建立之前，也一直沿用着。

中小学学习苏联的教学经验更为彻底。根据苏联的经验，中小学实行统一的教学计划、统一的教学大纲、统一的教材。这些都作为国家的文件，学校和教师无权更改。这种统一集中的领导，不仅抹杀了我国各地教育发展水平的不均衡性，而且使学校建设成为千人一面，办不出特色，学生的个性也得不到发展。

在教学方法上，不仅引进了凯洛夫主编的《教育学》中的五段教学法，而且由苏联专家亲自指导。其中最有名的就是所谓“红领巾”教学法。1953年，北京师范大学中文系学生到北京女六中进行教育实习，讲授《红领巾》一课。苏联专家普希金听了这堂课以后进行评议，提出上好一堂课的要求。《人民教育》7月号为此发表短评，认为普希金在评议会上的总结发言是“给我们指出了一个改进语文教学的方向”。从此“红领巾”教学法传遍全国，对我国中小学教学，不仅是语文教学，产生了深远的影响。这种教学法规范了课堂教学的要求，有利于学生掌握系统的基础知识和基本技能。但也产生了一些消极影响，即把课堂教学程式化、僵化，不利于教师发挥创造性，学生发挥主动性。

四、苏联教育的批判和苏联教育经验的本土化

苏联教育的影响在我国是十分深远的。20世纪50年代末60年代初中苏关系恶化，中国内部就开始批判苏联修正主义，教育界也不例外。1958年就对凯洛夫教育学进行内部批判，批判它不要教育与生产劳动相结合，不要教育为无产阶级政治服务，不要党的领导，还批判它是书本中心、课堂中心、教师中心等。1960年3月7日至12日，5月16日至21日，中央文教小组召开各省市委文教书记会议，中共中央宣传部长陆定一在会上提出，要在哲学、社会科学和文艺方面批判修正主义，挖18和19世纪资产阶级学术思想的“老祖坟”，并在教育战线进行教育革命。于是教育界也展开了对苏联修正主义教育思想的批判，矛头当然首先集中在凯洛夫主编的《教育学》。到60年代中期，这种批判开始半公开化。例如《人民教育》于1964年第6期上，发表了《社会主义教育学中的一个重要问题》、《资产阶级教育观点必须批判》等文章；1965年第2期上刊登了《冒牌的马克思主义教

学论》，第3期上刊登了《“智育第一”的思想必须批判》等文章①，认为凯洛夫教育学是修正主义的，集中到一点，就是凯洛夫主张“智育第一”，政治思想教育也是通过教学来进行。同时把凯洛夫教育学与赫鲁晓夫提出的“全民教育”“全民党”联系起来，认为苏联教育否定教育的阶级性，所以苏联教育是彻头彻尾的修正主义教育。为了挖17、18世纪的“老祖坟”，还批判了人道主义、母爱教育、量力性和系统性教学原则等。这种批判一直延续到“文革”结束。

对苏联教育的批判是猛烈的，但并未切中要害，因此也是无力的。苏联教育的基本观念、教育制度、教学模式以至教学方法已经被全盘接过来，而且有所发展，并未因对苏联教育的批判而有所改变。相反，把全盘接受过来的东西当做自己的传统，完成了苏联教育经验的本土化。这似乎是矛盾的、奇怪的现象。但是如果仔细分析，这种现象并不奇怪。

第一，意识形态是一致的。虽然我们认为苏联是修正主义国家，但从意识形态来讲，苏联奉行的也是马克思列宁主义、社会主义。就拿高等学校的政治理论课来讲，不论是中国还是苏联，都把它放在重要的位置。这两个国家都强调党对学校的领导。直到苏联解体之前，苏联政府提出高等学校中立，所谓“非政治化、非政党化、非意识形态化”，此后不久苏联也就解体了。由于意识形态的一致，苏联的教育经验很容易被我们所接受。

第二，两国都是中央集权的国家。国家统一领导教育事业，处处强调集中统一。教育决策都是行政化，缺乏科学的民主的咨询机构和决策机构。全国统一的专业、一套教学计划、一套教学大纲、一套教

① 瞿葆奎：《中国教育学百年》（中），载《教育研究》，1999年第1期。

材，认为是理所当然的事。教研室（组）的组织，也符合把教师组织起来，“党支部建在连队”的原则，便于管理和领导。

第三，都是计划经济。我国教育体制是在长期计划经济体制下学习苏联教育的经验而形成的。50年代的院系调整，狭窄的专业设置，千校一面、万人一面都是计划经济的产物。所以苏联一套计划经济的教育体制我们很快就能接受和适应。

苏联教育理论并非是苏联独创的。前面我们已经讲到，凯洛夫教育理论体系实际上是赫尔巴特教育理论的翻版。中国解放前自接受西方教育思想以后，一直受到赫尔巴特教育思想的影响。所以学习苏联教育理论，在刚开始的时候，一部分知识分子尚有抵触，后来一看，和原来的一套也没有什么两样，因此很容易就接受下来。

苏联的教育经验与我们的文化传统有相似之处。例如，我国传统的经典文化和科举制度重视集中统一，重视书本知识，重视基本知识、接受学习，这和苏联教育强调系统知识、基本知识、基本技能极相似。又如，苏联强调的教师主导作用和我国的师道尊严可说是一脉相通。所以苏联教育经验很容易就融合于我国的教育传统之中。这里也正好说明一点，即凡是与我国传统文化相接近的，我们就容易吸收和融合，凡是与我国传统文化差异较大的，就难以吸引，例如习明纳尔（课堂讨论）的制度，本来是西方大学惯用的，能够启发学生独立思考，师生互相讨论的教学形式，但在我国就行不通。

因此，今天我国的教育，虽然在改革开放以后进行了多次改革，但苏联教育的影子仍然随处可见，就不足为奇了。可以这样说，中国现在的教育传统，除了继承了中国传统文化的内核外，还融入了苏联教育的传统。

世界高等教育发展的基本趋势和经验*

一、世界高等教育发展的国际背景

高等教育近几十年来发生了巨大的变化。这要追溯到20世纪中叶第二次世界大战以来的世界政治、经济、科技、社会的巨大变革。这半个世纪的最大变化莫过于科学技术的加速发展和经济的全球化，并由此引起的社会变革，从而影响到高等教育发展的进程。

半个世纪以来，科学技术有了迅猛的发展。前中科院院士卢嘉锡曾在1995年对战后50年的科技发展作过一个概述。他说，概括起来，当代科学技术的发展具有如下特色：（1）在发展速度和发展过程上具有加速发展和急剧变革的特点；（2）既高度分化又高度综合而以高度综合为主的整体化趋势；（3）科学技术转化为生产力的速度越来越快。他列举战后50年现代科学技术经历了5次伟大的革

* 原载《北京师范大学学报（社会科学版）》，2006年第5期。

命，每10年一次①。科学技术这样迅速的发展是历史上空前的，给人类的认识带来了重大影响。

新的科学技术革命把人类带入了一个新的时代，即知识经济的时代。知识经济时代的特征不仅是知识成为发展经济的主要要素，而且带来了经济的全球化和社会的各种变革。而最大的变革是人们价值观的变化。知识经济使人们看到了人的价值、知识的价值。知识经济使人们认识到，人不是简单的创造资本的工具，人是社会的主人，人的发展、人类的发展是第一位的，人的创造，经济的发展，归根到底是为了人类自身的发展。

知识经济时代对教育也有了进一步的认识。教育的本质是育人，是提高人的素质。教育确实离不开一定社会的政治和经济，离不开社会的发展。但教育不是消极被动地适应社会政治经济的发展，教育要促进社会的进步和发展，最终目的也是促进人类自身的全面发展。

科学技术的发展带来了经济的全球化，同时影响到文化的全球化、教育的全球化。

全球化一词没有统一的定义。主要是指人类的活动跨越大陆和地区，突破了地域和民族国家的局限，形成了全球广泛的交往与联系。全球化的实质是全球的现代化。全球化与现代化是一致的，现代化必然要导致全球化。现代化发轫于西方，因此，有人把现代化等同于西方化。再加上西方列强的强势经济和文化，人们往往认为全球化就是西方化，就是发达国家对发展中国家的再殖民。因此有人排斥全球化，反对全球化。但是，现代化是人类生产力发展的必然结果，人们

① 《当代科学技术发展与教学改革》，1～12页，北京，高等教育出版社，1995。

无法回避它、排斥它。同时，现代化并非是西方发达国家的专利品，发展中国家也必然要走向现代化，而所走的道路应该与西方国家不尽相同，必须结合本国的特点，走自己现代化的道路。所以，全球化也是无法回避的，我们只能更好地利用它，为本国的现代化发展服务。

全球化首先表现在经济领域。跨国生产、跨国消费、全球范围内的金融流动、集装箱运输、卫星通讯等使得各国经济互相依赖，任何国家都不能孤立地生存和发展。

经济的全球化又带来了文化的全球化、教育的全球化。关于文化的全球化和教育的全球化，过去我们讳莫如深，不敢承认它，我过去也一再反对提文化的全球化和教育的全球化，只提文化的国际化、教育的国际化。但是仔细思考一下，觉得国际化无非是全球化的表现形式，文化教育也避免不了全球化，也即文化教育全球交流、跨境合作。当然，这里说的全球化并非全球文化教育趋同一致，或者像经济那样一体化。文化、教育的全球化是指文化教育的国际交流与合作，达到相互理解、相互学习的目的。当然其中充满着矛盾和冲突。

教育的全球化主要表现在教育的国际化。教育是上层建筑的一部分，它受一定国家的政治经济的制约。教育不可能实现全球一体化。但教育发展又有育人的自身规律，特别是在教育制度、教育内容和方法上是有共性的，是可以互相学习和借鉴的。这种学习和借鉴就是通过教育的国际化来实现的。

二、世界高等教育发展的基本趋势

20世纪后半叶世界高等教育就是在上述科学技术的发展和全球化的背景下发展起来的。具有下列一些基本趋势和特点：

1. 高等教育的民主化、大众化、普及化

20世纪六七十年代，一方面由于科学技术的发展引起的生产转型和发展需要大批掌握科学技术的人才，另一方面社会的民主运动促进教育的民主化，使高等教育迅速发展，使发达国家高等教育进入大众化的阶段（见表1）。

表1　几个国家高等教育发展的情况（毛入学率%）

国家＼年代	1965	1975	1985	1995
美国	40	57	58	81
英国	12	19	22	50
法国	14	25	30	51
德国	9	25	30	44
日本	13	25	29	41
韩国	6	10	34	52

资料来源：世界银行、联合国教科文组织：《发展中国家的高等教育：危机与出路》，教育科学出版社，2001年版。

从表1可以看出：1965年到1995年，工业发达国家的高等教育已经从英才教育发展到大众教育、普及教育。六七十年代的高等教育大发展得到了人力资本理论的有力支撑。1961年由美国经济学家舒尔茨、丹尼森等人提出的人力资本理论认为，教育不应仅仅看做是一项消费，而应看做是生产性投资。他们用计量的方法得出，美国1930年至1960年间国民生产总值的23%不能用物质资本的投入来说明，应归功于教育水平的提高。

高等教育的大众化引起了高等教育的新变化。20世纪70年代，西方一些学者提出，高等教育可按其总体规模的发展依次分为英才高

等教育、大众高等教育、普及高等教育三个阶段。高等教育入学人数低于适龄人口15%时，属英才高等教育阶段，15%～50%时为大众高等教育阶段，超过50%时为普及高等教育阶段。但是高等教育这几个阶段的划分不只是一个数量的概念。美国学者马丁·特罗指出，高等教育进入大众化阶段以后，高等教育的观念、教学内容与形式、学术标准、管理与决策及高等学校的功能、模式、招生和聘任教师的政策和办法等方面，都会发生质的变化。高等教育的大众化首先表现在高等教育层次的多样化。20世纪60年代在欧洲出现了许多短期技术学院，美国的社区学院和日本的短期大学也是在这个年代得到了极大的发展。这不是偶然的，这反映了经济转型时期对技术人才的需求，同时也是高等教育得以迅速发展为大众教育的原因。如果只是传统大学的扩大，不仅无法满足大众求学的要求，而且不能适应社会经济发展的需要。高等教育的大众化改变了高等学校的职能和办学模式。新建的大学不能再模仿传统大学那样重研究轻教学、重理论轻技术，而是要更多地与社会、与企业联系，培养经济和社会发展的应用性人才。我国现在的经济发展正处于发达国家七八十年代的水平，正在经济转型时期，我国高等教育的发展也已经进入大众化阶段，因此，发达国家高等教育发展的经验值得我们认真研究和借鉴。新发展的高等学校切不可盲目向传统大学攀比，要走自己发展的路。

2. 高等教育的终身化

终身教育的概念始于20世纪20年代，流行于60年代。终身教育主张教育应该贯穿于人的一生中各个阶段，教育包括正规教育和非正规教育、正式教育和非正式教育。终身教育认为，教育已不再是某些杰出人才的特权或某一种特定年龄的规定活动，教育正在向着包括整个社会和个人终身的方向发展①。

终身教育改变了人们对教育的认识。终身教育思想对高等教育的发展产生了重大影响。高等教育不再是少数人享受的一次性教育，高等教育应该纳入到终身教育体系，为需要学习的人提供继续学习、不断学习的机会。正如《学会生存》中所讲到的："最初，终身教育只不过是应用于一种较旧的教育实践即成人教育（并不是指夜校）的一个新术语。后来，逐步地把这种教育思想应用于职业教育，随后又涉及整个教育活动范围内发展个性的各方面，即智力的、情绪的、美感的、社会的和政治的修养。最后，到现在，终身教育这个概念，从个人和社会的观点来看，已经包括整个教育过程了。"②

高等教育已经成为终身教育体系中的一个重要环节。高等教育不再是只为特定年龄段（18～25 岁）的人提供学历教育，高等教育为所有年龄的人服务，提供各种培训计划，提供正规的、非正规的各种课程。

3. 高等教育的信息化

20 世纪 90 年代，随着信息技术的发展，世界进入信息化时代。以国际互联网为标志的信息革命席卷全世界，深刻地改变着人类社会的生产、生活和思维方式。现代信息技术彻底改变了知识的创造、收集、储存、传播的方式。信息技术和互联网的发展对教育产生了深刻的影响，使教育的观念、内容、方法、结构发生了革命性的变化。许多国家从 90 年代初期就开始重视教育的信息化。美国于 1993 年就提

---

① 联合国教科文组织：《学会生存——教育世界的今天和明天》，华东师范大学比较教育研究所译，1～16 页，北京，教育科学出版社，1996。

② 同上书，180 页。

出，要把教育广泛构架在因特网上，使信息高速公路通向每一所学校、教室和图书馆，使美国每一个 8 岁儿童都能够独立阅读网上信息，12 岁能借助网络学习。英国、法国、芬兰、日本、韩国、新加坡都纷纷制订规划，加快发展教育信息化。我国 1999 年国务院在批转教育部《面向 21 世纪教育振兴行动计划》中，把“实施现代化远程教育工程”、形成开放式教育网络、构建终身学习体系作为重要内容。几年来，信息技术已经在全国高等学校普及。

多媒体与网络技术为高等教育的发展注入了新的活力，通过远程教育可以把优质教育资源传播到世界每一个角落，最大限度地实现全球教育资源共享。

4. 高等教育的国际化

高等教育国际化是教育全球化的主要表现形式。高等学校本质上是一种国际机构。现代高等学校都源自欧洲中世纪的大学，虽然各国高等学校都各具特色，但基本形态没有根本性的变化。20 世纪 80 年代以来，高等教育国际化已经成为世界高等教育发展的重要趋势。信息技术的发展又进一步促进了高等教育的国际化。

高等教育国际化的主要特征是开放性。对高等教育国际化有种种理解，但主要是通过人员的国际交往、信息交流、国际技术援助和合作，吸收、借鉴世界各国高等教育办学理念和办学模式，从而达到提高人才培养质量，推动本国高等教育现代化进程，实现人类相互理解和尊重的目的。

高等教育国际化的内容十分丰富，包括教育观念的国际化、教育制度与管理模式的国际化、教育内容（专业与课程设置）的国际化、教学与研究的国际化、人员（教师与学生）的国际交往、WTO 规定的国际教育服务等。克拉克·克尔把学习的国际化划分为四个组成部分：(1) 新知识流动；(2) 学者的流动；(3) 学生的流动；(4) 课程的内容①。

高等教育国际化的过程中正遇到普遍主义与民族主义的矛盾和冲突。高等学校本质上是国际机构，但又都植根于民族国家的土壤中，有着各自的民族特色。正如美国学者菲利普·阿特巴赫所说的，“大学是一个具有坚固的民族根基的国际机构”②。但是随着高等教育国际化的进展，各国高等教育又出现一种趋同倾向。与此同时，民族主义的情绪却越来越高涨，各国都把高等教育作为经济竞争和军事竞争的工具，强调培养人才对国家安全的重要，实施人才强国战略。克尔说：“今天，世界很多国家的高等教育，正在既受到不断增长的学习的普及（普，疑是普字之误——作者）化的拉力，又受到不断增长的国家化的拉力。”③ 他认为，当前推动全世界高等教育机构有两个“运动规律”，一是学习的进一步国际化；二是独立的民族国家在有意识地为了它们自己的目的强化使用这些机构的兴趣。这些观点说明，高等教育国际化过程中遇到民族化、本土化的抵制。其实，国际化本身就包含着民族化。如果所有国家的高等教育都是一个模样，也就无所谓国际交流，无所谓国际化。因此，高等教育国际化进程中总会保持着国际化与民族化的张力。

从总体上看，高等教育的国际化是不可回避的。欧洲“波洛尼亚

---

① 克拉克·克尔：《高等教育不能回避历史——21世纪的问题》，王承绪译，15页，杭州：浙江教育出版社，2001。

② 阿特巴赫：《比较高等教育：知识、大学与发展》，人民教育出版社教育室译，2页，北京，人民教育出版社，2001。

③ 克拉克·克尔：《高等教育不能回避历史——21世纪的问题》，王承绪译，1页，杭州：浙江教育出版社，2001。

进程”反映了欧洲高等教育的国际化、一体化的要求。

欧盟成立以后，一直想在欧洲建立统一的欧洲高等教育区。1999年6月19日，欧洲29个国家的教育部长在意大利波洛尼亚城，也即中世纪最早的大学波洛尼亚大学所在地，签订了《波洛尼亚宣言》，提出到2010年欧洲高等教育国际化要达到如下具体目标：(1) 建立欧洲高等教育区；(2) 欧洲各国相互承认学位；(3) 各国形成由本科和研究生（硕士）两级层次构成的教育制度；(4) 建立学分互换制度；(5) 加强在质量领域的合作以及促进欧洲各国高等教育交流与合作，实现相对统一的欧洲区域高等教育制度。2001年5月19日，33个欧洲国家教育部长又在布拉格召开圆桌会议，更加明确了实现欧洲高等教育区的目标，进一步扩展了行动纲领，将终身学习、高等教育机构和学生参与、增强欧洲高等教育区的吸引力等纳入到高等教育区目标之中。2003年9月18日欧洲教育部长再次聚集在柏林召开第三次圆桌会议，制定了三项优先行动计划：(1) 建立有效的质量保证体系；(2) 推动两级教育体制的有效执行；(3) 改善学位和学习年限的认可制度。欧洲“波洛尼亚进程”得到大多数高等学校认可，并正在积极推进之中。

但是“波洛尼亚进程”并非一帆风顺。虽然欧洲各国都拥护引进英国式的学士和硕士两级学位制度，但也受到一些国家传统教育的反对和抵制。例如有些德国学者就认为，欧洲大学一直存在两种模式：一种是以德国为主的教学与科研相结合的多功能型模式；另一种是以英国为主的以知识传授为主的模式。如果引进只有三年的学士制度，那么德国大学至今坚持的概念就要放弃。俄罗斯莫斯科大学校长萨多夫尼奇也认为，波洛尼亚进程要求的第一阶段三年的基础高等教育，相对于俄国11年的中等教育来说实在太短，不足以进行良好的通识教育和培养专业人员。他强调从德国洪堡大学沿袭而来的传统是非常正确的，专业教育不应该太早开始，否则学生将来的发展会受到限制。不少学者还担心，进程提出的第一阶段学位要与劳动力市场相联系，大学教育水平会因此而降低，学术能力无法传承①。欧洲高等教育的一体化与民族化之间的融合和冲突恐怕还会延续下去。

三、世界高等学校改革的基本动向

随着科学技术的发展而引起的社会变革和全球化的推进，高等学校的功能、培养模式也在发生重大的变化。从总体上看，大致有如下一些趋势：

1. 高等学校把与社会的紧密联系，与企业的合作作为学校的生长点

传统大学虽然经过几百年的发展，具备了教学、科研和服务三大职能，但是长期以来它们总是坚守自己的学术堡垒，我行我素。可是到了20世纪七八十年代，这种情况有了很大的改变。它们再也不能“躲进小楼成一统”，必须积极寻求与企业的合作才能得到发展。一方面，科学技术的快速发展把高等学校推到新的科技革命的前沿，承担国家科技创新体系的主力军的任务；另一方面国家支撑的教育经费却在不断地减少，使大学处于困难的境地。正如伯顿·克拉克所指出的“在20世纪最后25年间全球大学的困难有增无减”，“经济和社会中以知识为基础的企事业创造了一个日益扩张和迅速变化的专业劳动力市场，指望大学提供合格的毕业生。政府指望大学在解决经济和社会问题方面为社会做更多的事情，但是同时它们在财政资助方面出尔反

---

① 张超：《迈向欧洲高等教育区》，载《国际高等教育研究》，2006年第2期。

尔，成为不可信赖的资助者。”[①] 英国 1979 年保守党（撒切尔）执政，1981 年即实行第一轮大量削减教育预算，在大学系统，三年内大约削减了 17%，而且允许大学拨款委员会在分配经费时有区别地削减，削减程度 20%～30%不等[②]。这种形势迫使大学转型，扔掉“反商业”的观点，积极与企业联系，开拓财源，同时拓展大学的教学和研究领域，促进了大学的发展。

伯顿·克拉克把 20 世纪七八十年代称为大学转型时期。他创造了一个概念，叫创业型大学。他说：“这个概念还带有‘事业’的含义——即在需要很多特殊活动和精力的建校工作中的执著的努力。在创建新的事业而结果还拿不准的时候敢于冒风险是一个重要的因素。一所创业型的大学，凭它自己的力量，积极地探索在如何干好它的事业中创新。”[③] 他研究了欧洲五所创业型大学，详细介绍它们是怎样转型和发展的，并总结出了五条转型的途径，或者说转型必须具备的五个条件，它们是：(1) 强有力的驾驭核心，即我们通常说的强有力的领导核心；(2) 拓宽的发展外围，即超越传统院系的各种与校外组织联系的单位；(3) 多元化的资助基地；(4) 激活的学术心脏地带，即我们通常说的学校的重点学科；(5) 整合的创业文化。我们可以看看该书的第一个案例，英国的沃里克大学。沃里克大学是 20 世纪 60 年代新建立的英国七所新大学之一。在思想十分保守的英国，一所新大学要想得到传统大学的认可，“提升”到正规大学的地位是很不容易的。但是，沃里克大学却只用了短短 30 年的时间，在它建校 30 周

① 克拉克：《建立创业型大学：组织上转型的途径》，王承绪译，1 页，北京，人民教育出版社，2003。

② 同上书，15 页。

③ 同上书，2 页。

年时，就被国家基金委员会评为“英国第五所最佳研究型大学”①。他们的主要经验是敢于冒险，敢于创新。这所大学在初创的前十年，主要是奠定了一个学术基地，同时重视与工业的联系。70年代，该大学扔掉了反商业的态度，采取更加向外看的观点，树立节约的理念、创收的理念，实行“省一半、赚一半的政策”，开始发展外围，先后建立了沃里克制造业集团、工商管理硕士和行政官员训练课程、会议中心、沃里克科学园区等单位，创收大量资金，同时学科得到很大发展。到1995年沃里克大学的全日制学生已达1.3万余人，能够自称处于英国十所最佳大学之列，成为“英国最受人欢迎的大学之一”。

英国的大学如此，其他国家的大学也在20世纪七八十年代加强了与工业的联系。法国1989年的《高等教育法》强调大学既是发明创造的基地，又是工业和经济发展的动力机，要重视把科研转变为生产力，政府鼓励大学面向社会，通过提供科技咨询、科研合同、技术培训，灵活而及时地满足工业界的需要。

美国高等学校一向有为社会服务的传统。战后受到苏联成功发射第一颗人造卫星的冲击，政府加强了对大学的科研投入，但大学与工业界的联系却少了。到了80年代，发现工业界许多技术被日本和德国超过了，经过反思，重新认识到工业界应与大学合作。1986年春，美国白宫科学委员会提出了《重建伙伴关系》的报告，指出美国社会的兴旺与大学的兴旺紧密相关，要重建大学与工业界的相互关系，要采取广泛的跨学科方法，把重点放在建立以大学为基础的交叉学科研

① 克拉克：《建立创业型大学：组织上转型的途径》，王承绪译，37页，北京，人民教育出版社，2003。

究中心上。在这个思想推动下，国家基金会在大学建立了一批工程研究中心（ERC）。

高等学校固然越来越离不开与工业界的联系，但是高等学校不能忘记自己的使命。高等学校最重要的使命是创造知识，培养人才。高等学校与工业界的联系也因为可以通过与工业界的合作，推动高等学校的科学研究，更有利于培养人才。当然同时也可以获得资金，使学校得以持续发展。但是正如牛津大学校长科林·卢卡斯所说的“大学与产业之间的关系是一个特别复杂的问题。大学领导者需要认识到这二者之间的文化差异……工业界更关心硬产品，缺乏长远眼光。各种水平的大学科研人员更关心问题的复杂性，并且往往预测不到问题会通向哪里。于是，不能简单地给他们定一些短期截止的期限。”① 大学要给教学和科研人员充足的时间、宽松的环境。

2. 把提高学生的参与、探究、创造能力作为高等学校最主要的任务

高等学校的传统就是传授高深的知识，但是科学技术加速发展，知识不断更新，使得传授知识已经不那么重要，更重要的是培养学生获取知识、创造知识的能力。这里当然不是说知识不重要，而是说如何才能获取更多的知识。近几十年来世界各国的高等学校无不重新思考这个问题。哈佛大学名誉校长陆登庭 2002 年在北京中外大学校长论坛上说：“哈佛大学的教学从以知识‘传授’（Transmission）为基础，转变为教师指导下的学生‘自我教育’（Self-education）。虽然这是一个简化，但是它却抓住了事物的本质。”又说：“大学的主要努力

① 科林·卢卡斯：《21 世纪的大学》，见《中外大学校长论坛文集》，84 页，北京，高等教育出版社，2002。

方向就是使他们能够成为参与发现、理解和创新知识或形成新思想的人。”①

哈佛大学前校长博克认为，大学共同的教育目标是：获得广博的知识，在深度上擅长一个专门领域；在广度上了解几个不同学科，掌握准确交流的能力和方法，至少精通一门外语，具有清晰思维和批判思维能力，熟悉主要的调查方法和思考方式，运用这些方式掌握获得知识的能力和理解大自然、社会和本人的能力；具有理解不同价值观念、不同制度下其他文化的能力；确立永久的智力兴趣和文化趋向，具有自知之明的能力；选择未来生活和职业生涯，具有与各种人相处的能力②。这里说得非常全面了。要培养学生这许多能力就不是靠教师的讲授和指导所能做到的。重要的是要让学生直接参与到教学和科研中，亲身体验。特别像选择未来生活和职业生涯的能力、与各种人相处的能力等，都不是在课堂里就能培养起来的，需要让学生参与到社会生活中去，到团队的生活中去。

学生的参与不仅对培养学生的能力和学生的自我发展极为重要，就是对科学发展也很重要。不要看轻学生的力量，学生朝气蓬勃，有初生牛犊不怕虎的精神，他们的参与，对科技创新会作出不可预料的贡献。斯坦福大学校长杰拉德·卡斯帕尔特别重视这一点。他在北京中外大学校长论坛上说：“我不知道应该再如何强调这一点的重要性。从长远来看，任何领域的学术和科学如果没有学生尽早的积极的参与都不可能繁荣。”他还说：“学生，特别是研究生通过密切参与大学的

① 陆登庭：《一流大学的特征及成功的领导与管理要素：哈佛的经验》，见《中外大学校长论坛文集》，19页，北京，高等教育出版社，2002。

② 王斌华：《能力培养——八十年代美国本科生教育的改革方向》，载《外国教育资料》，1991年第1期。

研究活动，能够发展起对于科学基本问题的认识和理解，培养其开放的心智和浓厚的兴趣。这会使他们将最新知识转化为创新活动。”①

3. 拓宽专业，整合课程，改革培养模式

为了适应科学技术的加速发展和高等教育培养目标的新要求，高等教育的专业设置、课程计划和培养模式就要相应发生变化。变化的趋势就是拓宽专业面，重视基础知识，使学生有宽厚的知识、广阔的视野。就拿最具有专业性的工程教育来说，90 年代以来普遍重视工程教育的基础。1994 年至 1995 年美国国家研究委员会（NRC）、美国工程教育协会（ASES）和国家科学基金会（NSF）等组织相继发表研究报告，提出要建立一个与旧的模式不同的新的工程教育模式。报告指出，1950 年以前美国工程教育以应用手册和公式为主，强调工程实践；50 年代以后 40 年，工程教育强调工程科学，强调对现象的基本理解，忽视工程实践和工程设计。近年来，美国对工程教育的未来发展有了新的认识，认为未来工程教育既不是“狭隘于技术”和“技术上的狭窄”，也不是“唯科学独尊”的工程教育，它将在提供宽广通识教育的基础上，着重强调小组工作、交流、设计及终身学习。国家科学基金会和国家研究委员会报告把未来工程教育描绘成：

（1）提供宽广的通识教育，以适应工程所必需的多样化和广泛性；

（2）为进入工程市场和非工程市场的职业及未来的深入学习作准备；

（3）发展终身学习的动力、能力知识和基础；

---

① 杰拉德·卡斯帕尔：《成功的研究密集型大学必备的四种特性》，见《中外大学校长论坛文集》，108 页，北京，高等教育出版社，2002。

(4) 提供一种鼓励老师争取教学和研究双优的学术环境;

(5) 教会公众鉴赏工程的价值和工程教育的价值①。

工程教育如此,其他专业也同样存在上述的改革。

拓宽知识面,就涉及课程改革。基本的趋势就是突出通识教育的重要性。所谓通识教育,是指不论哪一个专业的学生都需要学习的那种教育,是为培养独立人格和个人生活能力作准备,使他作为一个公民和文化的继承者能与其他社会公民共同相处的那种教育。同时,科学技术加速发展,未来的技术难以预测,只能打好基础,以不变应万变,才有利于学生将来的发展。正如美国高质量高等教育研究小组 1984 年的报告《投身学习:发挥美国高等教育的潜力》中所指出的:"谁也不能确切地知道,新技术将会怎样影响我们未来劳动力所要求的技能和知识。因此,我们的结论是:为未来的最好的准备,不是为某一具体职业而进行面窄的训练,而是使学生能够适应不断变化的世界的一种教育。"②

哈佛大学 1945 年就曾提出过"普通教育"的报告书,1978 年又发表了"通识教育核心课程计划"。报告书所建议的课程包括:全体学生必修的文学名著、西方思想和制度、物理科学或生命科学导论课以及属于人文科学、社会科学、自然科学的其他课程各一门。1978 年的课程计划建议学生修习说明文写作、数学推理及其应用、非西方文明与文化、政治与道德哲学、现代社会五方面的课程,并学习物理科学、生物科学(或两者结合)和一年西方艺术、文学、思想方面的

① 顾建民、王谛民:《美国工程教育改革新动向》,载《比较教育研究》,1996 年第 6 期。

② 国家教育发展研究中心:《发达国家教育改革的动向和趋势》(第 1 集),62 页,北京,人民教育出版社,1986。

课程。

美国卡内基教学促进基金会前主席博耶认为，“学生学习的核心课程与他们的生活之间和他们正在继承的世界之间需要有更多的一致性。有必要使学生跳出他们孤立的个人兴趣圈子并使他们掌握更全面地看待知识、更正确地对待生活的观点。”他给通识教育的内容划分为七个主题：语言（关键的联系）、艺术（美学的经验）、传统（活着的历史）、机构（社会的网络）、自然（地球的生态）、工作（职业的价值）、同一性（意义的寻找），并作了详细解释①。

在拓宽知识面，强调通识教育的时候，80 年代以来特别重视人文学科的教育，人们称之为人文主义的回归。这也是对六七十年代以来社会政治、生态环境、道德不良的一种回应。

4. 重视评估与反馈，建立高等教育质量保证体系

高等教育的质量历来为公众所关注。80 年代以来，由于高等教育的大发展，高等教育质量问题更加凸显。美国高质量高等教育研究小组在 1984 发表的研究报告《投身学习：发挥美国高等教育的潜力》中，提出保证高等教育质量有三个重要条件：一是学生投入学习；二是严格要求；三是评价与反馈。

所谓学生投入学习，是指大学生在学习过程中投入多少时间、精力和努力。大量研究证明，学生在学习过程中投入的时间、作出的努力越多，对他们自己的学习安排得越紧，他们的成长就越快，收获就越大，对自己的学习生活就越满意，合格率越高，他们也就越有可能继续学习下去。

---

① 博耶：《学院——美国本科生教育的经验》，84～95 页，北京，人民教育出版社，1997。

严格要求是学生和学校努力追求达到一定的教育成果，包括对毕业生的标准和所期望的成绩水平。学校的要求对学生的成绩会有明显的影响，学生对合理的要求的反应是积极的。但要求要适当，要切合学生的实际。同时要将要求标准公布于众，让大学生、家庭以及其他人都了解要求的具体内容和通过什么途径去实现。

评价和反馈是保证质量的第三个重要条件。利用评价信息可以更正学生努力的方向，成为投身学习的有力杠杆。学校不仅有责任说明对学生的要求和标准，而且有责任评价要求和标准执行的结果，并反馈给学生和教师。评价的方式应该是多种多样的：传统的标准测验、作文、谈话、档案、成绩考试等。学生入学时要有测验，毕业时也进行同样的测验，才能说明在学习期间发生了多少变化。

以上说的是对学生的学习评价。对学校也要进行评价或评估，这就是对学校的物力、财力、接受的资助及经费、学校课程的广度和深度、教师学术成就、入学新生的水平等的评估。但是更重要的是要通过评估，了解高等学校使学生从入学到毕业在知识、能力、技能以及态度方面有多少进步。因为各个学校在高等教育中的层次不同，办学条件不同，新生入学时的水平有差异，因此不能用一个指标来评价，也不能以一次测验而作为评价的结论，应该从发展的角度来评价学校和学生的进步，也就是强调重视绩效指标，进行发展性评价。

教育评估已经成为高等学校质量保障体系中的重要一环。在一些国家中，很重视教育评估和评价。英国就是这样的国家，他们实施一些政策来测量高等学校在科研和教学两方面的成就，同时给教师提供训练，以适应大学的教学工作。

在国外，教育评估是教育管理的一种方式。20 世纪七八十年代在工商业领域首先出现全面质量管理（TQM）的概念，后来引入高等教育，不少学校引用这样的机制，主要检查学校管理运行情况。

四、世界高等学校发展的基本经验

上面介绍的世界高等教育发展的动向和趋势，有许多经验值得我们借鉴，但我认为，在当今世界办好一所大学，最重要的有如下三条。

1. 高等学校办学要开放，要走国际化的道路

在当今科学技术加速发展的时代和全球化的世界，高等学校只有开放，向社会开放，向世界开放，才能生存和发展。只有开放才能吸纳世界最优秀的人才和学术成果。前面讲到的英国沃里克大学就是一个突出的例子。它抓住了发展的时机向社会开放，使它在短短 30 年就从一所新创办的大学进入英国十所著名大学之列。我国香港科技大学是另一个成功的例子。香港科技大学成立于 1991 年，短短十多年，去年已被英国《泰晤士报》排名在世界百名强校之列，凭的就是开放的、国际化的办学理念。它在全世界招聘人才，吸引学术精英，核心学科很快就建立起来。当然，它背后有着香港政府部门的强大财政支撑，这在一般学校是做不到的，但这种开放的、国际化的办学理念是值得借鉴的。

我国内地高等学校应该把投入更多地转入到软件建设，即教师队伍建设上。选派青年教师出国留学，出席国际会议，开阔眼界，接触学科前沿；开展国际间的学校交往、信息交流，使学校永远处在学术发展的前沿阵地。

2. 高等学校要加强与社会、与企业的联系，为社会发展作出贡献

传统大学是研究学术，追求真理的地方，往往不愿意与社会有更多的联系。但是时代变化了，高等学校如果不与社会和企业联系就难以生存和发展。这是因为：第一，现在的高等学校与传统的大学性质不同，功能不同。传统的大学只是培养少数社会精英，包括政府、宗教界的高级管理人才和科研人才。现代大学主要培养大批服务于社会各部门的掌握科学技术和一定专业的人才，他们是直接为社会企事业单位服务的。高等学校如果不与社会企事业联系，如何能够培养出他们所需要的人才。第二，当今时代，科学技术是第一生产力，生产的发展是科学研究的最大动力。高等学校只有与企业联系，深入生产领域，才能把握科学技术发展的方向，找到学科发展的前沿，从而提高学校的科研水平和教育质量。第三，高等学校的发展需要有大量的经费投入，而且成本越来越高，它不像其他行业，可以降低成本，因此高等学校总是处于经费紧张的状态。要缓解这种紧张状态，需要与企业合作，从科研合作、技术转让、咨询服务等项目中可以获取学校发展所需要的资金。这在上面介绍的国外发展高等教育的经验中已经证实。第四，为社会发展作出直接的贡献。大学的使命之一是为社会服务，高等学校与社会、与企业联系，为它们提供咨询、提供知识、提供人才，这是直接的服务。因此，无论从高等学校的职能来说，还是从学校的自身发展来说都必须加强学校与社会、与企业的联系。

3. 高等学校必须加强学科建设，建设有特色的学术中心

许多学者都提出，大学不是大楼之谓也，是大师之谓也。大学的基本使命是创造知识、培养人才。大学必须要有一个学术核心，才能吸引人才，同时发挥它的学术能量。创造知识也好，培养人才也好，与企业联系也好，靠的是什么？靠的就是学校的学术优势。因此，加强学科建设，建设有特色的学术中心就是学校发展的根本。伯顿·克拉克把“激活的学术心脏地带”作为建立创业型大学的重要条件，充分说明了它的重要性。

高等学校有层次的不同，条件的差异，因此学科建设不能趋同，要强调特色。各校需要根据学校的定位、特点和条件建设具有自己特色的学科。

学科建设重在软件，重在人才的培养、队伍的建设。要下大力气培养学科带头人。无数事实证明，有了学科带头人，学科发展就欣欣向荣，一旦失去学科带头人，这个学科就会逐渐萎缩。因此，在培养学科带头人的同时，还要重视团队的建设，要建设一支可持续发展的学术梯队，使学科永远成为学术心脏地带。

世界高等教育发展积累有丰富的经验，但我认为上述三点是最基本、最核心的，其他经验都是围绕着这三个方面派生的。因此现代高等学校抓住这三点，就能够较快地发展。

关于比较教育学科建设的几个问题*

中国比较教育学科建设在改革开放以来有了长足的进步，表现在研究范围不断扩大，研究内容不断深入，研究成果十分丰硕，研究队伍日益庞大。但比较教育的学科定位和今后的发展始终困扰着中国的比较教育学者，每次年会或研讨会总会把比较教育的身份问题、方法问题的讨论放在重要位置。如何摆脱比较教育学科所遇到的困境？我想是否可以另辟蹊径，打开一条新的出路。

一、比较教育有没有存在的必要

首先来回答这个问题，比较教育有没有独立存在的必要？有没有其他学科可以替代？许多学者都谈到，比较只是一种方法，其他学科也会使用这种方法，如教育经济学需要比较各国的教育投入、教育社会学需要比较各国教育在社会分层中的作用、教育管理学需要比较各种管理理论和方法、课程论要比较各国的课程，似乎比较教育没有单

* 原载《比较教育研究》，2005 年第 3 期。

独存在的必要。但是，是不是还有一些问题是其他学科所包含不进去的？例如教育制度的比较。比较教育的产生是从教育制度的比较开始的，然后发展到对各国教育制度产生的背景、因素进行分析和研究，现在仍然为比较教育学者所关注。当然也可以再建立一门教育制度学来替代比较教育的研究，但随着比较教育的发展，比较教育早已不再限于教育制度的比较，比较教育研究的领域在20世纪有了很大的扩展。如教育与国家发展的研究，这是20世纪50年代发展起来的，随着二次大战后民族国家的独立，教育和民族国家发展的研究就被比较教育学者所关注，例如英国伦敦大学国际教育研究中心就是研究英国原殖民地国家教育的机构。80年代以后比较教育学者开始关注国际教育的问题、全球教育问题，如人口教育、环境教育、妇女教育、多元文化教育等等。比较教育研究的兴趣在增长，研究的领域在扩大，似乎不是要不要比较教育的问题，而是如何把握比较教育研究的走向，把教育发展与国际形势和国家的发展综合起来加以研究，提高对教育发展规律的认识的问题。比较教育的身份危机只是一部分从事比较教育学科本身研究的学者提出来的。对于比较教育学科的问题确实值得探讨。过去我们曾经说过，与其说比较教育是一门学科，不如说它是一个研究领域。这个领域似乎还没有其他学科能够占领它。因此比较教育学者应在国际比较教育领域中发挥作用，并在研究过程中逐步建设学科体系。

比较教育的研究对象应该包括以下几个方面：一是国别教育，把一个国家的教育研究透彻并非易事，要跟踪研究它的发展，充分掌握他们的教育信息，这方面的研究我们做得还很不够。不要说我们研究的国家太少太少，而且对这些少数国家的教育也还没有研究透彻，还需要我们花大力气去研究。二是国际组织对世界教育的评论和意见。

当今国际组织都很关心教育，联合国教科文组织、世界银行、经合组织、儿童基金会等经常发表报告。比较教育研究者需要关注这些报告，研究其对各国教育发展和改革的影响。三是世界教育发展遇到的共同问题，如教育与国家发展、人口教育、环境教育、国际教育、妇女教育、宗教教育、少数民族教育等等，这些问题中有些问题在别的学科中也会涉及，但作为一个世界教育的整体问题，恐怕是别的学科难以承担的，需要比较教育学者来研究。

二、中国比较教育研究的走向

我这里只讲中国的比较教育研究，因为外国比较教育研究者所关注的问题与我们不同。当然我们应该关注他们的研究动向，吸收他们的研究成果，但任何一门学科的发展都离不开本国的利益，纯粹价值无涉的学科是没有的。即使是自然科学，探讨自然的奥秘，最终也还是为了人类自身的发展。社会科学研究社会发展的规律，更不能脱离自身所存在的社会。中国比较教育是在中国改革开放以后，谋求中国教育的优化发展而发展起来的。回顾中国比较教育发展的历程，是从研究六个发达国家的教育制度开始，然后到专题比较研究，再到教育国际化的研究；从宏观的制度研究到微观的课程、教学模式和方法的研究，无不与我国的教育改革和发展密切相关。尽管国际比较教育界认为，比较借鉴的时代已经过去，但是在多元文化研究中，在国际化与本土化的矛盾冲突中，总会把别国的教育经验融入本土教育之中。回避借鉴，既无必要，也不明智。特别在我国，我国教育已有雄厚的基础和丰富的经验，但不能说已经建成完善的现代国民教育体系，在教育国际化的发展趋势中，我们还有许多值得向别人学习借鉴的地方。比较教育回避了借鉴，在我国就难以发展。当然，借鉴不是把别人的经验简单地搬来，而是要从比较中发现教育的规律或带有规律性的经验，或者从比较研究中得到启发，通过本土化研究得出改善本国教育的策略。当前有几个问题值得我们特别关注。

（1）教育国际化是当代比较教育需要研究的重要课题。我和薛理银在《比较教育导论》一书中曾提出教育国际化的十大课题，至今仍有重要意义。其中以下几个问题值得我们重视：

首先，教育国际化与国家发展问题值得我们始终关注。经济全球化导致了许多国际机构的出现，例如世界贸易组织、国际货币基金组织、世界银行等等。这些国际组织影响着各国的政治、经济、文化行为，也对各国的教育提出了许多新的目标和要求。我们需要深入研究教育国际化与各国的经济发展、政治发展、社会发展、文化发展之间的关系，寻找教育发展的规律，探求具有中国特色的教育发展模式。

其次，人员交流，培养国际化人才的问题。在今天相互依存的世界体系中，教育将成为沟通国际理解、培养具有跨文化人才的重要渠道。国际化过程中的人员交流、互派学者和留学生、互相承认学历和学位等问题，都需要通过比较教育研究来解决。需要研究各国的人才策略，对外国教育和外国留学生的政策进行研究，分析这些政策背后的政治、经济、文化因素和实施的现状，以作为我国制定对外教育政策的依据。我国加入世贸组织以后，中外合作办学骤增，合理的政策会促进中外合作办学健康的发展，并有利于我国人才的培养。

第三，需要研究经济全球化和教育国际化过程中存在的问题。国际化也对各国教育的发展，特别是发展中国家的教育发展带来许多问题，例如人才的流失、文化的渗透、国际强势语言和民族语言的矛盾等等。这些问题只有比较教育工作者才有能力去研究。随着我国国际地位的提高，国际交往的增多，需要探讨国际化对我国教育的影响和要求，探索与国际化相适应的教育模式。

第四，国际化与本土化的关系。借鉴别国的教育经验，运用于本国的教育改革，需要有一个选择和改造的过程，也就是本土化的过程。排斥别国的教育经验是不明智的，照搬别国的经验也不会有好的效果。几十年的经验教训说明了这一点。本土化并不是简单的话语本土化，而是要使外国教育的先进经验经过选择和改造内化为我们自己的教育理念，从而创造出自己独特的教育理论和教育模式。

第五，使中国教育走向世界的问题。教育国际化需要互相交流。但是以往很长时期我们只是单向交流，虽然我们也曾召开过多次国际会议，我们也曾参加国外的会议，学者到国外访问进修，但总是去学习别国的教育经验，很少介绍我国的经验。许多外国比较教育学者至今不了解中国。中国比较教育学者有责任把中国教育发展的成就、科学研究的成果，甚至我们在发展中遇到的问题介绍给世界。进行双向交流才有利于相互理解，互相学习。

(2) 跨文化研究是比较教育研究的重要内容。过去我国比较教育总是研究外国的教育，把比较教育局限于跨国性。其实在本土也有可比较的内容和课题。我认为比较教育也应该包括本国的各地区、各民族之间教育的研究。我国地域辽阔，各地经济发展极不平衡；我国又是一个多民族国家，56个民族集居在960万平方公里的土地上，他们有不同的语言，不同的文化传统，即使是占总人口94%的汉族，也因地区不同有不同的文化传统。开展不同地区、不同文化传统的比较研究，对于我国教育的改革与发展有着重要的意义。

我国还有一个特殊国情，我国除大陆内地外，还有台湾省、香港和澳门特别行政区。台湾尚未统一，实行的是民国时期的教育制度；香港和澳门至今还沿用英、葡殖民时期的教育制度。两岸四地的教育制度和发展不同，对他们进行比较研究也很有必要，有利于互相了解，互相借鉴。

（3）世界教育思潮的比较研究。教育思潮往往影响到一个时期的教育改革和发展。在教育发展历史上，重大的教育思潮都对教育制度、课程和教学模式的变革产生重大影响。当前，建构主义思潮、后现代主义思潮正在冲击着传统的教育观念和教育模式。全民教育思潮和终身教育思潮从另一个角度影响着各国教育的发展。是否可以这样说，建构主义、后现代主义等思潮是从微观层面上影响着学校教育教学的改革，全民教育和终身教育则是从宏观层面上影响各国教育的发展。如何正确地理解和应对这些思潮对我国教育的影响，需要比较教育工作者认真的研究。

需要研究的问题还有许许多多，比较教育工作者在我国还大有用武之地。

三、关于比较教育研究方法问题

比较教育的研究方法是比较教育学科建设中的重要问题，一直受到大家的关注。在比较教育发展的历史上有很多学者探索过比较教育的研究方法，但是至今没有被大家公认的方法论体系。这是构成比较教育学科身份危机最重要的因素。是不是一门学科只有一种属于自己的独特方法才能存在呢？恐怕也未必如此。实验法是自然科学研究普遍运用的方法，社会分析法往往是社会科学研究的方法。并不需要每门学科都只有一种独特的方法。为什么一定要求比较教育必须有自己的独特方法呢？硬要说比较教育要有独特的方法，那就是比较法。其他学科也在使用比较法，但没有像在比较教育研究中那样突出和重要。只要去了解一下别的社会学科的研究方法就可以发现，文献法、调查法是社会学科的普遍方法，很难说是哪门学科所独有。各门学科的各个研究领域都有自己需要的研究方法，但只是一组方法的组合。比较教育学科内也有多个领域，不同的研究领域和不同的课题也需要不同方法的组合。例如比较研究各国的教育政策，主要要运用文献法，对各国颁布的各种法律、法规进行比较研究；如果要比较研究教育政策实施的效果，最好是采用调查法、访谈法、实地考察法，才能了解到真实的情况。我这里无意，也无法举出比较教育方法论体系。我只想强调文化研究对比较教育研究的重要性。

文化研究是我竭力主张的比较教育研究方法，因为教育是一个十分复杂的社会现象，教育要受到政治、经济、文化等各种因素的影响。而政治经济的变革比较激烈，它们对教育的影响比较容易显现，容易为人们所认识。但是文化的影响比较隐匿，比较深刻，比较持久，不容易被人们所认识。因此对教育的文化研究就十分必要。可以这样说，不了解一个国家或一个民族的文化，就很难理解这个国家或这个民族的教育。当然我并不排斥其他的研究方法，只是强调文化研究的必要性和重要性。

进行文化研究有一个立场问题。需要采取历史唯物主义的方法论立场，历史地和客观地分析各种教育现象，避免主观性。也就是说，研究主体（比较教育工作者）要摒弃主体主文化的立场，要有一个客观的参照系，来评价分析研究客体。同时，研究主体还应该站在客体文化的立场上来理解客文化与研究客体（教育现象）的关系。例如，许多西方学者研究汉学，由于对中国的文化理解不深，对中国发生的一些事实往往用西方人的眼光来审视，得出的结果难免有谬误。我们研究别国的教育也会发生这种现象。因此首先要理解别国的文化，认识别国文化与该国教育的关系，才能真正认识该国的教育。为了加以比较，还要有一个客观的参照系。选择客观的参照系却是一件难事。既然各国文化教育是五彩缤纷，各有特点，并无优劣之分，怎么能找到一个普适的客观标准？因此在比较研究时往往采取两种方法：一种是先以一个国家为参照系，再列举别的国家的数据加以比较分析，得出比较客观的参照系，再按照这个参照系来分析；另一种是列举各国的数据，从中抽象出带有普适性的标准，例如列举发达国家高等教育大众化与该国 GDP 的关系，在比较中得出 GDP 在什么水平上就将带来高等教育大众化。但是即使如此，研究者还必须选择几个与研究有关的因子，建立一个参照模型。以上述例子来说，研究者选择的是 GDP 和高等教育毛入学率两个因子，来说明高等教育大众化的临界线。也可以选择产业结构作为因子，来说明高等教育大众化的临界线。找到了这种临界线，就可以把它作为参照系来比较各国教育的发展。当然，文化研究要找到参照系是十分困难的，或者说是不可能的。所以只能运用历史唯物主义的方法论来描述各国的教育事实，探索教育发展的规律或规律性的经验。

总之，对比较教育学科身份的争论尽管会继续下去，而比较教育研究领域中的许许多多问题亟待我们去研究。

传统与变革

论教育的传统与变革*

一

当前世界上的许多国家都在进行教育改革。1983 年 5 月，美国发表了全国教育质量委员会的公开信《处境危险的国家：迫切需要进行教育改革》；同年 6 月，日本成立了“文化与教育恳谈会”，着手进行第三次教育改革①；1984 年 4 月，苏联通过了《普通学校和职业学校改革的基本方针》的决定，1987 年 3 月 21 日又公布了《高等和中等专业教育改革的基本方针》；还有一些国家对教育也采取了或正酝酿着采取某些改革措施。这说明教育改革成了世界性的潮流。那么，促使这一潮流兴起的动因是什么呢？

简而言之，从教育外部来看，这是由于当代科学技术的进步使社会化大生产不断发生变革，加剧了国际间的经

* 原载《中国社会科学》，1987 年第 4 期。

① 日本明治维新后进行了第一次教育改革，二次大战后进行了第二次教育改革，目前正在进行的是第三次教育改革。

济竞争。在这种空前激烈的竞争中，科学技术人员、管理人员的科学创见，生产者的技术熟练程度和应变能力，对经济的发展起着比增加物的资本和劳动力的数量更为重要的作用。而培养能适应科技、经济发展需要的人才，不但有赖于教育的普及和发展，而且对教育本身也提出了比过去更高的、更新的要求。此外，科学技术革命也在不同程度上改变了劳动的性质和内容，使社会劳动分工发生了新的变化。生产的集约化使体力劳动的比重减少，脑力劳动的比重增加；第一、第二产业的劳动力不断减少，第三产业的劳动力迅速增加。这些变化要求教育在培养目标、组织结构、教育内容和教育方法上都要作相应的调整。

从教育内部来看，战后 60 年代和 70 年代各国教育都有了较大的发展，但是质量却有所下降。因此，解决数量与质量之间的矛盾是当前教育改革的迫切任务。

在我国，“文化大革命”给教育带来了空前的灾难。“文革”以后拨乱反正，恢复了高等学校统一考试、择优录取的招生制度，重新建立了学校正常的教学秩序；国家把教育列为经济建设的战略重点之一，增加了教育经费，教育有了较大的发展。但正如《中共中央关于教育体制改革的决定》中所指出的“轻视教育、轻视知识、轻视人才的错误思想仍然存在，教育工作方面的‘左’的思想影响还没有完全克服，教育工作不适应社会主义现代化建设需要的局面还没有根本扭转。特别是面对着我国对外开放、对内搞活，经济体制改革全面展开的形势，面对着世界范围内的新技术革命正在兴起的形势，我国教育事业的落后和教育体制的弊端就更加突出了”。要从根本上改变这种状况，教育必须改革。要改革管理体制，调整教育结构，还要改革同社会主义现代化建设不相适应的教育思想、教育内容和教育方法。中共中央的决定拉开了教育改革的序幕。这次教育改革的根本目的是提高民族素质，多出人才，出好人才，即培养有理想、有道德、有文化、有纪律的社会主义公民。他们都应该具有为国家富强和人民富裕而艰苦奋斗的献身精神，有不断追求新知、实事求是、独立思考、勇于创新的科学态度。这次教育改革关系到我们能不能培养出符合时代要求的各类人才，从而也关系到我国社会主义现代化建设的成败，意义是十分重大的。

二

任何改革都要以一种思想为指导，教育改革也不能例外。我国当前的教育改革要在马克思主义的指导下，确立新的教育思想，改变旧的、陈腐的传统教育思想。为了达到这个目的，首先就要弄清楚什么是传统的教育思想，哪些是旧的、陈腐的传统教育思想。

关于传统教育，可以作两种不同的理解。一种理解是指从历史上承袭下来的教育思想、制度和方法，即在过去教育实践中形成并得以流传的具有一定特色的教育体系；另一种理解是指教育发展史上的一个特定的教育流派，其代表人物是德国教育家赫尔巴特（1776～1844)。第一种理解的范围比较广，它包含了历史上流传下来的一切教育传统。我们今天所要改变的陈腐的传统教育思想，当然不能只指特定的某一流派，不能只指赫尔巴特的教育思想，因为阻碍我们今天改革的是历史上流传下来的一切不适应现代社会发展需要的教育思想，赫尔巴特的教育思想只是其中之一，而且他的教育思想也不是都不可取，其中有许多合理的东西，需要作具体分析。因此，我觉得第一种理解较为合理。

传统教育是传统文化的组成部分。传统教育有一个形成发展的过程。一定的历史时期有一定的文化传统，也就有一定的教育传统。这种教育传统是受当时的政治经济以及文化的影响而形成的，同时也是对过去的教育传统的继承和发展。例如中国历史上长期存在的科举取士的传统是在封建制度发展中形成的。这种科举制度把学校教育和人才的选拔制度结合起来，相对于过去的世袭制或者推举制无疑是一种进步。但它本身也存在着许多弊端。清朝末年，帝国主义的侵略动摇了封建主义的统治基础，科举制度终于随着政治经济的剧烈变革而彻底破灭。科举制度的破灭是在受到了西方资本主义教育思想、制度的冲击以后发生的。也就是说，旧的制度破灭了，就有新的教育思想和制度来代替它，从而形成新的教育传统。

还应该看到，教育制度的改变比教育思想的改变要容易得多。我国科举制度作为一种制度早已消亡了，但是与科举制度相伴随的教育思想作为一种传统的教育思想仍有可能在人们的头脑中残存下来。这就说明，传统教育思想的改变要比传统教育制度的改变困难得多。这就是为什么在教育改革中要特别重视教育思想转变的原因所在。

传统教育本身是不能简单地一概加以肯定或者否定的。传统教育中有好的优秀的教育思想、制度和方法，也有不好的或者过时的教育思想、制度和方法。有些教育思想、制度和方法符合教育发展规律，符合人的认识发展规律，就是优秀的教育传统，就会世代流传下来。例如我国古代“因材施教”、“教学相长”等教育思想，至今仍然有着强大的生命力。传统教育中有些教育思想、制度和方法在当时的历史条件下是进步的、可取的，但随着时代的变化和社会的进步，可能会变成落后的、腐朽的、不可取的。今天我们要改革的所谓陈腐的传统教育思想是指一切同社会主义现代化建设不相适应的教育思想，而不是指所有的传统教育思想。相反，对于传统教育中符合教育规律的优秀的思想、制度和方法，我们要继承，并且要在新的历史条件下加以发扬，赋予新的思想内容，成为新的教育传统。

正因为一定的历史时期有一定的教育传统，那么，在我们今天的历史条件下，就有今天的教育传统。这个传统是在新中国建立以来政治经济发展的条件下，继承过去的教育传统以及外来的教育传统的基础上形成的。我们继承了历史上优秀的教育传统，但由于种种原因，也继承了一些不好的教育传统，同时也有些优秀的传统没有被继承下来，半途丧失了；我们学习了外国的好经验，但由于我们没有经验，也吸收了一些不符合我国国情的教育经验。此外，时代的进步，社会的发展，使得我们建国以来形成的教育传统已有许多地方不适应社会主义现代化建设的要求，需要进行改革。所以，所谓改革陈腐的传统教育思想是针对着当前存在的教育传统而言的，不是无目的地去批判历史上曾经存在过而目前已不复存在的教育思想、制度和方法。因为我们今天存在的教育传统（主要指思想）已经不是过去存在的教育传统（思想）的简单重复，而是经过改造了的。今天我们要摒弃陈腐的传统教育思想，当然要追本溯源，才能了解陈腐的传统教育思想的由来及其危害，但是，着眼点在于说明它在今天能够得以存在的历史背景及其对当前教育改革的影响。

三

要改革陈腐的传统教育思想，就要分析我们现在的教育传统（即教育思想、制度和方法）是怎样形成的。也就是说要弄清我国的教育传统是怎样发展过来的，今天的教育传统从历代教育传统中继承了什么，形成了什么特点。

我国学校教育的发展经过了奴隶社会、封建社会、半殖民地半封建社会以及解放以后社会主义社会几个阶段。每一个社会都有自己的不同的教育传统，但是它们之间又有继承关系。后一个社会的教育继承了前一个社会教育传统中适合于该社会的教育思想、制度和方法，扬弃了不适合于它的教育思想、制度和方法。但是，正如前面讲到的，教育思想不像教育制度和方法那样容易改变，所以有些虽然不适合时代要求的教育思想也会用某种新的形式残存下来。也就是说，后一个社会的教育思想不见得都适合于它自己的需要，其中也可能包含着旧的陈腐的教育思想。从这个观点出发，我们不能不看到，在我国，由于封建社会统治的时间比较长，因此，在我国的教育传统中，封建主义教育思想的影响很深。有些思想仍然可能在某些人的头脑中起作用。

封建主义教育思想在我国近代史上受过几次大的冲击。

第一次大冲击是清朝末年的洋务运动和变法维新。前者指封建统治阶级内部的洋务派提出的“中学为体、西学为用”的教育主张；后者指资产阶级改良派提出的所谓“新学”的主张。虽然这两次运动的背景、内容都不相同，但是都是对封建主义教育传统的一次冲击。洋务运动不愿意触及封建思想的核心，但它主张办洋学堂，采用西方的技术来改革我国的教育制度。戊戌变法的维新运动则从发展资本主义出发，要求改变封建专制政体、学习西方文化。他们努力输入西方资产阶级的伦理道德观念，以西方某些民主观点来反对封建专制思想。虽然这次运动失败了，但经过他们的斗争，封建伦理纲常开始发生动摇，封建主义教育思想受到批判，封建教育制度开始崩溃。废科举兴学堂就是这两次运动的结果。借此，西方的教育制度和先进的科学教育的内容才得以在中国建立和传播。

辛亥革命对封建教育传统也可以说是一次冲击。特别是蔡元培提出的教育方针，体现了资产阶级关于人的和谐发展的思想，对封建主义教育思想是一次有力的批判。但是，随着辛亥革命的失败，蔡元培的教育思想并未得到充分实现。

第二次大冲击是五四运动。这是旧中国文化教育发展的转折点。五四运动中，先进的知识分子对封建主义思想体系进行了有力的批判，提出了科学和民主的口号，沉重地打击了封建主义的教育传统。在学校里废除了尊孔读经的内容；在文学革命的推动下，学校采用白话文进行教学，使学校教育接近人民大众的生活实际，为教育的普及创造了条件；在科学和民主的口号下提倡男女受教育的权利平等；提倡科学的教育内容和方法等等。这一切都使我国的教育走入世界现代教育的行列，为我国新民主主义教育的建立奠定了基础。

第三次大的冲击是解放战争的胜利和中华人民共和国的建立。革命战争年代，老解放区在学校教育、特别是干部教育方面取得了一些有益的新经验。解放战争的胜利，彻底推翻了封建主义和帝国主义的统治，封建主义教育传统失去了它的基础。《中国人民政治协商会议共同纲领》第四十一条提出要“肃清封建的、买办的、法西斯主义的思想”，建立民族的、科学的、大众的新民主主义教育。经过解放初期的教育改革，封建主义教育思想作为一个体系已经彻底崩溃。但是，我们不能不认识到，思想体系的崩溃不等于这些思想从此绝迹；某些封建主义教育思想的残余仍会存留下来，至今还可能在一些人的头脑中起作用。此外，50 年代我们不加分析地照搬苏联的教育经验，也给我国教育的发展带来了消极的影响。这些因素的存在构成为我国当前教育传统的组成部分，并在不同程度上阻碍着教育改革的进行和深入发展。

从上述分析中可以看到，我国当前的教育思想、制度和方法（即当前的教育传统）不是孤立地产生的，而是在我国建国以来的政治经济发展条件下，继承和改造了历史上的教育传统并吸收外来教育传统的基础上形成的，它大致包含着以下几个因素：（1）几千年来封建社会的传统教育的影响，其中包含着优秀的教育思想和封建主义教育思想的残余；（2）五四运动以来的科学和民主的优秀教育思想；（3）老解放区干部教育的思想、制度和方法；（4）建国以后学习苏联的教育思想、制度和方法；（5）若干年来，特别是近些年来西方教育思想的影响。当然不能说这些因素都是孤立的、互不联系的，相反，它们是互相联系、互相影响的。在这些因素中包含着优秀的教育思想，也包含着陈旧的教育思想。这些因素在我国当前的教育传统中也不是等量地在起作用，而是有主有从的。应该说，建国以来，我们以马克思主义为指导，我国的教育思想、制度和方法在主导方面是先进的、优秀的。但是，毋庸讳言，我们的教育传统中还残存着不少落后、陈腐的东西。特别是经过十年动乱，我们曾经有过的某些优秀的传统丧失了。例如，我国几千年来重视伦理道德教育，注重人品的教育；老解放区重视思想政治教育，这些都是优秀的教育传统。这些传统建国以后被继承下来，培养出了几代青年，但被“文化大革命”破坏了。现在学校的思想工作薄弱，效果不佳，原因当然很复杂，但不能说同这些优秀传统的丧失没有关系。解放以后我们学习马克思、列宁的教育思想，强调教育同生产劳动相结合，重视在学校中进行劳动教育。由于受到“左”的思想的干扰，劳动搞过了头，影响了学生的知识教育；现在则反过来，学校又产生了忽视劳动教育的倾向。因此，今天教育改革的任务，就是要很好地清理这些因素，分清哪些是优秀的教育思想，哪些是适应当前时代要求的教育制度和方法，哪些是陈腐的教育思想，哪些是不适应时代要求的教育制度和方法。对优秀的教育思想、制度和方法要加以继承和发扬；对陈腐的教育思想、制度和方法要加以改革；已经丧失的优秀的教育传统，要加以恢复。显然，这是一件十分复杂和困难的工作。

四

与我国社会主义现代化建设不相适应的陈腐的教育思想可以说是一种封闭式的教育思想，它是受我国封建社会自然经济的影响而形成的。这种封闭式的教育思想大致表现在以下几个方面。

1. 狭隘的教育价值观

学校教育为统治阶级服务，培养统治人才，这是古代教育的共同特征。那时教育是与生产劳动相脱离的，因为自然经济和手工劳动还没有摆脱对经验知识和手工技艺的依赖，还没有达到迫切需要利用科学技术的水平。这就形成了一种观念，似乎教育和社会物质生产是没有关系的，教育是一种消费性的投资。

我国封建社会的政治体制和以儒家伦理纲常为核心的思想体系使教育紧紧地依附于它并为它服务，使这种狭隘的教育价值观更加凝固，教育的目的是培养封建统治的官吏，教育的内容是维护封建统治的伦理道德，教育方法是呆读死记，完全排斥教育的生产性。

当然，任何一个社会，任何一个国家，教育都是不能脱离政治的，社会主义教育也不能例外，它必须为无产阶级政治服务。但是这只是它的一个社会职能。教育还应该有其他的社会职能，这就是为发展社会物质生产服务。这种社会职能随着现代生产的发展越来越显得重要，特别是在当代，科学技术渗透到生产的各个部门，已经成为直接的生产力；没有科学技术的参加，现代生产就难以发展。在这种情况下，一个人如果不掌握科学文化知识，就不能成为现代生产的合格劳动者。教育是培养具有一定科学文化水平和熟练劳动技能的劳动者的重要手段，如果今天还不认识到教育的这种社会职能，社会生产力就不能得到发展，社会主义制度也就不能得到巩固，为无产阶级政治服务的要求也会落空。

2. 因循守旧的人才观

在封建社会，自然经济占统治地位。这种封闭式的经济活动，只要求受教育者恪守传统的知识和技艺，守住祖宗家业，而不重视启迪受教育者去开辟新的知识领域，鼓励他们的创新精神。这种人才观和狭隘的教育价值观是相联系的。几千年来封建社会统治阶级需要培养的是听话的奴仆，要求他对主人绝对驯服，不需要有自己的独立见解；而劳动人民在封建统治下和自然经济条件下，也只知道教育自己的子女守家立业，把他们束缚在一块土地上，而不要求他们去开辟新的天地。

这种教育思想显然与现代社会是格格不入的。在现代社会，科学技术和生产的结合，使得现代生产的技术基础不断发生变革，这就造成了劳动的变换，职能的更动和工人的全面流动性。马克思早在100年以前就曾经指出："现代工业从来不把某一生产过程的现存形式看成和当做最后的形式。因此，现代工业的技术基础是革命的，而所有以往的生产方式的技术基础本质上是保守的。现代工业通过机器、化学过程和其他方法，使工人的职能和劳动过程的社会结合不断地随着生产的技术基础发生变革。"① 当代科学技术的发展证明了马克思论断的正确性。

① 《马克思恩格斯全集》第23卷，533～534页，北京，人民出版社，1972。

现代社会这种不断变革的特点要求教育培养出来的人才不仅有丰富的知识，而且要有独立思考的能力和不断追求新知、勇于创新的科学精神。如果没有这种精神，我们就会落在时代的后面，就会贻误社会主义现代化建设的大业。

3. 轻视实践，轻视技术的观念

在我国漫长的封建社会里，学校教育制度和人才选拔制度是紧密结合在一起的。学习是为了做官，要做官就要参加科举考试。学子们寒窗苦读，不接触社会，不接触生产，鄙视一切技艺性的职业和劳动。“万般皆下品，唯有读书高”就是这种状况的写照。读书之所以“高”，就是最后有可能做官。当然，选拔读书人做官，比起让不读书的人做官略胜一筹。但是问题在于当时读的书是宣扬三纲五常的封建伦理道德的书，很少读或者根本不读有益社会生产的科学技术方面的书；读书的目的不是为了发展社会生产，而是为了从政、入仕，即做官。这种思想在我国历史上有着广泛而深远的影响。

在解放战争与新中国建立以后的一段时间内，我们曾经批判过轻视实践、轻视劳动的思想。但由于我国教育不够普及，有文化的知识分子中有一些人当了国家干部，这就在社会上造成了一种错觉，似乎读书就是为了当干部。1957 年毛泽东同志针对当时中学毕业生不愿意参加体力劳动的状况，提出社会主义教育要培养有社会主义觉悟的有文化的劳动者，说明劳动者也需要有文化，有了知识不一定当干部，这在当时无疑是很及时、很正确的。但以后受到“左”的思想的干扰，把教育看做只培养劳动者，不培养干部，不培养科学技术人才，结果导致“读书无用论”的出现，这就走到了反面，造成了历史的倒退。

十年动乱以后，恢复高考制度，纠正了“读书无用论”的思想，恢复了教育的地位，强调了知识在社会主义现代化建设中的作用。这对于重建被十年动乱破坏的学校教育制度和恢复社会正常秩序，激发青年的求知欲望起了极大的作用，为我国社会主义现代化建设准备了智力条件。但是，在这一过程中，轻视实践、轻视劳动的思想又有所抬头。这种思想的一种表现是重视普通教育，轻视职业技术教育。职业技术教育在我国不发达，除有物质基础（生产力水平）方面的原因外，也有思想观念方面的原因。历来的观念是“学而优则仕”，没有说学而优则工、学而优则农或者学而优则商。因此学习好的总要追求上普通中学、上大学，不愿意学习职业技术。这种观念不改变，职业技术教育很难在人们心目中占有重要的地位，职业技术教育很难发展，结果是劳动人民的文化素质和技术素质得不到提高。

科举考试制度的思想影响也不能低估。我国封建社会长期以来是用考试来选拔人才的。这相对于世袭制无疑是一种进步。但是，学校教育围绕着考试转却成为我国教育的传统。特别是科举制度发展到以做八股文为考试内容，学校也以教做八股文为其主要任务，导致学校教育极度僵化，成为教育发展的严重阻力。这种以考试为学校教育的指挥棒的现象在我国当前教育中仍然存在，并严重地阻碍着当前的教育改革。要改变这种状况，一方面要改革考试制度，使指挥棒向着正确的方向指挥，另一方面就要改变传统的教育思想，把培养人才放到更广阔的视野里进行，跳出单纯追求升学率的狭隘的圈子。

4. 僵化的教学模式的影响

自从清朝末年废科举兴学堂以来，我国的学校教育制度几经变迁。解放以前主要是沿用 1922 年国民政府制定的学制，这个学制是以美国学制为模式的。解放以后，我们向苏联学习，以苏联学校教育的模式对旧教育进行改造。虽然在学制的形式上仍保留着 1922 年学制的某些痕迹，但在教学内容上和教学的组织上都采用了苏联的一套做法，这对于改变旧教育脱离人民、脱离实际的状况，建立科学的、大众的新的教育制度起了重要的作用，在新的教育制度下，我们培养了数以百万计的专门人才，数以亿万计的劳动后备力量。但是苏联的教学模式有很大的缺点，就是强求一律，方法呆板，教师主宰一切，学生缺乏主动性。这种教学模式不仅不能适应我国这样一个经济和文化发展极不平衡的大国的实际情况，也对培养创造性人才极为不利。当然，对于苏联的教育经验也不能一概抹杀。苏联教育强调严格训练，掌握牢固的系统的科学知识，这个经验是可取的。近几十年来他们也在强调发展学生的能力。最近的教育改革提出要加强个别教学，注意发展每个人的个性特长。这些经验都值得我们吸取。过去我们在学习苏联教育经验时采取机械照搬的方式，使本来就死板的模式在我们的教育实践中更加僵化。此外，在建国以来的长时期内，我们自己作茧自缚，闭目塞听，不了解世界教育发展的进程和趋势，也使僵化的教学模式越来越凝固，至今难以融化。

以上简要地分析了阻碍我国当前教育改革的陈腐的传统教育思想及其历史形成的过程。但要改变这种传统教育思想却不是一件易事。因为它不是孤立地存在的，它与当前的政治经济制度有密切关系，与我们的某些政策也有关系。所以说，教育的改革必须和我国政治体制改革、经济体制改革同步进行。随着改革的深入，上面讲到的陈腐的传统教育思想必将随着小农经济的崩溃而被逐步克服。

五

改革教育制度、教学内容和教学方法，要以新的教育思想为指导。那么，需要树立哪些新的教育思想和观念呢？

1. 树立为社会主义现代化建设服务的教育价值观

前面已经讲到，狭隘的教育价值观只看到教育为统治阶级培养人才的一面，完全排斥教育的生产性。《中共中央关于教育体制改革的决定》总结了历史的经验，明确指出："教育必须为社会主义建设服务，社会主义建设必须依靠教育。"这就是说，教育要适应社会主义建设的需要，而社会主义建设也必须以教育为条件，这是一条客观规律。遵循这条规律，社会主义建设事业和教育事业才能得到迅速发展；违背这条规律，教育事业得不到发展，社会主义建设也会受到损害。

树立了这样的教育价值观就不会把教育看做是一种单纯的消费性投资，而是看做一种能够获得经济效益的生产性投资。当前我国教育遇到的最大困难是经费不足。要解决这个问题除了国家增加教育拨款之外，还需要各行各业都重视教育，都来支持教育。这种支持不只是经费上，也包括物质上和人力上的支援。例如培养工程技术人才需要让学生到工厂企业去生产实习。过去工厂企业接受学生的生产实习被看做应尽的义务，而且投入一定的资金和人力。但是近几年来却倒过来，学生到工厂企业去实习，学校要向工厂企业交纳可观的费用。这种状况不改变，适应现代生产要求的人才就难以培养出来。

2. 树立全时空的教育观

过去我们对教育的理解主要限于学校教育，认为教育是给一定年龄阶段（六七岁至二十四五岁）的人们提供学习场所。他们从学校获得足够的知识，会终身受用不尽。现在这种理解已经不够了，教育的概念需要扩大。

从年龄上讲，教育不只应给儿童和青少年提供学习的机会，还应该为需要学习的所有年龄阶段的人们提供必要的学习机会。因为前面讲到的科学技术的进步和生产的不断变革，使得人们已经不能终身固定在一个工作岗位上。劳动的变换、职业的更动以及工作内容的变化要求他不断学习，不断更新自己的知识和技能。所以，学校教育已经不只是职业前的教育，而且担负着继续教育、转业教育，甚至于闲暇教育的任务。现代教育已经把学校教育纳入到终身教育的轨道中，把教育扩大到所有年龄阶段，教育的时间延长了。

从教育活动的范围来讲，教育已经远远超出了学校的范围。过去，受教育必须进学校，现在，由于教育技术手段的进步，群众性媒介的广泛使用，获得知识不一定需要进学校。人们可以通过广播、电视、录像、书报杂志等多种渠道获得知识，教育的空间扩大了。

从教育的任务来讲，教育不只是给人们以职业训练，为社会的物质文明建设创造条件，而且要提高全民族的科学文化素质和思想道德素质，建设社会主义的精神文明。所以教育事业不只是学校师生员工的事业，不只是从事教育工作的人们的事业，应该是全社会的共同事业。

只有树立这种终身教育、全民教育、全时空教育的新观念才能摆脱小生产的观念，把教育放到社会发展的总系统中去考察，并使它受到社会的应有的重视，才能打破学校教育的封闭模式，使它与社会紧密联系。

3. 树立正确的人才观

在我国几千年的封建社会里，对人才的看法形成了一个极为狭窄的观念，以为只有出人头地、高官厚禄的人才是人才。在这种传统的人才观影响下，现在有一种看法，似乎只有上了大学，成了专家、学者、科学家、发明家，或者对社会作出特殊贡献的政治家才是人才。这种人才观是片面的，也是不科学的。什么是人才？凡是有高度社会责任感，勤奋工作，勇于创新，为社会作出一定贡献的都是人才。人才是有层次的，有类别的。各行各业、各个层次中都有人才。不能把人才和天才的概念混淆起来。天才是人才中的出众者，是有高度禀赋才能、在某个领域内作出卓越贡献的人。这种人是极少数。我们教育工作者当然希望，并且应该注意发现和培养出能够获得诺贝尔奖金的、有创造发明的、蜚声世界的高级人才和天才。但是这种高层次的人才和天才毕竟是少数。如果教育工作者的着眼点只放在这些少数人身上，把它作为我们唯一的培养目标，势必忽视大多数，就不能为社会主义建设培养众多的各级各类人才，社会主义建设就会受到损失。

现代教育的人才观应该有以下一些特点。

（1）人才的广泛性。当教育还处于少数人享受的时代，人才只是少数人。现在中等教育普及率在逐步提高，高等教育也有发展，受过教育、训练的人才日益增多。但社会主义现代化建设是规模极为宏大的事业，需要造就数以亿计的工业、农业、商业等各行各业有文化、懂技术、业务熟练的劳动者；要造就数以千万计的具有现代科学技术和经营管理知识、具有开拓能力的厂长、经理、工程师、农艺师、经济师、会计师、统计师和其他经济、技术工作人员；还要造就数以千万计的能够适应现代科学文化发展和新技术革命要求的教育工作者、科学工作者、医务工作者、理论工作者、文化工作者、新闻和编辑出版工作者、法律工作者、外事工作者、军事工作者和党政工作者。这些人才都需要通过教育去悉心培养。

（2）人才的多样性和特殊性。人才的广泛性并不排除人才的多样性和特殊性。我们要改变用一个模式来培养人才的传统做法，要注意因材施教。因为人的个性存在着差异，用一个模式要求人才，就会压抑人的特殊才能和个性的充分发展，也就不能培养出高质量的人才。在学校教育中要废弃平均发展的思想。有人把培养学生全面发展理解为要求学生门门功课都达到优秀，这种要求是不切合实际的。正确的教育应该为不同的个性创造发展的条件，即按照各个学生不同的特长、兴趣和爱好施以不同的教育，使他的个性得到充分的发展，成为出色的人才。

（3）人才的和谐性。所谓和谐性就是要使人才在德、智、体、美、劳诸方面和谐的全面发展。重视思想政治教育是我国教育的优良传统。这个传统不能丢失，应该保持和发扬。在现代化建设中强调智育是必要的，但是我们建设的现代化是社会主义的现代化，因此不能只重智育而忽视德育。我们培养的人才应能坚持社会主义方向，并有为社会主义献身的精神。此外，也不能忽视体育、美育和劳动教育，这些是不言自明的。

（4）人才的超前性。一方面，人才培养的周期很长；另一方面，人才为社会服务的年限也很长。这两个长期性需要我们用面向未来的眼光、用发展的眼光来看待人才的培养问题。不能只看到社会在一定发展阶段对人才的需求和规格要求，还要看到社会在未来发展阶段对人才的要求，看到人的潜在能力和他将来的发展。

4. 树立以学生为主体的观念

在教育发展史上，关于学生在教育过程中的地位问题历来是争论的焦点。一派意见认为在教育过程中，教师有绝对的权威，学生只是教育的对象，他们只有听从老师的教导，自己没有主动权。另一派意见认为学生是教育的中心，教师只处于辅助地位，在教育过程中教师要围着学生转。这两派意见都没有辩证地认识到师生两者在教育过程中的相对地位，只强调了一方面的作用，忽视了另一方面的作用，都是片面的，不科学的。我国长期以来的教育传统是把教师放在中心位置。虽然 20 世纪 20～30 年代杜威进步主义教育学派的儿童中心主义的教育思想曾经一度在我国流行过，但很快就烟消云散。解放以后学习苏联教育经验，强调教师的主导作用和教师的权威，仍然是把教师放在教育的中心，把学生视作被动地接受教育的对象，看不到学生的主观能动性，也不注意培养学生的主动精神和独立能力。这种传统的教育观念也是不适应时代的要求的。现代科学技术发展迅速，如果人们习惯于被动地接受现存知识，缺乏积极主动性，缺乏开拓精神，他就会落在时代的后面。因此必须转变这种传统的教育思想，把学生看做是教育的主体（即主人翁）。事实上，学生不是被动地接受教育，而是具有主观能动性的。他对教师的讲课不是有言必录，而是有选择的。所以，只有把学生的主动性调动起来以后，教育才能取得成效。学生是教育过程的积极参加者，一切教育影响都要通过学生自身内部的矛盾运动才能被接受。在教育过程中教师要起主导作用，这种主导作用就体现在有组织、有计划地启发学生的积极主动性上。学生的积极主动性越高，教育效果就越好，教育质量就越高。

有的同志不同意提学生的主体作用，认为它与教师的主导作用是矛盾的。他们还从哲学的观点来分析，认为在同一过程中不可能有两个“主体”或者两个矛盾的主要方面。其实主导作用这个名词是从苏联教育学中翻译过来的，原文为 Видущая ролъ，意思是指引导、先导的作用，丝毫没有以教师为主的意思。在教学过程中只有一个主体，这就是学生。①

什么是好学生？受陈腐的传统教育思想束缚的人认为，循规蹈

① 关于这个问题，作者的《再论教师的主导作用和学生的主体作用的辩证关系》一文有新的论述。参见《我的教育探索》，109 页，北京，教育科学出版社，1998。

矩，善于死记硬背，考试能得高分的就是好学生。但是这种学生缺乏创造性和进取精神，将来在事业上难以有出色的成绩。教育学生呆读死记、因循守旧，还是培养学生生动活泼，勇于创新，这是两种对立的教育观。使学生生动活泼地、主动地发展是时代的要求，也是社会主义建设的要求。社会主义建设需要有理想、有献身精神和创新精神的人才，而不是缺乏理想和抱负、无所作为的平庸之辈。

学生观实际上是人才观的一种表现形式。人才观表现在教育的最终目的上，学生观则表现在教育过程中对学生的认识上。有什么样的人才观就会有什么样的学生观。有什么样的学生观就会培养出什么样的人才。所以只有适合时代要求的正确的学生观，才能培养出适应社会主义现代化建设需要的人才。

5. 建立新的教学观

传统的教育把传授知识作为学校的唯一任务。但是，科学技术的进步带来的知识总量的迅速膨胀，使得学校教育不可能、也没有必要在学生短短十几年的学习时间内把人类积累起来的所有知识都传授给学生。要使学生跟上科技发展的步伐，除了教给学生最基本的知识外，主要要发展学生的能力，使他们学会在已有知识的基础上去探索新的知识。正如美国教育家布鲁纳所说的："不仅要教育成绩优良的学生，而且也要帮助每个学生获得最好的智力发展。"（《教育过程》）近几十年来生理学、心理学对人脑的功能的研究，为发展学生的能力提供了科学的根据。生理学家和心理学家都认为，学龄初期儿童的大脑已经接近成人，儿童智力发展的潜力很大，教师不能低估儿童的潜力，要注意用启发的方法去发展他们的智力。

传授知识和发展能力不是矛盾的，而是相辅相成的；要把两者结合起来，而不是对立起来。不能因为强调了发展学生的能力就可以放松知识的传授。知识是发展能力的基础，没有知识就谈不上发展能力。如果离开掌握牢固的知识去发展能力，则能力就成为无源之水，无本之木。一般说来，能力的发展与知识的多少、深浅有着密切的关系。知识越丰富，理解得越深刻，越有利于能力的发展。反过来，能力的发展又是获得知识的重要条件；掌握知识的快慢、难易，理解的深浅，巩固的程度等都依赖于能力的高低。能力发展水平高，掌握知识就快，理解得就深，掌握得就牢固。所以，传授知识和发展能力是辩证统一的过程，两者不可偏废。更不能把两者等同起来，互相取而代之。传授了知识不等于就发展了能力。为了发展学生的能力，就必须对教学内容和方法加以改进。教学不能只是从概念到概念，理性知识要注意联系现代科学技术发展的实际和社会主义建设的实际；要删除陈旧的、繁琐的教学内容，加强基本知识的教学和基本技能的训练，使学生掌握知识的内在联系，能够举一反三；要减轻学生的学业负担，使学生减少心理压力并有余力去从事自己爱好的活动，培养自己的独立能力。教学方法要采取启发式，废止注入式，把学生的积极思维调动起来，才能促进学生能力的发展。

教学内容和教学方法的改革不只是单纯的技术、方法问题，同样涉及教育观念的转变。现代的教学观应该树立以下一些观念。

(1) 教学不应是把现存的结论教给学生，而是要引导学生自己探索，寻求事物发生发展的起因，探讨它与其他事物的联系，从中找出规律，形成概念。经过自己努力探索到的知识，理解得深刻，记忆得牢固。当然这种探索不是让学生盲目重复科学发现的过程，而是在教师引导之下让学生自己动脑、动手。老教育家叶圣陶先生说的“教为了不教”就是讲的这个道理，也就是要注意培养学生自学的能力。

(2) 提倡教师和学生之间、学生和学生之间双向或多向地交流信息。传统的教学方法是教师滔滔地讲，学生静静地听，学生在教学过程中处于被动状态，单向地接受信息。信息是否被接受和理解，没有反馈。教师得不到学生学习的信息，不能根据学生理解的程度来调节和改进教学。同时学生只接受单向的信息，由于信息源太少，无法对信息加以比较，思路就不开阔。如果师生互相讨论，学生的思维处于积极的状态，信息来自多方面，学生为了接受它就要加以分析和比较，这就发展了他的思维能力，同时对概念也会理解得更深刻、更全面。

(3) 在发展学生求同思维的同时，注意发展求异思维。求同和求异是两种密切联系而又各有特点的思维方式。二者无论对于发展科学、文化还是寻求知识、解决问题都是不可缺少的。没有求同思维就不会有继承，没有求异思维就谈不到发展。传统的教学只求同，不求异。书上怎么写，教师怎么讲，学生就怎么答，不允许存在不同意见。这样的教育实践抑制学生的创造性思维，挫伤学生的积极主动性。现代教育必须重视启发学生的积极思维，鼓励学生提出不同见解，这样才有利于学生创造性才能的发展，有利于科学的发展。

(4) 注意因材施教。结合每个学生不同的特点进行不同的教育，是现代教育发展的共同趋势。班级授课制是教育发展史上一大进步，它改变了教学的手工业方式，提高了教学的效率；但是它有不足之处，就是用一个标准要求全班学生，容易忽视学生的个性特点。现代教育要强调发展学生的个性，就要注意因材施教。现代科学技术手段在教学中的应用也为教师进行个别指导和学生独立自学创造了条件。

六

为了使我国的教育适应社会主义现代化建设的要求，必须有计划、有步骤、有系统地进行教育改革。我认为，当前需要改革的有以下数端。

1. 调整教育结构，使它更适应我国的实际需要

我国的实际是什么呢？（1）地域辽阔，经济和文化发展极不平衡，不能用一个标准要求全国各地；（2）人口众多，仅在校中小学生即达 2.3 亿人。他们不可能都进入高一级学校学习，特别是中学毕业生，不可能都进高等学校学习；（3）我国属于发展中国家，经济还不够发达，国家的财力有限，教育经费的增加有一定的限度；（4）我国的社会主义现代化建设，需要各级各类各种层次的人才。根据上述现实情况，我国的教育结构需要认真调整。《中共中央关于教育体制改革的决定》把调整中等教育结构，大力发展职业技术教育作为教育体制改革的重要内容。决定中确定，我国广大青少年一般应从中学阶段开始分流：初中毕业生一部分升入普通高中，一部分接受高中阶段的职业技术教育；高中毕业生一部分升入普通大学，一部分接受高等职业技术教育。

有人反对中学阶段的分流，认为现在世界教育发展的趋势是办综合中学，把普通教育和职业教育结合起来，过早的职业化不利于现代技术发展的要求和学生将来的发展。这当然不无道理。但是对于我国来说，目前中学阶段的分流是不可避免的。在较长的时期内，我国能进入高等学校学习的人为数毕竟有限，这就需要为受完义务教育后的中学生开辟一条通向职业教育的道路。世界各国教育发展的历史也都经历过分流的阶段。当 19 世纪工业发达国家刚刚普及小学教育的时候，它们在初中阶段就开始分流；20 世纪前半叶普及初中教育的时候，在高中阶段开始分流。现在发达国家的中等教育所以趋向于办综合中学，是因为它们已基本上普及了高中教育。我国要达到这样的教育发展水平还需要许多年。当然，时代不同了，如何分流，分流以后采取什么样的结构、内容等，不应该简单地照搬其他国家的做法。值得注意的是，根据当代科学技术发展的需要，在分流以后的教育内容上，我们应该努力使普通教育和职业教育结合起来，而不应过分削弱普通教育的内容，以免学生将来不适应技术变化的要求。

教育结构的调整还应包括高等教育。现在高等教育中培养高级技术人才的本科生与培养中级技术人才的专科生的比例很不恰当。据统计，高等学校本科生和专科生的比例1978年为1∶0.57，1982年为1∶0.11，1985年为1∶0.38（以上统计均不包括师范院校的学生）。这种比例显然不能适应工农业发展对中级技术人员的需求。因此要大力发展高等专科教育，增加专科生的比重。要达到这个目标，就需要采取适当措施，鼓励青年报考专科学校。

2. 进行考试制度的改革

重考试是我国教育的传统。这个传统不应一概抹杀。考试有积极的一面：可以检查教学效果，以便教师改进教学，对学生则是一种鼓励和督促；可以建立比较客观的学业成绩评定标准，避免高等学校入学走后门，确保高校新生的质量。但是考试也有消极的一面：（1）高考一次定终身，不考虑学生平时的学习情况，具有一定的偶然性；（2）容易使学校教学偏科，许多高中很早就按照高考的要求分文理科进行教学，不考的科目不学，使学生受不到完全的普通教育；（3）教师和学生疲于奔命，影响健康。因此考试制度必须改革。

首先要改革高考制度。可以朝两个方向改革：一是把高考和考查平时成绩结合起来，这样既可以避免偶然性，又可以鼓励学生平时努力，把知识学得更扎实；二是把考试科目减少，考试的内容加宽。例如把自然科学和社会科学综合起来考试，内容宽了，但深度和难度要降低。为了专业的需要可加试与专业相关的学科。这样可以减轻学生的负担，也可以避免偏科的现象。现在有的地区采用平时会考，学完一门会考一门，把高考的科目减少，这也是一种改革的尝试。但教师和学生都反映，过去是毕业班紧张，现在是年年紧张。可见这种制度也还需要进一步研究改进。高考内容应特别注意检查学生对于基础知识的掌握程度和能力的发展水平。这就与命题的要求有关。高考的命题不仅直接影响到能否录取真正优秀的学生，同时也间接地影响到中学的教学，是一根无形的指挥棒。因此应该把高考命题作为一项重大的科研项目进行认真地研究。

其次要改革学校日常的考试制度。最重要的是要减少考试次数，加强平时考查。考试虽然有检查教学效果和督促学生学习的积极作用，但它带给学生的心理压力很重。这种压力不利于学生的学习，特别是对低年级学生，不利于他们生动活泼地、主动地发展。要鼓励、督促学生学习，不能单纯靠考试，而是要靠教师的教育艺术，靠启发学生的兴趣和求知欲。国外有的心理学家通过试验证明，在心理压力下学习的学生，学习效果不如没有心理压力的学生。

减少考试有利于减轻学生的负担，使他们能够全面发展，能够有时间学习他所喜爱的知识，从事他所喜爱的课外活动，有利于他的特殊才能的发展。

3. 改革教学内容

我国采取全国统一的教学计划，统一的教学大纲，统一的教科书(近几年中学改为两套教科书，即普通中学使用的乙种本，重点中学使用的甲种本)。这种统一性有利于全国统一标准，但不符合我国教育发展不平衡的国情，不利于对学生因材施教。去年国家教委决定把教材的编写与审定分开，鼓励在统一大纲的要求下编写多种教科书。

这是一大进步，但是还不够，还需要对教学计划和教学大纲进行改革。应该根据不同地区的不同情况实行几套教学计划和教学大纲。全国可以有一个统一的最低要求，各地根据实际情况编制计划和大纲。

国外中学生多采取综合课程，我国则学习苏联，采取分科课程。这两种课程各有优缺点。综合课程有利于各学科之间的联系，有利于学生对某一知识的综合理解，发展思维；但缺点是不利于学生掌握某一学科的系统知识。分科课程的优缺点刚好与此相反。因此我们在分科教学中要尽量吸收综合课程的优点，加强各学科教学之间的联系。在现代科学技术进步的条件下，需要适当增加一些新课程，如计算机应用、环境保护、人口学等。此外，在教学计划中还应设选修课，以利于学生特殊才能的发展。

4. 改革教学的组织，使学生更多地接触社会，接触实际

要改变封闭式的教学，就要组织学生走出课堂，走出校门，到社会中去，了解我国在党的十一届三中全会以后实行改革、开放、搞活的政策所带来的城乡经济的变化，在生气勃勃的现实生活中学到活的知识，同时通过调查研究，培养理论联系实际，运用所学知识分析问题和解决问题的能力。

吸取以往的教训，要妥善处理好课堂教学和社会实践的关系。课堂教学仍然是学校教学的主要组织形式，不能因为参加社会实践而削弱课堂教学，而是通过社会实践促进课堂教学，补充课堂教学之不足，使学生在课堂上学到的知识更深刻、更丰富。

在中学里要加强劳动技术课的教学，在高等学校要加强生产实习，要和企业加强联系，认真贯彻教育同生产劳动相结合的原则，使教育为经济建设服务，也促进教育本身的改革与发展。

要把课堂教学和课外活动结合起来。由于现代科学技术的发展，群众性媒介的广泛使用，学生获得知识已经不限于课堂，课外活动也是学生获得知识和提高能力的很好的场所。课外活动的特点是具有学生的自愿性和自主性，即学生自愿参加，在活动中自己做主，并独立进行有关的组织工作。它不受教学计划的限制，没有考试的心理压力。学生在课外活动中可以充分发挥自己的特长和创造才能。因此，无论是从丰富学生的知识来讲，还是从培养学生的开创精神和独立工作能力来讲，课外活动都是必不可少的途径。把课堂教学和课外活动结合起来，不是把课外活动作为课堂教学的补充，更不是把课外活动作为课堂教学的继续，把课堂教学中完不成的教学任务或作业转移到课外活动中；而是要把课外活动作为培养学生的重要途径，把它摆到和课堂教学同样重要的位置上，并使它们在德、智、体、美、劳全面发展的基础上有机地结合起来。

民族文化传统与教育现代化*

民族文化传统及其演进特质

(一)文化概念的界说

为了弄清民族文化传统及其演变过程，首先要对文化作一个界定。文化概念的界说，众说纷纭，至今国内外尚无公认的定义，据说关于文化的定义有二百多种之多。

张岱年、程宜山在《中国文化与文化争论》一书中给文化下了这样一个定义："文化是人类在处理人和世界关系中所采取的精神活动与实践活动的方式及其所创造出来的物质和精神成果的总和，是活动方式与活动成果的辩证统一。"① 他们在论述这个概念时提到，英美传统的文化研究者将文化理解为既定事实的各种形态的总和，即人类创造的物质和精神成果的总和；而德国传统的文化研究者则将

---

* 摘自《民族文化传统与教育现代化》，北京，北京师范大学出版社，1998。

① 张岱年、程宜山：《中国文化与文化争论》，1页，北京，中国人民大学出版社，1990。

文化理解为一种以生命或生活为本位的活的东西，或者说，生活的样态。[1] 他们认为两种传统的理解都有片面性，文化表现在活动方式和活动成果两个方面。这是非常有创见的思想。

张、程两位还认为文化是一个动态系统，“文化是一个包含多层次、多方面内容的统一的体系”。文化主要包含三个层次：第一层是思想、意识、观念等；第二层是文物，即实物；第三层是制度、风格。[2]

庞朴则把文化定义为：“文化是人的本质的展现和成因，就是说它是人的本质的展开的表现和人的本质的形成的原因。”他也把文化划分为三个层次：物的层次（物质的层次）、心的层次（或叫心理的层次）、中间层次（心与物相结合的层次）。[3]

两书在定义的表述上有所不同，但内容基本上是一致的。他们都表明：一、文化是人类创造的；二、包括创造的活动和创造的成果；三、文化是分层次的，即思想、制度、物质三个层次。所不同的是庞朴更多地从人的本质出发来阐明文化的涵义，因为“文化是人创造的，人又是文化创造的”。[4] 三个层次的文化分类法，也只是概略地描述文化的构成，很难写尽文化的所有方面。特别是有人主张应把风俗习惯的要素即行为文化也纳入文化结构之中，尽管对文化的定义、内涵争论很多，但人们大体上有了基本统一的认识。

---

① 张岱年、程宜山：《中国文化与文化争论》，3页，北京，中国人民大学出版社，1990。

② 同上书，4页。

③ 庞朴：《文化的民族性与时代性》，71页，北京，中国和平出版社，1988。

④ 同上书，69页。

(二) 民族文化传统

民族文化传统与“文化传统”或“民族传统”在某种程度上是相同的概念。因为文化总是具有民族性，是人类中某个民族所创造的；同时，民族的特性较多地表现在文化中。所以，说“民族传统”，就是指该民族的文化传统；说“文化传统”，也往往是就一个具体的民族而言，民族文化传统是指一个民族经过长期的历史积淀而形成的对现实社会仍产生巨大影响的文化特质或文化模式。

民族文化传统具有下列一些特性。

1. 民族性

前面已经讲到，文化总是由人类中的某个民族所创造的，由于世界各民族所处的历史时期不同、环境不同，对自然界和社会各种现象的认识和理解不同，他们创造出各自不同的文化。例如中国文化比较重视人与自然的和谐；而西方文化则强调征服自然、战胜自然；① 对待社会和他人，中国人主张中庸、和谐，西方人主张竞争、斗争。这就是不同的民族特性。这是从观念形态而言，表现在物质上也有极大的不同。例如中国的民间艺术图案讲究对称、统一、和谐；西方民族的艺术图案往往讲究差异、多样。可见，民族性表现在文化的各个层面。

在当今世界强调国际化的时代，为什么要强调文化的民族性？这是因为，世界是丰富多彩的，人们也总是喜欢斑斓多姿的文化。所以，一个民族其文化越是有民族特色，在国际上才越有地位。所谓国际化，主要表现在互相交流、互相了解、互相吸收对自己民族有益的

---

① 张岱年、程宜山：《中国文化与文化争论》，51页，北京，中国人民大学出版社，1990。

东西，充实和发展自己的民族文化，而不是实行民族文化的融合，或者用一个民族的文化代替另一个民族的文化。

2. 变异性

民族文化传统是一个动态的概念。每个民族的文化都是不断发展的，因此每个民族的文化传统也总是发展的、不断变革的。民族文化的发展过程尽管十分复杂，但它离不开创造（Making）、发现（Finding）、选择（Selecting）和传递（Transfering）这四个基本环节。

所谓创造，就是建立前所未有的新质文化的过程。它包括具有起始意义的创造和在一定文化基础之上的再创造。就我国而言，中华文化的创造和奠基时期是先秦时代。根据考古学的充分证明，我国早在约公元前5000年至公元前2300年间就产生了华夏、东夷、苗蛮三大文化集团。殷墟出土的甲骨文和其他文物表明殷商时期我国已经创造出具有较高水平的物质文明，并形成了较为丰富的文化思想。至周代，则“周虽旧邦，其命维新”，逐步建立和形成了在我国具有深远影响的宗法制度和礼制，这种制度在我国维持了几千年。时至春秋战国诸子蜂起，学派林立，中国进入了辉煌的文化创造时期，中华文化由此而确定了其基本走向。由此可见，民族文化的形成必须首先经过创造性的劳动。当然，不仅在文化的奠基时期需要创造，在民族文化的进一步发展过程中，仍然需要创造，即在一定文化基础之上的再创造。中华民族是一个多民族集体，中华民族的文化就是不断吸收、融合各民族文化的优秀内容而发展起来的。例如中国的民乐就是集各民族的乐器而成；中国妇女穿的旗袍，本来是满族的服装。近代以来，受西方文化的影响，中华文化中已经吸收了许多西方文化的精华。总之，创造始终是民族文化发展最重要的环节。

所谓发现，是指挖掘和利用已经存在的但未曾受到注意的文化。发现分为两种。在时间意义上，发现是指对过去的文化进行发掘和利用。例如我国汉代古文学派就是因为在孔子故居的夹壁墙中发现了大量的春秋战国时期的文献资料而兴起的。欧洲的文艺复兴也是通过对古希腊文化的发掘而产生并弘扬发展，形成欧洲资产阶级的思想文化传统。在空间意义上，发现是指对异质文化的吸收。它又包括两种情况，一种是文化主体通过渐进而和平的文化交流主动地发现和吸取异质文化，如中国历史上的佛学东渐就属于这种情况，从佛教在东汉时传入中国到唐朝时的兴盛发展，中国文化对之进行了长时间的消化与吸收，而这主要依赖于中国学问僧的翻译介绍、西行求法和宣讲言教等积极活动。另一种情况是在两种文化的强烈撞击和矛盾冲击下，文化主体被迫吸取异质文化，如鸦片战争打开了中国的大门，使中国在不平等的情况下被迫接受了一部分西方文化。当然，这种划分并不是绝对的，关键还在于文化主体能不能吸取。一般说来，发现都伴随着创造过程，因为发现旧有文化和吸取异质文化本身并不能使这些文化融合于现有文化之中，还需要创造性地把它们结合起来，从而创造出新的民族文化。

如果说，创造和发现都属于生产文化的环节，那么，选择和传递就大体上属于保存文化的环节，它们与文化传统的形成更具直接的关系。选择，就是根据一定的时代、一定的社会需要并基于当时对文化的理解对已有的文化产品进行淘汰或保留。文化，除了物质层面的文化产品以外，制度、观念都是属于上层建筑的东西，它们要受到经济基础的制约。生产方式变革了，上层建筑也必然会变化，特别是一个时期的统治阶级也总是要选择有利于巩固其统治的观念、制度。因而适应其需要的就保留下来甚至把它发扬光大，不适合的就被淘汰。秦始皇的焚书坑儒、西汉时董仲舒的独尊儒术都是一种文化选择。就是物质文化也有一个选择问题，不同时期由于生产力的发展，人们对物质的需求不断变化，对原有的物质产品就有一个淘汰和保留的问题。每一个时代都在对文化进行选择。选择的内容有两种，一种是对已有文化的选择，另一种是对外来文化的选择。选择的方式有的是自上而下的，由统治集团明令禁止或倡导发扬；有的是自下而上的，先在民间中流行，逐渐影响到上层阶级。

传递，就是将既存的文化产品在时间上和空间上加以延伸，以期在不同的地域和久远的将来仍可保存其文化。其中，时间上的纵向传递是形成民族文化传统的最直接的因素。传递与选择是分不开的，传递过程中必然会有选择。传递文化的主体往往会根据时代的要求和自己的需要强调或者增加一些东西，贬斥或者舍弃一些东西。

上述四个基本环节不是孤立地发生的，而是相互交织，相互配合，综合地作用于民族文化传统的形成和演进中，甚至可以说很难把它们清楚地分成四个环节。上面讲到，选择与传递大体上属保留已有文化，但是选择实际上也是一种创造，因为选择以后必然会或多或少地改变原有文化的性质，分开来论述，不过是为了方便起见。特别是这四个基本环节都毫无例外地依赖于教育，统一于教育。这一点我们在后面还要详细谈到。

3. 稳定性

文化传统是在一定时间和空间的背景上，从众多的文化事相中提炼凝聚而成的，在某种程度上，它已经摆脱了具象性而成为具有一定共性的文化。因此，相对于变化不居的文化事相，文化传统具有一定的稳定性。文化传统的稳定性在时间和空间上都有明显的表现。在时间上，它表现为惯性，即文化传统发展变化的速率和节奏并不与时代的发展保持同步，而是落后于后者，所以文化传统往往是过去时代的反映。在空间上，文化传统的稳定性保持了文化本身的独特性，即它维护各民族文化原本不同的发展轨迹，使各民族文化的相互作用和相互影响被限定在一定范围之内。所以，在世界文化交流已经如此频繁和深入的今天，各民族文化仍保持着各自的独特性，从而形成了世界文化的多元性。这也就是为什么文化传统又可称为民族文化传统的缘由。

民族文化传统的稳定性在某种程度上表现出凝固性和保守性，它不仅在发展速率上落后于时代，有时甚至于拒绝时代要求的变革，拒绝外来文化的渗透。西学东渐在中国经历了艰难曲折的过程，就是一个明显的例子。因此，民族文化传统的稳定性具有两种意义。积极方面的意义是它保持文化传统的独特性，也即民族性；消极方面的意义是它影响到文化传统的变革，阻碍着先进文化的吸收、创造和传播。

4. 统摄性

文化传统一旦形成，就在一定范围内对人们具有普遍的内在的约束力，从而对社会成员的思想、心理倾向和行为方式发挥引导作用，以建立整个社会成员所共同遵循的文化标准。例如中华民族所具有的“富贵不能淫、威武不能屈、贫贱不能移”的精神风范，始终是中华民族全体成员的崇高信念。古代斯巴达的威武精神把临阵怯阵视为民族的耻辱。这都反映了文化传统的统摄性。

5. 系统性

文化传统的各个层次和各个方面构成了一个有机的整体，各种文化要素之间具有内在的质的联系。因此，尽管文化传统的各个层次、各个方面的稳定性不同，但只要改变文化传统的任何一个层面，其他层面就会随之发生相应的变化。中国近代的文化转型就是文化传统系统性、整体性的一个鲜明例证。清政府的吸取西学的本意只在引进西方的技术，即物质层面的文化，但很快就发生了他们所不愿见到的专制制度的垮台和封建观念的坍塌。

一个国家的民族文化传统有优秀的东西，也有落后的东西。文化传统的变革就是不断选择、创造符合时代要求的优秀的文化，而对不符合时代要求的落后的东西加以摒弃。因此，不能笼统地提倡弘扬民族文化传统，确切地说应该提倡弘扬民族优秀文化传统。例如，当前我国风行一股儒学热，且不说什么是儒学，儒学毕竟是两千年以前的产物，它经过时代的涤荡，虽有许多变化，但毕竟与现代化相距甚远。儒学中的有些内容属于我国优秀的文化传统，今天应该继承和发扬。所谓继承和发扬也不是全盘端过来，而是要根据时代的要求进行选择和再创造。选择的标准就是民族的生存和发展的需要，也就是时代的需要，在当今就是现代化的需要。说要用儒学来构建中国现代文化传统只能把人们引入歧途。

民族文化传统的这些特性，对现代化的进程起着十分重要的影响，几乎涉及社会的所有领域，其影响的方式又是相当隐晦的，渗透于社会各个分野的里层，这就使民族文化传统与国家的现代化的关系表现出相当的复杂性。教育是文化的组成部分，教育传统也是民族文化传统的一个部分。我们认识了民族文化传统的特性，实际上也就认识了教育传统的特性，但是教育在文化领域内又具有相对的独立性，教育传统的变革也会影响到民族文化传统的变革。

教育传统的形成及其特质

教育传统是指经过长期的历史积淀而形成并继承下来的教育思

想、制度、内容和方法，即在过去教育实践中形成并得以流传的具有一定特色的教育体系。教育传统是民族文化传统的组成部分，它有一个形成发展过程。一定的历史时期有一定的文化传统，也就有一定的教育传统，这种教育传统是受当时的政治经济以及文化的影响而形成的，同时也是对以往教育传统的继承和发展。因此一个时期的教育传统总是受到外部和内部两种影响，外部影响就是当时的政治、经济、文化传统的因素；内部影响即是先前的教育传统。

影响教育传统的决定性因素是社会生产力水平和经济特征。就生产力水平而言，当今世界分为发达国家和发展中国家或不发达国家。发达国家中有许多是过去殖民主义的宗主国，发展中国家许多都是过去的殖民地，它们面临的教育问题迥然不同，各国政府发展教育的策略也就会产生重大差别。就经济特征而言，发达国家中大多数是早发型的，即工业革命发生得早，并且是以积累的内部力量为动力而发生的，称为早发内发型国家；有少数发达国家如日本、俄罗斯则是晚发外发型国家，发展中国家更是晚发外发型的。国家的经济特征，必然会影响到教育传统。早发内发型国家的文化传统比较凝固与保守，教育传统也就会保留更多的旧时代的特点。晚发外发型国家在现代化进程中必然会吸收外来的技术和经验，就会遇到本国文化与外来文化的冲突，这种冲突必然会影响到教育传统，使它发生激烈的变化。

对教育传统影响较大的是一个国家的政治制度、经济制度以及其他制度。如美国联邦制、法国的中央集权制都有其形成的历史背景。这些包含传统因素又存在于现代社会的各种制度，对教育显然具有强烈的制约作用。又如英国的文官制度、日本的企业职工终身制度等无不对教育传统产生影响。

对教育传统影响最深的莫过于一个国家的民族文化传统。教育是传递、选择、发现、创造文化的重要手段，教育离不开文化传统，因此教育思想、教育制度、教育内容和方法都会留下文化传统的痕迹。例如，中国历史上长期存在的科举取士的传统是在封建制度发展中形成的。这种科举制度把学校教育和人才的选拔制度结合在一起，成为影响我国一千多年的教育传统。清朝末年，帝国主义的侵略动摇了封建主义的统治基础，科举制度终于随着政治经济的剧烈变革而彻底破灭，但是科举制度虽然作为一种制度是早已消灭了，而与科举制度相伴随的教育思想作为一种传统的教育思想仍在人们的头脑中残存下来。又如英国的绅士教育、德国教育的研究精神等等都受该国民族文化传统的影响。

教育传统既然是文化传统的组成部分，那么它同样具有文化传统的那些特性，即民族性、变异性、稳定性。

一个国家的教育传统与文化传统一样有其本身的特质，不能简单地肯定或否定，它适合于该国的政治、经济和文化传统，但不一定适合于别的国家。就本国的教育传统而言，其中有好的优秀的教育传统，也有不好的或者已经过时的教育传统。有些教育思想、制度和方法符合教育发展规律，符合人的发展规律，就是优秀的教育传统，就会世世代代传下来。例如我国古代“因材施教”、“教学相长”等教育思想，夸美纽斯、卢梭等先进教育思想家的许多教育学说，是世界教育的宝贵遗产，今天仍应继承和发扬。教育传统中有些教育思想、制度和方法是落后的、腐朽的，或者在当时的历史条件下是进步的，可取的，但随着时代的变化而变得落后了，今天就应该摒弃它。

教育传统是动态的，不是静止的，它是在不断发展的。教育传统和民族文化传统一样，其自身也在不断地传递、选择、发现和创造的过程中。每一个历史时期都有不同的教育传统。例如中国当代的教育传统就是在继承、批判中国古代教育传统，吸收西方教育思想、制度和方法过程中逐步形成的，它还在随着我国政治、经济的发展不断地发展和变化。

教育传统也具有相对的稳定性和凝固性。教育传统是不断发展的，但在一个时期又有相对的稳定性。教育传统也如民族文化传统一样，可以分为物质层面、制度层面和思想层面。物质层面表现在教育手段和设备、教具等方面；制度层面表现在学校制度、管理制度、考试制度等方面；思想层面表现在教育的价值观、人才观、教学观、师生观等等教育观念。在这三个层面中，教育思想起着主导作用，但它具有更强的凝固性。教育制度的改变虽然也要经过激烈的冲突，但它比教育思想的改变容易得多。前面讲的中国科举制度早已消灭，但科举思想的反映在今天教育传统中仍随处可见，学历主义就是其中之一。正因为教育传统有相对的稳定性和凝固性，才会在现代化过程中遇到冲突和选择等问题。

民族文化传统与教育现代化

这里遇到两个问题。一是教育能不能和如何促使民族文化传统的创造性转化，从而促进国家现代化的问题；二是教育如何吸取和宏扬民族优秀文化传统，如何摒弃不适应时代要求的文化传统，促使教育自身的现代化。本课题从总体上来讲就是想解决以上两个问题，下面各章就是选择几个案例来看一看它们在现代化进程中是如何解决这个问题的。

（一）民族文化传统与现代化的关系

世界各国，特别是东方国家都遇到一个共同的问题，即在实现现代化的同时，如何对待民族文化传统。尤其在我们这样一个文化传统十分深厚的国家，这一问题更引起人们的高度关注。

现代化首先从西方开始，因此往往容易把现代化与西方化联系起来。同时，在引进西方科学技术的时候也必然会带来他们的思想方式、行为方式乃至生活方式。因此东方国家在实现现代化的过程中，始终存在着东西方文化的冲突。有一段时期，人们往往将欠发达的原因归咎于传统，而以西方中心为基点的现代西方的发展学说也在其中起到推波助澜的作用。但是事实却非如此，许多迟发展国家如日本、新加坡等都是在合理地继承各自的文化传统的情况下走向了现代化；而有些急于摆脱文化传统的欠发达国家却至今未能实现现代化。因此对于民族文化传统与现代化的问题需要审慎地研究。

民族文化传统与国家的现代化存在着相矛盾、相冲突和相对立的一面，这是人所共知的。一方面，现代化的发展急速地摧毁着文化传统的固有体系，把不适应现代社会的传统剥离开来；另一方面，文化传统的某些内容（特别是观念层面的内容）又阻碍了现代化进程。造成两者对立的原因，是它们总体上代表着不同的时代。工业社会以前的文化与工业社会的文化显然具有不同的质。文化传统在其形成的初期，对当时的社会而言是新文化，代表了当时社会的发展方向，而对现代社会来说，文化传统就是旧文化，它总体上属于旧的时代。文化传统与现代化只有经过相矛盾、相冲突和相对立的过程才能完成由旧质向新质的转化。所以在世界各国的现代化进程中都伴随着对传统的否定。法国就是在早发国家中否定传统最彻底的一个。1789 年发生的法国大革命的核心思想就是与传统的彻底决裂。正如马克思所说的，它“像施法术一样把全部封建遗迹从法国地面上一扫而光”。[①] 但是法国的大革命也不是凭空而降，它继承了文艺复兴以来的启蒙运动的思想传统。

实际上，民族文化传统与国家的现代化的对立是相对的，两者之间还有相适应、相协调和相促进的一面。从民族文化传统的角度说，第一，民族文化传统是现代化的基础、前提、立足点和出发点，没有一个民族能把自己的社会先变成一张与传统毫无关系的白纸，再在上面重新画上现代化的美景。现代化只能站在一个现实的基础之上，而这个现实即包括传统。考察世界各国的现代化进程，就可以发现，所有国家无不遵从这一基本规律。英国是一个历史悠久、文化传统十分深厚的国家，而资产阶级革命和工业革命却首先发生在这里；其他欧洲国家诸如法国、德国、意大利也都有深厚的文化传统，但也继英国之后相继实现了现代化，这种现代化都是在其各自的文化传统之上建立起来的，因此虽然都属早发、内发型，却仍能各具特色。美国、加拿大、澳大利亚、新西兰等国的历史较短，文化传统的影响较小，但它们的现代化也并未完全摆脱殖民地时期形成的传统。东方文化历史久远，而日本已经走上现代化，其他亚洲国家的崛起也正在改写近代以来以西方为中心的历史，现代化中蕴含着东方文化传统。这些都是现代化基于民族文化传统的明证。第二，民族文化传统的合理内核促进现代化进程。民族文化传统中的一些内容反映了旧的时代特征，但并不排除民族文化传统中蕴含着反映民族性和人类性的内容，后者代表了这个民族乃至整个人类的发展方向，它们虽然存在于旧文化当中，但却不属于旧质文化，相反，它们能在现代化潮流的冲刷下焕发

① 《马克思恩格斯选集》第1卷，171页，北京，人民出版社，1972。

出更加旺盛的生命力。例如，首先进入现代化的国家有许多是临海国家，海洋民族的文化传统中本来就含有与其他民族交往的开放传统和从事商贸活动的商业传统，这些传统在现代化的激发下有效地促进了这些国家迅速地适应工业社会的需要。再如东方传统中的团结合作、纪律严明、忍辱负重等品格为使亚洲国家在内忧外患的不利状况下迅速完成经济起飞发挥了巨大作用。中国文化的自强不息的精神必将促使中国以更快的步伐迈进现代化国家的行列。第三，民族文化传统是一个民族发展的动力和源泉，它能形成一种民族精神，激发民族活力，从而使民族在复杂曲折的现代化道路中获得新生。从世界文化史来看，现代化国家的一个强有力的精神杠杆就是本民族强烈的民族意识和爱国主义精神，这些国家的人民总是以虔敬的心情缅怀着自己的文化传统，对于本民族的历史文化遗迹都倍加珍惜和爱护。数千年，中华民族的爱国主义精神团结了占世界总人口五分之一的人民在自己国土上抗击侵略者和建设自己的家园；改革开放以来全世界华人都在为祖国的现代化出力。

正因为民族文化传统的上述作用，所以我们说，现代化不排斥传统，它需要传统；现代化不剔除传统，它吸收传统，它只是摒弃一些不适应时代的传统思想和内容。对于传统当然也不是食古不化，而是加以消化、吸收和转化。

（二）教育传统的现代转化

民族文化传统对教育现代化的影响是通过教育传统进行的。教育传统与教育现代化的关系和民族文化传统与现代化的关系一样，既有矛盾、冲突、对立的一面，又有适应、协调和促进的一面。

前面谈到，教育传统受到各个时代、各个国家政治、经济和文化传统的影响，是在不断变革中形成和发展的，一个国家的教育传统可以说是这个国家原有的教育传统遗传和变异的产物。不同的时代有不同的教育传统。教育传统既然具有一定的稳定性和凝固性，因此它总是落后于时代的发展。所以说教育现代化的过程，就是优化旧的教育传统和创造新的教育传统的过程。

教育传统在教育系统的各个方面都有表现，但最重要的是表现在教育观念上，传统教育观念与现代教育观念在以下几方面有着根本的不同：第一，现代教育观念要求主动适应社会变革，而传统教育观念则倾向于被动调节。第二，现代教育观念是开放的和动态的，而传统教育观念则以自我封闭和墨守成规为特征；第三，现代教育观念强调多样性，而传统观念强调单一性和统一性；第四，现代教育观念在发挥教育功能和进行教育的自身建设方面具有超前意识，而传统观念则注重过去，具有滞后性；第五，现代教育观念强调个性化，而传统观念则重视标准化。①

传统教育观念在各国都有具体的表现。就我国而言，需要进行变革的传统教育观念主要有：狭隘的教育价值观，即只把学校教育看做是政治斗争的工具，为统治阶级服务，看不到它的经济功能、文化功能，尤其是忽略了它在人的发展中的功能。往往把促进社会发展与促进人的发展对立起来，看不到社会的发展需要以人的发展为前提；因循守旧的人才观，即只要求受教育者恪守传统的知识和技艺，守住祖宗家业，而不重视启迪受教育者去开辟新的知识领域，鼓励他们的创造精神；轻视实践和轻视技术的观念，即不让学生接触社会，不参加生产，不重视职业技术教育，鄙视一切技艺性的职业和劳动；僵化的教学观，即强求一律，方法呆板，强调教师的作用，忽视学生的主体

① 袁振国：《教育改革论》，127～130页，南京，江苏教育出版社，1992。

作用和主动性，等等。这一切源出于我国长期处于封建小农经济的生产方式下，再加上封建科举考试制度影响。

教育传统的转化是整体性的和全方位的，它涉及教育传统的物质、制度、观念三个层面以及人员、财物、结构、信息等教育系统的各个要素，而这三个层面和各个要素之间又是相互依赖、相互影响、相互制约的，但它们的地位和作用并不一致。从三个层面上来看，教育观念的转化是起主导作用的。从四个要素来分析，则人员要素处于主导地位，这是因为：第一，人员要素包括教育者和受教育者，教育者是施教者，教育方针要由他来贯彻，教育目标要由他来完成，教育内容要通过他来传递；受教育者则是教育的对象，是教育目的直接的承受者，教育的特殊规定性就是培养人，促使受教育者自由全面的发展是教育的内在价值。第二，其他要素作为达到教育目的的手段都是为它服务的。第三，其他要素也要通过人员要素起作用，但在强调人员要素的同时，不能忽视信息要素的作用。信息要素包含教育思想观念和教育内容。前面讲到，教育观念是起主导作用的，教育者（人员要素）的教育观念直接影响教育目的。

教育传统的现代转化的整体性和全方位性表现为这种转化不仅是教育内部的事情，而且是全社会的任务。例如，如果国家的领导成员不能克服狭隘的教育价值观，不把教育视为社会发展的前提，就不可能把发展教育放在国家发展的战略地位，就不可能增加教育投入。又如我国“以应试为目的的教育”、学生负担过重等问题长期困扰着广大教师和教育行政人员，即使教育部门三令五申要求克服“应试教育”，要求减轻学生作业负担，但由于教育观念没有在人们的思想中转化，学生的负担不但没有减轻，反而越来越沉重。

教育传统的现代转化不是凭空能完成的，需要有一定的条件。就我国而言，社会主义市场经济体制的建立，商品经济的发展，就业门路的拓宽是根本的物质基础；改革开放，国际交流，扩大眼界是外部条件；教育的普及、国民受教育程度的提高、国民素质的提高是传统观念转化的内部动力。同时教育部门不能坐等条件的成熟，需要主动地、积极地推行教育改革，以促使人们教育传统观念的转化。

中国传统文化对中国教育的影响*

一、中国传统文化铸造了中国传统教育

中国传统教育是同中国传统文化相对应的概念，是指与中国传统文化相伴而生的中国近代教育以前的教育。教育是文化的组成部分，中国传统教育也是中国传统文化的组成部分，同时是在中国传统文化的大熔炉中铸造出来的。中国传统文化以儒家文化为核心，中国传统教育更是以儒家文化为主体，从教育价值观到教育内容和方法，无不渗透着儒家的精神。可以这么说，中国传统教育就是传承儒家文化的教育。本节我们试从下面几方面来说明中国传统文化对中国传统教育的影响。

（一）重视教育，把教育作为立国立民之本的教育价值观

中国历来重视教育，视教育为民族生存、国家安定的命脉。因此中国很早就把教育纳入为国家的事业，建设国

* 摘自《中国教育的文化基础》，太原，山西教育出版社，2004。

家首先要开展教育。传说黄帝、尧、舜时代就十分重视教育，自舜开始已有专门教育机构出现。《尚书·舜典》中记载："夔，命汝典乐，教胄子。"可见当时已有专门的公职人员对贵族的子弟施教。《史记·殷本纪》中也有类似的记载，有一段还讲到对百姓的教育："契，百姓不亲，五品不驯，汝作司徒，而敬敷五教，在宽。""五教"就是指父义、母慈、兄友、弟恭、子孝，即血缘家族的伦理，要求用这些血缘家族的伦理道德教育百姓。这个时期还没有提到君臣的关系，因为中国当时还没有实行君主制度，还处于原始公社制社会。以后随着生产力的发展和社会的变革，教育越来越受到重视。据古籍记载，虞、夏、商、周都有各种学校。到西周时期中国奴隶制社会已臻完善，学校教育也开始分成等级。当时的学校分国学和乡学两类，国学为统治阶级的上层贵族子弟而设，乡学是地方学校，为庶民所设。① 《礼记·学记》中说："古之教者，家有塾，党有庠，术（遂）有序，国有学。"可见西周时代已有完整的教育体系。

到了春秋战国时期，孔子首开私学之风，各派名家也都设馆收徒，社会上形成了一种学习的风气。儒家文化特别重视教育立国。《学记》开宗明义说："建国君民，教学为先。"把教育摆在立国的首要位置。许多儒学思想家都提倡重视教育，希望通过教育，统治者能够成为圣明之主，臣民能够"化民成俗"，接受教化，成为良民。孔子的弟子有子说："其为人也孝弟，而好犯上者，鲜矣；不好犯上，而好作乱者，未之有也。"（《论语·学而》）就是说，接受了教育，懂得一套礼仪，就不会犯上作乱。

---

① 参见毛礼锐、沈灌群主编：《中国教育通史》第1卷，济南，山东教育出版社，1985。

隋唐开始设立科举取士以后，庶民百姓只要埋头读书，科举考试榜上有名，就能改变个人的身份和社会地位。科举制度极大地刺激了百姓接受教育的积极性。所谓“学而优则仕”、“书中自有黄金屋，书中有女颜如玉”已为百姓口诵心惟。因此说，中国人有十分重视教育的传统。无论是王孙贵族，还是黎民百姓，只要有一点能力，节衣缩食，都会送子女上学。中国古代官学、私学之发达是在其他文明国家不多见的。

中国古代为什么这样重视教育呢？因为人们认为教育是立国立民的根本。《大学》中说：“欲明明德于天下者，先治其国。欲治其国者，先齐其家。欲齐其家者，先修其身。欲修其身者，先正其心。欲正其心者，先诚其意。欲诚其意者，先致其知。致知在格物，格物而后知至，知至而后意诚，意诚而后心正，心正而后身修，身修而后家齐，家齐而后国治，国治而后天下平。自天子以至于庶人，壹是皆以修身为本。”教育就在于格物致知，修身养心，达到治国平天下的目的。把个人的学习同国家兴亡的命运联在一起，这是中国教育的传统。虽然当时是对统治者所言的，但历代知识分子都把它作为教育的最终目的。

这种教育价值观一直影响到今天。读书救国、教育兴国一直是中国人追求的目标。凡是中国人，都十分重视子女的教育，都希望自己的子女能多读几年书，接受更多的教育。国内升学竞争的激烈，广大群众对教育的关心程度，充分说明了这一点。许多旅居海外的华人，第一代大约都没有什么文化，但他们赚了钱以后第一件事就是捐资办学，在当地办华文学校或投资到祖国办学校。

这种教育价值观中也隐含着消极的一面，即把教育作为改变个人地位的手段。在今天的社会，这种观念本也无可厚非。但由此派生出来的“学而优则仕”、“读书做官”的观念则使学生鄙视劳动，追求虚荣，严重影响了学生身心健康。同时，这种教育观念严重歪曲了现代社会的人才观，不利于当今社会多元人才结构的培养和素质教育的推行。

（二）以伦理道德为核心的教育价值观

中国古代教育一开始就同社会、国家联系在一起。教育的目的是为了“修身，齐家，治国，平天下”。以宗法制度为基础的社会，特别重视人伦道德。五帝时就重视“五常”的教育。儒家文化恰恰符合这种要求，儒家从“从政以德”的政治主张出发，突出强调道德和道德教育在治国安民中的作用。因此，儒家教育就成为连接个人、家庭、家族和国家的纽带。汉武帝时董仲舒上书对策“独尊儒学”不是偶然的，它符合了封建大一统的需要。为此，董仲舒改造了原始儒学的思想，把“三纲五常”作为新儒学的核心。自此之后，整个封建时代的教育都呈现出以伦理道德为核心的价值取向。宋明理学更是强调道德教育和自我修养。重伦理轻功利、重人文轻自然的教育价值观构成中国古代教育的传统。虽然有些学派，如墨家、农家主张利民生财，教人耕作，但自汉武帝“罢黜百家”以后，墨、农诸家的主张在教育上就没有什么影响了。清代初期实学派也曾主张“经世致用”，除以经学为中心外，也旁及小学、史学、天算、水利、金石等，但未能得到朝廷和社会普遍的认可和重视。因此直至鸦片战争之前，中国古代教育从总体来讲，只教育学生做人，不教育学生做事；只教学生从善，不教学生求真。所谓“善”的德行，是以符合封建伦常为标准，伦理道德教育达到具有教育本体论意义的程度。贵族子弟上学是为了懂得统治集团的“礼”，以便承接世袭的俸禄；庶民百姓上学是为了学习统治集团规定的一套“礼”，以便跻身于上层阶级，服务于封建朝廷，治理国家，同时改换门庭，光宗耀祖。

这种教育价值观，有积极和消极的双重性。它的积极影响是，中国人历来重视教育，中国教育历来重视道德教育，学习，首先要学会做人，重视自身的道德修养，养成高尚的道德情操。重伦理道德的价值取向也影响到中华民族的国民性格、心理素质、风俗习惯等等。中国人历来重义轻利，重集体轻个人。“宽以待人，严于律己”、“独善其身，洁身自好”、“国家兴亡，匹夫有责”等格言，成了中国人日常生活的座右铭。但其消极影响也是十分明显的。首先，它把人束缚在家族的伦理关系之中，思想被严重地禁锢。所谓“非礼勿思，非礼勿闻，非礼勿视，非礼勿动”，养成一个没有个性人格的人。有的学者说，中国几千年的教育就是两个字“听话”，不是没有道理的。其结果是，培养出来的人不敢想，不敢讲，不敢闯，缺乏开拓创新精神，严重阻碍了中国近代社会的进步。其次，不重视科学知识的学习，影响到我国近代科学的发展。研究中国科学史的英国人李约瑟曾经提出这样的疑问：为什么历史上中国的科学技术水平和经济发展水平一直遥遥领先于其他文明，而近代科学非但没有在中国产生，而且中国近代还大大落后了？这个问题的答案是复杂的，有政治制度的原因、经济结构的原因，等等，但不能不说与中国的传统教育价值观，与只重伦理、不重视科学技术知识的教育观念有千丝万缕的关系。

（三）以“圣人君子”为教育的目标

圣人、贤人都是中国古代推崇的最高理想人格。孔子把尧、舜、禹作为理想的圣人，所以叫做“圣王”。王是外在表象，圣是内在的修养品格，内圣才能成为贤明的君王。因此，儒家把培养“内圣外王”的君子作为教育的最高目标。孟子说：“人皆可以为尧舜。”（《孟子·告子下》）也就是说，只要通过教育，修身养心，人人都能达到圣人的境界。何谓圣人？儒家有许多解释。荀子说："圣也者，尽伦者也。"（《荀子·解蔽》）又说："故圣人者，人之所积而致也。"（《荀子·性恶》）董仲舒说："天令之谓命。命非圣人不行。"（《举贤良对策》三）《白虎通义·圣人》更是把圣人神化了，说："圣人者何？圣者，通也，道也，声也，道无所不通，明无所不照，闻声知情，与天地合德，日月合明，四时合序，鬼神合吉凶。"至宋明理学，均以"穷天理，灭人欲"为旨归，以成就圣人为最高的道德境界和人生理想。① 说得通俗一点，圣人就是见识高明、德才兼备的君子中最有德行、最有威望的人。

君子，在西周、春秋时期是对贵族的通称。《国语·鲁语上》："君子务治，而小人务力。"统治者贵族是君子，从事体力劳动的奴隶是小人。春秋末期，"君子"与"小人"逐渐成为"有德者"和"无德者"的称谓。孔子就是把人分为君子和小人两类，君子有德，小人无德。孔子说："君子喻于义，小人喻于利。"（《论语·里仁》）又说："君子义以为质，礼以行之，孙以出之，信以成之，君子哉。"（《论语·卫灵公》）意思是，君子做事以合宜为原则，以礼节来实行，用谦逊的言语来说它，用诚实的态度来完成它，这才是真正的君子。"君子"这个词是在《论语》中出现的最频繁的一个词，达 107 次之多。《论语》的第一章第一节就说："人不知而不愠，不亦君子乎？"（《学而》）人不了解你，你却不怨恨，这样的人不就是君子吗？什么人才是君子？孔子还有许多解释，而且因人而异，因材施教。子贡问他，怎样才能成为君子？孔子回答说："君子周而不比，小人比而不周。"（《为政》）君子讲团结，但不勾结；小人勾结，却不团结。司马

① 顾明远主编：《教育大辞典》，上海，上海教育出版社，1998。

牛问他，怎样才能成为君子？孔子回答说："君子不忧不惧。"(《颜渊》）君子不忧愁，不恐惧。孔子还说："君子成人之美，不成人之恶。小人反之。"孔子讲到君子总是和小人对立起来。在孔子的眼里，君子要达到他主张的"仁"的境界。关于"仁"的解释，在《论语》里讲得很多，达104次，有许多解释。孔子把"仁"和"礼"联在一起，"克己复礼"为"仁"。"仁"是为"礼"服务的，能够恢复到周礼就是最有仁德的人。我们这里不专门论述孔子的"仁"的思想。简单地说，君子就是讲礼义诚信的人，是具有最高道德修养、德才兼备的人。

孟子发展了孔子的思想，把培养君子提高到人性的角度认识。他主张"性本善"，他说："恻隐之心，人皆有之；羞恶之心，人皆有之；恭敬之心，人皆有之；是非之心，人皆有之。"(《孟子·公孙丑上》）人都有四端："恻隐之心"是仁之端；"羞恶之心"是义之端；"辞让之心"是礼之端；"是非之心"是智之端。人的四端经过教育就成为"仁、义、礼、智"四德。① 所以"人皆可以为尧舜"(《孟子·告子下》）。孟子也是教人做人，成为有高尚人格的君子。孟子认为，只有讲仁义才能为圣王，才能得天下。这就把君子和圣王结合起来了。所以有"内圣外王"的说法。

荀子也是孔子思想的继承人，他也主张培养君子。但他与孟子不同，提出"性恶"论，认为："今人之性，生而有好利焉，顺是，故争夺生而辞让亡焉；生而有疾恶焉，顺是，故残贼生而忠信亡焉；生而有耳目之欲，有好声色焉，顺是，故淫乱生而礼义文理亡焉。"

① 参见王炳照、阎国华主编：《中国教育思想通史》，长沙，湖南教育出版社，1994。

（《荀子·性恶》）他认为，尽管人有这些“恶”行，但经过教育是可以纠正过来的，所谓“化性起伪”。他赋予教育巨大的作用。他说：“我欲贱而贵，愚而智，贫而富，可乎？曰：其唯学乎！彼学者，行之，曰士也；敦慕焉，君子也；知之，圣人也。上为圣人，下为士、君子，孰禁我哉？”（《荀子·儒效》）荀子认为，教育可以使人由卑贱变为高贵，愚笨变为聪明，贫困变为富贵，由士而君子而圣人。士、君子、圣人是封建社会统治阶级的三个等级，也是他们追求的理想的培养目标。

中国古代教育以培养士大夫、君子、圣人为最高的教育目标，实际上，也就是培养统治阶级的人才。虽然也讲“德才兼备”，但更重视的还是一个人的“德行”，“才”也只是统治之才。这种教育目标完全是为封建统治服务的。它强调封建社会需要的“德行”，却泯灭了人之以为人的“人性”，更没有不同人的个性，是一种培养奴性的教育。所以鲁迅把中国的封建传统教育总结为一个词：“吃人”。

但是儒家这种以理想人格为培养目标的教育传统，强调道德修养应成为每个社会成员自觉的选择和实践，追求人在道德上的完美，在中国历史上也培养了不少忧国忧民的人才，同时这种教育传统也影响着中国人的民族性格和民族精神。今天如果我们运用历史唯物主义的方法对它加以改造，剔除封建教育的内容和奴性的培养，那么它还是有一定意义的。“教人做人”、“德才兼备”、追求理想的完美人格，仍然是我们今天应该继承和发扬的。

（四）以“四书五经”为教育的主要内容

中国古代教育的教育内容是很丰富的。西周国学有礼、乐、射、御、书、数六种科目，合称“六艺”。“礼”是政治伦理课，包括奴隶制社会的道德规范和礼节；“乐”是艺术课的总称，包括音乐、诗歌、舞蹈；“射”即射箭；“御”即驾驭战马，都是军事训练课；“书”和“数”就是文化基础课。“书”、“数”为小艺，是初等教育阶段学习的内容，“礼”、“乐”、“射”、“御”为大艺，是高等教育阶段学习的内容，“礼”又是核心。《大戴礼记·保傅》中载：“古者年八岁而出就外舍，学小艺焉，履小节焉；束发而就大艺焉，履大节焉。”可见当时教育内容文武兼备，层级分明，代表了中国奴隶社会全盛时期的教育水平。

但是，大约从西汉时期开始，教育内容变得只以经学为主了。可能与西汉武帝时董仲舒“独尊儒术”有关。“独尊儒术”的文教政策不仅“罢黜百家”（像墨家是很重视生产知识的教育的），结束了百家争鸣的局面，而且促成了教育的政治伦理化，教育内容当然也就只需要讲求封建礼法和治人之术的经学了。毛礼锐、沈灌群两位老先生主编的《中国教育通史》中就说：“自汉武帝‘罢黜百家，独尊儒术’之后，统治者便用经学治世，学校育才、朝廷取士也都以经学为重要标准和基本内容。”① 特别是科举制度产生以后，考试内容主要以经学为主，明代更是要求考试以“四书”出题，以朱熹的《四书章句集注》为标准。考试内容历来是教育内容的指挥棒，中国古代教育内容的单一化也就可想而知了。

中国古代相传使用的教材还是很多的，但内容都以伦理道德教育为主。我们在编纂《教育大辞典》时，收集了教材 262 篇（本）、教育读物 252 篇（本）。从内容上可以分为几类：一类是为儿童准备的启蒙课本和读物，其中又可分为：以识字为主，兼有历史、自然、生

---

① 毛礼锐、沈灌群主编：《中国教育通史》第 2 卷，5 页，济南，山东教育出版社，1985。

活、生产等常识的，如常见的《千字文》、《百家姓》、《三字经》等；以训育为主，教育子女人伦礼节的，如《弟子规》、《女儿经》等。一类是为青年追求功名准备的“四书五经”及各种各样的诠释。自然科学内容的教材极少，只有《算经十书》、《九章算术》、《神农本草经》、《本草纲目》等寥寥10多本，有些读本也并非作为正式的课本。虽然科举一度设有算科，但时间不长，名额也很少，主要选拔从事历算的人才。

中国古代教育轻视自然科学和应用技术性内容，给我国近代科学的发展带来的严重后果是不可估量的。这种教育导致的结果不仅阻碍了近代科学在中国的发展，而且使学生养成一种脱离实际、崇尚虚荣、不讲科学、妄自尊大的心理趋向，只讲雄辩、不讲实证的思维方式，这些都严重地阻碍了整个社会的进步和发展。

（五）经院主义的教学方法

中国古代的教学方法还是十分多样的。从《论语》一书中可以看出，孔子讲学采用的是启发式、讨论式。他说过：“不愤不启，不悱不发。举一隅不以三隅反，则不复也。”（《论语·述而》）《学记》也重视启发，说：“君子之教，喻也。”“喻”就是晓喻，即启发诱导的意思。又说：“道而弗牵，强而弗抑，开而弗达。”教师要善于诱导、开启，而不是抑制或把现成的结论灌输给他。还要求教师了解学生的实际情况，谓“学者有四失，教者必知之。人之学也，或失则多，或失则寡，或失则易，或失则止。此四者，心之莫同也。知其心，然后能救其失也”。就是说，教师要防止学生学习贪多而不求甚解，学习太少而知识欠缺，把学习看得太容易而不刻苦钻研，缺乏自信畏难而止。古代书院也讲究学术讨论。朱熹主持白鹿洞书院并制定《白鹿洞书院揭示》，教学有生徒自己读书，师生质疑问难，以及讲会、文会、诗会等多种组织形式和教学活动。

以上说的都是高等教育和研究机构，把教学和研究结合在一起。至于蒙学和一般以科举功名为目的的教育，主要是死记硬背经书古典及各种诠释。实行“八股文”以后，学生就是学习如何做八股文，至于内容也就不求甚解了。鲁迅曾经在短篇小说《五猖会》中描写过他小时候父亲逼他读《鉴略》的情景。他深刻地批判了旧教育的教育方法。他写道：“记得那时听人说，读《鉴略》比读《千字文》、《百家姓》有用得多，因为可以知道从古到今的大概。知道从古到今的大概，那当然是很好的，然而我一字也不懂。‘粤自盘古’就是‘粤自盘古’，读下去，记住它，‘粤自盘古’呵！‘生于太荒’呵！……”①笔者也有这种经历。抗日战争初期我正上小学，日军把学校破坏了，没有学校可上，就念了一年私塾。读的是《大学》，至今只记得“大学之道，在明明德，在亲民，在止于至善”这几句，那时候根本不懂它是什么意思。初中语文课读《孟子》，也是不解其意，只是死记硬背。民国时期尚且如此，民国以前就可想而知了。

中国传统教育方法中还有一个特点，就是只灌输知识的结果，不解释求知的过程，也就是学生只知其然，不知其所以然。熟读“四书”、“五经”还要背诵各家的诠释。做文章也限于“我注六经，六经注我”，不研究实际问题。陶行知先生批评这种教育是“死”的教育：“先生教死书，死教书，教书死；学生是读死书，死读书，读书死。”②

---

① 鲁迅：《朝花夕拾》，见《鲁迅全集》第2卷，北京，人民文学出版社，1973。

② 董宝良主编：《陶行知教育论著选》，395页，北京，人民教育出版社，1991。

这种经院主义教育方法对中国教育影响至为深远，今日的教育也还没有完全摆脱它的影响。当然，关于背诵也有不同的主张。朱熹就曾主张，先把经书熟读，然后慢慢领会理解。现在也还有人主张幼年背诵一点古书有好处。好像杨振宁先生也曾说过，他很得益于年少时候读的《论语》、《孟子》。我认为，年幼时，记忆力强，背诵点古诗词、中华美德格言，很有好处，不仅能够提高一个人的文化修养，而且能提升人的思想品位。但是，这种背诵应该在理解的基础上，不能把死记硬背作为一种学习方法来提倡。死记硬背的经院主义教育方法，只能压抑个性，培养奴性，不可能培养具有创新精神和实践能力的人才。

二、科举制度对中国教育的影响

中国的科举制度是中国传统文化的一大特色。科举原本是朝廷取士的一种考试制度，但它和教育联系在一起，深刻影响了中国教育的传统。

科举，起源于隋代。隋炀帝大业二年（公元 606 年）设进士科，此为科举之始。唐代有了进一步发展，逐步形成了一套完整的考试制度。据《新唐书·选举志》记载："唐制，取士之科，多用隋旧，然其大要有三。由学馆者曰生徒，由州县者曰乡贡，皆升于司而进退之。……此岁举之常选也。其天子自诏者曰制举，所以待非常之才焉。"考试的办法是，每年的冬天，中央和地方官学通过考试挑选学业优秀者送至礼部参加省考，即《新唐书·选举志》中所说的"每岁仲冬，州、县、馆、监举其成者，送之尚书省。"考试的科目繁多，但通常举行的是秀才、明经、进士、明法、明字、明算六科。

宋代因袭唐代的制度，但几经变化。开始的时候科目也很繁多，经过王安石变法，废明经诸科，仅留进士一科，以经义论策取士。司马光当政，又将进士分为经义、诗赋两科。考试增加了殿试，于是考试就分成三级：州试、省试、殿试。省试合格，称进士。殿试合格，分为三甲，赐进士及第、进士出身和同进士出身，直接授官。到了明代，规定考试以“四书”（《大学》、《中庸》、《论语》、《孟子》）出题，并且必须以朱熹的《四书章句集注》为标准，考试更具程式化。明成化以后，考试采用“八股文”。其特点是：（1）题目一律采用“四书”、“五经”中的原文；（2）内容诠释必须以程朱理学家的注释为准；（3）文章结构体裁有一套硬性的格式：由破题、承题、起讲、入手、起股、中股、后股、束股八部分组成，称为“八股文”。直到清光绪三十一年（1905），清政府才发布上谕，于次年废除科举考试。科举制度在中国封建社会实行了1300年之久。它对中国教育的影响是无可估量的。

科举制度作为一种人才选拔制度和文官考试制度，在我国是首创。它的出现不是偶然的，是适应当时封建社会进一步巩固和发展的时代需要而产生的。许多学者都认为，英国的文官考试制度就是从中国传过去的。这种制度比起世袭制，当然是很大的进步。它克服了世袭子弟的懒散、堕落、腐败的习气，但更重要的是可以削弱贵族的专权，加强皇权，把人事权力集中到中央；同时为中小庶族子弟打开入仕之门，既抑制了豪门贵族的专权，又稳定了统治阶级内部大批中下层庶族地主，调动了他们的积极性。只要他们埋头读书，通过科举考试就可以取得高官厚禄，参与政事，跻身统治者的行列。所以，科举制度曾经受到贵族的激烈反对，它的推行也是经过一番斗争的。在历代科举考试中确实出现了一批人才，但是发展到后来，营私舞弊，造成许多弊端。特别是明、清推行“八股文”以后，僵化拒变，更使科举制度走向末路。

科举制度对中国社会的最大影响是制造了学历主义的价值观。由于科举是封建社会庶族亦即中小地主阶级子弟入仕的唯一途径，而且会一举成名天下知，荣华富贵随之而来，所以社会上广泛形成了“读书做官”、“做官发财”的思想，所谓“万般皆下品，唯有读书高”。宋真宗曾有一首《劝学诗》，诗称：

富家不用买良田，书中自有千钟粟。
安房不用架高梁，书中自有黄金屋。
娶妻莫恨无良媒，书中有女颜如玉。
出门莫愁无随人，书中车马多如簇。
男儿欲遂平生志，六经勤向窗前读。①

《儒林外史》中描写的范进中举的场面，从文学的角度生动地表现了封建社会对科举的狂热追求。

这种学历主义价值观一直影响到今天。“读书做官”、“书中自有黄金屋，书中有女颜如玉”的思想普遍存在。升学的竞争，重视普通教育，轻视职业教育，追求高学历，不是与科举制度的学历主义一脉相承吗？今天的中考、高考与科举考试何其相似。科举考试把知识分子一分为二，考取功名的成为人上人，进入统治阶级；落榜的成为人下人，被人统治。今天的中考、高考也相类似，考上的出人头地，可以谋取较好的职业，没有考上的只能生活在社会的底层。当然，今天社会的工作在人格上是没有高低贵贱之分的，但在物质生活上还是有

① 转引自王炳照：《中国古代书院》，北京，商务印书馆，1998。

很大差别的。有人会说，社会上的人总是有差别的，人才总是要选拔的。不错，但人才的选拔和差异应该是在平等竞争的基础上产生的，应该是能力竞争的结果。而今天的升学竞争，一次考试定终身，考试内容和方法并不能完全反映能力和水平。当然，今天的升学竞争也是有缘由的，一方面与我国教育资源稀缺、教育供求的矛盾有关；另一方面也与我国的劳动人事制度有关。我国计划经济时代的劳动人事制度只讲学历，不讲能力，有了高学历就有高职位。在现代社会，学历是应该重视的，它代表了一个人受教育的程度，但不能唯学历主义，受教育的程度并不代表他的能力，唯学历主义引导人们去追求高学历，同时引发了升学的恶性竞争，也影响了人的素质的提高。

科举制度影响到学校教育。科举考试是封建国家选拔官吏的工具，学校是培养官吏的场所，学校培养出来的学生需经过科举考试的选拔，才能被授予官职，因此，就把学校和科举捆绑在一起。学校教育的培养目标、教学内容、教学方法无不受到科举的影响，学校成了科举的预备机构和附庸。上一节中我们提到的以“内圣外王”的君子型为培养目标，以“四书”、“五经”为教学内容，加上经院主义的教学方法，无不与科举有关。特别是培养奴性，忽视个性的培养目标，以及只重结果，不重过程，死记硬背，不求甚解的教学方法一直影响到今天的学校教育。

三、书院对中国教育的影响

书院是中国古代特有的一种学校教育组织形式。书院始于唐中叶开元年间，据《新唐书·百官志》记载，开元五年（717 年），乾元殿写四部书，置乾元院。六年，乾元院改号丽正修书院。十三年，改丽正修书院为集贤殿书院，[①] 遂有书院之名。书院原本是修书、校书、藏书之所，供朝廷读书、顾问应对之用。当时也有隐居读书或聚徒讲学的场所名为书院或精舍的，如四川的张九宗书院、湖南的李宽中秀才书院、江西的梧桐、皇寮、义门书院等。唐末五代战乱，官学衰败，许多学者避居山林读书，有的选择山林胜地，建立校舍，收徒讲学，逐渐演化为一种学校教育组织形式。宋初得到朝廷的鼓励，以讲学为主的书院遂兴盛起来，规章制度也日趋完善。著名的书院有岳麓书院、白鹿洞书院、嵩阳书院、睢阳书院、石鼓书院、茅山书院等。南宋时期，随着理学的发展，书院不仅是读书的场所，而且逐渐成为学派活动的基地。如张栻于岳麓、朱熹于白鹿、吕祖谦于丽正、陆九渊于象山讲学，遂有“南宋四大书院”之称。元代朝廷对书院采取积极创办、鼓励发展的政策。书院不仅数量大增，而且地域分布也有了扩大。南宋时期书院主要集中在江南，元代虽然仍以江南为众，但逐渐开始“南学北移”。元代书院的另一个特点是开始走向官学化。朝廷一方面提倡私人出资、捐田兴建书院，另一方面各级官府拨资兴建或修复书院。与此同时，官府还加强了对书院的管理和控制。最重要的表现是为书院委派山长，选任主讲。有不少书院的山长、教授直接由各级官府官员兼任。即使是私人延聘的山长或教授，也要由官府认可后授以学官之职，同官学同等对待。[②] 明初统治者一度力兴官学，书院沉寂了百余年，明成化年间才开始恢复，并随着陈献章、王守仁、湛若水等学派的崛起而兴盛。书院力主矫正官学流为科举附庸

---

① 孟宪承、陈学恂等编：《中国古代教育史资料》，185 页，北京，人民教育出版社，1961。

② 王炳照：《中国古代书院》，141 页，北京，北京，商务印书馆，1998。

的弊端，发展讲学制度，各标宗旨，问难论辩。东林书院更是提倡讲求实学，开“讽议朝政，裁量人物”之风。顾宪成等曾撰联“风声雨声读书声，声声入耳；家事国事天下事，事事关心”，为天下学子所传诵。一时间朝野人士争慕与游，同声相应，但也因此惹怒朝廷，招来杀身之祸。明天启五年（1625 年），阉官魏忠贤大兴党狱，天启六年（1626 年），诏毁天下书院，东林书院被夷为瓦砾。崇祯元年（1628 年）才得以昭雪，建筑稍有恢复。清朝之初，为防止书院广聚生徒反清复明，不许增建。至雍正时，在禁止私人创办书院的同时，开始拨款兴建官办书院，首先在省城兴建和恢复，之后，各府、州、县也纷纷建立书院，至清末已达数千所。清代书院绝大多数属官办，也有各级官员出私产创建的，还有商人出资创办的。但这时的书院已经官学化，书院山长和教授荐聘之权多属于督抚学政，生徒亦多由官方选录考核。绝大多数书院已演变为同官学一样的考课式书院，沦为科举的附庸。直到嘉庆年间，浙江学政阮元于杭州创建诂经精舍，寻求改革，不务浮华，专勉实学，教学内容以经史为主，兼顾小学、天部、地理、算法等。两次鸦片战争后，近代科学开始在某些书院中传授。光绪二十七年（1901）诏改书院为学堂，书院遂随着学制改革而废除。民国以后也有几家书院，如梁漱溟在重庆创办的勉仁书院、马一浮在乐山创办的复性书院等，虽然也继承发展了古代书院的传统，但已不是原本意义上的书院了。

书院是我国古代在继承私学传统，吸取宗教特别是禅林精舍讲学的形式和官学经验的基础上发展起来的，是与官学相平行的一种特殊教育制度。教育程度一般在蒙学之上，成为本地、本省的最高学府。大多数书院由名师大儒聚徒讲学发展而成，基本上属于高等教育范畴。书院在中国大地上存在了 1000 余年，繁荣了学术，培养了人才，不仅在中国教育史上具有不可忽视的地位，也是世界教育发展史上引人注目的现象。书院以下一些特点，对中国教育产生着深远的影响：

第一，书院基本上属于私学性质，虽然自元代开始逐渐官学化，但大多数是私人创办的，或以私人创办或主持为主得到朝廷和地方官府的鼓励和资助。资助的形式是或赐银拨款，或拨划田产，有的还赐名、赐书、赐匾，开了我国私办官助、民办公助的办学兴教的先河。它与官学既有互补的关系，又有抗衡的关系。一般说来，官学不兴，书院勃起，弥补了官学数量的不足。一旦官学发展，书院往往便被冷落，历史上出现过多次官学盛书院衰、书院兴官学败的交替互补的局面。总体上说，官私互补，满足了士子读书的要求。书院为中国教育的发展起到了不可磨灭的作用。

第二，书院教学注重讲明义理，躬身力行。大多数书院由名师大儒主讲，这些大师多以醉心学术、潜心修炼心性为目标。多数书院反对科举，反对追名逐利。他们把书院建立在山林胜地，以清高脱俗、持志守节相标榜，形成一种风尚，影响着历代知识分子。即使在清代，书院大多成为官学，已附庸于科举制度，但也有一些书院以研究经史、考订训诂为宗旨。

第三，讲学和学术研究是书院的主要活动内容。教学和研究的紧密结合是书院教育的特点。它不像官学的课程和教学那样冗繁呆板，过于程式化，而是比较简约灵活，以自学、独立研究为主，采用问难辩论，注重启发学生思维，开展师生讨论，体现学术自由。教学活动通常由书院主持者主讲，每讲立一主题，称为明立宗旨，讲授其研究心得和研究成果，生徒边听讲，边质疑问难，形成讨论式教学。有时书院延聘不同学派的名师来书院讲学，师生开展辩论。如南宋淳熙八年（1181）朱熹曾邀请陆九渊到白鹿洞书院讲“君子喻于义，小人喻于利”，为不同学派在同一书院讲学树立了典范。还有一种会讲的形式，如朱熹和张栻在岳麓书院曾有过“朱张会讲”，还有“朱陆鹅湖会讲”等。这种会讲形式后来形成了风气，各书院轮流主办，邀请其他书院师生共同讲论。① 有点像我们今天举办的各种论坛和研讨会。

第四，书院讲学实行开放式，不同地区、不同学派的学者都可以来听讲、求教。常常是一位名师讲学，四面八方的学子都会前来听讲，听众多至逾千人。这种开放式教学有利于学术交流。书院教学重视互相切磋，密切了师生关系，师生情谊比较深厚，进一步强化和形成了我国尊师爱生的优良传统。

第五，书院本是藏书修书的场所，所以一般书院都重视图书的收集、整理、修订工作，许多书院建设了藏书楼、藏书阁。不少书院还自行刊刻图书。因此各地书院都成为当地藏书最丰富的地方。

第六，书院有一套严格的规章制度，称为“学规”。书院制定学规是受了佛教禅林制度的影响和启发。第一个系统完整的书院学规是南宋朱熹制订的“白鹿洞规”，后来成为历代书院共同依据的范本。“学规”重视立志、存心、穷理、察微、克行、接物等，非常重视生徒的品德修养。“白鹿洞规”概括了封建社会教育的基本精神和要求，成为封建社会教育的共同准则，一般官学也经常采用。②

书院是中国传统文化的产物，1000 余年中几经变迁，虽然明清时代大多数书院沦为科举的附庸，但书院制度本身有许多优秀传统，它对传承中华文明起了重要的作用。书院最大的缺点是：只传经史，

---

① 王炳照：《中国古代书院》，5～6 页，北京，商务印书馆，1998。

② 陈元晖、尹德新、王炳照编著：《中国古代的书院制度》，上海，上海教育出版社，1981。

不讲科学，本质上是为封建社会服务的。今天我们来研究书院，发扬其优点，剔除其糟粕，可以为教育改革提供有益的借鉴。

四、中国传统教育中的宝贵财富

中国传统教育是中国传统文化（古代文化）的产物。它生长发育在中国的封建社会，无疑带着封建主义的烙印。但它和中国传统文化一样，为中华民族的形成、发展和繁荣作出了巨大的贡献。它蕴涵着民族的精神、教育的精华。中国传统教育中的优秀精华是我国教育的宝贵财富，值得我们继承和发扬。中国传统教育的内容十分丰富，从教育思想到教育制度、教育方法，都有浩瀚的文献记载。中国教育史学界已有许多学者做了大量研究。毛礼锐、沈灌群主编的《中国教育通史》，有史有论，全面总结了我国自古到今的教育发展的历史；王炳照、阎国华主编的《中国教育思想通史》，王炳照、李国钧主编的《中国教育制度史》都是以八卷本三四百万字的巨大篇幅论述了我国历代教育思想和制度，总结了我国传统教育的历史经验，充分挖掘了它的精华。但由于受通史的限制，中国传统教育的精华都散见于各个时期或各位教育家的篇章中，缺乏统一的、单独的、总体的论述。本节试图概括地、简要地对中国传统教育中值得继承和发扬的精华作一简要的介绍，从而可以看出，我国今天的教育传统是怎样在承继传统的基础上发展起来的。

1. “有教无类”的教育思想

“有教无类”的思想是孔子最早提出来的。他说：“有教无类。”（《论语·卫灵公》）又说：“自行束修以上，吾未尝无诲焉。”（《论语·述而》）怎么理解孔子说的“无类”？马融的解释是：“言人所在教，无有种类。”[①] 就是说，人在于教育，没有种类之分。黄侃的解释是："人乃有贵贱，同宜资教。不可以其种类庶鄙，而不教之也，教之则善，本无类也。”[②] 人有贵贱之分，但不能因为鄙贱而不教。教了就成为善良之人，无所谓种类之别。朱熹的解释是："人性皆善，而其类有善恶之殊者，气习之染也。故君子有教，则人皆可以复于善，而不当复论其类之恶矣。”就是说，人性本来是善良的，但族类有善恶之分，往往会让人染上不好的习气，接受教育以后，就能复归善良，不该再议论他的族类的恶了。可见这种教育思想在古代各人的理解都不同，但总的意思是不分种族，不分贵贱，人都可以受教育，接受教育以后就会成为善良的人。

毛礼锐、沈灌群先生主编的《中国教育通史》中分析：孔子“有教无类”的主张，是“针对当时奴隶主教育的有教有类提出来的，并与之相对立”。当时奴隶主的官学的有教有类表现为两方面：一是称蛮夷诸族为异族非类，不把他们作为接受华夏礼仪教育的对象；二是在华夏诸族中只有居统治地位的氏族才有受教育的机会，被奴役的氏族没有受教育的权利，所谓“礼不下庶人”（《礼记·曲礼上》）。孔子的“有教无类”冲破了这两个界限，在当时具有重大的意义，对后来的儒家学说的传播和发展也有重大的影响。

当然，孔子的“有教无类”仅仅限于当时统治阶级内部，并不包括挣扎在饥饿线上的劳动大众。但他身处奴隶制向封建社会转变的时期，提出教育不限于奴隶制贵族，也是具有进步意义的。

---

① 转引自刘宝楠：《论语正义》，长沙，岳麓书社，1992。

② 转引自毛礼锐、沈灌群主编：《中国教育通史》，济南，山东教育出版社，1985。

后世往往把“有教无类”作为教育平等的代名词。从这个意义上讲，“有教无类”的思想今天仍然有着重要的意义，但需要根据时代的要求重新解读。首先，我们要加强普及教育的力度，使每个国民都有接受良好教育的机会，提高全民族的文化素质，才能实现全面小康。其次，要使教育得到均衡发展，使所有国民能基本上享受同样质量的教育，逐步做到教育公平。第三，在学校里教师对学生要一视同仁，切忌人为地把学生分成三六九等，区别对待。教师要相信每一个学生，相信他们人人都可教，人人能成材。

2. 道德为先的教育思想

前面已经提到中国传统教育以伦理道德为最高价值取向。它有积极的一面，就是把道德教育放在首位。教育首先要教会学生做人，做一个人格高尚的人。儒家教育的培养目标就是“君子”，君子就是德才兼备的人。一本《论语》都是讲人伦道德，讲仁、义、礼、信，讲什么人是君子，怎样成为君子。孔子曰：“君子怀德，小人怀土。”（《论语·里仁》）又曰：“君子喻于义，小人喻于利。”① 都是说君子要有道德。

中国传统道德教育有一套方法。首先讲究练习，从小教育儿童洒扫庭院，礼让应对，形成习惯；稍大一点就要读书明礼，通过学习经史子集，学习做人的道理。例如，明代王守仁曾撰《教约》，任南赣巡抚时还颁发给各社学蒙师，具体规定社学每日功课及教学程序：“先考德，次背书诵书，次习礼或作课仿，次复诵书讲书，次歌

① 毛礼锐、沈灌群主编：《中国教育通史》，济南，山东教育出版社，1985。

诗。”[①] 古代有许多名人都撰写“家训”、“家规”来教育自己的子女。例如流传下来的著名的《朱子家训》，是清代朱柏庐所撰。该书从生活起居、做人处世等各方面，正反举例，教育子孙勤劳、节俭、正直等，其中有许多名句格言，如“一粥一饭，当思来之不易；半丝半缕，恒念物力维艰”、“宜未雨而绸缪，毋临渴而掘井”[②] 等，至今仍为大家所传诵。

中国传统道德教育特别强调自律、自我修养，从心性上陶冶情操。孔子曰：“为仁由己。”又曰：“君子求诸己，小人求诸人。”（《论语·卫灵公》）孔子的学生曾参曰：“吾日三省吾身——为人谋而不忠乎？与朋友交而不信乎？传不习乎？”（《论语·学而》）讲的都是自我修养，而且认为自我修养是人一生的事，必须持之以恒，坚持不懈。《礼记·大学》曰：“诚于忠，形于外，故君子必慎其独也。”讲的是“慎独”，即自重自爱。一直到宋代儒学家朱熹，提出“居敬”，也是强调自律，自我教育。

中国传统道德还重视向他人学习，把他人的品行作为镜子来对照自己。孔子曰：“三人行，必有我师焉：择其善者而从之，其不善者而改之。”（《论语·述而》）又曰：“见贤思齐焉，见不贤而内自省也。”（《论语·里仁》）就是说，看见了贤人，便应该向他看齐；见到不贤的人，便应该自己反省，有没有同样的毛病。孟子继承孔子的思想，也主张“反求诸已”。他说：“爱人不亲，反其仁；治人不治，反其智；礼人不答，反其敬。行有不得者，皆反求诸已。其身正而天下

① 顾明远主编：《教育大辞典》第 8 卷，244 页，上海，上海教育出版社，1991。

② 同上书，251 页。

归之。”（《孟子·离娄上》）这是说，如果“爱人”、“治人”、“礼人”都得不到好的反映，就应该检查自己，是不是做到了“仁”、“智”、“敬”，自己身正了，才能统治天下。这当然是规劝统治者的话，但也说明了孟子对道德修养的认识，强调自我修养，从我做起。

中国传统道德的这些理想追求和修身养心的方法，为历代所继承和发展。中国传统道德虽然是封建社会的产物，许多内容渗透了封建思想。但是其中有许多精华是处理人际关系的，是人类共有的品质，具有普遍的人性。所以，中国传统道德的精华被世界誉为中华美德。同时，传统道德中的许多内容，只要我们运用马克思主义的历史唯物主义态度，吸取其精华，批判其糟粕，改造其内容，抛弃其局限性，赋予新的时代精神，就能够成为今天社会主义精神文明建设的重要内容。

中国传统教育重视道德教育以及道德教育中的许多内容和方法，这都是我国教育的宝贵财富，非常有必要用马克思主义的历史唯物主义方法加以挖掘和研究、批判和继承，成为中国现代教育的重要组成部分。

3. 因材施教的教育原则

中国古代教育是很重视因材施教的，汉代以后，为了维护大一统的封建统治，才开始不断禁锢人们的头脑，抑制个性的发展。但是，因材施教作为传统教育的原则，一直被人们所重视。历代进步教育家都重视对不同的学生采取不同的教育方法。

因材施教是孔子最早提出和实行的。宋代程颐说：“孔子教人，各因其材，有以政事入者，有以言语入者，有以德行入者。”（《河南程氏遗书》卷一九）《论语》中有一段对话，说明孔子针对不同的学生采取不同的方法。“子路问：‘闻斯行诸？’子曰：‘有父兄在，如之何其闻斯行之?’冉有问:‘闻斯行诸?’子曰:‘闻斯行之。’公西华曰:‘由也问闻斯行诸,子曰,有父兄在;求也问闻斯行诸,子曰,闻斯行之。赤也惑,敢问。’子曰:‘求也退,故进之;由也兼人,故退之。’”许多学生问孔子,什么叫“仁”?孔子对不同的人在不同的场合做了不同的回答。

孟子虽然相信“性本善”,但认为由于环境不同,人的发展会不同,教育要根据学生的特点和所处的不同环境,分别给以不同的教育。他说:“君子之所以教者五:有如时雨化之者,有成德者,有达财者,有答问者,有私淑艾者。此五者,君子之所以教也。”(《孟子·尽心上》)孟子把学生分为五种类型,有的只要点化一下,有的重在德行修养,有的要发展才智,有的要解问答疑,有的则要采取“私淑弟子”的形式,间接教育。

因材施教的教育原则虽然在封建社会受到破坏,但进步的教育家都重视这个原则。它是我国教育思想宝库中的重要遗产,今天仍有重要的意义。它符合人的生长发育规律,符合人的多元智能的理论。因材施教,培养各种人才,也符合现代社会人才多元结构的需要。它是与“学历主义”的教育原则相对立的。不是重视一纸文凭,而是根据不同学生的先天素质和不同的环境,充分发展他们的聪明才智,培养各种人才。

4. 学思结合的教育方法

儒家教育重视思考,重视领会事物的精神实质。孔子曰:“学而不思则罔,思而不学则殆。”(《论语·为政》)意思是,只学习不加思考则迷乱不明,只思考不学习则空泛而不实。好学和思考就要多问。孔子的学生子夏说:“博学而笃志,切问而近思,仁在其中矣。”(《论语·子张》)所以孔子说:“不耻下问。”(《论语·公冶长》)孔子还说："三人行，必有我师焉。择其善者而从之，其不善者而改之。"（《论语·述而》）每个人都有优点，应该向每个人学习。

与学思结合相联系的还有孔子提倡的启发式教学方法，"不愤不启，不悱不发"，"温故而知新"，等等。孔子的这些话，都为中国人所熟知，已经成为中国的传统格言，几千年来为广大人民所传诵和运用。

五、《学记》是我国传统教育遗产中的一块灿烂的瑰宝

《学记》是我国也是世界上最早的一部系统的教育理论著作，成书于战国后期，普遍认为是思孟学派的作品。它全面系统地总结了我国先秦时期儒家教育的经验和理论。它比古罗马教育家昆体良的《论演说家的教育》一书要早整整三个世纪。虽然《学记》是我国两千多年以前的教育论著，但它对中国教育的影响是无可估量的。两千多年来的中国教育基本上是遵循了书中的思想和原则展开的，而且许多思想今天仍然有很现实的意义。虽然它是对先秦教育经验和理论的总结，许多思想理论前面都已涉及，但还是有必要对这部著作单独作一个简要的介绍和分析。

《学记》第一次全面阐述了教育的地位和作用、教育与社会政治的关系、学校制度、教学原则和方法，教师、学生和师生关系等。主要内容有如下几个方面：

论教育的作用　《学记》首先提到教育的作用。从国家来讲，可以兴国安民；从个人来讲，可以成为有德有才的君子。"君子如欲化民成俗，其必由学乎?"认为统治者要想感化人民，必须通过教育。所以说："古之王者，建国君民，教学为先。"古代君王建设国家首先是依靠教育。这是从统治者维护统治、建设国家的角度来说的。对于

个人来说，则提出“玉不琢，不成器；人不学，不知道。”一块好的玉石，如果不经过雕琢，不会成为好的器皿或艺术品；人不学习，就不懂得道理（即儒家的仁礼之道）。它对教育的作用作了充分的肯定。

描述了古代学校制度　《学记》说：“古之教者，家有塾，党有庠，术有序，国有学。”说明古时候我国已有完整的教育系统。《学记》对不同年龄阶段的学习，也作了详细说明：“比年入学，中年考校。一年视离经辨志；三年视敬业乐群；五年视博习亲师；七年视论学取友，谓之小成。九年知类通达，强立而不反，谓之大成。”每年按规定的年龄入学，隔一年考查一次。第一年查考对经书析句的能力和学习的兴趣；第三年考查是否学习勤奋和乐于与同学互相切磋；第五年考查是否做到博学多问并与老师讨论；第七年考查能否论说所学的是非和选择朋友。如果都达到了就叫做“小成”。第九年就要求达到触类旁通，举一反三，叫做“大成”。这里把教育（主要指国学，即大学）分为两个阶段：小成阶段，一般从15岁到21岁；大成阶段，再学习二年。①

论教学规律　《学记》认为，教师首先要懂得教学规律，“君子既知教之所由兴，又知教之所由废，然后可以为人师也。”对学生要诚心，要因材施教，否则就达不到育人的目的。“使人不由其诚，教人不尽其材。其施之也悖，其求之也佛。”教师要了解学生的学习情况，了解他们的优势和劣势，根据不同的情况指导他们学习。“学者有四失，教者必知之。人之学也，或失则多，或失则寡，或失则易，

---

① 毛礼锐、沈灌群先生主编《中国教育通史》第1卷409页中，把“九年知类通达，强立而不反，谓之大成”理解为“以后九年要求做到‘知类通达，强立而不反’”，并说：“经过九年的深造，一般已经是三十岁的成年人了。”这种理解恐有误。根据《学记》这一段话，九年应指第九年才是。

或失则止。”教师必须了解学生，学生学习的时候往往有四种失误：或者贪多，或者不求进取，学得太少，或者把学习看得太容易，或者遇到困难即停止。每个学生的心思都不同，只有知道了他们的不同，才能扬其长，避其短，所谓“教也者，长善而救其失者也”。

对于学生来讲，也要善于学习。会学习的学生，老师教起来事半功倍；不会学习的学生，老师教起来事倍功半。善学在于思考，产生疑问善于提问，“善问者如攻坚木：先其易者后其节目；及其久也，相说以解。”在教学中，善于提问的学生会像砍硬木那样，先从容易的地方着手，然后再砍节结坚硬的地方，经过长期的努力，就会迎刃而解。教师也要善于回答：“善待问者如撞钟：叩之以小则小鸣，叩之以大则大鸣；待其从容，然后以尽其声。不善答问者反此。”就是说，回答学生的问题有如敲钟，轻轻敲一下，钟声就微小，敲得重一点，钟声就洪亮，等待一击一停，抑扬顿挫，就能听到美妙的钟声。譬喻教学，一问一答，然后尽其义理。

学生学习要课内课外结合，随时随地学习。《学记》写道：“大学之教也：时教必有正也，退息必有居学。不学操缦，不能安弦；不学博依，不能安诗；不学杂服，不能安礼。不兴其艺，不能乐学。故君子之于学也，藏焉修焉，息焉游焉。”就是说，上学的时候要学习正式的课程，休息的时候也要做非正式的作业。课外不练习好调弦弄曲，课内就不能学好弦琴；课外不学习声律，课内就不能学好诗经；课外不练习洒扫应对，课内就不能掌握礼的要义；课外不开展各种学习活动，就不会乐于学习正式的课程。

《学记》讲到的这些教学规律不是今天也需要遵循的吗？

重视及时施教的原则　教育要及时，错过了时间，即使学习很勤奋，也难有大的成就，即所谓“当其可之谓时”，“时过然后学，则勤苦而难成”。什么叫及时？就是既不晚也不早。及时施教，又不能操之过急，要循序渐进。“不陵节而施为孙”，陵，解释为超越，节，即程度，孙，指顺序。就是说不能超过学生的接受能力而进行教学，就叫做合乎顺序。《学记》还专门强调，教学要循序渐进，不能拔苗助长，所谓“学不躐等”。在教学之初就要考虑好教学的顺序。

及时施教，既不能超越学生的能力，同时又要有远见，要注意防患于未然。“禁于未发之谓豫”，在学生不良行为发生之前加以预防。

启发式的教学方法　启发式教学是儒家教育很重视的方法，也可以说是教学的原则。这一原则是孔子首先提出来的。《学记》总结了儒家教育的经验，也把启发式的教学方法放在重要的位置，并且有很大的发展。《学记》没有直接提到“启发”二字，但在短短1229字的篇幅中多次提到教学要提高学生的学习兴趣，要诱导，不可强迫。其曰：“故君子之教喻也：道而弗牵；强而弗抑；开而弗达。道而弗牵则和；强而弗抑则易；开而弗达则思。和易以思，可谓善喻矣。”这里提出三点要求：一是引导学生选择正确的学习方法和前进的道路，而不是硬拉着学生走，这样就能达到师生和谐；二是严格要求，激发学生学习积极性，而不是强迫压制，抑杀学生的积极性、自主性，这样学生就能乐于学习，学习得就轻松；三是开启学生心智，启发学生思考，而不是把最终的结论和盘托出，一目了然，这样就能让学生主动思考。能够做到师生和谐，学生乐于学习，善于思考，教师就算得上善于运用“喻”（启发）了。

教学相长的教学原则和师生关系　教学相长，既可以说是一个教学原则，又可以说是一种师生关系。教学是教与学同时进行的活动，是教师和学生共同活动的过程。在这个师生共同活动的过程中，师生要互相切磋，互相讨论。学生固然可以从老师那里获取知识，教师也可以从学生的质疑中提高自己的学识和教学技能，这就是“教学相长”。《学记》在两千多年前就提出了这个原则，写道：“学然后知不足，教然后知困。知不足，然后能自反也；知困，然后能自强也。故曰：教学相长也。”这一条教学原则充分说明了教与学的辩证关系。作为师生关系来讲，教育理论界争论了几百年的问题——以谁为中心？是以教师为中心，还是以学生为中心？——《学记》中早就有了正确的答案。教学过程不存在谁为中心，教师的职责是“传道、受业、解惑”，学生的使命是学习老师的“道”和“业”。但学习过程中必然产生疑惑，产生了疑惑就会感到自己的不足，就要去请教老师。老师要向学生答疑解惑，在答疑解惑的过程中就会感到自己学问之不足，就要进一步学习提高。许多优秀教师难道不是这样成长起来的吗？由此不难说明，这个教学原则是符合教学规律的，这种师生关系是民主的、平等的师生关系。教学相长正是今天现代教育要大力提倡的。

《学记》中的教育思想极其丰富，许多中国教育史都把它作为专章专节来介绍和评述。本文不是专门研究教育史的，所以只择其要者做简要的介绍，以说明它是我国传统教育的宝贵遗产，是中国教育传统的重要文化基础。

《学记》是我国也是世界上最早的教育理论专著，我国历代教育都把它“奉为法戒”。尽管它的内容仍不免反映当时统治阶级的要求，但它的教育思想、教学方法是符合教育规律的。它是一部不朽的教育著作，在我国教育现代化建设中仍然有着重要的地位和作用。

本文主要论述中国传统文化对中国传统教育的影响。这里还应该说明两点：一是中国传统文化对中国传统教育的影响绝不限于上述这一些。中国传统文化博大精深，中国传统的学术思想、艺术创作、科技发明无不对中国教育产生过重大影响；而且中国文化也不限于儒家，还应包括道家、佛教，乃至其他各派思想。但是本文在前面已经声明过，由于工程太大，特别是由于作者学识浅薄，只能把它局限于一个很狭窄的范围内，即儒家文化的基本精神对中国教育的影响，即使在这个范围内，也是挂一漏万，未能说得全面。二是中国传统教育也是动态发展的，几千年来其内部也有很多变迁。本书介绍的中国传统教育的思想和理论大多是在先秦时期就已形成，几千年来有很大变化，有发展，也有倒退. 但似乎万变不离其宗，直到现代教育制度输入中国之前，其基本内容没有根本的变化，所以本书并未作历史的考察。总之，写完以后，作者的感觉是意犹未尽，遗憾多多。

对教育定义的思考*

教育是什么？问这样的问题似乎有点可笑。但是，即使是教育理论界，对什么是教育也是众说纷纭，至今没有统一的定义。

先从被大家称为"教育学之父"的夸美纽斯说起。夸美纽斯认为，人人俱有知识、德行和虔信的种子，但这种子却不能自发地生长，需要凭借教育的力量，"只有受过恰当的教育之后，人才能成为一个人"。① 他没有给教育直接下定义，但很明显，上面的话是对教育的一种解释。这里面包含着宗教的影响，他认为人的天赋是上帝创造的，知识、德行和虔信三个种子是"自然存在我们的身上"，教育则使这些种子发芽生长。他的学说可以称之谓"生长说"。

英国教育家洛克则主张"人心没有天赋的原则"，"人心是白纸"，通过教育能使儿童掌握知识和德行。是谓"白板说"。

---

* 原载《北京大学教育评论》，2003 年创刊号。

① 夸美纽斯：《大教学论》，39 页，北京，人民教育出版社，1984。

法国教育家卢梭则提倡“自然教育”，教育的任务是使儿童从社会因袭的束缚中解放出来，“归于自然”，培养自然的人、自由的人。

德国教育家赫尔巴特提出了作为独立的一门科学的教育学的理论体系。他说：“教育学作为一门科学，是以实践哲学和心理学为基础的。前者说明教育的目的；后者说明教育的途径、手段与障碍。”① 他的教育目的就是“德行”，同时“通过教学来进行教育”。因此他认为，不存在“无教学的教育”和“无教育的教学”。②

俄国教育家乌申斯基则把教育分为广义和狭义两种：狭义的教育中，学校、负实际责任的教育者和教师是教育者；广义的教育是无意识的教育，大自然、家庭、社会、人民及其宗教和语言都是教育者。他认为：“完善的教育可能使人类身体的、智力的和道德的力量得到广泛的发挥。”③

美国教育家杜威从实用主义经验论出发，主张“教育即生长”。他给教育下过一个定义：“教育就是经验的改造或改组。这种改造或改组，既能增加经验的意义，又能提高指导后来经验进程的能力。”④ 杜威的教育观也是“生长说”，但与夸美纽斯的“生长说”有所不同。杜威把教育建立在儿童的经验上，虽然他认为儿童的经验是建立在他的原始本能上的，但又认为经验是人的有机体与环境互相作用的结果。

---

① 赫尔巴特：《普通教育学·教育学讲授纲要》，190页，北京，人民教育出版社，1989。

② 同上书，12～13页。

③ 乌申斯基：《人是教育的对象》第1卷，8页，北京，科学出版社，1959。

④ 杜威：《民主主义与教育》，159页，北京，人民教育出版社，1992。

从以上简要的介绍可以看到，历史上不同教育家对教育的理解和诠释都是不相同的。他们都是在不同的历史背景下，根据自己的哲学观提出对教育的理解和诠释。他们都没有给教育下完整的定义，主要是从教育的作用和教育的目的这个角度提出教育是什么。这里面还包含着对人的本质、人的先天素质与后天获得的不同认识等。

我国教育界长期以来受韩愈《师说》的影响，认为教师的任务就是"传道、授业、解惑"，这也就是教育。新中国成立以后，我们学习苏联，最早接触的教育定义是加里宁提出的："教育是对于受教育者心理上所施行的一种确定的、有目的的和有系统的感化作用，以便在受教育者的心身上，养成教育者所希望的品质。"① 凯洛夫主编的《教育学》没有提一般教育的定义，只提共产主义教育，给教育赋予阶级的内容。他在书中写道：教育是社会的和历史的过程，它在阶级社会内是具有阶级性的。"共产主义的教育，是有目的地、有计划地实现着青年一代底造成，使他们去积极参加共产主义社会的建设和积极捍卫建立这个社会的苏维埃国家。"② 长期以来我们接受这个观点，认为教育是有目的、有计划的培养青年一代的活动，它具有历史性、阶级性，是上层建筑。

1978 年教育界展开了一场关于教育本质的大争论，争论的焦点主要集中在教育的本质属性上，教育是上层建筑，还是生产力，还是有多种属性。争论后并没有统一的结论。因而，各种教科书中都有不同的定义。

① 加里宁：《论共产主义教育》，88 页，莫斯科，外国文书籍出版局，1949。

② 凯洛夫：《教育学》，14 页，北京，人民教育出版社，1947。

下面我们列举比较权威性的几种定义（只选广义的）来分析一下。

(1) 教育是培养人的一种社会现象，是传递生产经验和社会生活经验的必要手段。(《中国大百科全书·教育》)

(2) 传递社会生活经验并培养人的社会活动。通常认为：广义的教育，泛指影响人们知识、技能、身心健康、思想品德的形成和发展的各种活动。(《教育大辞典》)

(3) 广义的教育是泛指一切增进人们知识、技能、身体健康以及形成或改变人们思想意识的活动。(南京师范大学教育系编《教育学》)

(4) 教育是一种社会活动，它区别于其他社会事物的本质属性就是人的培养。(潘懋元主编《高等教育学》)

以上的定义可以算作是一个大类，这类定义有两个特点。一是从现象出发，教育是一种社会活动或社会现象；教育的本质是培养人。二是从教育者出发，强调教育者对受教育者的影响，培养教育者所希望的人；很少讲到受教育者本人在教育过程中的作用，他们的自我发展。《中国大百科全书·教育》则把教育视作传递生产经验和生活经验的手段，更加突出了教育者的作用，但没有提到学生在教育过程中的地位和作用。

1979年于光远曾经提出，把教育科学分为两大门类：一是把教育主要作为一种社会现象来加以研究的科学，叫做“教育社会现象学”；一是把教育主要作为一种认识现象来研究的科学，叫做“教育认识现象学”。他还提出教育的三体论：即主体、客体、环境三体，互相作用。我当时不大同意他的三体论，从哲学观点来看，无论是对学生，还是对教师来讲，都只能是二体论。如以学生为主体，则教师、环境都是客体；如果以教师为主体，则学生、环境是客体。但是从教育过程的基本要素来讲，确是有学生、教师、环境三个要素。把三个要素叫做三体，也无不可。于光远对教育认识现象学的理解，跳出了把教育只看做是教育者向受教育者施加影响的一面，给予了认识的主体（学生）在教育中应有的地位。①

1981 年，我在《江苏教育》第 10 期上发表了《学生既是教育的客体，又是教育的主体》一文，引起了教育界的争论。争论的焦点是教育过程中以谁为主，学生为主还是教师为主。有人认为，学生也是教育的主体的提法与传统教育中教师主导作用有矛盾。这实际上涉及对教育的理解和诠释问题，也就是冲击了传统上对教育的理解和观念。但是随着教育改革的深入和国外教育理念的引入，学生在教育中的主体地位得到了众人的认识。

随着教育理论界在八九十年代对学生主体性的张扬，90 年代中后期，项贤明提出泛教育理论。他在博士论文《泛教育论》中说："教育是作为主体的人在共同的社会生活过程中开发、占有和消化人的发展资源，从而生成特定的、完整的、社会的个人之过程。"这就完全从学生的发展角度来看教育了。他认为，人的生长发展在其本质上是一种生命现象，同无机界的简单变化不同，它的本质特性就是主动的"生长"，而且是所有生命的生长中最高级、最复杂的，因此来自外部的"改造"不足以全面概括教育这种人成为人的活动的本质，全面的教育观应当是内在地包含了"改造"的"生成"教育观。② 这种教育观实际上与杜威的教育观相似。在教育中强调学生主体的生长

① 于光远：《关于教育科学体系问题》，载《教育研究》，1979 年第 3 期。

② 参见项贤明：《泛教育论》，太原，山西教育出版社，2000。

是十分必要的，点出了现代教育区别于传统教育的最核心的问题。但完全否认外部的影响，特别是教师的作用，泛教育就变成没有教育了。人的成长与教育密不可分，但把“人成为人”的全部活动都说成是教育，那么教育就变成涵盖人类一切活动的活动了。

90年代末，在一片对“应试教育”的声讨中，什么是教育又被人重新提出来。以保定吴宗璜为首的“主客体关系学”研究课题组就写了一本书《教育是什么》，试图用主客体关系的理论来论述教育问题。他们认为，人与其他生物一样，总是力争生存和发展，要生存和发展，就要趋利避害，因此“教育属于人的趋利避害的活动”。他们构建了一套理论，认为，主客体的关系就是一元四系。一元指主客体的存在，四系是部整系、因果系、共性系、相似系。主客体关系学认为：所谓生物的进化，主要是指其调节主客体关系“功能”的进化。这种调节功能由两部分组成：一是主体内部的信息处理功能；二是外部的趋利避害功能。信息处理功能又分为三个等级：第一等级是感应，第二等级是感知，第三等级是思维；趋利避害功能与之相对应也有三个等级：第一是适应，第二是利用，第三是创造。而生物的调节功能是衡量生物进化程度的主要标志。微生物和植物，已具有感应—适应功能；动物，具有感应—适应和感知—利用功能；而具有思维—创造功能的就是人。思维—创造调节功能就是头脑的智力或通常所说的“智能”。生物还具有积累遗传的功能，即把前辈获得的信息处理和趋利避害的功能进行积累，并遗传给后代的功能。所以他们认为，“人的教育，或者狭义的教育，应该定义为‘智能的积累遗传’，这是人的教育的基本特征，也是人的教育的‘本质’”。作者认为，当今的教育，由于对思维—智力的机制和规律还没有像对基因遗传的机制和规律已经被揭示和掌握，所以人的教育只能停留在人们可以认识和把握的外在行为的教育（传授）水平上。该书作者断言，“当今人的教育，本质上还是动物式的教育”；传统教育是“传授知识—接受知识”的教育模式，新型教育模式应是“开发智力—培养创新”的教育。①

上述观点，给我们很多启发，说明教育研究不应停留在表面教育行为上，还应该深入到受教育者接受教育的内在机制上。但有的作者却把教育生物学化了。首先，有的作者认为动物也有教育。这是一个有争议的问题。教育理论界一般认为，教育是人类特有的活动，是有目的、有意识的活动，而动物是没有意识的。其次，把传统教育说成是动物式的教育就很不合适。教育为人类的生存和发展起到了重要的作用，任何人也不能抹杀过去的教育（也即传统教育）对人类文明的进步作出的贡献。把传统教育说成是“动物式的教育”，是不是意味着我们今天还没有人类文明，还处在“动物式”的生活中？今天我们来批判传统教育，并不否定它的一切，而只是说它不符合时代的要求，不能培养现代化所需要的有创新精神和能力的人。再次，把教育说成是“智能的积累遗传”也有失偏颇。发展人的智能，只是教育的一个目的，还不是教育的全部。教育要使受教育者在德智体等诸方面都得到发展。

从以上许多教育的定义和观点可以看到，什么是教育，或者说教育是什么，至今还没有一致的看法。定义者总是从某一视角提出对教育的理解。有的从教育现象的角度，教育是一种社会活动；有的从教育目的的角度，教育是培养人的活动；有的从教育内容角度，教育是传递生产经验和生活经验的活动；更有论者从人的生长的角度，认为

① 参见《主客体关系学系列丛书》撰写组：《教育是什么》，北京，商务印书馆，2000。

教育即生长。

教育虽然自从有了人类社会就存在，人人都受过一定的教育，但要对教育下一个科学的定义却不是容易的事情。对教育的本质属性就有各种不同的解释，这是因为，教育既具有永恒性，又具有历史性。历史包括两个方面：一是纵向的，不同时代对教育有不同的要求，不同时代、不同利益集团的人群又对教育有不同的认识；二是横向的，不同的民族、不同的国家的历史变迁、文化背景不同，从而对教育也就有不同的认识。以上这些还只是就对教育的理解而言，至于对教育的目的、内容、方法，对教育各要素及其相互关系的理解更因为时代的变迁、民族文化的不同而很不相同。也即每个国家或民族都有自己的教育传统，每一个时代，这种教育传统又会有所变化。教育之复杂就在于此。它不像生理学或者医学那样，他们也是研究人的生长发育、疾病的治疗的。但各民族人体之间的差异不大，有共同规律可循。教育却复杂得多，虽然也有共同规律，但各国各民族的教育传统差异很大。这是因为，教育是人类的一种社会活动，它受人类的其他活动的影响很大，特别是不同文化的影响。

要给教育下一个科学的界说，需要仔细分析教育的各个要素，弄清各要素之间的关系。教育的基本要素有三：教育者（教师、父母、长者）、受教育者（学生、儿童）、教育影响（或称环境，具体指教育内容、教育手段），有了这三者就可以构成教育活动。历史上对教育的诠释不同，就因为各个学者对这三者关系的认识不同。赫尔巴特认为教育者是主导者，教师是中心；杜威则认为受教育者是中心，即儿童是中心。到了20世纪60年代结构主义者又认为教材是中心，有了优秀的教材，教师就可以按照教材教学，学生按照教材学习。经过20世纪的洗礼，这三个“中心”都没有站稳脚跟。近些年来，建构主义学说盛行，强调教学是儿童作为主体的主客体互动的活动，知识就是建构。我认为，实际上三者的关系是动态的，不同阶段重点是不同的。在幼儿时期，儿童的生存能力还很差，知识极有限，教育者的作用就很大。随着儿童的年龄增长和相随的知识和能力的增长，受教育者的主体作用逐渐增强。中国的文化传统强调师道尊严，中国没有自然教育的传统，因此对教育的认识更强调教师的作用。

近些年来，我们吸纳现代教育思想，强调教育的民主化和个性化，许多学者提出了张扬学生主体性的主张，我也是始作俑者之一。但我认为，我们今天强调学生的主体性，与儿童中心主义的观点不同。儿童中心主义是强调儿童、儿童的兴趣在教育中占主导地位，而学生的主体性则是强调学生在教育中的主观能动性，是强调要把学生作为能动的人来看待。因此，发挥学生在教育中的主体性，并不排斥教师的主导作用。如果因为强调学生的主体性而排斥教师的主导作用，就会陷入儿童中心主义的泥淖。现在教育实践中有一些误区，似乎一谈学生的主体性，课堂上就应以学生的活动为主，教师讲解就变成了传统教育。其实，人的成长是很复杂的。现在不是提倡多元智能吗？有些智能是靠学生的领悟，在潜移默化中获得的；有些智能是在教育者的指导下获得的；有些能力，特别是某种技能必须在严格的训练下才能获得。例如，今天在欧洲，许多手工艺品的制作仍然强调学徒制，学徒要在师傅的严格要求下，经过长期的练习才能出师。在普通学校里，在不同的课堂上，学生主体性的表现形式也是不一样的。例如，有些课的内容适宜于讨论，在讨论中发挥学生的主体性，但外语课就不是讨论能学好的，而是要多说多讲、敢于开口；物理、化学课更多地表现在学生能够主动做实验上。本文不是专门讨论学生的主体性问题，只是在谈到对教育的三个要素的认识上的不同会引起对教育本质的认识的差异。

也有人主张教育二要素说，认为教育的要素只是“学生”和“教育资料”。教育过程中只有一个主体：“学生”是主体，“教育资料”是客体。① 我不知道作者为什么给学生和教育资料打上引号，似乎并无特别意义。作者完全把教师排除在教育要素之外。虽然作者多处强调教师的作用，但是教师的作用只是“激活”文化，这样无疑就把教师看做有如电脑之类的工具一样，因为现代技术在教育过程的作用也是“激活”文化。这位作者认为，教育只是学生的实践活动，而不是教师的实践活动。那么教师的实践是什么活动呢？作者还认为学生的实践活动和教师的实践活动是两个过程。那么这两个过程是什么关系呢？如果是两个不同的过程，那么两个过程能不能分开，独立存在呢？似乎作者也没有说清楚。作者引用了鲁洁的一篇文章：《教育：人之自我建构的实践活动》，但是作者似乎并未读懂鲁洁的文章。鲁洁说，人有两种实践活动：一是改造客观世界的实践活动；一是改造主观世界的实践活动，后者就是教育实践。她提醒人们注意，人存在着个体与类的差别。她说：“人生而无知无能，他不是生而就能成为实践主体的，因为任何人的实践都不是个体孤立的活动，而是社会性的实践，实践只有在社会中才有可能”，“为此，教育这种发展和改造人的活动，就其发生学的意义来说，是以儿童为教育对象而产生的。”她在另一段中讲道：“在人的发展中，我们也决不可忽视作为发展主体与外部客体的相互作用……为此，在教育过程中，向受教育者施加一定的外部影响，并不断扩大、提高、完善这种影响，使受教育主体

① 张应强：《高等教育现代化的反思与建构》，哈尔滨，黑龙江教育出版社，2000。

与外部世界的关系得到合理的发展，也是完全必要的。”向受教育者施加一定的外部影响，不就是教师的责任吗？她在最后一段对教育作了一个界定性的表述：“教育实践的出现，表明人（我理解这里指的是作为类的人，而非个体——笔者）决心要按照他的目的——人的理想发展和存在来改造人的现实存在，改变人在自然、自发状态下的发展结果。为此，教育过程的人的发展是一种人的有目的的参与、干预下所发生的运动过程，由这一过程所产生的结果也是人的有目的的活动的创造物，可以说是一种‘人造的人工对象’。”① 也许我理解得不正确，我认为，鲁洁的文章是强调教育是人的自我建构的实践活动。“教育是使人在已有规定性的基础上不断创造出自己的新的规定性来”，教育是人类有目的的活动。这里丝毫没有否定教师的作用。我认为，如果强调学生的主体作用，就把教师排斥在教育过程之外，借用这位作者的话来说“只能导致人（特别是教师）的思想混乱和视线模糊”。

对教育的认识还涉及对教育价值的认识。教育理论发展史上长期存在着社会本位与个人本位的争论。主张社会本位的教育价值观就认为教育是为社会发展服务的，教育要根据社会的需要来培养人、塑造人；主张个人本位的教育价值观就认为教育是个体成长发展的活动。其实两者是不矛盾的，社会的需要与个人的需要是统一的。马克思主义认为：“人的本质并不是单个人所固有的抽象物，在其现实性上，它是一切社会关系的总和。”② 教育是人的社会化过程，因此教育必

---

① 鲁洁：《教育：人之自我建构的实践活动》，载《教育研究》，1998 年第 9 期。

② 《马克思恩格斯选集》第 1 卷，18 页，北京，人民出版社，1972。

然要反映社会的需要。但是怎样才能满足社会的需要？只有充分发展人个体的潜在能力，也即脑力和体力，才能使个体更好地为社会服务。

那么，教育是什么？我无意为它下定义，也没有能力做出科学的界定。只想用证伪的方法，对现有的各种界说进行分析，指出不足之处，供大家思考。其实教育是动态的活动，不论是传统教育还是现代教育，都是教育，教育的定义，作为最抽象的概念，应该涵盖传统教育和现代教育，这就更难了。最后借用几位学者的意见来说明给教育下定义之难。

美国教育学者索尔蒂斯认为，要找出教育的“真正的”定义，无疑如“误入歧途的捕 centaur（希腊神话中人首马身的怪物）的猎人”，是永远找不到的。他也认为，可以有三种定义：即规定性定义（stipulative definition）、描述性定义（descriptive definition）和纲领性定义（programmatic definition）。规定性定义是创制的定义，比如有位学者认为：“我把‘教育’这个词只用来表示社会为了通过有目的的教和学来保存某些社会文化，而创造和维持的那种社会制度。”描述性定义旨在确切地描述被界说的对象或使用某术语的方法。上述的规定性定义，也是一种描述性定义，因为它提及我们用“教育”一词来表示社会为了通过有目的的教和学来传递某些文化而创立和维护的那种特殊制度。纲领性定义在于明确地或隐含地表述事物应该怎样，是描述性定义与规定性定义的混合。① 但他始终没有给出一个“真正的”定义。

① 索尔蒂斯：《教育的定义》，见瞿葆奎：《教育学文集》，31～37页，北京，人民教育出版社，1993。

我国教育家瞿葆奎教授在总结40多年来对教育的社会属性和职能的论争时也指出，“一位作者发表个人的意见，正是规定性定义的本质之所在。所以，认为存在一个真正的规定性定义是荒谬的；……纲领性定义表达一种价值观或规范，要想在价值观、规范上达成一致的看法，在理论上是不可取的。”而描述性定义也因为或“对定义的认识不够清晰”，或因“坚持历史地、唯物地考察各种社会形态的教育还做得不够”，“难于对教育进行科学的抽象和概括”。①

最后我在想，可能世上最普遍的事物，对它下定义最困难。教育这个活动再普遍也没有了，就像人吃饭一样，天天要遇到。但要对“吃饭”下个科学的定义恐怕也不是容易的事。

参考文献

［1］中国大百科全书·教育卷. 北京：大百科全书出版社，1985.

［2］顾明远. 教育大辞典（合卷增订本）［C］. 上海：上海教育出版社，1998.

［3］滕大春等. 外国教育通史［M］. 济南：山东教育出版社，1993.

① 索尔蒂斯：《教育的定义》，见瞿葆奎：《教育学文集》，119～120页，北京，人民教育出版社，1993。

解放思想是深化教育改革的金钥匙*

今年是我国实行改革开放政策的30周年，30年来我国各项事业都取得了举世瞩目的成绩。教育事业也不例外，取得的成绩是空前的。本文不可能列举30年来教育取得的伟大成绩，但可以概括起来从观念的转变、事业的发展、制度的创新、科研的繁荣四个方面来说明。

一、观念的转变

改革开放30年最重要的成果是思想解放，从而解放了生产力，极大地调动了人民群众的积极性。“实践是检验真理的唯一标准”的讨论，打破了禁锢思想的精神枷锁，才有党的总路线的转变，才有改革开放的政策。

最近读了时任科委副主任吴明瑜回忆1977年筹备全国科学大会的情况，了解到那次大会对思想界学术界影响的深远。邓小平同志在那次大会上的讲话有两个重要的论断：一是科学技术是生产力；二是知识分子“是工人阶级自己

---

* 原载《教育学报》，2008年第3期。

的一部分”。这两个论断改变了国家的命运，也改变了知识界的命运。① 从此中国走上了建设社会主义现代化新长征的道路，同时迎来了科学技术的春天。

教育界也不例外，正是在思想解放的前提下我们对教育的本质和功能有了新的更深刻的认识。长期以来受“左”的思想的影响，教育一直被视为阶级斗争的工具，历次政治运动总是先从教育领域开始，知识和知识分子不被重视。“文革”以后，邓小平同志主持中央工作，首先提出人才问题。1977 年邓小平同志在一次座谈会上说：“我们要实现现代化，关键是科学技术要能上去。发展科学技术，不抓教育不行。”提出要“尊重知识，尊重人才。”全国科学大会也就是在邓小平同志这个思想指导下召开的。1978 年召开了“文革”以后的第一次全国教育工作会议。邓小平同志在大会讲话，再一次强调知识的重要，号召青年学生自觉刻苦地学习科学文化；提出教育事业必须同国民经济发展的要求相适应。

1979 年夏天一场关于教育本质的大讨论就是在这个背景下展开的。

教育的本质是什么？它有什么功能？通过讨论，虽然对教育本质属性没有达成一致的意见，但有一点是大家共识的，就是教育是培养人的活动，是人类发展的必要条件，是人的自身发展的需要；教育对于社会，不仅有政治的功能，还有经济的功能、国防的功能、文化的功能等等。教育不仅要为社会的物质文明服务，还要为社会的精神文明服务。因此，教育具有促进人的发展和促进社会发展的两大功能，

① 参见《为邓小平起草全国科学大会讲话稿始末》，载《南方周末》，2008 年 3 月 20 日。

而教育促进社会发展是通过促进人的发展来实现的。只有个体得到发展，才能为社会发展服务。教育的本质是传承文化、创新知识、促进人的发展。

30 年来我们在建设社会主义现代化过程中越来越体会到人才的重要。社会主义现代化建设不仅要有高层管理人才、科学技术人才，还要有一大批掌握先进技术的在第一线生产的劳动技术人才，也就是说，只有全体公民的素质得到提高，现代化才能真正实现，因此我们要把教育放在社会主义建设优先发展的战略地位。1995 年中共中央、国务院在公布的《关于加速科学技术进步的决定》中提出了实现“科教兴国”的战略，党的十七大报告把教育放在“加快推进以改善民生为重点的社会建设”的框架中，并提出“优先发展教育，建设人力资源强国”的目标。这些都充分说明了我们党对教育本质和功能的深刻认识。教育首先要满足人的自身发展的需要，教育是每个人享有的权利，同时教育要为社会的发展服务，所以要建设人力资源强国，使我国有强大的综合国力，才能在当今日益激烈的国际竞争中立于不败之处。同时，只有国家强盛了，公民自身也才有充分发展的条件。30 年来我们逐渐认识到这种辩证关系。

从“教育是阶级斗争的工具”到“科教兴国”、“教育先行”战略，这种教育观念的转变是 30 年来教育领域最大的成绩，它指导着我国教育事业的发展和深入的改革。

二、事业的发展

30 年来我国教育事业得到空前的发展。

短短 30 年我们就在全国范围内实现了九年义务教育的普及，基本扫除了文盲，这在许多先进国家都是差不多用了半个多世纪的时间才完成的。而且我国是一个发展中国家，是在农村人口占70%的情况下，在人口高峰期实现这两个基本的。这也是在解放思想的前提下，依靠广大人民群众的支持才实现的。1985年在做出决定用15年时间普及九年义务教育时，许多专家是有疑虑的，疑虑在我国当时经济还不发达的情况下能否实现，但结果是实现了。近年来农村义务教育经费已由政府包下来，全部免除学杂费并免费提供国家课程教科书；城市义务教育也从今年开始免除学杂费。

高中阶段有了很大发展，2007年入学率达到66%。

高等教育实现了历史性跨越，进入了大众化阶段。1978年在校学生只有85.6万，2006年在校学生1849.31万人（包括成人高校学生约达2500万人），毛入学率从1980年的2%到2007年达到23%①。世界一流大学和重点学科建设取得了重大进展。

研究生教育有了很大发展，特别是学位制度，是改革开放以后才建立起来的，也是在邓小平同志的提议下建立的。他在1978年科学大会开会前就提出要恢复研究生制度，恢复教师职称制度。1980年五届人大九次会议通过了《中华人民共和国学位条例》开辟了我国研究生教育的新局面。1980年全国只有研究生18830人，2006年达到110.47万人，为国家培养了大批高层次人才。

职业教育也有了很大发展，虽然前几年一度有所削弱，但2005年国务院召开全国职业教育工作会议以后，很快得到发展，2005年全国中等职业教育在校生接近1600万，占高中阶段在校生的40%左右。高等职业教育在校生近1000万人。

---

① 教育部：《中国教育统计年鉴》，《关于2007年国民经济和社会发展计划执行情况》，载《光明日报》2008年3月21日。

信息技术在教育领域的应用，促进了教育信息化和现代化。远程教育在普及优质教育资源和职业培训等方面起了重要作用，是30年来我国教育发展的重要内容。

改革开放30年来教育的快速发展，使我国全体人民受教育的程度有了较大的提高，人均受教育年限1980年为5.33年，2005年达到8.5年。我国已经由一个人口大国转变到人力资源大国，今后的任务是要建立人力资源强国，为建设我国全面小康的和谐社会，为世界的文明和进步作出贡献。

三、制度的创新

30年来的教育成就离不开改革，教育体制改革和创新取得重大突破，有力地促进了教育持续发展。1977年恢复高等学校入学考试制度就是思想解放以后的重大改革。这次改革一扫“读书无用”论的乌云，使各级教育都恢复了正常。1983年邓小平同志提出“教育要面向现代化，面向世界，面向未来”，确立了“教育必须为社会主义建设服务，社会主义建设必须依靠教育”的根本指导思想。1985年中共中央《关于教育体制改革的决定》更是拉开了教育全面改革的序幕，实现了全党全国在教育思想上真正向为社会主义现代化建设服务的转变。①

教育改革可以分为宏观的领导体制改革和学校内部体制改革两个层面。教育领导体制改革主要是确立了“统一领导，分级管理”的体制，实行简政放权，扩大学校的办学自主权。这一体制的确立，调动了各级办学的积极性。

① 《中华人民共和国教育史纲》，369页，海口，海南出版社，2002。

在基础教育方面，中央把发展基础教育的责任交给地方，建立了“地方负责，分级管理”的新体制，普及九年义务教育就是在各级地方政府和广大人民群众支持下在短短的15年时间内得以基本实现的。在这期间，重新建立了基础教育督导制度；在全国范围内进行多次课程和教材的改革，使它更符合时代的要求和中国的实际；在学校内部实行了校长负责制度、教师聘任制度，建立了教职工代表大会制度，加强民主管理和民主监督。一系列改革促进了基础教育的发展和提高。

在高等教育方面，进行了招生考试制度、收费制度、分配制度、教师聘任制度、后勤社会化制度等一系列改革；90年代开始又进行了高等学校领导体制改革，实行“共建、调整、合作、合并”的“八字”方针，把原来分属中央各部委和企业举办的学校改为中央教育部直接管理或由地方管理，使高等学校条块分割的管理体制转变为条块结合的管理体制，高等教育在改革中有了跨越式的发展。90年代，根据中共中央《关于教育改革和发展纲要》的精神，开展“211”建设工程，建立了一批重点大学；在几十所重点建设的大学开展“985”工程。使高等学校成为国家创新体系的重要组成部分。“十五”期间，全国高校的科技创新成果累累，累计获得55％的国家自然科学奖、64％的国家技术发明奖、54％的国家科技进步奖；哲学人文社会科学研究成果更是占全国成果的约80％，发挥了“思想库”、“智囊团”的作用。

在职业教育、成人教育、民办教育等方面也有许多重大改革，这里就不一一列举了。

改革开放30年来的最重要的制度创新是开展了教育法制建设。改革开放以前我国教育只有政府法规法令，除宪法规定的教育条款外，没有一部教育部门法。改革开放以后教育的改革和发展不仅呼唤着教育立法，也为教育的法制建设奠定了基础。于是 1986 年 4 月 12 日我国第一部教育法《中华人民共和国义务教育法》经全国人大六届第四次会议通过颁布，以后陆续颁布了《教师法》、《高教法》、《中华人民共和国教育法》、《职业教育法》、《民办教育促进法》，2006 年又修订颁布了新的《义务教育法》。教育法制日臻完善，使我国教育走上了以法治教的轨道。

以上说明，教育制度改革和创新是这 30 年来教育发展的制度保障，没有教育制度改革和创新就不可能有今天的局面。因此，教育改革和制度创新是 30 年来教育领域发展的重要成绩。

四、科研的繁荣

改革开放以前，我国可以说没有多少教育研究，一本《教育学》唱独角戏。十一届三中全会迎来了教育科研的春天，教育科学研究蓬勃地开展起来。经过 6 个五年计划，涌现了大批科研成果，创建了许多新兴学科，各地建立了教育科研机构，成长了一支科研队伍，为建立有中国特色的教育理论体系打下了基础。30 年来我国教育科研呈现出以下几个特点：

首先，教育科研走出了书斋，结合我国教育改革和发展中的重大问题开展理论研究，为国家的教育决策服务，为学校提高教育质量服务。改革开放以前我国教育科研不仅局限于师范院校的少数教学、科研人员，而且只研究中小学的教育教学等微观教育问题，很少研究教育与国家发展的宏观教育问题。改革开放以后教育科研界开始对教育的本质、教育与市场经济的关系、教育与社会发展、建立世界一流大学等重大问题进行讨论；同时引进国际教育新理念、新经验，研究学校教育、课程内容、教学方法和技术手段的改革。许多科研人员还走出学校，走到基层，开展了各种实验研究。

第二，教育科研走入了群众。改革开放以前教育科研队伍很小，只有几所师范院校的教育学科教师从事业余的研究，全国除少数设立于大学的外国教育研究机构外，没有单独的科研机构。据统计，1979年召开第一次全国教育科学规划会时全国教育科研人员，以师范院校的教育学科教师为主，总共不足400余人。30年来不仅有了一支庞大的教育科学研究队伍，而且教育科研成了广大教师促进自我发展，提高教育质量的主要途径。

中央教育科学研究所在改革开放后的第二年春天得以恢复，接着各地纷纷建立了教育科学研究所，有的省市成立了教育科学研究院；许多高等学校成立了高等教育研究所或高等教育研究室，教育科研队伍不断壮大。《学位条例》颁布以后，教育学科作为12大科学门类之一，列入研究生培养专业目录。20多年来培养了数以万计的教育科研人员，他们是教育科研的生力军，正在发挥教育科研的骨干作用。

特别可喜的是广大教师加入到教育科研队伍，许多第一线的中小学教师参加各种教育实验，更多的是结合自己的日常教学开展研究，把科研作为自我成长，提高教育质量的主要途径。从中国教育学会每年年会征集论文的情况就可以看到教师参加科研的热情，2005年征集到论文6000多篇，2006年增加到8000多篇，2007年超过了10000篇。中国教育学会的“十五”“十一五”教育科研规划虽然不是国家科研项目，又无经费资助，但各地各校申报踊跃，“十一五”规划已立800多项。广大教师参与科研的热情是空前的，是值得我们支持和保护的。

第三，教育科研走向世界。30年来我国教育从封闭走向开放，走向国际化。20世纪五六十年代正是世界教育大发展大改革的年代，是世界教育进入现代化的重要历史时期。可惜我们此时在大闹“文化大革命”，在毁灭教育，对世界教育发生的重大变革一无所知。直到改革开放才使我们打开了眼界。30年来我们大量引进借鉴世界教育的新理念、新经验，促进了我国教育科学的发展，使我国教育科研呈现出“百家争鸣，百花齐放”的局面。在改革开放思想路线的指引下，我国教育科学也走向国际化。我们积极参加联合国教科文组织、联合国儿童基金会等国际组织的活动；参加了如世界比较教育学会联合会、世界教师教育协会联合会、国际教育评价协会等国际民间组织的会议。我们还在国内组织了多次国际教育会议；科研人员的交往、留学生的互换、学术资源的交流更是日益频繁。不仅使我们了解了世界，也让世界了解了我们。

* * * *

改革开放30年来教育领域取得的成绩是巨大的。这些成绩都是在邓小平理论指导下，在思想解放的前提下经过改革创新取得的。但是，当前教育面临的挑战也是巨大的，要完成党的十七大提出的任务还需要付出巨大的努力。当前我国教育正处在转折点上，表现在要从数量的发展转变到提高教育质量上来。党的十七大报告中提出，“优先发展教育，建设人力资源强国”，具体要求“优化教育结构，促进义务教育均衡发展，加快普及高中阶段教育，大力发展职业教育，提高高等教育质量。”核心是提高质量。要完成十七大提出的任务，关键是要高举有中国特色的社会主义伟大旗帜，以邓小平理论和“三个代表”重要思想为指导，贯彻落实科学发展观，进一步解放思想，深化教育改革。

综观改革开放30年来教育事业所取得的成绩，无一不与解放思想、改革创新有关。恢复高考、依靠人民群众普及义务教育、高校学生缴费上学、不包分配双方选择就业、高校合并扩招、领导管理体制改革等等都是在思想解放的前提下经过改革而完成的。现在社会上对教育改革有两种截然相反的舆论：一种认为教育领域仍然是计划经济的最后堡垒，没有很好的改革；另一种意见认为改革过头了，促使教育市场化、功利化，扩大了教育的不公平。这两种意见都有片面性，应该说30年来教育改革的成绩是巨大的，但改革需要深化和完善。在改革过程中还存在着许多思想障碍和制度性障碍，只有继续解放思想、克服障碍、制度创新，我国教育才能进一步发展。

解放思想，首先观念要转变。各级领导要把教育观念统一到中央的认识上来。教育先行，把教育放到社会主义现代化建设优先发展的战略地位，已是我国的国策。当今世界科学技术日新月异，国际竞争日益激烈，综合国力的竞争说到底是人才的竞争、教育的竞争。只有把我国建设成为人力资源的强国，我们才能在国际竞争中立于不败之地。我国经济保持了十几年的持续增长，但经济增长中的科技含量还不高，过去依靠廉价劳动力赢得竞争的优势，这种优势不可能长期保持下去，今后的竞争要靠科技创新，靠人才优势，只有教育才能提高这种优势。教育的本质就是传承文化、创造知识、培养人才。我国是有13亿人口的大国，现在已经是人力资源的大国，但要成为人力资源的强国，还需要大力发展教育，提高全体国民素质，培养一大批科学技术人才和管理人才。经济发展与环境的关系已经逐步被各级领导认识到，先发展再治理使我们付出了沉重的代价。但是许多领导尚未认识到教育与发展之间关系的重要性，贻误一代人的教育培养，其代价更是无法弥补的。“文化大革命”10年对教育的破坏，不只是贻误了一代人，这个教训要永远牢记。

以上是从经济发展、国际竞争角度讲的。从社会发展来讲，教育是建设和谐社会的基础。党的十七大报告把教育发展放在改善民生，推进社会建设一栏中来谈，其意义就在于把教育作为人的发展的权利，作为建设和谐社会的条件。建设社会主义现代化，首先人要现代化，没有现代化的人民大众，现代化社会是建不成的。所以十七大报告中说，要建设全民学习、终身学习的学习型社会，要促进人的全面发展。什么是学习型社会？就是以学习求发展的社会，就是不断创新的社会。

解放思想，要深入研究妨碍教育发展的思想障碍和制度性障碍。当前教育中遇到许多问题，大多是思想障碍和制度障碍造成的。

从基础教育来讲，当前存在两大问题：一是教育公平问题，二是素质教育问题。

要解决教育公平问题，首先要考虑对弱势群体的政策倾斜。因为弱势群体长期处于不利的环境中，如果没有政策倾斜，优先发展，他们永远跟不上一般水平。但是弱势群体主要在农村，教育优先发展如何在农村落实就遇到制度性障碍。我国城乡二元结构的格局尚未打破。农村教育投入与城市有很大差距。新的《义务教育法》规定义务教育实行免费以后，政府采取了许多倾斜政策，如教科书免费、补助住宿费等，较大地减轻了农民子女上学的困难。但是由于长期二元结构的存在，农村教育发展仍然存在着许多困难。特别是农村教师，编制缺、水平差、待遇低、不稳定，严重地制约着农村教育的发展。

农村教育的另一个问题是脱离农村实际。义务教育是打基础的教育，不仅要打好儿童身心健康发展的基础和进一步学习的基础，而且要打好走向社会的基础。因此要培养学生对社会的责任心、就业意识和能力。虽然全国高中阶段毛入学率已经达到66%，但仍有一部分要留在农村。因此在教育目标、内容和方法上都不能脱离农村的实际，农村的高中尤其不能脱离农村的实际。这里既有思想观念上的问题，也有制度上的问题。这个问题值得重视和研究。

农民工子女在城市上学的问题虽然部分得到解决，但并未彻底解决。不仅农民工子女学校与城市的学校还有差距，而且义务教育毕业后报考高中的问题未能解决，他们还要回到原籍去上高中，这也是制度障碍。

教育公平问题在城市中主要表现在择校问题上。这也需要通过改造薄弱学校的途径来解决。硬件建设容易解决，教师队伍的建设不是立即生效的。优质教师资源的合理配置也存在制度性障碍。

素质教育的推进也有思想观念问题和制度障碍问题。推进素质教育之所以步履维艰，因为教育不单纯是教育内部的事，它是社会各种矛盾的集中反映。但是解决这个问题也需要思想解放和制度创新。

思想障碍之一是教育价值观问题。教育的本质是促进人的发展。但我国传统教育观念是功利主义的，所谓“读书做官”，每个家庭都“望子成龙”，都想通过教育将来获得体面的舒适的职业。这本来是无可非议的，是人之常情。但现实生活是社会需要各种职业，高等学校的学额有限，每个孩子的智力和努力都不相同。本来应该因材施教，根据学生的天赋、特长和各种条件施以不同的教育。但是每个家长都认为自己的孩子是天才，都挤向高校的独木桥，造成了教育的激烈竞争。

思想障碍之二是人才观问题。本来人才是多样的多层次的。只要有社会责任心，勤奋努力，为社会作出贡献的都是人才。人人都能成才，才有不同。但人们往往把人才与天才混淆起来，认为政治家、科学家、艺术家才是人才，从事平凡的工作的就不是人才。另外中国的传统文化把子女当做自己的私有财产，把子女能不能上大学、上什么大学看做与自己的面子有关。因此拼命的逼迫孩子读书，以便将来光宗耀祖。

思想障碍之三是重学术轻技术。这也与中国的传统文化有关。我国长期以来提倡“学而优则仕”，从来没有说学而优则工、学而优则农。手工业、农业历来是不被知识分子重视的。学习内容都是“四书”、“五经”，很少有科学技术的内容。我国古代的许多先进技术所以失传，就是因为知识分子不去总结它，没有物化为知识。中国长期以来缺乏职业技术教育，因此今天仍然不重视职业技术教育，家长不愿意把自己的孩子送到职业学校中。近几年由于政府的重视和扶植，职业学校毕业生就业形势较好，这种旧的思想观念正在改变。但当前重学术轻技术仍然是推进素质教育的思想障碍。

推进素质教育还有许多制度性障碍。大家都说教育竞争是社会竞争的反映，但是教育内部的制度不当也加剧了这种竞争。例如教育资源配置不公，许多地方仍然在发展重点学校，许多学校变相地办重点班，教育竞争始终存在。各地政府把升学率作为评价学校和教师的指标，这都加剧了教育的竞争。

教育模式的统一、教育方法的硬化、教育评价的划一，都不利于素质教育的推进。还有当前“三好学生”的评选、各种竞赛的加分都加剧了教育的竞争，增加了学生的负担。其实这个问题是很好解决的。教育部门一纸命令取消一切入学的附加条件，各种评选和竞赛就会销声匿迹。为什么下不了这个决心，无非是思想不解放，认识不统一。

教师队伍的建设是实施素质教育的关键。30 年来我们把主要精力放在学校建设上，创造条件使儿童青少年有学上，而今后的主要精力必须放在教师队伍的建设上。采取一切有利的政策措施，吸引德才兼备的优秀青年进入教师队伍。政府采取教育部直属高等师范大学免费师范生制度，是一项利国利民的政策。有些同志还不理解，可事实上已经产生了最好的效应。许多地方师范院校也在逐步采用这种政策，受到当地青年的欢迎。笔者一次在飞机上遇到一位退休职工，她就反映当地许多家长愿意送孩子上师范院校。至于这些措施在实施过程中遇到一些问题，也需要学校的管理领导解放思想，研究问题，努力解决。

在高等教育方面，高等教育的行政化、功利化、趋同化、结构失衡阻碍着高等教育的发展。高等教育进入大众化以后，从结构上来讲应该大力发展高等职业教育。但是许多高等专科学校盲目升格，使得高等教育结构严重失衡。职业技术教育的缺乏严重影响到社会经济的发展。职业教育不发达有思想障碍，上面已经讲到，也有制度性障碍。如前一段时期高等职业学校的学费比重点大学的还高，这种倒挂使家长更不愿意把孩子送进高等职业学校。近年来政府对职业教育进行补助，扩大奖学金的名额，情况正在逐步改变。

高等学校的趋同化十分严重。学校盲目升格，所有学校都想升格为大学，所有大学都向清华北大看齐，不考虑自己的特色。这势必会降低高等教育的质量。高等教育大众化是有层次的，多样的，任何一个层次的学校都能办出特色，都能成为一流。美国麻省理工学院始终叫学院、法国巴黎高等师范学校始终叫师范学校，但都是世界一流的大学；美国达默斯学院一直以本科生为主、纽约银行街学院以培养幼儿教师为主，在世界都很有名；我国解放以后建立的立信会计学校也很有名。因此不是所有高校都办成清华北大才算有名。我国高等教育需要解放思想，克服好大喜功的观念，从特色上、质量上下工夫。

高等学校内部行政化越来越严重。“校级干部一走廊、处级干部一礼堂”的说法虽有夸张，却也反映了学校行政化的现状。高等学校是学术的殿堂，是创造知识、创新思想的地方，学术应该成为高等学校的核心。做学问是要淡泊名利，甘居寂寞，长期钻研，但高等学校的各种评比搞得教师晕头转向。考绩办法是依据在核心期刊上发表多少文章，于是急就章有之、抄袭者有之、走后门发表者有之，败坏了高等学校的学习风气。高等教育亟须解放思想，深化改革，在制度上创新。

办学体制需要深入改革。党的十六大、十七大都提出建立全民学习、终身学习的学习型社会。建设学习型社会意味着要建立大教育观念。既要重视学校教育，又要重视社会教育、家庭教育；既要重视正规教育，更要重视非正规教育；既要重视正式的学历教育，又要重视非正式的教育。要建设学习型社会需要全社会的努力，同时需要政府各部门的统筹协作，决不是教育部门一家的事，因此需要在制度上创新，建立协调教育、文化、体育、卫生、社区各部门的统筹机构及机制，才能顺利地开展。

在办学体制上要解放思想，支持民办学校的发展。《民办教育促进法》的颁布本应该促进我国民办教育的发展，但是这几年的实际是民办学校发展越来越艰难，不断萎缩而不是发展。原因是多方面的，有民办学校的外部环境问题，有民办学校自身内部问题。但我认为社会，特别是政府对民办学校的认识不到位，支持不力是重要因素。把民办教育看做是私营产业还是公益事业，是对民办教育的思想认识问题。这个问题不解决，民办教育永远得不到发展。如果把它看做是私营产业，政府当然可以不管，让它在市场上自生自灭。如果是公益事业，政府就应该支持。我们现在基本上是抱着前一种认识，认为他们是私营的。虽然《民办教育促进法》规定民办学校不以赢利为目的，但不排除合理回报。既然有回报，政府不仅不在财政上支持，而且要收税，这就给民办学校发展造成很大困难。

其实，民办教育虽然是民间投资，但办的是公益事业。教育与其他产品不同，它是培养人才的事业，不管谁投资，培养出来的人才都是全社会受益的，所以它是公益事业，不是私营产业。虽然我国民办学校不像外国大多由慈善机构或教会举办不求回报，我国大多数民办学校由于私人投资，总企求得到回报，但只要在合理的范围内，就应该支持，因为它总是在为社会培养人才。所以我国不称私立学校而称民办学校是很有道理的。外国政府对私立学校都有财政的资助，我国政府对民办教育缺乏支持。

我国这样一个有 13 亿人口的大国，全部教育由国家包下来是不现实的，也是没有必要的。《中华人民共和国宪法》规定："国家鼓励集体经济组织、国家企业事业组织和其他社会力量依照法律规定举办各种教育事业。"以政府投入为主，多种渠道集资办学的政策是正确的。政府主要保障义务教育的公平，但公民一生多样化的学习选择，不可能全由政府包揽。特别是非义务教育阶段，选择性很强，不可能都由公立学校来满足家长和孩子的需要，必须采取多种形式办学，实行成本分担。民办教育是有力的补充。《民办教育促进法》中认定，民办教育是我国国民教育的组成部分。当前我国民办教育在国民教育中的比例还很小，还构不成组成部分。因此，民办教育的发展空间还很大，这需要我们解放思想，对民办教育转变认识，真正把它作为国民教育的组成部分而在政策上、财政上加以支持。同时加强管理，规范办学制度，淘汰一些不符合条件的、唯利是图的学校。

改革开放 30 年来教育领域取得的成绩是巨大的。但是要完成党的十七大提出的“现代国民教育体系更加完善，终身教育体系基本形成，全民受教育程度和创新人才培养水平明显提高”和“建设人力资源强国”的目标，还需要我们进一步解放思想，深化教育改革，进行制度创新。

顾明远著作目录

《鲁迅的教育思想和实践》(合著，人民教育出版社 1980 年版)

《比较教育》(主编之一，人民教育出版社 1999 年版)

《比较教育学》(译著，文化教育出版社 1981 年版)

《教育学》(主编之一，人民教育出版社 1987 年版)

《中学实用教育学》(主编，北京师范大学出版社 1987 年版)

《世界教育发展的启示》(四川教育出版社 1989 年版)

《教育大辞典》(12 卷本、增订合编本 2 卷)(上海教育出版社 1992 年版)

《战后苏联教育研究》(主编，江西教育出版社 1991 年版)

《外国教育督导》(主编，人民教育出版社 1993 年版)

《比较教育导论》(合著，人民教育出版社 1996 年版)

《民族文化传统与教育现代化》(主编，北京师范大学出版社 1998 年版)

《我的教育探索》(教育科学出版社 1998 年版)

《杂草集——顾明远教育随笔》(福建教育出版社 2001 年版)

《野花集：教育——未来社会的希望》(福建教育出版社 2008 年版)

《教育：传统与变革》(人民教育出版社 2004 年版)

《中国教育的文化基础》(陕西教育出版社 2004 年版)

Education in China and Abroad: *Perspectives from a Lifetime in Comparative Education*, Hong Kong, Comparative Education Research Centre, University of Hong Kong, 2001.